Caroline Mükusch

Vernetzte Energiesicherheit

Globale Gesellschaft und internationale Beziehungen

Herausgegeben von
Thomas Jäger

Caroline Mükusch

Vernetzte Energiesicherheit

Bibliografische Information der Deutschen Nationalbibliothek
Die Deutsche Nationalbibliothek verzeichnet diese Publikation in der
Deutschen Nationalbibliografie; detaillierte bibliografische Daten sind im Internet über
<http://dnb.d-nb.de> abrufbar.

1. Auflage 2011

Alle Rechte vorbehalten
© VS Verlag für Sozialwissenschaften | Springer Fachmedien Wiesbaden GmbH 2011

Lektorat: Frank Schindler | Verena Metzger

VS Verlag für Sozialwissenschaften ist eine Marke von Springer Fachmedien.
Springer Fachmedien ist Teil der Fachverlagsgruppe Springer Science+Business Media.
www.vs-verlag.de

Das Werk einschließlich aller seiner Teile ist urheberrechtlich geschützt. Jede Verwertung außerhalb der engen Grenzen des Urheberrechtsgesetzes ist ohne Zustimmung des Verlags unzulässig und strafbar. Das gilt insbesondere für Vervielfältigungen, Übersetzungen, Mikroverfilmungen und die Einspeicherung und Verarbeitung in elektronischen Systemen.

Die Wiedergabe von Gebrauchsnamen, Handelsnamen, Warenbezeichnungen usw. in diesem Werk berechtigt auch ohne besondere Kennzeichnung nicht zu der Annahme, dass solche Namen im Sinne der Warenzeichen- und Markenschutz-Gesetzgebung als frei zu betrachten wären und daher von jedermann benutzt werden dürften.

Umschlaggestaltung: KünkelLopka Medienentwicklung, Heidelberg
Gedruckt auf säurefreiem und chlorfrei gebleichtem Papier
Printed in Germany

ISBN 978-3-531-18287-2

In tiefster Dankbarkeit, Liebe und Respekt

Gewidmet
meinen Großeltern

Josefine H. und Edwin F. Mükusch

Inhaltsverzeichnis

Abkürzungen		11
1.	Einleitung	15
1.1	Problemaufriss	19
1.1.1	Energiesicherheit	21
1.1.2	Vernetzte Sicherheit	27
1.2	Forschungsinteresse und Forschungsfrage	31
1.2.1	Ganzheitlicher Ansatz	32
1.2.2	Aufbau dieser Arbeit	34
1.2.3	Forschungsbeitrag dieser Arbeit	36
1.3	Stand der Forschung	39
2.	Ausgangspunkte deutscher Energiesicherheit	45
2.1	Energiesituation	45
2.1.1	Energieverbrauch	47
2.1.2	Energiedeckung	49
2.2	Definition des Energiesicherheitsbegriffs in dieser Arbeit	52
3.	Strategischen Rahmenbedingungen	57
3.1	Die internationalen Energiemärkte	58
3.1.1	Erdölmarkt	59
3.1.2	Der Erdölpreis und die Bindung des Erdgaspreises	63
3.1.3	Erdgasmarkt	67
3.2	Transport von Energierohstoffen	69
3.2.1	Erdöltransport	69
3.2.2	Erdgastransport	71
3.2.3	Seetransporte	75
3.3	Verfügbarkeit und Verteilung von Energierohstoffen	78
3.3.1	Konventionelles Erdöl	79
3.3.2	Konventionelles Erdgas	81
3.3.3	Nicht-konventionelle Energierohstoffe	83
3.4	Faktoren und Treiber	86
3.4.1	Internationaler Wettbewerb	87
3.4.2	Energie als politische Waffe	92

3.4.3	Energie als "Currency for Power"	95
3.4.4	Globale Megatrends	99
3.4.5	Sonderrolle des "Mittleren Ostens"	106
3.4.6	Piraterie/ Terrorismus	109
4.	Handlungsrahmen deutscher Energiesicherheit	113
4.1	Deutsche Energiepolitik	115
4.1.1	Verantwortliche Akteure deutscher Energiepolitik	118
4.1.2	Deutschlands Energiesicherheitsstrategie	122
4.1.3	Energieportfolio und -optionen	125
4.1.4	Schutz kritischer Energieinfrastrukturen	132
4.2	Energieversorgung in der EU	136
4.2.1	Anfänge europäischer Energiepolitik	136
4.2.2	Der Vertrag von Lissabon	138
4.2.3	Energiepolitik der Europäischen Union	138
4.2.4	Schutz kritischer Energieinfrastrukturen	149
4.2.5	Europäisches Referenznetz für den Schutz kritischer Infrastrukturen	150
4.3	Energiesicherheit und die Rolle militärischer Macht	154
5.	Das Konzept der Vernetzten Sicherheit	161
5.1	Ausgangsüberlegungen	162
5.1.1	Das politische Umfeld	164
5.1.2	Das Problem mit der erweiterten Sicherheit	169
5.2	Vernetzung – Eine mögliche Antwort	171
5.2.1	Ausgangspunkte des Konzepts	175
5.2.2	Die Herausbildung Vernetzter Sicherheit in Deutschland	181
5.3	Theoretischer Rahmen	189
5.3.1	Bausteine Vernetzter Sicherheit	190
5.3.2	Systemische Zusammenarbeit	196
5.4	Eine kritische Auseinandersetzung mit Vernetzter Sicherheit	200
5.5	Chancen nutzen	206
6.	Energiesicherheit in und für Deutschland	209
6.1	Vernetzte Energiesicherheit	218
6.1.1	Optimierung nationaler Führungsfähigkeit	219
6.1.2	Neujustierung deutscher Energiepolitik	225
6.1.2.1	Strategische Ausrichtung	226
6.1.2.2	Operative Gestaltung	235
6.1.2.3	Politische Steuerung	238

6.2	Beitrag Vernetzter Sicherheit zur deutschen Energiesicherheit	241
7.	Ausblick	249

Literatur- und Quellenverzeichnis — 253

Eidesstattliche Erklärung — 281

Abbildungsverzeichnis

Abb. 1:	China's string of pearls	91
Abb. 2:	Globale Megatrends	99
Abb. 3:	Strategische Ellipse	107
Abb. 4:	Kleine und große Netzwerke	172
Abb. 5:	Comprehensive Approach	180
Abb. 6:	Bausteine Vernetzter Sicherheit	191
Abb. 7:	Architekturverbund Vernetzter Sicherheit	195
Abb. 8:	Zusammenarbeit Vernetzter Sicherheit	197
Abb. 9:	Zukunft deutscher Energiesicherheit	217
Abb. 10:	Architekturverbund Vernetzte Energiesicherheit	222
Abb. 11:	Prozessorganisation Vernetzter Energiesicherheit	223
Abb. 12:	Wirkungsorientierter Mitteleinsatz in der Vernetzten Energiesicherheit	224
Abb. 13:	Vorschlag zur Priorisierung deutscher Energiepolitik	229
Abb. 14:	Nationales Lagebild Deutsche Energiesicherheit	235

Tabellenverzeichnis

Tab. 1: Energieinfrastrukturbereiche   135

Abkürzungen

AA	Auswärtiges Amt
AMBO	Albania-Macedonia-Bulgaria-Oil-Betreibergesellschaft
ASEAN	Association of Southeast Asian Nations
ASEM	Asia-Europe Meeting
BAKS	Bundesakademie für Sicherheitspolitik
BBK	Bevölkerungsschutz und Katastrophenhilfe
BDEW	Bundesverband der Energie- und Wasserwirtschaft e.V.
BDI	Bundesverband der Deutschen Industrie e.V.
BGR	Bundesanstalt für Geowissenschaften und Rohstoffe
Bill.	Billion
BIP	Bruttoinlandsprodukt
BKA	Bundeskriminalamt
BMBF	Bundesministerium für Bildung und Forschung
BMI	Bundesministerium des Innern
BMU	Bundesministeriums für Umwelt, Naturschutz und Reaktorsicherheit
BMVg	Bundesministerium der Verteidigung
BMWi	Bundesministeriums für Wirtschaft und Technologie
BNE	Bundesverband Neuer Energieanbieter e. V.
BTC	Baku-Tiflis-Ceyhan
Bzw.	Beziehungsweise
C	Celsius
CCS	Carbon Dioxide Capture and Storage
CDU	Christlich Demokratische Union
CNG	Compressed Natural Gas
CPC	Caspian Pipeline Consortium
CSU	Christlich Soziale Union
DDR	Deutsche Demokratische Republik
D.h.	Das heißt
EG	Europäische Gemeinschaft
EGKS	Europäische Gemeinschaft für Kohle und Stahl
EGV	EG-Vertrag
EnWG	Energiewirtschaftsgesetz
EPSKI	Europäisches Programm für den Schutz kritischer Infrastrukturen
ErdölBevG	Erdölbevorratungsgesetz
ERN-CIP	European Reference Network for Critical Infrastructure Protection

Etc.	Et cetera
EU	Europäische Union
EUFOR	European Union Force
EURATOM	Europäische Atomgemeinschaft
EVU	Energieversorgungsunternehmen
EWG	Europäische Wirtschaftsgemeinschaft
FDP	Freie Demokratische Partei
G8	Gruppe der Acht (größten Industrienationen der Welt)
GALSI-Pipeline	Gasleitung-Algerien-Sardinien-Italien-Pipeline
GATT	General Agreement on Tariffs and Trade
GECF	Gas Exporting Countries Forum
Gt	Gigatonne
GUS	Gemeinschaft Unabhängiger Staaten
I.d.R.	In der Regel
IEA	International Energy Agency
IOC	International Oil Companies
IRENA	Internationale Agentur für Erneuerbare Energien
ISAF	Internationale Sicherheitsunterstützungstruppe
ITER	International Thermonuclear Experimental Reactor
KAS	Konrad-Adenauer-Stiftung
Km	Kilometer
KOFOR	Kosovo Force
KOM	Kommission der EU
KSZE	Konferenz über Sicherheit und Zusammenarbeit in Europa
kWh	Kilowatt-Stunde
LNG	Liquefied Natural Gas
Mio.	Million
Mrd.	Milliarde
MTCR	Missile Technology Control Regime
NADIS	Nachrichtendienstliches Informationssystem
NATO	North Atlantic Treaty Organization
NAVFOR	European Union Naval Force
NGO	Non-Governmental Organization
NOC	National Oil Companies
OECD	Organization for Economic Co-operation and Development
OEF	Operation Enduring Freedom
OPEC	Organization of Petroleum Exporting Countries
OSZE	Organisation für Sicherheit und Zusammenarbeit in Europa
PEV	Primärenergieverbrauch
PMG	Politisch-Militärische Gesellschaft e.V.

PRT	Provincial Reconstruction Team
SKI	Schutzes kritischer Infrastrukturen
SNMG	Standing NATO Maritime Group
SWP	Stiftung Wissenschaft und Politik
t	Tonnen
TEN-E	Trans-European Energy Networks
THW	Technisches Hilfswerk
U.a.	Unter anderem
u.U.	Unter Umständen
UN	United Nations
UNAMA	United Nations Assistance Mission in Afghanistan
UNAMID	United Nations – African Union Mission in Darfur
UNIFIL	United Nations Interim Force in Lebanon
UNMIS	United Nations Mission in Sudan
UNOMIG	United Nations Observer Mission in Georgia
US	United States
USA	United States of America
USD/b	US Dollar pro Barrel
V.a.	Vor allem
VAE	Vereinigte Arabische Emirate
VN	Vereinte Nationen
WGA	Whole of Government Approach
WNA	Whole of Nation Approach
WTO	World Trade Organization
Z.B.	Zum Beispiel

1 Einleitung

"Man kann den Wind nicht ändern, aber die Segel richtig setzen."
(Aristoteles, 384-322 v.Chr.)

Ohne Energie kein Licht, keine warme Mahlzeit, keine Wärme im Winter, keine Kühlung im Sommer, keine Maschinen, keine moderne Kommunikation und kein globaler Transport. Energie ist der Schlüssel für die Entwicklung, den Wohlstand und das Wachstum von Nationen. Energierohstoffe waren schon seit jeher eng an die industrielle Entwicklung westlicher Industriestaaten gekoppelt.[1] In der industriellen Revolution waren sie v.a. ein Katalysator der Mechanisierung von Handarbeit durch Maschinen, der mechanischen Energieerzeugung und Energieumwandlung, v.a. durch die Dampfmaschine und die massenhafte Verwendung mineralischer Elemente wie Kohle und Eisen.

Energierohstoffe dienen jedoch nicht nur der industriell-wirtschaftlichen, sondern auch – und das erkannte Winston Churchill bereits 1911 – der industriell-militärischen Nutzung.[2] Churchill entwarf eine nationale Energiestrategie, die schon früh widerspiegelte, dass auf der einen Seite Abhängigkeit jeder Art schädlich für die nationale Sicherheit ist, auf der anderen Seite Vielfalt hingegen Sicherheit und Verlässlichkeit schafft. Diese Maxime ermöglichte Großbritannien die systematische Erschließung von Ölquellen des Mittleren Ostens, besonders rund um Mossul, Irak, zu Beginn der 1920er Jahre.[3] Auch die USA erkannten die strategische Bedeutung der engen Verknüpfung von Energie und Sicherheit: 1943 verhandelte Präsident Franklin Roosevelt mit Saudi-Arabiens König

---

[1] S. Hobsbawm, Eric (1969): Industrie und Empire. Britische Wirtschaftsgeschichte seit 1750, Bd. 1, Frankfurt a. M.: Suhrkamp, S. 55.

[2] Die Nutzung von Erdöl statt Kohle in der britischen Marine hatte die Regimente auf See schneller gemacht, Kräfte eingespart bzw. diesen zu einem effizienteren Einsatz freigegeben. Dieselgetriebene U-Boote und Panzer veränderten die Kriegführung und die Industrieproduktion radikal. Vgl. Kneissl, Karin (2008): Der Energiepoker. Wie Erdöl und Erdgas die Weltwirtschaft beeinflussen, München: Finanzbuch.

[3] Vgl. Thumann, Michael (2009): Wissen, was die Nation will, Zeit Online, 15.01.2009, http://www.zeit.de/2008/48/Energie-Poker (Zugriff 15.07.2010).

Ibn Saud Faruk in Ägypten auf dem Kreuzer USS Quincy Erdölkonzessionen für US-Firmen sowie die Stationierung von US-Truppen in Saudi-Arabien.[4]

Mit den Ereignissen von 1973/74 erreichte Energiesicherheit dann erstmals die Notwendigkeit politischen Krisenmanagements.[5] Mit dem Ölpreisschock dieser Jahre offenbarten sich die entstandene Abhängigkeit[6] der erdölkonsumierenden Staaten von den Erdölförderländern und all die damit verbundenen ökonomischen und politischen Folgen für sowohl die Industrie- als auch die Schwellen- und Entwicklungsländer. Erdöl bzw. der Boykott von Öllieferungen seitens der Erdölförderer wurde zur politischen Waffe, zur sog. "Ölwaffe".[7]

Die Preiserhöhungen vom 17. Oktober 1973 im Zuge des vierten Nahostkrieges (Jom-Kippur-Krieg) schienen aus Sicht der Erdölförderländer – vor dem Hintergrund, dass das Erdöl aufgrund der Konzessionsverteilung im Mittleren Osten von internationalen (westlichen) Ölkonzernen[8] bestimmt wurde – als "*längst überfällig*".[9] Die OPEC beschloss ihre Erdölförderung herunterzufahren und auf niedrigem Niveau zu halten, bis die von Israel besetzten Gebiete "befreit" und die "*Rechte des palästinensischen Volkes*" wiederhergestellt seien.[10] Um das zu erreichen, hoben die arabischen Länder den Ölpreis an und setzten ein Ultimatum: Das Embargo gegenüber den "israelfreundlichen" Ländern, wie den

---

[4] S. Wurm, Iris (2007): Im Zweifel für die Monarchie – Autokratische Modernisierung in Saudi-Arabien, HSFK-Report 13/2007, Frankfurt a. M.: Hessische Stiftung Friedens- und Konfliktforschung, S. 11.

[5] S. Hohensee, Jens (1993): Der erste Ölpreisschock 1973/74, Stuttgart: Franz Steiner, S. 106.

[6] Abhängigkeit beschreibt in dieser Arbeit Interdependenz: Symmetrische vs. asymmetrische Interdependenz, Interdependenz-Empfindlichkeit, Interdependenz-Verwundbarkeit sowie horizontale vs. vertikale Interdependenz. Interdependenz-Verwundbarkeit bzw. -Empfindlichkeit beziehen sich auf einen jeweils unterschiedlichen Grad von Betroffenheit bezüglich der Kosten, die bei Abbruch oder Störung einer grenzüberschreitenden Interaktionskette entstehen. Im Falle von Interdependenz-Empfindlichkeit können die entstehenden Kosten durch eine Veränderung der Politik reduziert werden. Bei Interdependenz-Verwundbarkeit können Kosten auch durch eine Politikveränderung nicht reduziert werden. Vgl. Spindler, Manuela (2003): Interdependenz, in: Schieder, Siegfried/ Manuela Spindler (Hg.): Theorien der Internationalen Beziehungen, Opladen: Leske & Budrich, S. 89-116.

[7] In der Resolution der sechsten Arabischen Gipfelkonferenz in Algier am 28. November 1973 wurde erstmals von „*oil as an economic weapon*" gesprochen. In: Der Spiegel, 3/1975, S. 56-64 (61).

[8] Diese internationalen Ölkonzerne, die sog. "*Seven Sisters*", beherrschten in den 1960er und 1970er Jahren den globalen Ölmarkt. Zu ihnen gehörten: Standard Oil of New Jersey (Esso), Royal Dutch Shell, Anglo-Persian Oil Company (APOC), Standard Oil Co. of New York (Socony), Standard Oil of California (Socal), Gulf Oil und Texaco.

[9] Vgl. Sampson, Anthony (1975): The Seven Sisters. The Great Oil Companies and the World They Made, London: Hodder and Stoughton.

[10] Vgl. Thumann, Michael (2007): Erdöl als Waffe, Zeit Online, 14.12.2007, http://www.zeit.de/online/2007/51/oel-konflikte?page=1 (Zugriff 14. Juli 2010).

USA und den Niederlanden, würde erst mit befolgter VN-Sicherheitsratsresolution 242 aufgehoben werden.[11]

Obwohl die Ölwaffe ihr vermeintliches Ziel, d.h. die Erfüllung der VN-Sicherheitsratsresolution 242, also den Rückzug Israels aus den im Sechs-Tage-Krieg eroberten Gebieten, verfehlte, war *"der Einsatz der Ölwaffe durch die arabischen Staaten im Rahmen des Oktoberkrieges im Nahen Osten"* letztendlich doch erfolgreich: Westliche Politiker prognostizierten gravierende Fehleinschätzungen der potentiellen politischen und ökonomischen Folgen und sorgten damit selbst *"von allen Ereignissen der letzten Jahre für den größten Schock, [...] eine neue Ära"*.[12] Dieser Ölpreisschock katapultierte Staat, Wirtschaft sowie Gesellschaft die Bedeutung von Energiesicherheit für ihr tägliches Leben erstmals ins Bewusstsein.

Vor diesem historischen Hintergrund, aber v.a. unter den Bedingungen von Globalisierung, Wettbewerb und Wohlstandsmehrung, sind Rohstoffe heute weit mehr als nur Werkstoffe oder Entwicklungskatalysatoren. Es ist nur eine logische Konsequenz, dass Energiesicherheit heute ein Thema höchster nationaler und internationaler Relevanz darstellt – obgleich sich die Schwerpunkte von Energiesicherheit entlang der Zeitachse immer wieder verändert haben.[13]

Viele Länder leisten sich Energieministerien, die ihre Politik nach innen und außen koordinieren.[14] Eine ganzheitliche Betrachtung geriet bei der Mehrzahl der Akteure (wie z.B. Deutschland) bisher ins Hintertreffen;[15] allenfalls bei

---

[11] „Daß die Araber die politischen Grenzen der Einsetzbarkeit ihrer Ölwaffe selbst erkennen, halten die Arabien-Experten des Westens heute für unwahrscheinlicher als noch vor einem Jahr: Zu eindeutig erscheint den Arabern der Erfolg ihrer Ölwaffe nach dem Oktoberkrieg 1973, zu groß ist bei vielen Potentaten das Bedürfnis nach Revanche für das Unrecht, das ihnen das Abendland seit dem Niedergang des arabischen Weltreichs angeblich angetan hat, zu irrational die Gedankenwelt des Orients". In: Der Spiegel, 3/1975, S. 56-64 (61).

[12] S. Hohensee, Jens (1993): Der erste Ölpreisschock 1973/74, Stuttgart: Franz Steiner, S. 107.

[13] S. Barton, Barry/ Redgwell, Catherine/ Ronne, Anita/ Zillman, Donald (2004): Energy Security: Managing Risk in a Dynamic Legal and Regulatory Environment, New York: Oxford University Press, S. 3.

[14] S. Larrotcha Parada, Manuel (2004): The Transatlantic Link in a Global World – NATO, the European Union and the Defence of Common Values, Denkwürdigkeiten Nr. 19/2004, S. 8-13 (8 f.).

[15] Ganzheitlichkeit ist die Betrachtung einer Sache in der Totalität aller Teile sowie in der Gesamtheit ihrer Eigenschaften und Beziehungen. Die Betrachtung und Behandlung eines Themas, eines Gegenstandes oder einer Beziehung in seiner Ganzheit meint eine umfassende, weitsichtige und weit vorausschauende Berücksichtigung möglichst vieler Aspekte und Zusammenhänge: Erkennbare Ursprünge, Ziele und Bestimmungen, Eigenschaften, Zuschreibungen und Zuordnungen, direkte und indirekte Beziehungen und Querbeziehungen, Regeln, Werte und Normen, Rahmenbedingungen, Nutzenabwägungen, Anwendungsaspekte sowie Neben-, Folge- und Wechselwirkungen des Systemverhaltens – und absehbare Reaktionen anderer Akteure im Umgang damit. S. Martinez, Gustavo B. (1990): Ganzes/Teil, in: Sandküh-

Weltmächten wie den USA, Russland und China ist eine solche zu beobachten. Diese scheinbare Missachtung liegt zum einen an der Natur des Energiethemas selbst. Die außergewöhnlich hohe Bedeutung von Energie für die Lebensgrundlage und Prosperität von Gesellschaften erfordert rasche politische Lösungen, was die Politik zu heftigen Reaktionen auf einzelne Ereignisse veranlasst. Zum anderen offenbaren sich besonders in diesem Feld und angesichts der zunehmenden Komplexität und Dynamik politischer, wirtschaftlicher und gesellschaftlicher Problemstellungen, die sich seit dem doppelten Paradigmenwechsel von 1989/90 und dem 11. September 2001 entwickelt haben,[16] die Grenzen traditionell politischer Steuerung in Deutschland sowie in anderen mittelgroßen und kleineren Staaten.

Die Sicherung der Energieversorgung Deutschlands ist von weitreichender Bedeutung, die gegenwärtige und zukünftige Zeitumstände, außen- und innenpolitische Zielsetzungen, richtungsweisende Zukunftsfragen und die internationale sowie innere Ordnung berührt. Politik, Wirtschaft und Gesellschaft müssen sich mit diesem Wandel konzeptionell, und mehr noch, mit Blick auf praktische Konsequenzen ganz konkret auseinandersetzen. In Deutschland ist demgegenüber Energiesicherheit ein Politikbereich, in dem die eigentliche Entscheidungsgewalt bei den privatwirtschaftlich geführten Energieunternehmen liegt, an denen der deutsche Staat nicht mehr beteiligt ist – kommunale Unternehmen der Daseinsvorsorge ausgenommen.

---

ler, Hans J. (Hg.): Europäische Enzyklopädie zu Philosophie und Wissenschaften, Hamburg: Meiner-Verlag, S. 226.

[16] Das sicherheitspolitische Paradigma zwischen 1919 und 1989 wird vom Ersten Weltkrieg und der Versailler Friedensordnung, dem Nationalsozialismus und dem Zweiten Weltkriegs sowie schließlich dem Ost-West-Konflikt und seiner Blockbildung bestimmt. Paradigmenwechsel bedeutet eine Änderung des Blickwinkels auf ein wissenschaftliches Feld, wie es mit dem Zusammenbruch des Ost-West-Konfliktes und damit einhergehenden Systemwandel, aber auch mit der Erkenntnis und Anerkennung neuer transnationaler Bedrohungen wie den Terroranschlägen des 11. September 2001 offensichtlich wird. Die Fokussierung auf den Kampf gegen den Kommunismus während des Ost-West-Konflikts führte zu Allianzen, wie die der NATO und die Sicherheitspartnerschaften mit Japan und Südkorea. Die Anschläge vom 11. September haben (vielleicht für immer) den Blick auf die Welt verändert. Die USA verloren den Mythos der Unverwundbarkeit und die NATO stellte erstmals in ihrer Geschichte den Bündnisfall fest. Insgesamt ist festzustellen, dass sich seit Beginn der 1990er Jahre ein Paradigmenwechsel innerer und äußerer Sicherheit vollzieht: Die sich seit den 1960er Jahren herausgebildete Zielvorstellung innerer Sicherheit – Sicherheit des Staates vor Bedrohungen *von innen* – verändert/erweitert sich dahingehend, dass, als zu schützendes Gut, die Sicherheit des einzelnen Staatsbürgers sowie seiner materiellen/ideellen Lebensgrundlage zunehmend in den Mittelpunkt rückt. So wird Energiesicherheit zur politischen Überlebensstrategie von Nationen, die die Grenzen zwischen innerer und äußerer Sicherheit zunehmend auflöst.

Die Herausforderung Energiesicherheit[17] bettet sich in einem dynamischen Komplex von Unsicherheiten: Politische Instabilität in wichtigen Energieproduzenten- und Lieferländern, die Manipulation von Energielieferungen, ein sich in jeder Hinsicht verschärfender Wettbewerb um knapper werdende Energierohstoffe, Angriffe auf die internationale und nationale Energieinfrastruktur, aber auch Unfälle sowie Naturkatastrophen und globale Megatrends fordern diese staatliche Aufgabe zunehmend heraus und verlangen, dass sich Politik und politische Administration strukturell und prozessual entsprechend befähigen.[18] Die Unberechenbarkeit religiös motivierter terroristischer Bedrohungen, das Auftauchen neuer wirtschaftlicher und sicherheitspolitischer Schwergewichte auf der internationalen Bühne, Herausforderungen für Rohstoff-, Kapital- und Finanzmärkte, Konsequenzen für Staatsfinanzen, Sozialsysteme und Standortentscheidungen, sich rasch entwickelnde Technologiesprünge etc. sind für sich allein schon komplex und schwer beherrschbar.[19] Hinzu kommen zunehmende und sich gegenseitig verstärkende Interdependenzen, die in Deutschland, Europa und weit darüber hinaus einen Wandel im sicherheitspolitischen Denken bewirken.[20] Der erfolgreiche Umgang mit diesem Wandel und die Fähigkeit der Gewährleistung von Energiesicherheit in und für Deutschland sind essentiell für Deutschlands Existenz und Zukunft.

1.1 Problemaufriss

Eine nachhaltige, wettbewerbsfähige und sichere Energieversorgung ist eine Grundvoraussetzung für Deutschland. Energiesicherheit ist von existenzieller

---

[17] Energiesicherheit wird in dieser Arbeit als Energieversorgungssicherheit Deutschlands mit Erdöl und Erdgas verstanden und bezieht sich einerseits auf die energiepolitischen Interessen Deutschlands und andererseits auf die Wertschöpfungskette beginnend beim Zugang zu den Energierohstoffen Erdöl und Erdgas, über den Bezug dieser Rohstoffe bis hin zu ihrem Transport zu den Verbrauchern.

[18] Vgl. National Intelligence Council (2004): Mapping the global future. Report of the National Intelligence Council's 2020 Project Based on consultations with nongovernmental experts around the world, Washington D.C.: NIC

[19] Unberechenbarkeit entspricht der Ungewissheit, welcher Akteure im Hinblick auf den Verlauf und das Resultat einer Entwicklung ausgesetzt sind. Dabei spielen Zufall, eine hohe Zahl von Kombinationsmöglichkeiten auftretender Ereignisse, zu der sich zusätzlich zahlreiche Reaktionsmöglichkeiten der Akteure kombinieren, und verdeckte Information eine große Rolle. Gesucht wird nach optimalen Verhaltensweisen der Akteure auf diese Entwicklungen.

[20] S. Manzl, Wolfgang (2009): Homeland Security als ein mögliches Konzept der umfassenden Sicherheitsvorsorge in Österreich, Dissertation, Wien: Universität Wien, S. 2.

Bedeutung für das Funktionieren von Gesellschaft und Wirtschaft.[21] Energie und die entsprechenden Rohstoffe sind für Deutschlands Industrieproduktion, Außenhandel und Exportorientierung essentiell. Sie ermöglichen Wirtschaftswachstum, Beschäftigung und Wohlstand.[22] Sie sind nicht substituierbar durch andere Güter.[23]

Die sichere und preiswerte Bereitstellung von Energie hat eine Schlüsselrolle in der menschlichen Entwicklung,[24] die angesichts der Verfügbarkeit bzw. des Vorhandenseins von Rohstoffen schon immer und auch in Zukunft Konflikte begünstigen, zumindest aber deren Zustandekommen und Verlauf beeinflussen wird.[25] So sind ganze Epochen der Menschheitsgeschichte nach einzelnen Rohstoffen benannt wie zum Beispiel die Stein-, Bronze- oder Eisenzeit.[26] Weitere Belege hierfür sind der Krieg im Irak, Sudan und Aceh (Indonesien), die zunehmende Militarisierung der Arktis, verstärkte Verstaatlichungen von Öl- und Gasfirmen, Streit um Hoheitsgewässer im Südchinesischen Meer usw. In Afrika zeigen sich v.a. eine erhöhte Anfälligkeit und ein erhöhtes Gewaltpotential.[27] Hinzu kommt neuerdings, bedingt durch geoökonomische und -politische Konstellationen, die starke Aufwertung ressourcenfördernder und -reicher Regionen. So ist derzeit eine internationale Tendenz zum Ausbau von Kontrollstrategien zu beobachten, die den Einsatz militärischer Mittel nicht ausschließen.

Die einschlägige Literatur hierzu ist zwar umfangreich, jedoch bieten zahlreiche Antworten auf energiepolitische Fragestellungen der Vergangenheit und Gegenwart meistens nur sektorale Lösungsansätze an. Diese entsprechen in der Regel nicht überzeugend den tatsächlichen Erfordernissen einer ganzheitlichen und umfassenden deutschen Energiepolitik.

---

[21] S. Löwer, Wolfgang (1989): Energieversorgung zwischen Staat, Gemeinde und Wirtschaft, Bd. 3, Schriftenreihe Recht-Technik-Wirtschaft, Köln: Carl Heymanns Verlag KG, S. 199.

[22] Schmidt-Preuß, Matthias (2002): Europarechtliche und verfassungsrechtliche Rahmenbedingungen der Energiepolitik, in: Hendler, Marburger/ Reinhardt, Schröder (Hg.): Energierecht zwischen Umweltschutz und Wettbewerb, Umwelt- und Technikrecht, Bd. 61, Baden-Baden: Nomos, S. 27-69 (30).

[23] S. Oppermann, Thomas (1999): Europarecht, München: C.H. Beck, § 19, Rn 1317.

[24] S. Streffer, Christian/ Gethmann, Carl Friedrich/ Heinloth, Klaus/ Rumpff, Klaus/ Witt, Andreas (2005): Ethische Probleme einer langfristigen globalen Energieversorgung, Berlin: Walter de Gruyter GmbH & Co. KG, S. 332.

[25] Vgl. United Nations Environment Programme (2009): From Conflict to Peace-building The Role of Natural Resources and the Environment, Nairobi: UNEP.

[26] S. Grolle, Johann (2006): Wohlstand aus dem Berg: die Geschichte Europas und seiner Kultur ist eng verwoben mit der Gewinnung von Silber, Kupfer und Eisen, in: Follath, Erich/ Jung, Alexander (Hg.): Der neue Kalte Krieg – Kampf um die Rohstoffe, München: Deutsche Verlags-Anstalt, S. 127-137 (129).

[27] S. Bannon, Ian/ Collier, Paul (2003): Natural Resources and Violent Conflicts. Options and Actions, Washington D.C.: The World Bank, S. 1-17 (4).

Im Folgenden wird der analytische und wissenschaftliche Rahmen dieser Dissertation abgesteckt und vorgestellt.

1.1.1 Energiesicherheit

„*Energy is what makes Europe tick*".[28]

Die Herausbildung der Industrie- und Informationsgesellschaften wurde mit und durch die kontinuierliche Umsetzung großer Energiemengen möglich.[29] Auf eben dieser Grundlage, d.h. dem kontinuierlichen Umsatz von Energie, beruhen auch die technischen Zivilisations- und Industrialisierungsperspektiven der Schwellen- und Entwicklungsländer.[30]

Zwischen Wirtschaftswachstum und Energieverbrauch sowohl in den Industrie- als auch in den Schwellen- und Entwicklungsländern besteht ein immanenter Zusammenhang.[31] Anhand der Verteilung von Energie in der Welt unterscheiden sich i.d.R. entwickelte Industriegesellschaften mit einem besonders hohen spezifischen Energieverbrauch von Entwicklungsländern mit einem besonders niedrigen spezifischen Energieverbrauch. Dieser Zusammenhang ist in der Anfangsphase der Industrialisierung sowie zu Beginn von Modernisierungsschüben besonders ausgeprägt. Vor dem Hintergrund technologischer Fortschritte, effizienter Stromerzeugung und Energieeinsparung reicht den Volkswirtschaften später jedoch ein geringerer Energieeinsatz für gleiche wirtschaftliche Leistungen.[32]

Physische Arbeitsleistungen werden nahezu ausschließlich mit kommerziell bereitgestellten Energieträgern erbracht; insofern sind die folgenden Energieträger besonders wichtig:

- Fossile Energieträger, d.h. Erdöl, Erdgas und Kohle.
- Kernenergie.

---

[28] Vgl. European Commission (2009): EU's various energy-related strategies, European Commission 12.12.2009, http://ec.europa.eu/energy/strategies/index_en.htm (Zugriff 23.12.2009).

[29] S. Häckel, Erwin (2004): Internationale Energiepolitik, in: Woyke, Wichard (Hg.): Handwörterbuch Internationale Politik, Bonn: Bundeszentrale für politische Bildung, S. 177-186 (177).

[30] S. ebd., S. 177.

[31] S. ebd., S. 178.

[32] Dies lässt sich an der Entwicklung in Deutschland belegen. So hat Deutschland z.B. seinen Energieeinsatz zur Erwirtschaftung des gleichen Bruttoinlandsprodukts von 1973 bis 1995 um 36 Prozent reduziert. S. Asea Brown Bovery Deutschland (1998): Umweltreport, Mannheim: ABB, S. 8.

- Erneuerbare Energien wie Wasserkraft, Biomasse, Erdwärme, Solar- und Windenergie.

90 Prozent des Weltenergieverbrauchs werden durch Erdöl, Erdgas und Kohle gedeckt. Über 60 Prozent davon machen Erdöl und Erdgas aus.[33] Diese Energieträger sind weltweit jedoch ungleich verteilt. Die meisten Länder – Industrienationen wie auch Schwellen- und Entwicklungsländer – sind auf die Einfuhr von Energieträgern angewiesen. Die Länder am Persischen Golf, aber auch beispielsweise Nigeria, Venezuela und Russland, d.h. die ressourcenreichen Staaten, exportieren mehr als neun Zehntel ihre Energieprodukte und verfügen über die weltgrößten Ressourcen.[34] Insgesamt zeigt sich, dass Öl, Gas, und in zunehmendem Maße auch Elektrizität, aus energetischen Überschussländern in energetische Defizitländer geliefert werden.[35]

Obwohl dieses globale Ungleichgewicht von Nachfrage und Angebot zwar grundsätzlich durch internationale Handelsströme austariert wird, unterliegen Nachfrage und Angebot teilweise erheblichen politischen Einflüssen, wie es z.B. der russisch-ukrainische Gasstreit 2005,[36] der russisch-weißrussische Energiestreit 2007,[37] das Spannungsdreieck USA, Kolumbien und Venezuela,[38] das Iranische Atomprogramm,[39] der Krieg im Nahen Osten[40] oder die Streitigkeiten

---

[33] S. BP (2008): BP Statistical Review of World Energy June 2008, London: BP, S. 8.
[34] S. Exxon Mobil (2009): Oeldorado 2009, Hamburg: ExxonMobil Central Europe Holding GmbH, S. 6.
[35] S. Häckel, Erwin (2004): Internationale Energiepolitik, in: Woyke, Wichard (Hg.): Handbuch Internationale Politik, Bonn: Bundeszentrale für politische Bildung, S. 177-186 (179).
[36] Gazprom warf der Ukraine vor, das für den Export bestimmte Gas zu stehlen. Die Ukraine behauptete hingegen, die Gaslieferungen seien von Gazprom gestoppt worden. Der Energiekonflikt zwischen Russland und der Ukraine hatte sich zugespitzt, weil sich beide Seiten nicht auf neue Gaspreise und Lieferverträge einigen konnten.
[37] Zwischen Russland und Weißrussland brach ein Disput über die Lieferbedingungen für Öl und Erdgas aus. Gazprom hatte Weißrussland massive Preiserhöhungen auferlegt und 50 Prozent der Anteile an dem Erdgaspipeline-Betreiber Beltransgas übernommen. Zudem hatte Russland einen Zoll in Höhe von 180 Dollar für jede nach Weißrussland exportierte Tonne Rohöl eingeführt.
[38] Die USA sehen in Kolumbien und Venezuela – den wichtigsten Erdöllieferanten für die USA – eine Gefahr für die Stabilität Südamerikas. So sind z.B. die drei außenpolitischen Schwerpunkte Venezuelas: Erdölpolitik als Mittel zur Außenpolitik, eine mit anderen südamerikanischen Staaten gemeinsame, von den USA unabhängige Südamerikapolitik und eine starke Front gegen die US-amerikanischen Alleingänge in der Weltpolitik. In der Washington Post stilisierte Venezuelas Präsident Chavez den Öldurst der Industrieländer zum Kalten Krieg des 21. Jahrhunderts hoch. Der Konflikt verschärfte sich 2009, als die USA und Kolumbien ein Militärabkommen unterzeichnen.
[39] Gegenüber dem iranischen Atomprogramm, das die Energieversorgung des Landes um die Nutzung der Kernenergie ergänzen soll, bestehen begründete Zweifel, ob es wirklich ausschließlich friedlichen Zwecken dient. Die iranische Urananreicherung ist deshalb problema-

zwischen Libyen und der Schweiz zeigen.[41] Die Mixtur politischer Einflussnahmen und volatiler Handelsströme sowie Preise macht die Gestaltung des globalen Energiesektors zu einer sehr komplexen Herausforderung.
Die drängendsten Herausforderungen in diesem politischen Kontext sind:

Anstieg des weltweiten Energieverbrauchs und seine Implikationen
Der Weltenergieverbrauch wird bis 2030 um ca. 60 Prozent steigen. Der Zuwachs bis 2030 wird sich voraussichtlich zu einem Drittel auf die Industrienationen und zwei Dritteln auf die Entwicklungsländer verteilen.[42] Derzeit verbrauchen die Industrienationen bei einem Anteil von knapp 25 Prozent der Weltbevölkerung ca. 65 Prozent der konventionellen Energieträger bzw. 75 Prozent der weltweit erzeugten Elektrizität.[43] Insgesamt ist festzustellen, dass der Energieverbrauch global seit dem letzten Jahrhundert stark ansteigt, wobei der größte Verbrauch in den Industrienationen stattfindet und dieser Trend weiter anhält. Bisher konnte lediglich die Wachstumsrate, jedoch nicht der Energieverbrauch – dessen Minderung in Form von Einsparen von Energie, effiziente Energienutzung und Einsatz erneuerbarer Energien möglich wäre – eingeschränkt werden.[44] Nur wenn es gelingt, einen Rückgang des Energieverbrauchs pro Einheit Wirt-

---

tisch, weil sie auch für die Produktion von Spaltmaterial für den Bau von Kernwaffen verwendet werden kann. Obwohl der Iran den Nichtverbreitungsvertrag ratifiziert und sich verpflichtet hat, auf Atomwaffen zu verzichten und das gesamte im Land befindliche nukleare Spaltmaterial durch die International Atomic Energy Agency kontrollieren zu lassen, hat der Iran mehrfach gegen das Safeguards Agreement verstoßen. Vgl. Security Council SC/8928 – UN Resolution 1737 vom 23.12.2006.

[40] Suezkrise 1956; Sechstagekrieg 1967; Jom-Kippur-Krieg 1973; Erster Libanonkrieg 1982; Zweiter Libanonkrieg 2006.

[41] Der libysche Staatschef Muammar el-Ghadhafi drohte der Schweiz mit einem Öl-Lieferboykott und zog darüber Gelder von Schweizer Banken ab: Sie sanken 2008 von 5,8 Milliarden auf 628 Mio. Franken. Zudem darf die Swiss Air nicht mehr nach Libyen fliegen. Ghadhafi reagierte damit auf die vorübergehende Verhaftung seines Sohnes Hannibal und dessen Frau in Genf. Grund war eine Anzeige von zwei Bediensteten wegen Misshandlungen durch den Präsidentensohn. Vgl. Swissinfo (2008): Libyen verstärkt Druck auf die Schweiz, Swissinfo.ch, 10.10.2008, http://www.swissinfo.ch/ger/Home/Archiv/Libyen_verstaerkt_ Druck_auf_die_Schweiz.html?cid=6971134 (Zugriff 19.02.2009).

[42] S. Energiewirtschaftliches Institut an der Universität zu Köln/ Prognos AG (2006): Auswirkungen höherer Ölpreise auf Energieangebot und -nachfrage Ölpreisvariante der Energiewirtschaftlichen. Referenzprognose 2030 für das Bundesministerium für Wirtschaft und Technologie, Berlin, Köln: EWI/ Prognos, S. 14.

[43] S. Bundesministerium für Umwelt, Naturschutz und Reaktorsicherheit (2004): Erneuerbare Energien – Innovation für die Zukunft, Berlin: BMU, S. 14.

[44] Vgl. Energiewirtschaftliches Institut an der Universität zu Köln/ Prognos AG (2006): Auswirkungen höherer Ölpreise auf Energieangebot und -nachfrage Ölpreisvariante der Energiewirtschaftlichen. Referenzprognose 2030 für das Bundesministerium für Wirtschaft und Technologie, Berlin, Köln: EWI/ Prognos.

schaftsleistung zu forcieren, kann ein symmetrischer Zuwachs des weltweiten Energieverbrauchs mit dem Anstieg der Weltbevölkerung vermieden werden. Andererseits wird beispielsweise das deutsche Wirtschaftswachstum mittelfristig durch höhere Energiepreise gebremst.[45]

Deckung des weltweiten Energieverbrauchs
Das Weltenergiesystem wird auch künftig durch fossile Brennstoffe beherrscht. 2030 werden sie fast 90 Prozent des gesamten Energieangebotes stellen. Erdöl bleibt bis 2030 der wichtigste Primärenergieträger und wird bis dato ca. 35 Prozent zur Verbrauchsdeckung beitragen – vorausgesetzt, der Status der bekannten Ressourcen ändert sich nicht und die derzeitigen Investitionsdefizite in die Energieinfrastruktur werden überwunden.[46] Erdgas wird 2030 höchstwahrscheinlich ein Viertel des Weltenergieangebotes stellen, hauptsächlich durch den ansteigenden Bedarf der Stromerzeuger.[47] Kohle geht nach den fossilen Energieträgern mit dem stärksten Wachstum seit sechs Jahren einher (2008: globaler Verbrauchszuwachs von 3,1 Prozent) mit steigender Tendenz bis 2030. Fast zwei Drittel des Anstiegs des Kohleangebotes zwischen 2000 und 2030 werden aus Asien kommen.[48] Der Beitrag der Kernenergie zum weltweiten Energiebedarf beträgt derzeit ca. 17 Prozent. Dieser steigt, laut der International Atomic Energy Agency, bis 2030 wieder – analog 1980 – auf ca. 27 Prozent an.[49]

Ressourcenverfügbarkeit und Konkurrenz
Das *Energiewirtschaftliche Institut der Universität zu Köln* rechnete in seiner Prognosstudie zu der Entwicklung der Energiemärkte bis 2030 mit keinen Engpässen bei den Energieressourcen.[50] Immerhin konstatiert es eine zunehmende politische und wirtschaftliche Abhängigkeit Deutschlands bei der Energieversorgung von instabilen Förder- und Transitländern. Versorgungsrisiken werden jedoch nicht ausgeschlossen, zumal beim Öl- und Gasverbrauch, insbesondere

---

[45] Vgl. ebd.
[46] S. ebd., S. 14.
[47] Vgl. BP (2009): BP Statistical Review of World Energy June 2009, London: BP.
[48] Vgl. Nizamoglou, Hilde (2009): Energie aktuell: Kohle mit stärkstem Zuwachs beim Weltenergieverbrauch, Global Press, 31.08.2009, http://www.ratschlag24.com/index.php/energie-aktuell-kohle-mit-strkstem-zuwachs-beim-weltenergieverbrauch-_91152/ (Zugriff 11.03.2010).
[49] International Atomic Energy Agency (2007): Energy, Electricity and Nuclear Power: Developments and Projections, 25 Years Past and Future, Vienna: IAEA, S. 52.
[50] S. Energiewirtschaftliches Institut an der Universität zu Köln/ Prognos AG (2006): Auswirkungen höherer Ölpreise auf Energieangebot und -nachfrage Ölpreisvariante der Energiewirtschaftlichen. Referenzprognose 2030 für das Bundesministerium für Wirtschaft und Technologie, Berlin, Köln: EWI/ Prognos, S. V.

bzgl. des wachsenden LNG-Handels, die Nachfragekonkurrenz mit Asien und den USA steigt.

Anstieg der Preise für Energierohstoffe
Bis 2030 werden die Erdöl- und Erdgaspreise absehbar deutlich zunehmen. Für 2030 wird ein Ölpreisniveau von real ca. 60 Dollar bis 100 Dollar pro Barrel nominal unterstellt.[51] Das bedeutet eine Steigerung des Ölpreises ausgehend von den 1990er Jahren um das Drei- bis Vierfache. Gleichzeitig entkoppelt sich der Gaspreis zunehmend vom Ölpreis. Demgegenüber steigen die Kohlepreise bis 2030 real nur wenig bzw. bleiben konstant. Das macht Kohle gegenüber den anderen fossilen Energieträgern zwar attraktiver, führt aber zu erhöhten CO_2-Emissionen mit erheblichen Auswirkungen für Klima und Umwelt. Der Strompreis hat sich im Großhandel zwischen 2000 und 2010 bereits verdoppelt; mit weiterhin steigender Tendenz.[52] Dabei treiben Bestimmungsfaktoren sowohl auf der Nachfrage-[53] als auch auf der Angebotsseite[54] die langfristige Preisentwicklung.

Investitionspolitik
Technische Neuerungen beeinflussen Form und Umfang der Energienutzung. Große Energieprojekte, wie die Erschließung neuer Öl- und Gasfelder, Niederbringung von Kohlegruben, Pipelinenetze, Tankerflotten, Kraftwerke etc. sind äußerst investitionsintensiv. Fossile Kraftwerke und Kernkraftwerke müssen ihre Wirkungsgrade steigern, Kosten senken, Schadstoffemissionen verringern und Sicherheit erhöhen. Gleichzeitig kommen neue Techniken wegen langer Investitionszyklen nicht schnell genug in den Markt. Ein wichtiger Grund dafür ist, dass der Umfang der erforderlichen Investitionen die Bildung internationaler Konsortien und massiver Devisenströme erfordert. Preissprünge wie etwa während der Ölkrise wirken massiv auf die internationalen Währungs- und Finanzmärkte. Schon eine geringfügige Verknappung oder Überproduktion bei Öl kann Verwerfungen im Preisgefüge auslösen und die Rentabilität aller konkurrierenden

---

[51] S. ebd., S. VI.
[52] S. ebd., S. 19.
[53] Hier insbesondere die globalen Reserven, die Überführung von Ressourcen in Reserven durch technologischen Fortschritt und Investition, Kapitalintensität und lange Bauzeiten für Produktionskapazitäten, die Politik der OPEC.
[54] Entwicklung von Bevölkerung und Wirtschaftsleistung, spezifische Verbräuche von Produktionsprozessen, Transport- und Heizungssystemen, Substitutionsmöglichkeiten, Einsparmaßnahmen, stark zunehmender Energieverbrauch in China, Indien und anderen asiatischen Staaten.

Energieträger beeinflussen. Vor diesem Hintergrund baut sich ein technologisches und infrastrukturelles Investitionsdefizit auf.[55]

Insgesamt zeigt sich, dass nicht nur singuläre Ereignisse (wie z.b. kurzfristige Ausfälle von Förderkapazitäten), sondern vor allem strukturelle Einflüsse (wie z.B. im internationalen Energiehandelssystem) die Verfügbarkeit von Energie, d.h. die Versorgung mit den zwei wesentlichen Energieträgern Erdöl und Erdgas, bestimmen.[56] Vor dem Hintergrund ihrer herausragenden Bedeutung für Gesellschaften – besonders das Wirtschaftswachstum und die damit verbundene Prosperität – ist es nicht verwunderlich, dass Staaten sehr viel Aufwand für die Sicherung ihrer Energieversorgung betreiben. Energie sichert nicht nur den gegenwärtigen Lebensstandard der Industrienationen, sondern begründet darüber hinaus langfristig den ökonomischen Wohlstand und den Zusammenhalt von Gesellschaften.[57] Entwicklungsländer hätten erst gar keine Chance zur industriellen und gesellschaftlichen Fortentwicklung und Wohlstandsmehrung.

Energiesicherheit orientiert sich mehr als jedes andere Politikfeld an real anerkannten Bedingungen und Möglichkeiten, verlangt das rasche Treffen von Entscheidungen und eine breite Akzeptanz in der öffentlichen Meinung. Die große Dynamik in diesem Bereich wird sich damit auf das auf westlichen Werten aufgebaute internationale Staatensystem (inkl. der Attraktivität von Demokratie, sozialer Marktwirtschaft und der damit assoziierten Lebensqualität) auswirken. Das könnte zur Folge haben, dass Nationalstaaten weiter an Handlungsfähigkeit einbüßen.[58] Damit diese Entwicklungen Staaten nicht in ein modernes Sicherheitsdilemma[59] treiben und damit einhergehend in eine potentielle ordnungspolitische Krise, muss der Staat die intra- und interkontexturalen Inter- und Intradependenzen der Energiesicherheit kennen, ihre Aus- und Wechselwirkun-

---

[55] S. Energiewirtschaftliches Institut an der Universität zu Köln/ Prognos AG (2006): Auswirkungen höherer Ölpreise auf Energieangebot und -nachfrage Ölpreisvariante der Energiewirtschaftlichen. Referenzprognose 2030 für das Bundesministerium für Wirtschaft und Technologie, Berlin, Köln: EWI/ Prognos, S. 15.
[56] S. ebd., S. 1.
[57] Vgl. Kennedy, Paul (1989): The Rise and Fall of the Great Powers. Economic Change and Military Conflict from 1500 to 2000, New York: Vintage Books.
[58] S. Souchon, Lennart (1990): Neue deutsche Sicherheitspolitik, Herford, Bonn: E.S. Mittler & Sohn, S. 8.
[59] Das klassische Sicherheitsdilemma beschreibt eine Situation, in der durch zwischenstaatliche Interaktion Konflikte in den internationalen Beziehungen verursacht werden. Das moderne Sicherheitsdilemma beschreibt eine Situation, in der durch Interaktion zwischen Staaten- und Gesellschaftswelten Vertrauensverluste in die staatliche Sicherheitsvorsorge verursacht werden. Vgl. Herz, John H. (1974): Idealistischer Internationalismus und das Sicherheitsdilemma, in: Herz, John H. (Hg.): Staatenwelt und Weltpolitik, Aufsätze zur internationalen Politik im Nuklearzeitalter, Hamburg: Hoffmann und Campe.

gen abschätzen und nachhaltige Entscheidungen treffen.[60] Jeder gescheiterte Versuch, Sicherheit in diesem Dilemma wiederherzustellen, führt über Wechselwirkungen mit Globalisierungsprozessen – *"globalization has become the world's dominant feature"*[61] – weltweit zu neuen Unsicherheiten.[62]

1.1.2 Vernetzte Sicherheit

Sicherheit im Allgemeinen und Energiesicherheit im Besonderen sind prozessbestimmt. Ihre Gewährleistung steht in kontinuierlicher Wechselwirkung mit zahlreichen Prozessen bzw. Trends[63] wie beispielsweise Ressourcen- und Umweltentwicklungen, demographischen, wissenschaftlich-technologischen, kulturellen, politischen, wirtschaftlichen und gesellschaftlichen Entwicklungen. Energiesicherheit und Energiepolitik sind eingebunden in die globalen Trends der Menschheitsentwicklung und müssen vor diesem Hintergrund betrachtet und gestaltet werden.

Fossile Energien werden im Jahr 2030 über 80 Prozent zur Weltenergieversorgung beisteuern.[64] Der künftige Zugang zu wichtigen Rohstoffen wird schwieriger werden. Erdöl als Rohstoff der Petrochemie kann beispielsweise durch Gas oder Kohle ersetzt werden. Dies ist nicht der Fall bei einigen seltenen Metallen wie beispielsweise Neodym, Scandium, Yttrium, Rhodium, Indium und Gallium.[65] Hierbei handelt es sich um kritische Ressourcen mit strategischen Funktionen, da nahezu die gesamte Produktion elektronischer Bauteile auf die-

---

[60] S. Gotthard, Günter (1975): Selbstdarstellung im Spiegel Amerikas, in: Pongratz, Ludwig J. (Hg.): Philosophie in Selbstdarstellung, Bd. 2, Hamburg: Felix Meiner, S. 27-43 (39).
[61] S. Friedman, Thomas (1999): The Lexus and the Olive Tree, New York: Farrar, Straus & Giroux, S. xvii.
[62] Vgl. Cerny, Philip G. (2000): The New Security Dilemma: Divisibility, Defection and Disorder in the Global Era, Review of International Studies, Nr. 26/2000, S. 623-646.
[63] Ein Trend beschreibt Veränderungen und Strömungen in allen Bereichen der Gesellschaft, Wirtschaft und Politik. Die Beschreibung und die Randbedingungen erlauben eine Aussage über zukünftige Entwicklungen. Trends sind beobachtbar, im politischen Kontext aber nur schwer messbar. Ein Trend ist eine neue Auffassung in Gesellschaft, Wirtschaft, Politik oder Technologie, die eine neue Bewegung bzw. Marschrichtung auslöst.
[64] Vgl. World Energy Council (2010), http://www.worldenergy.org/, 21.03.2010, (Zugriff 21.03.2010).
[65] S. Debus, Barbara (2009): Engpässe bei High-Tech-Metallen 2030? Bundeswirtschaftsministerium gab Studie „Rohstoffe für Zukunftstechnologien" in Auftrag / Ergebnisse heute in Berlin vorgestellt, IZT - Institut für Zukunftsstudien und Technologiebewertung gemeinnützige GmbH, http://www.izt.de/izt-im-ueberblick/presse/pressemitteilungen/article/102/51/ (Zugriff 1.09.2010)

sen Ressourcen beruht.[66] Zu den bereits bestehenden Oligopolen der Energiemärkte und einiger Rohstoffmärkte werden neue in der Bio- und Nanotechnologie und High-Tech Produktion, bei den Pharmakonzernen und in der Informationsinfrastruktur hinzukommen.[67]

Die Komplexität, unter der Energiesicherheit gestaltet werden soll, ist enorm. Die Vielfalt einwirkender Faktoren, das Ausmaß aus Interdependenzen, schlecht strukturierten Entscheidungssituationen, widersprechenden Zielsetzungen und das Dilemma nicht determinierbaren Verhaltens autonomer Systemeinheiten stehen einer vereinfachenden Abstraktion entgegen. Der komplexe Untersuchungsgegenstand erfordert eine ganzheitliche Betrachtung der Einflussfaktoren.

"Vernetzte Sicherheit" wird seit Anfang des Millenniums als mögliches außen- und sicherheitspolitisches Gesamtkonzept für Deutschland diskutiert.[68] Die Konzeption der Vernetzten Sicherheit zielt darauf ab, die Organisation deutscher Sicherheit[69] vor dem Hintergrund veränderter Herausforderungen sowie erheblicher, budgetärer Einschränkungen auf sich wandelnde politische, personelle und rechtliche Rahmenbedingungen auszurichten.[70]

Komplexität ist ein unübersehbares Wesensmerkmal des wirtschaftlich und sicherheitspolitisch globalisierten Umfelds. Komplexität zeichnet sich dadurch aus, dass selbst bei Vorlage vollständiger Information über Einzelkomponenten und ihre Wechselwirkungen das Gesamtverhalten der zusammenwirkenden Teile nicht (vollständig) beschrieben werden kann. Komplexität beschreibt die Vielfalt der auf eine Situation einwirkenden Faktoren sowie das Ausmaß ihrer gegensei-

---

[66] S. Energiewirtschaftliches Institut an der Universität zu Köln/ Prognos AG (2006): Auswirkungen höherer Ölpreise auf Energieangebot und -nachfrage Ölpreisvariante der Energiewirtschaftlichen. Referenzprognose 2030 für das Bundesministerium für Wirtschaft und Technologie, Berlin, Köln: EWI/ Prognos, S. 5.

[67] S. Zentrum für Analysen und Studien der Bundeswehr (2002): Streitkräfte, Fähigkeiten und Technologie im 21. Jahrhundert. Studie des Fraunhofer-Institut für Naturwissenschaftlich-Technische Trendanalysen, Waldbröl: Zentrum für Analysen und Studien der Bundeswehr, Anhang II/1, S. 3 ff.

[68] Vgl. Wolf Rauch (2003): Militär und Wissenschaft – Sicherheit in einer vernetzten Welt, in: Pracher, Christian/ Strunz, Herbert (Hg.): Wissenschaft um der Menschen willen, Festschrift für Klaus Zapotoczky zum 65. Geburtstag. Duncker & Humblot, Berlin, S. 371-378.

[69] Die Organisation deutscher Sicherheit kann in zwei Ebenen unterschieden werden: Eine strategische und eine operative Ebene. Die strategische Ebene der Organisation deutscher Sicherheit umfasst die Bundesregierung: Die Bundeskanzlerin (Richtlinienkompetenz), die Minister (Ressortprinzip) und das Kabinett (Kabinettsprinzip). Zur operativen Ebene der Organisation deutscher Sicherheit zählen insbesondere die Bundeswehr, das Bundeskriminalamt sowie die (Landes-)Polizei, Nachrichtendienste, der Zoll und die nicht-polizeiliche Gefahrenabwehr wie das Technische Hilfswerk, Feuerwehren, Rettungsdienste und Katastrophenschutz.

[70] S. Stegmaier, Peter/ Feltes, Thomas (2007): Vernetzung als Effektivitätsmythos für die innere Sicherheit, Aus Politik und Zeitgeschichte, B 12/2007, 19.03.2007, S. 18-25 (23).

tigen Interdependenzen.⁷¹ In komplexen Systemen können Prozesse nicht in einfache lineare Wenn-Dann-Folgen aufgelöst werden. Sämtliche politische Aktivitäten spielen sich in komplexen Umwelten ab und gestalten selbst Komplexität. So ist es auch bei der deutschen Energiesicherheit.

Obwohl der Umgang mit Komplexität eine der zentralen Herausforderungen des gegenwärtigen Sicherheitsumfeldes darstellt, stoßen die staatlichen, hierarchischen Organisationsformen immer wieder an die Grenzen ihrer Leistungsfähigkeit.⁷² Der Aufbau zunehmend komplexerer Systeme durch hierarchische Strukturen führt dazu, dass der "*raum-zeitlich-energetische Aufwand hierarchisch korrekter Interaktionen*" zwischen den beteiligten Akteuren für das ganze System untragbar wird, da diese mit ihren linearen Interaktionsmustern der steigenden Komplexität nicht gerecht werden können.

Die Steuerung hochkomplexer Systeme erfordert eine hohe Eigenkomplexität, um das System überhaupt ausreichend vollständig wahrnehmen zu können. Dadurch wird v.a. die Fähigkeit zur Beobachtung verbessert. Die erhöhte Eigenkomplexität erfordert aber auch einen erhöhten Aufwand, um das beobachtende System selbst steuern zu können. Dies wird besonders am Übergang von komplexen zu hochkomplexen Systemen wie beispielsweise von der Industrie- zur Wissens- und Kommunikationsgesellschaft deutlich.⁷³

Hierarchische Organisationen verfügen lediglich über die Fähigkeit, anstehende Aufgaben so zu dekomponieren, dass jedes Element der Hierarchie mit einer spezialisierten Fähigkeit einen Teilaspekt dieser Aufgabe übernehmen kann. Dadurch entsteht eine vertikale und einseitige Koordination von Teilaspekten. Das führt wiederum dazu, dass Systeme mit Aufgaben, die horizontal oder lateral interdependent sind, überfordert sind.⁷⁴

In komplexen Systemen liegt ein hohes Maß an Unbestimmtheit vor, was zu Instabilitäten führen kann. Diese Varianz ist aber gleichzeitig die Ursache für ihre Selbst-Anpassungsfähigkeit und Flexibilität. Vernetzte Sicherheit setzt an diesem Punkt an: Eine auf Vernetzte Sicherheit ausgerichtete nationale Sicher-

---

[71] S. Lynch, Dudley/ Kordis, Paul (1992): Delphin Strategien. Managementstrategien in chaotischen Systemen, Fulda: Paidia, S. 257 f.

[72] S. Lang, Andreas/ Hansen, Olav (2008): Was wäre wenn? Der Beitrag der Modellbildung und Simulation zum Umgang mit modernen Sicherheitsherausforderungen, in: Borchert, Heiko (Hg.): Grand Pas de deux. Wie Staat und Wirtschaft gemeinsam Sicherheit und Prosperität gewährleisten können, Baden-Baden: Nomos, S. 142-156 (142).

[73] S. Wilke, Helmut (1983): Die Entzauberung des Staates. Überlegungen zu einer sozietalen Steuerungstheorie, Königstein: Athenäum, S.120.

[74] S. ebd., S. 121.

heitsvorsorge integriert alle zur Gewährleistung von Sicherheit notwendigen politischen Dimensionen – policy, politics und polity – von Sicherheit.[75]

In Deutschland hat der Begriff "Vernetzung" zwei signifikante Verknüpfungen:

- Den sicherheitspolitischen Ansatz der Vernetzten Sicherheit.
- Das militärische Konzept der Vernetzten Operationsführung.[76]

Der sicherheitspolitische Ansatz der Vernetzten Sicherheit setzt einen theoretischen Rahmen für außen- und sicherheitspolitisches Handeln. Eine gesamtstrategische Zielerreichung über definierte Zwischenziele setzt ein gemeinsames Lage- und Problembewusstsein sowie -verständnis voraus, das es kontinuierlich zu verbessern gilt.[77] So wird ein ganzheitliches und umfassendes Sicherheitsverständnis sichergestellt, das zum einen die Grundlage für eine kohärente Zusammenarbeit bildet und sich zum anderen über alle Ebenen (ökologisch, gesellschaftlich, ökonomisch, kulturell/regional, national, supra- und international) sicherheitspolitischer Entwicklungen erstreckt.

Im Mittelpunkt der Vernetzten Sicherheit steht eine verstärkte Koordination, Kollaboration und Kooperation aller Partner auf innerstaatlicher als auch auf internationaler Ebene (VN, NATO, EU). So werden die unterschiedlichen Fähigkeiten und Kompetenzen für eine gemeinsame Zielerreichung effektiv ge-

---

[75] *Policy* steht für die inhaltliche Dimension von Politik, wie z.B. inhaltliche Handlungsprogramme, Resultate politischer Willensbildungs- und Entscheidungsprozesse. *Politics* steht für den konflikthaften Prozess, die Auseinandersetzung um Machtanteile zwischen verschiedenen Akteuren. *Politics* liegt immer dann vor, wenn gesellschaftliches Handeln unter dem Zwang der Rücksichtnahme auf andere Akteure steht und noch fehlende Zustimmungsbereitschaft besteht. *Polity* steht für den Handlungsrahmen der Politik, innerhalb dessen sich Policy und Politics bewegen. Neben der kodifizierten Verfassung gehören zur Poltiy die politische Kultur einer Gesellschaft sowie typische Orientierungs- und Verhaltensmuster. Vgl. Nohlen, Dieter/ Schultze, Rainer-Olaf (2002): Lexikon der Politikwissenschaft, München: C.H. Beck.

[76] Das militärische Konzept der Vernetzten Operationsführung füllt diesen theoretischen Rahmen mit einem praktischen Einsatzkonzept für Zwecke des militärischen Handelns aus. Es ermöglicht – auf der Basis von Informationsüberlegenheit und zum Zweck eines gesteigerten Gefechtswertes über die effektive, und über eine rein technische Netzwerkintegration hinausgehende Verbindung von Wissensentitäten in einem militärischen Operationsfeld und die Vernetzung von Technologie (Sensoren und Informations- und Kommunikationstechnologien) Entscheidungsträgern und Effektoren – über einen alle Ebenen übergreifenden und interoperablen Informations- und Kommunikationsverbund die Führung von Streitkräften mit dem Ziel, die, durch ein gemeinsames Lageverständnis erreichte, Informations- und Führungsüberlegenheit in eine Wirkungsüberlegenheit der eingesetzten Fähigkeiten und Ressourcen umzusetzen.

[77] Vgl. U.S. Department of Defense (2010): Quadrennial Defense Review Report, Washington D.C., February 2010.

nutzt. Unerlässlich sind dafür die Angleichung von Strategien, die Synchronisation von Prozessen und Strukturen sowie die Abstimmung der Mittel und Fähigkeiten.[78]

Zur Beherrschung der oben beschriebenen Komplexität und Dynamik haben sich Grundzüge eines Ansatzes der Vernetzten Sicherheit herausgebildet, die für die zukünftige Politikgestaltung und praktische Antworten zunehmend an Relevanz gewinnen.

1.2 Forschungsinteresse und Forschungsfrage

Im Zentrum des Erkenntnisinteresses dieser Dissertation steht übergeordnet die Frage:

Inwieweit ist das Konzept Vernetzter Sicherheit dazu geeignet, den gegenwärtigen und zukünftigen Herausforderungen im Bereich deutscher Energiesicherheit zu entsprechen und diese zu bewältigen?

Mit der Beantwortung der Forschungsfrage versucht diese Dissertation die Forschungslücken zwischen der Abhängigkeit von Industrie- und Informationsgesellschaften von Energie und den strukturellen Leistungsanforderungen nationaler Sicherheitsvorsorge im Energiebereich zu schließen. Es wird untersucht, ob und wie der Ansatz der Vernetzten Sicherheit zur Optimierung von Energiesicherheit beitragen kann.

Letztlich geht es darum herauszufinden, welche Möglichkeiten und Grenzen Vernetzte Sicherheit für Nationalstaaten bietet, um nationale wie internationale politische und gesellschaftliche Herausforderungen für die deutsche Energiesicherheit künftig besser bewältigen zu können. Zu diesem Zweck wird erstens die "Vernetzte Sicherheit" als außen- und sicherheitspolitischer Ansatz zur Disposition gestellt und wird zweitens nach dem qualitativen Beitrag dieses Ansatzes zur nationalen Sicherheitsvorsorge im Bereich der Energiesicherheit geforscht.[79]

---

[78] Vgl. Adams, Gordon (2009): The Quadrennial Diplomacy and Development Review from July 14, 2009, http://www.stimson.org/pub.cfm?ID=831 (Zugriff 14.07.2009).

[79] Vernetzte Sicherheit wird nicht nur als Prinzip deutscher Sicherheitspolitik, sondern zugleich auch als Prozess und Zielbeschreibung verstanden. Das Konzept der Vernetzten Operationsführung wird aufgrund seiner militärischen Fokussierung im Gefechtsfeld in dieser Arbeit nicht näher betrachtet.

Damit greift diese Dissertation die Diskussion um die Leistungsfähigkeit der Idee der Vernetzung im Sinne der Vernetzten Sicherheit auf, transferiert diese auf die komplexe Problemstellung deutscher Energiesicherheit und leitet Schlussfolgerungen für die deutsche Energiepolitik ab. Diese Forschungsarbeit zielt darauf ab, Energiesicherheit und Vernetzte Sicherheit im Kontext ihrer inter- und transdisziplinären Bedeutungen zu erörtern.

1.2.1 Ganzheitlicher Ansatz

Die vorliegende Arbeit basiert auf einer qualitativ-interpretativen Analyse der Einflussfaktoren zur deutschen Energiesicherheit und richtet sich an der Politikfeldanalyse aus.[80]

Die qualitativen Methoden der Politikwissenschaft, besonders das Verstehen von Zusammenhängen und die Untersuchung vornehmlich nicht-metrisch strukturierter Wirklichkeitsmerkmale, sollen helfen, Ergebnisse (policy) zu erarbeiten, die sich aus dem Kurswechsel im Bereich deutscher Energiesicherheit (polity) ergeben, wenn der Weg der Vernetzten Sicherheit (politics) eingeschlagen wird.[81] Der Ausgangspunkt für die Erklärung von energiepolitischen Prozessen und Politikergebnissen ist das Zusammenspiel verschiedener interner und externer Faktoren. Im Zentrum dieses ganzheitlichen Forschungsansatzes steht die Analyse

- der Struktur des internationalen Systems und die Beeinflussung durch externe Faktoren,
- nationalstaatlicher Akteure und ihrer Entscheidungsfindung sowie Zielformulierung,
- der Verknüpfung unterschiedlicher interner und externer Faktoren,
- der Zusammenhänge zwischen Organisation und Problemlösungsfähigkeit,
- der Effektivität politischer Entscheidungen.

Dazu werden der Inhalt der Politik beschrieben, der Einfluss der Rahmenbedingungen bewertet und die Auswirkung politischer Prozesse der Vernetzten Sicherheit auf die deutsche Energiesicherheit ermittelt. Da Energiesicherheit nicht einem einzelnen Politikfeld zuzuordnen ist, erfordert Energiesicherheit als aka-

---

[80] S. Jann, Werner (2002): Politikfeldanalyse, in: Nolhen, Dieter, Schultz, Rainer-Olaf (Hg.): Lexikon der Politikwissenschaft, München: C.H. Beck, S. 665.
[81] S. Bürklin, Wilhelm/ Welzel, Christian (1994): Theoretische und methodische Grundlagen der Politikwissenschaft, in: Mols, Manfred/ Lauth, Hans-Joachim/ Wagner, Christian (Hg.): Politikwissenschaft. Eine Einführung, Paderborn: Schöningh, S. 307-346 (333).

demischer Forschungsgegenstand auch einen ganzheitlichen, d.h. inter- und transdisziplinären Ansatz, der sich in vielfältiger Weise den Bereichen Innerer und Äußerer Sicherheit, Wirtschafts- und Strukturpolitik, Forschung und Klima/Umwelt, Innenpolitik und Gesellschaft widmet.[82]

Diese Dissertation geht davon aus, dass erstens Energie mittlerweile ein entscheidendes Element zur Gewährleistung nationaler Sicherheit und Prosperität geworden ist und zweitens die Handlungsfähigkeit nationaler Sicherheitsarchitekturen zunehmend durch neue, variierende und die Kombination alter und neuer Sicherheitsrisiken, aber auch durch die Sicherheitsarchitektur selbst – die sich nur begrenzt an den Wandel angepasst hat – intrinsisch beeinträchtigt wird.[83]

Da Nationalstaaten für die Wahrung nationaler Sicherheit verantwortlich sind, stellt sich ihnen die Aufgabe, ihre Sicherheitsarchitektur strategisch und konzeptionell so auszurichten, dass sie einerseits eine Optimierung der Sicherheitsvorsorge – in diesem Fall der Energiesicherheit – unter veränderten Rahmenbedingungen ermöglicht und andererseits die Beeinträchtigung der nationalen Sicherheitsarchitektur nicht selbst zu einem Sicherheitsrisiko wird.[84]

Die größte Schwierigkeit bei der Behandlung komplexer Gegenstände liegt aber in der gewöhnlich unzulänglichen Betrachtung der Ablaufcharakteristika von Ereignissen.[85] Um Licht ins Dunkel zu bringen, geht diese Dissertation holistisch vor, d.h., methodisch werden nicht nur die Elemente eines bestimmten Phänomens berücksichtigt, sondern auch deren Zusammenwirken sowie die Verbindungen und Beziehungen zur gemeinsamen Wirkumwelt ermittelt.[86] Diese Dissertation zielt auf die Erklärung von Prozessen, welche eine beachtliche Bedeutung für die wissenschaftliche, aber auch die politische Ein- und Abschätzung künftiger Entwicklungen gewinnen.

---

[82] S. Lange, Hans-Jürgen (2000): Innere Sicherheit als Netzwerk, in: Lange, Hans-Jürgen (Hg.): Staat, Demokratie und innere Sicherheit, Opladen: Leske & Budrich, S. 241.
[83] S. ebd., S. 241.
[84] S. Diwell, Lutz (2004): Gesamtstaatliche Sicherheitsvorsorge, in: Bundesakademie für Sicherheitspolitik (Hg.): Sicherheitspolitik in neuen Dimensionen, Ergänzungsband 1, Hamburg: BAKS, S. 50.
[85] S. Dörner, Dietrich (1989): Die Logik des Mißlingens. Strategisches Denken in komplexen Situationen. Reinbek: Rowohlt, S. 307.
[86] Der Holismus bzw. die Ganzheitslehre ist die Lehre, dass die Elemente eines Systems – einer Ganzheit – durch die Strukturbeziehungen vollständig bestimmt sind. Holismus steht der Analyseform des Reduktionismus entgegen. Reduktionismus ist die philosophische Lehre, nach der ein System durch seine Elemente vollständig bestimmt wird. Dazu gehört die vollständige Zurückführbarkeit von Theorien auf Beobachtungssätze, von Begriffen auf Dinge und von gesetzmäßigen Zusammenhängen auf kausal-deterministische Ereignisse. S. Nohlen, Dieter (2002): Holismus, in: Nohlen, Dieter/ Schultze, Rainer-Olaf (Hg.): Lexikon der Politikwissenschaft, München: C.H. Beck, S. 327.

Die Fähigkeit zur Ein- und Abschätzung künftiger Entwicklungen beruht auf der Tatsache, dass Veränderungen – verursacht durch politische, rechtliche, soziale, wirtschaftliche und ökologische Umfeldbedingungen wie auch in Art und Umfang des Wettbewerbs um Sicherheit und Prosperität – zunehmend komplexere und situationsgerechtere Umfeldwahrnehmungen verlangen und der politische Gestaltungsspielraum langfristig angelegter Planungs- und Entscheidungsprozesse, angesichts der Schnelligkeit und Vielfältigkeit struktureller Entwicklungsprozesse, erhöhte Anforderungen an staatliche (aber auch nichtstaatliche) Sicherheitsarchitekturen stellt. Daraus folgt, dass Staaten, um der Unsicherheit und Vielfältigkeit zukünftiger Entwicklungsmöglichkeiten gerecht zu werden, sich ganzheitlicher und verlässlicher Analyseverfahren bedienen sollten.

1.2.2 Aufbau dieser Arbeit

Diese Dissertation behandelt die Frage der künftigen deutschen Energiesicherheit im europäischen Kontext sowie die Leistungsfähigkeit und Übertragbarkeit des Ansatzes der Vernetzten Sicherheit und diskutiert die grundlegende Relevanz wichtiger Einflussfaktoren für das energiepolitische Umfeld im Allgemeinen und die daraus entstehenden sicherheitspolitischen Konsequenzen im Besonderen; sie bewegt sich somit ausschließlich auf einer politisch-strategischen Ebene. Sie gliedert sich in vier Bereiche: (1) Einleitungsteil, (2) Hauptteil, (3) Vernetzte Energiesicherheit und (4) Ergebnis und Ausblick.

Einleitungsteil
Der Einleitungsteil beinhaltet den *Problemaufriss, Forschungsinteresse und Forschungsfrage*, den *Stand der Forschung* sowie den *Forschungsbeitrag*. Im Problemaufriss werden die Herausforderung der *Energiesicherheit*, die *globalen Trends* bis 2030 als politischer Aktions- und Referenzrahmen und der Ansatz der *Vernetzten Sicherheit* vorgestellt. Daran schließt sich die vertiefte Auseinandersetzung mit dem *Forschungsinteresse und der Forschungsfrage* dieser Arbeit an. Das beinhaltet neben der Vorstellung des *interdisziplinären Ansatzes*, mit dem diese Arbeit bearbeitet werden soll, das *grundsätzliche Wissenschaftsverständnis* und den *Aufbau dieser Arbeit*. Darauf folgt die Darstellung des aktuellen *Stands der Forschung* in diesem Wissenschaftsbereich.

Hauptteil
Der Hauptteil umfasst die dieser Arbeit zugrunde liegende wissenschaftliche Analyse. Diese besteht aus vier Teilen: (1) Deutsche Energiesicherheit, (2) Stra-

tegische Rahmenbedingungen, (3) Handlungsrahmen deutscher Energiesicherheit und (4) Konzept Vernetzter Sicherheit.

Im ersten Teil, *Ausgangspunkte deutscher Energiesicherheit*, wird einleitend die Energiesituation Deutschlands, d.h. Deutschlands Energieverbrauch und -deckung, dargestellt. Aus dieser Analyse leitet sich die *Definition des in dieser Arbeit verwendeten Energiesicherheitsbegriffs* ab.

Im zweiten Teil, *Strategische Rahmenbedingungen*, wird zunächst der *internationale Energiemarkt* abgebildet, differenziert in die Untersuchung des *Erdölmarktes*, des *Ölpreises und der Bindung des Erdgaspreises*, sowie des Erdgasmarkts. Danach folgt die Analyse des *Transports von Energierohstoffen*, gegliedert in *Erdöl-, Erdgas- und Seetransporte*. Daran schließt sich die Diskussion über die Verfügbarkeit der Energierohstoffe Erdöl und Erdgas an. Die Darstellung der internationalen Energiearchitektur bildet die Grundlage für die Analyse der relevanten Faktoren und Treiber, die das strategische Umfeld deutscher Energiesicherheit abstecken.

Im dritten Abschnitt, *Handlungsrahmen deutscher Energiesicherheit*, wird zunächst die gegenwärtige deutsche Energiepolitik untersucht. Das beinhaltet sowohl die Analyse der *verantwortlichen Akteure*, der *deutschen Energiesicherheitsstrategie*, des *deutschen Energieportfolios sowie der Energieoptionen* als auch den *Schutz kritischer Infrastrukturen*. Darauf folgt die Analyse der *Energiepolitik der EU* in diesem Bereich, welche auf der Grundlage der *Anfänge der europäischen Energiepolitik* und der Einordnung europäischer Energiepolitik in den *Vertrag über die Europäische Union* basiert. Darüber hinaus werden der *Schutz kritischer Infrastruktur auf Europäischer Ebene* und das *Europäische Referenznetz für den Schutz kritischer Infrastrukturen* betrachtet. Das Kapitel endet mit der Diskussion über die Bedeutung und *Rolle des Militärs für die deutsche Energiesicherheit*.

Im vierten Teil, *das Konzept der Vernetzten Sicherheit*, werden vorab die Ausgangsüberlegungen für das Konzept der Vernetzten Sicherheit beschrieben, d.h. die Analyse des *politischen Umfeldes* und das *Problem mit der erweiterten Sicherheit*. Im Folgenden wird *Vernetzte Sicherheit als mögliche Antwort* auf eine sich verändernde Umwelt debattiert. Diese Diskussion umfasst die Darlegung der *Ausgangspunkte des Konzepts* sowie die *Herausbildung Vernetzter Sicherheit in Deutschland*. Auf dieser Grundlage wird der *theoretische Rahmen*, d.h. die *Bausteine* und die *systematische Zusammenarbeit* ausgeführt. Nachdem das Konzept der Vernetzten Sicherheit einer *kritischen Bewertung* unterzogen wurde, werden die *Chancen* aufgezeigt, die in diesem Ansatz für die deutsche Energiesicherheit liegen.

Vernetzte Energiesicherheit
Im Transferteil dieser Arbeit werden die in der Analyse identifizierten Synergien der untersuchten Gegenstandsbereiche zur *Vernetzten Energiesicherheit* zusammengeführt. Vernetzte Energiesicherheit umfasst die *Optimierung nationaler Führungsfähigkeit* und die *Neujustierung deutscher Energiepolitik*, welche sich in drei Bereiche gliedert: Die *strategische Ausrichtung*, die *operative Gestaltung* und die *politische Steuerung*. Das Kapitel endet mit der Beantwortung der Forschungsfrage.

Ausblick
Zusammenfassende Betrachtungen und der Ausblick runden und schließen diese Arbeit ab.

1.2.3 Forschungsbeitrag dieser Arbeit

Diese Dissertation beschäftigt sich mit

- der Analyse von Zusammenhängen zwischen Sicherheit und Energie,
- den Risiken und (möglichen) Bedrohungen deutscher Energiesicherheit,
- der Darstellung des Ist-Zustands deutscher und europäischer Energiesicherheit,
- der Herausarbeitung der Kernaussagen des Ansatzes der Vernetzten Sicherheit,
- dem Transfer von Erkenntnissen aus der Analyse der Vernetzten Sicherheit auf die deutsche Energiesicherheit im europäischen Kontext sowie
- der Beantwortung der Forschungsfrage.

Die Ergebnisse dieser Dissertation sollen auf die möglichen Handlungs- und Alternativpfade aufmerksam machen und Entscheidungsträgern Optionen für die Zukunftsgestaltung in Bezug auf Energiesicherheit eröffnen. Der Erfolg dieser Arbeit besteht in der direkten Beantwortung der Forschungsfrage sowie in der Ausdifferenzierung und qualitativen Vertiefung der Fragestellung:

- Wie sieht die derzeitige Energiesituation Deutschlands aus und was lässt sich daraus für den Energiesicherheitsbegriff ableiten?
- Welche sicherheitspolitischen Implikationen liegen diesem Energiesicherheitsbegriff zugrunde?
- Was ist der derzeitige Status Quo deutscher Energiesicherheit und wie sieht die Strategie deutscher Energiesicherheit aus?

- Was ist Vernetzte Sicherheit?
- Welche Maßnahmen lassen sich aus dem Ansatz der Vernetzten Sicherheit ableiten, um die nationale Energiesicherheit zu verbessern?
- Was ist Vernetzte Energiesicherheit?

Vor dem Hintergrund eines gewandelten (Bedrohungs- und) Aufgabenspektrums zielt Vernetzte Sicherheit auf eine wirksamere Handlungsfähigkeit und Wirkungsorientierung aller Maßnahmen und die stringente Zusammenführung und Institutionalisierung der größtenteils informellen Beziehungen zwischen Sicherheits- und Energiepolitik.

Der Einsatz aller zur Verfügung stehenden Mittel im Rahmen Vernetzter Sicherheit hängt von der Analyse des zukünftigen Umfelds ab. Dieses wird zunehmend durch eine ganzheitliche Betrachtung innerer und äußerer Sicherheit, die Rolle und das Verhältnis von staatlichen und nichtstaatlichen Akteuren sowie durch eine beschriebene Komplexität, Dynamik und damit einhergehende Entgrenzung bestimmt sein.[87]

Da die derzeitigen sicherheitspolitischen Fähigkeiten der gewandelten Aufgabenstellung deutscher Sicherheitspolitik einschließlich energiepolitischer Anforderungen nur bedingt gerecht werden, sind Bausteine zur Beherrschung der beschriebenen Komplexität und Dynamik dringend notwendig. Gleichwohl findet weder im öffentlichen noch im wissenschaftlichen Bereich ein tiefgehender Diskurs über die Übertragung und Anwendung des deutschen Ansatzes Vernetzter Sicherheit auf internationale Herausforderungen statt.

Die Vorstellung des Weißbuches 2006 zur Sicherheitspolitik Deutschlands und zur Zukunft der Bundeswehr im Oktober 2006 kann hier als Paradebeispiel angeführt werden. So war es Medien wie auch Fachleuten über eine Woche lang bedeutsamer, den Umgang mit Totenschädeln in Afghanistan zu debattieren,[88] als den "wegweisenden" Ansatz Vernetzter Sicherheit – wie er von Bundeskanzlerin Angela Merkel anlässlich des NATO-Gipfels in Kehl qualifiziert wurde – zu diskutieren.[89] Ganz offensichtlich wurde eine Medienkampagne inszeniert, die eine ernsthafte Auseinandersetzung unterbinden sollte. Politik und Öffentlichkeit ließen sich von dieser Kampagne fremdbestimmen.

---

[87] S. Dunn, Myriam/ Mauer, Viktor (2006): Diskursanalyse: Die Entstehung der Nationalen Sicherheitsstrategie der USA, in: Siedschlag, Alexander (Hg.): Methoden der sicherheitspolitischen Analyse, Wiesbaden: VS Verlag für Sozialwissenschaften, S. 189-128 (201).

[88] S. Nachtwei, Winfried (2010): Für eine Kultur des Hinsehens, in: Reservistenverband Bundeswehr (Hg.): Wie sage ich's dem Volke? Die Deutschen und die Sicherheitspolitik, Loyal Magazin für Sicherheitspolitik, 3/2010, Hamburg: Führungsakademie der Bundeswehr, S. 21.

[89] Vgl. Bundesregierung (2009): Neues Konzept für die NATO, 26.03.2009, http://www.bundesregierung.de/Content/DE/Artikel/2009/03/2009-03-26-merkel-regerkl-nato.html (Zugriff 21.12.2009).

Ferner schaffte es ein entsprechendes Weißbuch des Bundesministeriums des Innern erst gar nicht bis zur Veröffentlichung. Der Entwurf verblieb in den ministeriellen Schubladen; nur vereinzelte Präsentationen wurden in einzelnen Fachkreisen öffentlich.[90] Auch eine Recherche der wissenschaftlichen Publikationen nach 2006 zeigt keine tiefgreifende wissenschaftliche Diskussion des Ansatzes Vernetzter Sicherheit.

Energiesicherheit, als politischer und wissenschaftlicher Gegenstand, mangelt es an einer konzeptionell und strukturell ganzheitlichen Betrachtung zu Lasten einer strategischen und langfristig angelegten deutschen Energiesicherheitsstrategie in Europa. Daraus ergibt sich ein erheblicher Forschungsbedarf: Zum einen herrscht ein Defizit hinsichtlich der Bearbeitung von Energiesicherheit als sicherheitspolitisches Strukturmerkmal und dessen systematischer Einbindung in komplexe Metasysteme und zum anderen besteht eine enorme Forschungslücke in der wissenschaftlichen Auseinandersetzung des auf politischer Ebene kommunizierten, künftigen Leitbildes deutscher Sicherheitspolitik, der Vernetzten Sicherheit.

Die Begrifflichkeit "Vernetzte Sicherheit" findet in Deutschland nahezu ausschließlich Anwendung in der politischen Öffentlichkeit – besonders im Kontext des Afghanistan-Einsatzes. Auf EU- und Bundesebene existieren Ansätze im Bereich des Krisenmanagements, die die Vernetzte Sicherheit zur Leitidee haben. Eine wissenschaftliche Auseinandersetzung mit der Begrifflichkeit sowie eine theoretische Einbettung des Ansatzes haben bisher nicht stattgefunden. Dringend erforderlich sind daher der wissenschaftlich-theoretische Diskurs dieses Ansatzes sowie die Betonung seiner zivilen Dimension.

Der inhaltliche Mehrwert dieser Dissertation liegt zum einen in der ganzheitlichen Betrachtung der strategischen Rahmenbedingungen deutscher Energiesicherheit. Es werden die wesentlichen Faktoren und Treiber des strategischen Umfelds deutscher Energiesicherheit aufgezeigt und die Frage beantwortet, wie Deutschland mehr Flexibilität in der Erreichung seiner Ziele und Interessen generieren kann. Zum anderen liefert diese Arbeit einen synergetischen Erkenntnisgewinn hinsichtlich der Übertragung des Ansatzes Vernetzter Sicherheit auf ein ziviles Sicherheitsproblem. Auf dieser Basis werden Veränderungspotenziale identifiziert und die Strategie der "Vernetzten Energiesicherheit" abgeleitet.

Der methodische Mehrwert dieser Dissertation besteht v.a. darin, ein Analyseinstrument aufzuzeigen, mit dem künftig sicherheitspolitische Verände-

---

[90] Vortrag von Dr. Kerber zum Internationalen zivilen Krisenmanagement im Innenministerium am 29. Februar 2008 im George C. Marshall Center in Garmisch-Partenkirchen im Rahmen des trilateralen Projekts zwischen dem Zentrum für transatlantische Beziehungen, der John-Hopkins-Universität Washington, dem Planungsstab des Bundesministeriums der Verteidigung und dem Grundsatzreferat des Bundesministeriums des Innern.

rungspotenziale ganzheitlich betrachtet, Wechselwirkungen zwischen relevanten Einflussfaktoren erkennbar gemacht und daraus Folgerungen für die Langzeitplanung abgeleitet werden können. Es zeigt sich bereits jetzt, dass es v.a. um Innovation geht, d.h. um eine Hilfestellung für den Entscheider. Die Komplexität und der Umfang des Untersuchungsgegenstandes bringen jedoch eine Vielzahl neuer Fragestellungen mit sich, die der Prüfung weiterer wissenschaftlicher Arbeiten vorbehalten bleibt.

1.3 Stand der Forschung

Wissenschaft, Forschung und Politik beschäftigen sich seit über 40 Jahren intensiv mit Aspekten der Energiesicherheit. In der wissenschaftlichen Literatur wird Energiesicherheit oft als "New Great Game" um Energieressourcen und Transportwege thematisiert.[91]

Im angelsächsischen Raum beschäftigen sich einige renommierte Forschungseinrichtungen, wie der *Atlantic Council of the United States,* der *National Intelligence Council* oder das *Center for Strategic and International Studies,* aber auch das *Oxford Institute for Energy Studies* und das *Centre for Global Energy Studies,* mit Energiesicherheit. Energie hat seit Ende des Ersten Weltkriegs für die globale Machtposition der USA, die amerikanische wirtschaftliche Stärke und den "American way of life" eine zentrale Bedeutung.[92] Energie spielt v.a. eine strategische und geopolitische Rolle in der amerikanischen Sicherheitspolitik.[93]

---

[91] Vgl. Cohen, Ariel (1996): The New "Great Game": Oil Politics in the Caucasus and Central Asia, 25.01.1996, http://www.heritage.org/Research/Reports/1996/01/BG1065nbsp-The-New-Great-Game (Zugriff 8.03.2009).
Vgl. Kleveman, Lutz (2004): The New Great Game: Blood and Oil in Central Asia, New York: Grove Press.
Vgl. Mullerson, Rein (2007): Central Asia: A Chessboard and Player in the New Great Game, New York: Columbia University Press.
Vgl. Shiryayev, Boris (2010): Großmächte auf dem Weg zur neuen Konfrontation? Das "Great Game" am Kaspischen Meer: Eine Untersuchung der neuen Konfliktlage am Beispiel Kasachstan., Hamburg: Dr. Kovac.

[92] Vgl. Randall, Stephen J. (2005): United States Foreign Oil Policy since World War I. For Profits and Security, Second Edition, Montreal: McGill-Queen's University Press.
Vgl. National Energy Policy Development Group (2001): Reliable, Affordable, and Environmentally Sound Energy for America's Future, Washington D.C.: NEPD.
Vgl. Krauthammer, Charles (2007): Energy Independence?, Washington Post, 26.01.2007, S. A 21.

[93] Vgl. Deputy Secretary Wolfowitz Interview with Sam Tannenhaus, Vanity Fair, Department of Defense, 09.05.2003, http://www.defense.gov/transcripts/transcript.aspx?transcriptid=2594 (Zugriff 08.01.2009).

In Deutschland übernehmen diese Rolle v.a. die *Stiftung Wissenschaft und Politik*, die *Deutsche Gesellschaft für Auswärtige Politik*, die *Bundesanstalt für Geowissenschaften und Rohstoffe* und das *Wuppertal Institut für Klima, Umwelt und Energie*. Da die Energieversorgung Deutschlands auf absehbare Zeit nicht mit erneuerbaren Energien gewährleisten werden kann, ist besonders die deutsche Außen- und Sicherheitspolitik gefordert,[94] die potentiellen Gefährdungen zu bewältigen, die für die Energieversorgung aus zum Teil problematischen Lieferländern bestehen.[95]

In den Sozialwissenschaften wird Energiesicherheit unter verschiedenen Gesichtspunkten behandelt: Finanzielle Aspekte des Energierisikomanagements, internationale Energieversorgungspolitik, Geo- und Machtpolitik, Nuklearsicherheit, Energietechnologie, insbesondere Energieeffizienz und -einsparung etc. Besonders in Europa ist die Frage nach der Positionierung der EU bei der Gestaltung der globalen Ökonomie und Weltpolitik zunehmend Gegenstand politikwissenschaftlicher Analysen.[96] Solange Sicherheit in der staatlichen und privatwirtschaftlichen Energievorsorge jedoch als Kostenfaktor und Hemmnis betrachtet wird, sie aber dennoch unerlässlich ist, wird sich die öffentliche und wissenschaftliche Auseinandersetzung – wie in der Vergangenheit – auch in Zukunft als immer wiederkehrendes Trendthema auf Energiesicherheit stürzen. So erscheint lediglich auf den ersten Blick das Thema Energiesicherheit ausgiebig bearbeitet worden zu sein. Erst auf den zweiten, den genaueren Blick jedoch wird deutlich, dass Energiesicherheit nach einem analytischen Instrumentarium verlangt, das es zulässt, alle wesentlichen Kausalzusammenhänge herauszustellen, eine systematische Betrachtung mit externen Erklärungsfaktoren im Bereich der Energiesicherheit zuzulassen, generalisierende Aussagen unabhängig von Raum und Zeit zu ermöglichen und einen kohärenten Ansatz vernetzter Energiesicherheit zu erarbeiten.

Auf kommunaler Ebene spielt Energiepolitik nach Maßgabe des nationalen Verfassungsrechts eine wichtige Aufgabe für die Energieversorgungssicherheit. Auf staatlicher Ebene liegt die energiepolitische Gesamtverantwortung. Hier werden energiepolitische Grundsatzentscheidungen getroffen, wie z.B. die Beteiligung an überstaatlichen Rechtsordnungen wie internationalen Organisationen

---

[94] Vgl. Umbach, Frank (2006): Europas nächster Kalter Krieg, Internationale Politik, 2/2006, S. 6-14.

[95] Vgl. Yergin, Daniel (2006): Ensuring Energy Security, Foreign Affairs, Vol. 85, Nr. 2, März/April 2006, S. 69-82.

[96] Vgl. Müller-Brandeck-Bocquet, Gisela (2006): Die EU als Akteur in den internationalen Beziehungen, in: Kadelbach, Stefan (Hg.): Die Außenbeziehungen der Europäischen Union, Baden-Baden: Nomos, S. 11-37.
Vgl. Altvater, Elmar/ Mahnkopf, Birgit (2007): Konkurrenz für das Empire – die europäische Union in der globalisierten Welt. Münster: Westfälisches Dampfboot.

(z.B. der IEA), supranationalen Institutionen (z.B. der EU) oder an völkerrechtlichen Vereinbarungen. So hat sich in der Vergangenheit auf supra- und internationaler Ebene eine Rechtsordnung eigener Art herausgebildet, die bedeutende Rechte und Verpflichtungen für Deutschland enthält.[97] Gesellschaftliche Auseinandersetzungen um Risiken und mögliche Bedrohungen der Ressourcennutzung enthalten häufig eine Deutungsdimension. In Deutschland und Europa dreht sich die Debatte v.a. um zukünftige Gefährdungen oder das Verhalten externer Akteure. Zudem soll Energiepolitik die Aufgabe leisten, binnen kurzer Zeit einen tiefgreifenden ökonomischen wie ökologischen Wandel einzuleiten, dessen Dimension und Auswirkungen jedoch noch gar nicht hinreichend diskutiert sind.[98]

Joseph S. Nye und Robert O. Keohane thematisierten bereits in den 1970er Jahren, unter den Eindrücken der Ölkrise 1973, das Problem weltpolitischer Interdependenz.[99] Weltpolitische Machtbeziehungen sind im ausgehenden 20. Jahrhundert nicht mehr rein militärpolitisch zu begreifen. Vielmehr gewinnen auch ökonomische sowie weitere Aspekte zunehmend an Bedeutung. Das Funktionieren der Weltwirtschaft, das Zusammenspiel unterschiedlicher Waren- und Produktionsketten sowie ihr Austausch und ihre Verteilung sind möglich, da diese Einheiten in einem Interdependenz-Koordinatensystem agieren. Politische Entscheidungen und ihre Implementierung werden mehr und mehr von Interdependenzverwundbarkeit und -empfindlichkeit abhängig gemacht. Ist ein Staat in der Lage, einen Mangel, der aus einer Interdependenz (z.B. Versorgungsunterbrechung durch einen anderen Staat) entstanden ist, selbst und mit geringem Aufwand zu beheben, deutet das auf eine Interdependenz-Empfindlichkeit hin (Grad der Reaktionsfähigkeit innerhalb eines politischen Rahmens). Ist er hingegen nicht in der Lage, allein oder nur unter sehr hohem Aufwand diesen Mangel zu beheben, wird von Interdependenz-Verwundbarkeit gesprochen (Grad der Reaktionsfähigkeit, der zur Suche nach Alternativen jenseits des politischen Rahmens führt).[100]

Wo verläuft die Grenze zwischen Interdependenzverwundbarkeit und Interdependenzempfindlichkeit im Bereich deutscher Energiesicherheit? Mit der hohen Importabhängigkeit und im Kontext einer sich verschärfenden Konkurrenz um die stetig knapper werdenden Güter Öl und Gas auf den Energieweltmärkten hat Deutschland definitiv die Schwelle der Verwundbarkeit überschrit-

---

[97] Vgl. Lukes, Rudolf (2005): Energierecht, in: Dauses, Manfred (Hg.): Handbuch des EU-Wirtschaftsrechts, Bd. 2, Loseblattsammlung, München: C. H. Beck.
[98] S. Geden, Oliver/ Zilla, Claudia (2009): Pragmatismus statt Panikmache, Internationale Politik, Nr. 11/12, 64. Jahr, November/Dezember 2009, S. 17-23 (23).
[99] Vgl. Keohane, Robert O./ Nye, Joseph S. (1977): Power and Interdependence: World Politics in Transition, Bosten: Little, Brown.
[100] S. Auth, Günther (2008): Theorien der Internationalen Beziehungen kompakt, München: Oldenbourg Wissenschaftsverlag, S. 66.

ten. Es stellt sich die Frage, was die politischen Konsequenzen der Interdependenz für Deutschland sind und welche Fähigkeiten Deutschland zur Gestaltung einerseits der Rahmenbedingungen und andererseits der Gewährleistung nationaler Interesse hat bzw. haben sollte.

Der Handlungsspielraum nationalstaatlicher Akteure wird durch ein vielfältiges Set von Faktoren – Interdependenz, das Verhältnis zwischen Kooperation und Konfrontation, Machtverteilung, Ordnung und Anarchie etc. – abgesteckt.[101] Die Rahmenbedingungen des Handlungsspielraums prägen die Entscheidungsfindung nationaler Akteure maßgeblich.[102] In der deutschen Energiepolitik ist die Interessenformulierung und Entscheidungsfindung v.a. von unterschiedlichen und teilweise widersprüchlichen Interessen, Erwartungen, Zielsetzungen, Zwängen und Möglichkeiten auf verschiedenen Ebenen – regional, national, international, bilateral oder multilateral – geprägt.[103]

Die Etablierung von Policy-Regimen in bestimmten Politikfeldern erfordert jedoch Kongruenz in Politikbedürfnissen und -ansätzen der verantwortlichen und beteiligten Akteure.[104] Kongruenz ist im Bereich deutscher Energiepolitik jedoch äußerst schwierig und komplex, da Energiesicherheit u.a. Kernbereiche staatlicher Souveränität wie Sicherheit und Verteidigung, aber auch Wohlstandsförderung und vielfältige Akteure berührt. Kooperation in diesen Politikfeldern findet daher nur statt, wenn entweder die staatliche Souveränität herausgefordert bzw. aufrechterhalten werden soll, oder ein gemeinsames Vorgehen angesichts der globalen Tragweite der Herausforderungen zweckrational erscheint.[105] Der sektorübergreifende und interdisziplinäre Charakter von Energiepolitik hat massive Auswirkungen auf die Wahl und Ausgestaltung politischer Lösungsansätze, gemeinsamer Prozesse und Strukturen sowie Politikimplementierung.[106]

---

[101] S. Hill, Christopher (2003): The Changing Politics of Foreign Policy, London: Palgrave Macmillan, S. 26 f.
[102] S. Grieco, Joseph M (1988): Anarchy and the Limits of Cooperation: A Realist Critique of the Newest Liberal Institutionalism, International Organization, 42. Jg., S. 485-507 (501).
[103] Vgl. Druwe, Ulrich/ Kunz, Volker (1994): Rational Choice in der Politikwissenschaft. Grundlagen und Anwendung, Opladen: Leske & Budrich.
Vgl. Axelrod, Robert/ Keohane, Robert O. (1986): Achieving Cooperation under Anarchy, in: Oye, Kenneth A. (Hg.): Cooperation under Anarchy, Princeton: Princeton University Press, S. 226-254.
[104] S. Shepsle, Kenneth A. (1989): Studying Institutions: Some Lessons from the Rational Choice Approach, Journal of Theoretical Politics, 1. Jg., S. 131-147.
[105] Vgl. Tsebelis, George (1990): Nested Games: Rational Choice in Comparative Politics, Berkeley: University of California Press. Eine kritische Auseinandersetzung dazu bietet: Jervis, Robert (1976): Perception and Misperception in International Politics, Princeton: Princeton University Press.
[106] Vgl. Snidal, Duncan (1986): The Game Theory of International Politics, in: Oye, Kenneth A. (Hg.): Cooperation under Anarchy, Princeton: Princeton University Press, S. 25-57.

Energiesicherheit in und für Deutschland ist neben externen Faktoren und Akteuren aber v.a. auch von innenpolitischen Bedingungen und Konstellationen geprägt. Die Zahl der energiepolitischen Akteure variiert stark; außerdem spielt die Autorität und Entscheidungsmacht der Akteure eine wichtige Rolle. Alle diese Bedingungen beeinflussen den Handlungsspielraum nationaler Entscheidungsfindung und -implementierung und damit die Substanz energiepolitischer Politikergebnisse.[107] Kongruenz innerhalb der gesamtstaatlichen deutschen Energiepolitik sollte deshalb über einen sektorübergreifenden Politikansatz hergestellt werden. V.a. institutionalisierte und formalisierte Kommunikations- und Arbeitsstrukturen können die betroffenen Akteure über einen längeren Zeitraum so sozialisieren, dass die Linienorganisation überwunden werden kann, die derzeit in der deutschen Energiepolitik vorherrscht.[108] Längerfristige gesamtnationale Politikformulierungsprozesse und Kollaboration führen zu einem Interesse an gemeinsamem Fortschritt.[109]

Entscheidungsträger interpretieren Situationen, in denen sie mit externen Herausforderungen konfrontiert werden, die die eigenen Ziele und Interessen berühren, primär unter Berücksichtigung eigener Werte, Ansichten und Interessen. Die Wahl des Handlungsrahmens zur Bewältigung nationaler und internationaler Herausforderungen ist v.a. vom internationalen Kontext sowie von der vorhandenen Problemlösungsfähigkeit abhängig. Es gibt zwar zahlreiche Analysen hinsichtlich internationaler Energiesicherheit, jedoch beschränken sich diese meist auf sektorspezifische Lösungsansätze.[110]

Künftig wird v.a. ein ganzheitliches und umfassendes Verständnis strategisch-konzeptioneller Energiesicherheitsanalysen, und hier v.a. das Gestaltungspotential von Energiesicherheit, die Wissenschafts- und Forschungslandschaft prägen. Erst wenige Analysen untersuchen Energiesicherheit als sicherheitspolitische Herausforderung.[111] Politische Instabilität in Förderregionen fossiler Ener-

---

[107] S. Legro, Jeffrey (1996): Culture and Preferences in the International Cooperation Two-Step, American Political Science Review, 90. Jg., S. 118-137 (128).
[108] S. ebd., S. 130.
[109] S. Evans, Peter B. (1993): Building an Integrative Approach to International and Domestic Politics: Reflections and Projections, in: Evans, Peter B/ Jacobson, Harold K./ Putnam, Robert D. (Hg.): Double-Edged Diplomacy. International Bargaining and Domestic Politics, Berkeley: University of California Press, S. 397-430 (402).
[110] S. Müller, Friedmann (2003): Versorgungssicherheit. Die Risiken der internationalen Energieversorgung: Internationale Politik, 3/2003, S. 3-10 (5).
Vgl. Kempfert, Claudia/ Müller, Friedmann (2007): Die Energiepolitik zwischen Wettbewerbsfähigkeit, Versorgungssicherheit und Nachhaltigkeit – Chancen und Perspektiven für die Energieversorgung, Vierteljahrshefte zur Wirtschaftsforschung, 76 (2007), Nr. 1, S. 5–14.
[111] Z.B. Umbach, Frank (2004): Internationale Energiesicherheit zu Beginn des 21. Jahrhunderts, in: Bundesakademie für Sicherheitspolitik (Hg.): Sicherheitspolitik in neuen Dimensionen, Ergänzungsband I, Hamburg: BAKS.

gieträger, Sicherheitsrisiken durch globale Verschiebungen von Energieträgerströmen, Rohstoffe als politische Waffe oder "Currency for Power", antiwestliche Energieallianzen, globale Megatrends wie Umweltentwicklungen und technologischer Fortschritt erfordern eine ganzheitliche Analyse deutscher Energiesicherheit.[112] Eine innovative Auseinandersetzung mit Energiesicherheit ist besonders hinsichtlich der ressortübergreifenden Herausforderung gefragt.[113]

Das Literaturangebot hinsichtlich des Konzepts der Vernetzten Sicherheit ist übersichtlich. Vernetzungsstrategien sind hauptsächlich in Wirtschaft und Technologie auszumachen. Demgegenüber verlangt die dynamische internationale Sicherheitslage nach einem breiten Spektrum an Instrumenten und Strategien zum Zweck einer verbesserten Koordinierung und Interaktion zwischen den unterschiedlichen Akteuren.[114] Das Ziel ist die Verbesserung der "*capacity of agencies to plan, prepare, coordinate, integrate, and execute responses covering the full range of crisis contingencies and long-term challenges*",[115] kurz eine "comprehensive, all-domain architecture" für Sicherheitsfragen.[116]

Findet in der deutschen Politikwissenschaft kurz- bis mittelfristig keine adäquate, d.h. ganzheitliche und umfassende Auseinandersetzung mit den sicherheitspolitisch-strategischen Implikationen deutscher Energiesicherheit statt, werden bestehende Defizite größer, da die erforderliche fundamentale Diskussion über die künftigen Grundlagen deutscher Prosperität im internationalen Wettbewerb hinausgezögert wird und Wissenschaft und Wirtschaft anderer Gesellschaften signifikante Wissensvorsprünge erwerben.

---

[112] Vgl. Council of Foreign Relation (2006): National Security Consequences of U.S. Oil Dependency, Report of an Independent Task Force, New York: Council of Foreign Relation.
Vgl. Kluger, Richard L./ Frost, Ellen L. (2001): The Global Century. Globalization and National Security, Washington D.C.: University Press of the Pacific.

[113] Vgl. Bundesakademie für Sicherheitspolitik (2008): Seminar für Sicherheitspolitik 2008. Energiesicherheit 2050 – Eine ressortübergreifende Herausforderung, Berlin: BAKS.
Vgl. Politisch-Militärische Gesellschaft (2006): Center for Strategic and International Studies. Energy & Security, Conference Report, Berlin: PMG.
Vgl. Royal Dutch Shell Group (2005): Shell Global Scenarios to 2025. The Future Business Environment: Trends, Trade-Offs, and Choices, Peterson Institute for International Economics, The Hague: Shell headquarters.

[114] Vgl. NATO (2010): A Comprehensive Approach, 02.09.2010, http://www.nato.int/cps/en/nato live/topics _51633.htm (Zugriff 02.09.2010).

[115] Vgl. The White House (2006): The National Security Strategy of the United States of America, Washington D.C.: The White House.

[116] Vgl. Department of Defense (2005): Strategy for Homeland Defense and Civil Support, Washington D.C.: DoD, S. 21.

2. Ausgangspunkt deutscher Energiesicherheit

Es gibt zahllose Energiefragen von Bedeutung: Steigende Öl- und Gaspreise, explodierende Treibstoff- und Heizkosten, Energiekonflikte zwischen Russland und der Ukraine sowie Weißrussland, Kriege in Irak und Georgien, Unternehmensfusionen von Energiekonzernen, (Aus-)Verkauf deutscher Übertragungsnetze an sog. "Heuschrecken", Förderung erneuerbarer Energien etc.

Die Gestaltung und Steuerung der damit verbundenen Prozesse erfordert die Entwicklung ressourcen-, wirtschafts-, gesellschafts- und allgemeinpolitischer Zielvorgaben. Diese sollen in dieser Arbeit erarbeitet werden. Hierzu ist zunächst eine Betrachtung der Energiesituation Deutschlands zielführend.

2.1 Energiesituation

Der Energiebedarf Deutschlands ist durch eine Vielzahl von Einflussgrößen bestimmt: Bevölkerungszahl, Größe der gesamten Wohnfläche, Anzahl der Kraftfahrzeuge und ihre Fahrleistungen, Umfang der wirtschaftlichen Produktion, Niveau des Energieverbrauchs, Zahl der Haushalte, saisonale Witterungsbedingungen etc.

Die Energieversorgung Deutschlands wird grundsätzlich von drei Pfeilern getragen:

- Fossile Energieträger: Öl, Gas und Kohle.
- Kernenergie (inklusive Fusionsenergie).
- Erneuerbare Energien wie Sonnen- und Windenergie, Wasserkraft, Biomasse, Erdwärme.

Fossile Energieträger machen mehr als 80 Prozent des deutschen Primärenergieverbrauchs[117] aus. ca. 60 Prozent der Primärenergie werden durch Öl und Gas

---

[117] Im Grunde genommen kann Energie weder erzeugt noch verbraucht werden. Nach dem Energieerhaltungssatz bleibt in einem isolierten System die Summe aller Energie konstant. Energie wird demnach nicht „erzeugt" oder „verbraucht", sondern von einer Energieform in eine andere umgewandelt. Energie beschreibt somit jede mögliche Energieform.

gedeckt, ca. 22 Prozent aus Kohle und knapp 14 Prozent aus Kernenergie.[118] Der Rest stammt aus verschiedenen Quellen wie Wasserkraft, Windenergie oder Biomasse.[119]

Bei eignen Reserven von ca. 77 Mrd. t Braunkohle und ca. 83 Mrd. t Steinkohle hat Deutschland bei diesen Energieträgern keine absehbaren Engpässe.[120] Ganz anders ist die Situation bei der deutschen Erdöl-und Erdgasvorkommen. Die heimischen Erdöl- und Erdgasquellen zur Deckung des Primärenergieverbrauchs sind im Verlauf der letzten 15 Jahre deutlich gesunken.[121] Die wirtschaftlich gewinnbaren Erdölvorräte lagen 2007 bei ca. 37 Mio. t und die wirtschaftlich gewinnbaren Erdgasvorräte bei ca. 218 Mrd. Kubikmeter.[122]

Diese sinkende Primärenergieverbrauchsdeckung durch heimische Quellen führt automatisch zu einem Anstieg der Importe, der im Vergleich zu den letzten Jahren, und obwohl die inländische Förderung von beispielsweise Erdgas relativ konstant blieb, zu zusätzlichen Verbrauchsmengen und Erhöhungen von Importen geführt hat. Derzeit werden fast 100 Prozent des Rohöls sowie über 80 Prozent des Erdgases durch Importe gedeckt.[123]

Das stellt Deutschland vor die komplexe Herausforderung, das entstandene (gewachsene) Spannungsverhältnis zwischen der Reduzierung der Abhängigkeit von externen Energielieferungen durch Nutzung heimischer Vorräte und dem Erhalt eigener Kapazitäten durch konsequente Nutzung "anderer" Kapazitäten zu lösen. Hinzu kommt, dass die wesentlichen Transportformen deutscher Energieversorgung derzeit Strom und Kohlenwasserstoff bilden. Beide Transportformen erfordern durchdachte und durchkonstruierte Infrastrukturmaßnahmen, die Deutschland zusätzlich herausfordern.[124]

---

[118] S. Bundesministerium für Wirtschaft und Technologie (2009): Energie in Deutschland. Trends und Hintergründe zur Energieversorgung in Deutschland, Berlin: BMWi, S. 15.
[119] S. Gruss, Peter/ Schüth, Ferdi (2008): Die Zukunft der Energie. Die Antwort der Wissenschaft – Ein Report der Max-Planck-Gesellschaft, München: C.H. Beck, S. 24.
[120] S. Bundesministerium für Wirtschaft und Technologie (2009): Energie in Deutschland. Trends und Hintergründe zur Energieversorgung in Deutschland. Berlin: BMWi, S. 15.
[121] S. ebd., S. 17.
[122] S. ebd., S. 15.
[123] Vgl. Bundesministerium für Wirtschaft und Technologie (2010): Energieträger, http://www.bmwi.de/BMWi/Navigation/Energie/energiestatistiken,did=177104.html (Zugriff 11.08.2010).
[124] Die produzierte und entnommene Menge Strom in deutschen Stromnetzen müssen, trotz geringer Pufferkapazität der Speicherkraftwerke, stets ausgeglichen werden. Jeder Eingriff in dieses Energiesystem kann zahlreiche Effekte nach sich ziehen. Für Kohlenwasserstoffe gilt Ähnliches: Allein in Deutschland gibt es über 17.000 Tankstellen; hinzu kommt das Kerosin- und Heizölnetz. Und im Gegensatz zu Öl, das für 90 Tage bevorratet wird, lässt sich Gas schwieriger lagern, was zu einer massiven Abhängigkeit von punktgenauen Lieferungen führt.

2.1.1 Energieverbrauch

Deutschland ist mit einem Primärenergieverbrauch[125] von knapp 500 Mio. t Steinkohleeinheiten pro Jahr der größte nationale Energiemarkt in der Europäischen Union.[126] Der Primärenergieverbrauch in Deutschland ist 2009 gegenüber 2008 – gesamtwirtschaftliche Entwicklung – um 6,5 Prozent gesunken und insgesamt seit Beginn der 1990er Jahre, trotz wirtschaftlichen Wachstums, im Trend leicht rückläufig.[127] Zwei Drittel der eingesetzten Energieträger werden in Endenergie (d.h. v.a. Benzin, Strom, Heizöl etc.) umgewandelt und von Industrie, Verkehr, Privaten Haushalten sowie Kleinverbrauchern konsumiert. Ca. die Hälfte des gesamten Energieaufkommens wird als Nutzenergie (d.h. Heizwärme, Licht, mechanische Energie etc.) verbraucht.[128]

Mineralöl

Der Verbrauch an Mineralöl in Deutschland verminderte sich 2009 um 5,8 Prozent auf 4.595 Petajoule – und damit auf den niedrigsten Stand seit 1990. 2009 war insgesamt ein konjunkturbedingter Abwärtstrend zu beobachten, bei dem ein Rückgang der Nachfrage nach schwerem Heizöl, Chemiebenzin und Schmierstoffen sowie sonstigen Produkten um ca. 2 Mio. t, leichtem Heizöl um ca. 14 Prozent und Flugkraftstoffen um ca. 4 Prozent zu verzeichnen war. Hingegen war der Absatz an mineralischen Kraftstoffen 2009 leicht gestiegen. Diese Entwicklung war jedoch von der um knapp 50 Prozent erhöhten Beimischung von Bio-Kraftstoffen geprägt.[129]

---

[125] Primärenergieverbrauch bedeutet der Energiegehalt aller eingesetzten Energieträger. Er beinhaltet sowohl den Endenergieverbrauch als auch den Verbrauch und die Verluste im Energieumwandlungssektor, d.h. die Umwandlung der Primärenergieträger in Nutzenergie, im Wesentlichen die Erzeugung vom Strom und Kraftstoffen. Darüber hinaus ist im Primärenergieverbrauch auch der nichtenergetische Verbrauch, d.h. z.B. die Nutzung von Erdöl für die Kunststoffherstellung, erfasst

[126] Zieht man von diesem Wert den nicht-energetischen Verbrauch, Umwandlungsverluste (ca. 27 Prozent), den Eigenverbrauch im Energiesektor und statistische Differenzen ab, erhält man den Endenergieverbrauch von 292,9 Mio. t Steinkohleeinheiten. Vgl. Umweltbundesamt (2009): Energieverbrauch nach Energieträgern, http://www.umweltbundesamt-umwelt-deutschland.de/umweltdaten/public/theme.do?nodeIdent=23 26 (Zugriff 08.08.2009).

[127] Der starke Rückgang ist besonders bei den energieintensiven Grundstoffindustrien zu beobachten. Diese waren besonders von der Konjunkturabwärtsentwicklung 2008 betroffen. Der Energieverbrauch ist 2008/2009 stärker zurückgegangen als das Bruttoinlandsprodukt.

[128] Vgl. Baten, Tina/ Buttermann, Hans-Georg (2010): Die Entwicklung des Energieverbrauchs in Deutschland 2009, Wirtschaftsdienst 2010, http://www.wirtschaftsdienst.eu/ (Zugriff 23.03.2010).

[129] Vgl. Arbeitsgemeinschaft Energiebilanz e.V. (2010): Energieverbrauch in Deutschland. Daten für das 1.-4. Quartal 2009, Berlin: AG Energiebilanz.

Erdgas
2009 sank der Erdgasverbrauch in Deutschland um 5,5 Prozent auf 2.887 Petajoule. Während die Nachfrage seitens der Industrie und auch der Einsatz in Kraftwerken zurückgehen, stieg der Verbrauch privater Haushalte.[130]

Steinkohle
Der Steinkohleverbrauch sank 2009 um ca. 18 Prozent auf 1.474 Petajoule. Sowohl der Einsatz von Steinkohle in Kraftwerken als auch die Lieferungen an die Eisen- und Stahlindustrie sanken: Knapp 13 Prozent weniger Steinkohleeinsatz in Kraftwerken als 2008 und über 30 Prozent weniger Steinkohlelieferungen an die Eisen- und Stahlindustrie. Insgesamt betrug der Anteil Steinkohle am Gesamtenergieverbrauch ca. 11 Prozent.

Braunkohle
Der Braunkohleverbrauch ging 2009 um knapp 3 Prozent zurück. Dieser Rückgang entspricht in etwa dem Rückgang der Lieferungen an die Kraftwerke der allgemeinen Versorgung. Der Anteil am Gesamtverbrauch stieg 2009 auf 11,4 Prozent.

Kernenergie und alternative Energiequellen
Die Stromerzeugung aus Kernkraft sank 2009 um knapp 10 Prozent auf 1.467 Petajoule. Die Stromerzeugung von Wasserkraftwerken reduzierte sich 2009 um ca. 7 Prozent und die der Windkraftanlagen um ca. 8 Prozent. Insgesamt erhöhte sich der Beitrag erneuerbarer Energien zur Deckung des Energieverbrauchs in Deutschland um knapp einen Prozentpunkt und lag damit bei ca. 9 Prozent des gesamten Energiebedarfs.[131]

Die zwei für Deutschland relevanten Faktoren beim Energieverbrauch sind erstens der gesamtwirtschaftliche Verbrauch nach Energieträgern, wonach Kraftstoffe (ca. 27 Prozent), Erdgas (ca. 23 Prozent) und Strom (ca. 21 Prozent) für Deutschland am wichtigsten sind,[132] sowie zweitens der Verbrauch von Energieträgern nach Sektoren. Die wichtigsten Energieträger für die Sektoren Industrie, private Haushalte und Verkehr sind:[133]

---

[130] Dieser gestiegene Verbrauch ist auf die niedrigeren Temperaturen im ersten Quartal 2009 zurückzuführen.
[131] Vgl. Arbeitsgemeinschaft Energiebilanz e.V. (2010): Energieverbrauch in Deutschland. Daten für das 1.-4. Quartal 2009, Berlin: AG Energiebilanz.
[132] S. Statistisches Bundesamt (2009): Energie auf einen Blick, Ausgabe 2009, Wiesbaden: Statistisches Bundesamt, S. 11.
[133] S. ebd., S. 11.

- Industrie: Strom mit ca. 32 Prozent und Erdgas mit ca. 30 Prozent.
- Haushalte: Energieträger, die zur Wärmeerzeugung bzw. Kühlung sowie Beleuchtung eingesetzt werden können; Erdgas (ca. 36 Prozent), leichtes Heizöl (ca. 26 Prozent) und Strom (ca. 20 Prozent).
- Verkehrssektor: Kraftstoffe mit ca. 92 Prozent.

Die Industrie verbrauchte bis 1991 mit einem Anteil von 29 Prozent am meisten Energie, gefolgt von den privaten Haushalten mit 27 Prozent und dem Verkehrssektor mit 26 Prozent. Die Industrie war auch 2008 unverändert mit 29 Prozent der größte Endenergieverbraucher. Das ist kaum verwunderlich, beruht der Wohlstand Deutschlands – mehr als in allen anderen großen europäischen Staaten – auch auf einer starken Industrie. Deutschland erwirtschaftet rund 27 Prozent der industriellen Bruttowertschöpfung der Europäischen Union. Die Industrie steht für fast 90 Prozent der deutschen Exporte und es erfolgen über 90 Prozent der Forschungs- und Entwicklungsausgaben der deutschen Wirtschaft in der Industrie.[134]

Wichtigste Energieverbraucher in der Industrie sind derzeit die Chemische Industrie (25 Prozent), die Metallerzeugung und -verarbeitung (24 Prozent) und die Mineralölverarbeitung (9 Prozent). Der Verkehr hat mit einem Anteil von 28 Prozent am Endenergieverbrauch die privaten Haushalte mit 27 Prozent überholt. Die Ursachen für diese Entwicklung liegen insbesondere in gestiegenen Verkehrsleistungen, aber auch in der zunehmenden Ausstattung der privaten Haushalte mit sparsameren (effizienteren) elektrischen Haushalts- und Freizeitgeräten.[135]

2.1.2 Energiedeckung

Deutschland verfügt über insgesamt 44 produktive Erdölfelder. Bis Ende 2007 sind in Deutschland rund 283 Mio. t Erdöl bzw. 32 Prozent der geschätzten ursprünglichen Gesamtmenge in allen Lagerstätten gewonnen worden. Obwohl die Förderung von Erdöl in Deutschland mit nur 3 Prozent am Verbrauch gering ist – das meiste davon in den Bundesländern Schleswig-Holstein und Niedersachsen –

---

[134] S. Bundesverband der Deutschen Industrie e.V. (2010): Eckpunkte des BDI zum geplanten Energiekonzept der Bundesregierung, Berlin: BDI, S. 1.
[135] Vgl. Umweltbundeamt (2009): Energieverbrauch nach Energieträgern, http://www.umwelt bundesamt-daten-zur-umwelt.de/umweltdaten/public/theme.do;jsessionid=451F987F0282313 C833150D75EBABE 55?nodeIdent =2326 (Zugriff 04.08.2010).

, hängt die Förderung stark von wirtschaftlichen Rahmenbedingungen ab.[136] So haben bis 1963 bestehende Schutzzölle auf importiertes Erdöl und steigende Ölpreise, besonders infolge der Ölkrise 1973, in der Geschichte der Bundesrepublik immer wieder zu einer verstärkten Exploration und Reaktivierung heimischer Quellen geführt.[137]

Die geschätzten sicheren und wahrscheinlichen Erdölreserven in Deutschland lagen 2008 mit ca. 37 Megatonne um knapp 10 Prozent unter denen von 2005 und sind damit weiterhin rückläufig.[138] Der größte Anteil an verbliebenen Erdölreserven liegt in den Ländern Schleswig-Holstein mit 63 Prozent und Niedersachsen mit 34 Prozent. Die Kohlenwasserstoffvorräte werden, ohne Neufunde oder Zuwächse von Reserven, demnächst erschöpft sein.[139]

Die heimische Förderung an Erdgas lag 2007 bei ca. 17 Prozent des Inlandsverbrauches. 98 Prozent der gesamten Rohgasreserven Deutschlands liegen in Niedersachsen. Insgesamt wurden bis 2007 in Deutschland ca. 929 Mrd. Kubikmeter Erdgas gewonnen, was einer Ausbeutung von ca. 80 Prozent der geschätzten ursprünglichen Gesamtmenge in deutschen Lagerstätten entspricht.

Die geschätzten sicheren und wahrscheinlichen Erdgasreserven lagen 2008 bei ca. 218 Mrd. Kubikmeter. Aufgrund der gestiegenen Rohgasproduktion in 2007 ist pauschal eine Zunahme der initialen sicheren und wahrscheinlichen Reserven zu verzeichnen. Ohne Neufunde und Zuwächse von Reserven sind jedoch auch die Erdgasvorräte in Deutschland in absehbarer Zeit erschöpft.[140]

Insgesamt stellt sich folgende Situation dar: Ein Viertel des inländischen Energieaufkommens kann in Deutschland gewonnen werden und drei Viertel werden importiert.[141] Dieser Trend zeigt, dass sich die inländischen fossilen

---

[136] Vgl. Schraven, David (2009): Reichtum im heimischen Boden, Die Welt, 07.12.2009, http://www.welt.de/die-welt/wirtschaft/article5448805/Reichtum-im-heimischen-Boden.html (Zugriff 14.07.2010).

[137] S. Bundesanstalt für Geowissenschaften und Rohstoffe (2009): Energierohstoffe 2009, Hannover: BGR, S. 195.

[138] Neubewertung von Lagerstätten und weitere Korrekturen haben letztlich zu einer Anpassung und zu einer Reduzierung der verbleibenden Reserven geführt. Vgl. Bundesanstalt für Geowissenschaften und Rohstoffe (2009): Energierohstoffe 2009, Hannover: BGR.

[139] Das Ressourcenpotenzial konventionellen Erdöls in Deutschland liegt bei ca. 40 Megatonne Erdöl, was in etwa der Größe der gegenwärtigen Erdölreserven in Deutschland entspricht. Da v.a. der Entölungsgrad dieser Lagerstätten relativ hoch ist (ca. 35 Prozent), liegt ein zusätzliches Ausbeutungspotential dieser Lagerstätten v.a. in verbesserten Verfahren und Techniken. Vgl. Bundesanstalt für Geowissenschaften und Rohstoffe (2009): Energierohstoffe 2009, Hannover: BGR.

[140] S. Bundesanstalt für Geowissenschaften und Rohstoffe (2009): Energierohstoffe 2009, Hannover: BGR, S. 204.

[141] Vgl. Umweltbundeamt (2009): Energieverbrauch nach Energieträgern, http://www.umweltbundesamt-daten-zur-umwelt.de/umweltdaten/public/theme.do;jsessionid=451F987F0282313C833150D75EBABE55?nodeIdent=2326 (Zugriff 04.08.2010).

Reserven, derzeit technisch und wirtschaftlich gewinnbare Mengen, – mit Ausnahme der Kohle – an nicht-erneuerbaren Energierohstoffen verringern und höhere Importe von Energieträgern den Rückgang der inländischen Förderung ausgleichen.

Die Einfuhr von Rohöl hat sich von 88 Mio. t in 1991 auf 112 Mio. t in 2006 erhöht. 2007 gab es einen leichten Rückgang auf 109 Mio. t. Dabei haben sich über die Jahre die Bezugsquellen verschoben. Im Jahr 1991 wurden 26 Prozent des Rohöls aus Afrika, vor allem Libyen, Nigeria, Algerien importiert, 24 Prozent aus Russland, 19 Prozent aus dem Nahen Osten und 17 Prozent aus Großbritannien. Im Jahr 2007 hingegen war Russland mit knapp 32 Prozent der Hauptexporteur, gefolgt von Afrika, hier vor allem Libyen mit 18 Prozent, und Norwegen mit fast 17 Prozent. Nur noch knappe 7 Prozent des Rohöls kamen im Jahr 2007 aus dem Nahen Osten.[142]

Wichtigster Rohöllieferant für Deutschland ist die Gemeinschaft Unabhängiger Staaten (GUS) mit ca. 42 Prozent, wobei Russland mit 32 Prozent den größten Anteil leistet. Dahinter folgen Norwegen und Großbritannien mit ca. 29 Prozent. Aus Afrika kommen ca. 17 Prozent. Stark zurückgegangen ist der Anteil des Nahen Ostens von einst über 50 Prozent in den 1950er Jahren auf ca. 6 Prozent.[143]

Die Gasimporte gehen, nachdem sie zwischen 1991 und 2006 stiegen, seit 2007 wieder leicht zurück. Während anfangs die Hauptexporteure noch die Staaten der früheren Sowjetunion und die Niederlande waren, nahm ab 1999 Norwegen den zweiten Platz der Erdgaslieferanten ein. Damit wurden im Jahr 2007 fast 97 Prozent des nach Deutschland eingeführten Erdgases von drei Ländern bzw. Regionen (43 Prozent Russland/Zentralasien, 31 Prozent Norwegen, 22 Prozent Niederlande) bezogen.

Die heimische Förderung von Erdgas in Deutschland ist im Vergleich zum internationalen Maßstab gering, beträgt aber immerhin ca. 17 Prozent des Inlandsverbrauches. Über 80 Prozent des deutschen Erdgasbedarfs werden importiert. Aufgrund des unumgänglichen Pipeline-Transportes und der langen Vertragslaufzeiten von Gaslieferungen ist Deutschland derzeit eng an die Lieferländer gebunden, allen voran Russland, Norwegen und die Niederlande.

---

[142] S. Bundesanstalt für Geowissenschaften und Rohstoffe (2009): Energierohstoffe 2009, Hannover: BGR, S. 198.
[143] S. ebd., S. 199.

2.2 Definition des Energiesicherheitsbegriffs in dieser Arbeit

Nahezu alle industriell gefertigten Produkte in Deutschland hängen von der Verfügbarkeit von Erdöl ab. Erdöl bildet nicht nur den Ausgangsstoff für die Produktion von Treib- und Schmierstoffen, sondern in Form von Rohbenzin auch für alle organischen Polymere (Kunststoffe). Erdöl ist damit der wichtigste Rohstoff bei der Herstellung von Pharmazeutika, Farbstoffen oder Textilien etc. Erdöl und Gas bilden darüber hinaus eine Grundvoraussetzung für den Transport (Export) großer Warenmengen über lange Strecken.[144]

Erdgas leistet ca. ein Drittel des Endenergieverbrauchs in Deutschland und ist nach Mineralölprodukten der zweitwichtigste Energieträger. Erdgas hat somit eine zentrale Bedeutung für die Energieversorgung von Industrie und privaten Haushalten. Diese Bedeutung wird zukünftig u.a. auch deshalb weiter steigen, da Erdgas unter den fossilen Energieträgern der mit Abstand umweltfreundlichste Energieträger ist und sich mit ihm nicht nur versorgungspolitische, sondern v.a. auch klimapolitische Ziele erreichen lassen. Die Rolle von Erdgas wird künftig besonders in der Stromerzeugung stark an Bedeutung gewinnen.[145]

Deutschlands Prosperität und Teilnahme an der Globalisierung wäre ohne günstige Transportmöglichkeiten von Gütern, Menschen, Kapital und Ideen (Informationstechnologie) nicht möglich. Erdöl und Erdgas sind und bleiben die für die absehbare Zukunft wichtigsten Energierohstoffe für Deutschland. Deutschlands großes Außenhandelsvolumen und die immer enger werdende Verflechtung in der Weltwirtschaft bilden die Basis für Wohlstand und sozialen Frieden. Damit ist eine hohe Abhängigkeit von Energielieferungen aus dem Ausland, sicheren Transportwegen in globalem Maßstab sowie funktionierenden Informations- und Kommunikationssystemen verbunden. Globale Herausforderungen wie "*Verwerfungen im internationalen Beziehungsgefüge, Störungen der Rohstoff- und Warenströme sowie der weltweiten Kommunikation*" können sich

---

[144] In dieser Arbeit wird ausschließlich die Energieversorgung mit Erdöl und Erdgas betrachtet. Diese Einschränkung ergibt sich aus der Tatsache, dass der Anteil des Erdöls am Primärenergieverbrauch in Deutschland bei ca. 35 Prozent, der Anteil des Erdgases bei ca. 22 Prozent liegt, d.h. Erdöl und Erdgas machen über 50 Prozent der deutschen Primärenergieversorgung aus. Kohle trägt zwar mit ca. 25 Prozent zur deutschen Energiesicherheit bei, findet jedoch aufgrund der reichlichen Vorkommen und ihrer Inkompatibilität mit der Klimafrage keine tragende Rolle in dieser Arbeit. Die erneuerbaren Energien und Kernenergie werden zwar als Elemente deutscher Energiesicherheit anerkannt – jedoch wieder jeweils mit einer eigenen sicherheitspolitischen Konnotation –, finden aber ebenfalls keine nähere Betrachtung, da sie derzeit nur 14 bzw. 7 Prozent am Primärenergieverbrauch in Deutschland ausmachen. Mit regenerativen Energien ist das Energieproblem der nächsten zehn bis fünfzehn Jahren nicht zu lösen, da sie erstens zu teuer sind und zweitens ein entsprechender Speicher fehlt.

[145] S. Hamburgisches Weltwirtschaftsinstitut (2007): Die Bedeutung von Erdgas als Energieträger der Zukunft, Update 09/2007, S. 1.

auf die nationalen volkswirtschaftlichen Strukturen auswirken.[146] Die Versorgung Deutschlands mit diesen Energierohstoffen stellt somit einen spezifischen Wertgegenstand Deutschlands dar, aus dem sich der Energiesicherheitsbegriff dieser Arbeit ableitet.

Energiesicherheitsbegriff
Energiesicherheit in und für Deutschland stellt einen Zustand dar, bei dem keine Risiken und Bedrohungen für den Zugang, Bezug und Transport der Energierohstoffe Erdöl und Erdgas zu jeder Zeit, in ausreichendem Maß und zu erschwinglichen Preisen bestehen. Energieversorgungssicherheit bedeutet Verfügbarkeit und Verlässlichkeit von Energielieferungen. Kurz: Energiesicherheit in und für Deutschland ist ein unabhängiges und belastbares nationales Energieversorgungssystem. Energiesicherheit und Politik stehen somit in einer engen Wechselwirkung.[147]

Wertschöpfungskette Energiesicherheit
Energiesicherheit in und für Deutschland bedeutet die verlässliche Versorgung Deutschlands mit Öl und Gas. Die Wertschöpfungskette "Energiesicherheit" beginnt beim Zugang zu den Energierohstoffen Erdöl und Erdgas und reicht über den Bezug dieser Rohstoffe bis hin zu ihrem Transport zu Verbrauchern. Daraus folgt, dass Energiesicherheit eine zeit- und raumabhängige Zielbeschreibung ist; Energiesicherheit ist kontextabhängig. Da der Energiesicherheitsbegriff dieser Arbeit politisch ist, zielt Energiesicherheit auf das Nichtvorhandensein eines Risikos oder einer Bedrohung für die deutsche Energieversorgung.

Die materielle und immaterielle Dimension
Energiesicherheit ist die Minimierung von Risiken und Bedrohungen durch Energiekrisen mit den Mitteln der Politik. Der Energiesicherheitsbegriff umfasst eine materielle und eine immaterielle Dimension. Die immaterielle Dimension zielt auf die Minimierung bzw. Bewältigung eines Risikos oder einer möglichen Bedrohung deutscher Energiesicherheit durch *Vermeidung von Furcht* vor Unsicherheiten für die deutsche Energiesicherheit. Die materielle Dimension zielt auf die Minimierung bzw. Bewältigung eines Risikos oder einer möglichen Bedrohung deutscher Energiesicherheit durch *Vermeidung tatsächlicher Unsicherheiten* für die deutsche Energiesicherheit. Auch ein fiktives Ereignis kann ein

---

[146] S. Bundesregierung (2006): Weißbuch 2006 zur Sicherheitspolitik Deutschlands und zur Zukunft der Bundeswehr, Berlin, S. 22.
[147] S. Steeg, Helga (1999): Energieversorgungssicherheit im Wandel, Stuttgart: Boorberg, S. 80.

gleichwertiges Bedrohungsgefühl hervorrufen.[148] Die Sicherheit hängt damit vom verfügbaren Sicherheitsmanagement ab, d.h. dem Fähigkeitenprofil, um solche Ereignisse zu verhindern (Prävention), die schädigenden Auswirkungen zu begrenzen (Korrektur) oder einen Ausgleich für den befürchteten Schaden zu erhalten (Kompensation).[149]

Dimensionen des Energiesicherheitsbegriffs
Der Energiesicherheitsbegriff dieser Arbeit besteht aus drei Dimensionen:

- Sicherheit: Im Falle einer Störung bleibt die nationale Energieversorgung weiterhin gewährleistet, ohne dass es zu Lasten einer bestimmten Verbrauchsgruppe geht. Bei einer Störung der nationalen Energieversorgung muss bis zur Beseitigung der Störung eine 100-Prozentleistung (gemessen am Jahreshöchstverbrauch) aus alternativen Quellen gewährleistet werden.
- Verfügbarkeit: Verfügbarkeit qualifiziert den Verfügungszeitraum, während dessen es zu keinen wesentlichen Störungen gekommen ist.
- Zuverlässigkeit: Zuverlässigkeit qualifiziert die Dauer einer Versorgungsunterbrechung während bzw. nach einer Störung. Die Zeitspanne ist variabel und hängt v.a. von der Bereitschaft der Bevölkerung ab, die notwendigen finanziellen Mittel in die Wiederherstellung von Energiesicherheit aufzuwenden.

Sicherheit und Verfügbarkeit stellen die Vorsetzung für die Zuverlässigkeit der nationalen Energieversorgung dar.[150] Der Energiesicherheitsbegriff dieser Arbeit ist von der Versorgungszuverlässigkeit, die sich auf die technische Verfügbarkeit beim Endverbraucher bezieht, abzugrenzen.

Energiekrise
Eine Energiekrise ist die nachhaltige Störung der Energieversorgung Deutschlands mit fossilen Rohstoffen, die Preissprünge provoziert und negative Auswirkungen für Deutschlands Wirtschaft und Gesellschaft haben kann. Eine Energiekrise umfasst eine bestimmte Zeitspanne, in der die nutzbaren Energievorräte begrenzt oder nicht ausreichend zugänglich sind und Rationierung bzw. Preiserhöhungen zum Verlust von Lebensqualität führen. Im engeren Sinne werden nur

---

[148] S. Kaufmann, Franz-Xaver (1973): Sicherheit als soziologisches und sozialpolitisches Problem. Untersuchungen zu einer Wertidee hochdifferenzierter Gesellschaften, Stuttgart: Enke, S. 22 f.
[149] S. ebd., S. 24.
[150] S. Schwab, Adolf J. (2009): Elektroenergiesysteme: Erzeugung, Transport, Übertragung und Verteilung elektrischer Energie, 2. Auflage, Berlin: Springer, S. 6 f.

starke Erhöhungen der Energiepreise als Energiekrise bezeichnet, da diese, besonders im Zuge der Ölkrisen 1973 und 1979/80, eine Rezession in Deutschland auslösen.

Energiepolitik ist die Gestaltung des Energiebereichs für den gegenwärtigen und künftigen Energiebedarf.[151] Sie umfasst die Gesamtheit aller Maßnahmen, um das deutsche Energiesystem nach Maßgabe gesellschaftlicher Interessen zu gestalten und zu steuern, sowie die Gesamtheit der institutionellen Bedingungen, Kräfte und Bestrebungen, um gesellschaftlich verbindliche Entscheidungen über die Struktur und Entwicklung der Bereitstellung, Verteilung und Verwendung von Energie herbeizuführen.[152] Deutsche Energiepolitik sollte eine effektive Krisenprävention, ein rasches Krisenmanagement und die Fähigkeit zur nachhaltigen Gestaltung der internationalen Energiesicherheitsarchitektur umfassen.

Energiepolitik zielt auf die politische Gewährleistung deutscher Energieversorgungssicherheit mit Erdöl und Erdgas, v.a. die Gestaltung politischer Rahmenbedingungen.[153] Zentrales Anliegen ist es zum einen, die politische und wirtschaftliche Unversehrtheit der Gesellschaft gegenüber den Auswirkungen möglicher Bedrohungen bzw. Angriffe auf die deutsche Energiesicherheit zu garantieren.[154] Zum anderen gehören zur Energiepolitik auch der Ausbau der Infrastruktur und die Entwicklung der Bereitstellung, Verteilung und Verwendung sowie Investitionen in neue Technologien und Know-how.[155]

---

[151] Vgl. Lukes, Rudolf (2005): Energierecht, in: Dauses, Manfred (Hg.): Handbuch des EU-Wirtschaftsrechts, Bd. 2, Loseblattsammlung, München: C. H. Beck.

[152] Ein nationales Energiesystem bezeichnet den Komplex technischer Einrichtungen und wirtschaftlicher Tätigkeiten, die auf Produktion, Verteilung, Umwandlung, Verwendung und Entsorgung von Energieträgern gerichtet sind.

[153] Ausgeschlossen von der staatlichen Aufgabe deutscher Energiesicherheit werden alle Wertschöpfungsstufen von Energiesicherheit, die auf Produktion, Verarbeitung, Verteilung und Handel von Energie zielen; diese obliegen dem privatwirtschaftlichen Verantwortungsbereich.

[154] S. Wilzewski, Jürgen (2002): Sicherheitspolitik, in: Nohlen, Dieter/ Schultze, Rainer-Olaf (Hg.): Lexikon der Politikwissenschaft, München: C.H. Beck, S. 838.

[155] Z.B. Kernkraftwerke, Staumauern von Wasserkraftwerken, Öl- und Gasproduzenten, Raffinerien, Einrichtungen zur Weiterleitung, Versorgungsrouten und -einrichtungen, Energiespeichereinrichtungen, Sondermülldeponien u.a.

3. Strategische Rahmenbedingungen

Erdöl und Erdgas sind von volkswirtschaftlich strategischer Bedeutung: Erdöl ist als nahezu ausschließlicher Energieträger des weltweiten Verkehrssektors bisher nicht ersetzbar. Gas ist überwiegend leitungsgebunden: Verbraucher und Produzent sind über eine Pipelineinfrastruktur hochgradig miteinander vernetzt. Es hat sich über Jahrzehnte eine für import- wie exportabhängige Staaten wichtige wechselseitige transnationale Struktur herausgebildet. Während importabhängige Länder versuchen, die Abhängigkeit von ausländischen Energiequellen zu verringern bzw. ihre Nachteile in Grenzen zu halten, sind exportabhängige Länder bestrebt, die Einkünfte aus Öl- und Gasverkäufen – oft die einzige Einkommensquelle für zahlreiche erdöl- und erdgasexportierende Länder – stabil zu halten. Abhängigkeit stellt in diesem System jedoch einen Faktor der Unsicherheit dar:

- Für die importabhängigen Länder kann er die Verwundbarkeit durch Lieferstörungen und die Einschränkung nationaler Handlungsfreiheit bedeuten. Solche Lieferstörungen sind fast immer mit politischen und wirtschaftlichen Kosten verbunden.
- Für die exportabhängigen Länder hingegen kann diese Abhängigkeit eine hohe außenwirtschaftliche Verwundbarkeit und eine Bremse für den gesamten Modernisierungsprozess bedeuten.[156]

Vor allem im Zuge der international zunehmenden Konkurrenz um Energierohstoffe zeichnet sich seit einigen Jahren auf den internationalen Energiemärkten ein verstärktes Kräftemessen zwischen Energieproduzenten und -konsumenten ab.

Die strategischen Rahmenbedingungen werden v.a. von folgenden Entwicklungen bestimmt:[157]

- Erstens entwickelt sich die Situation in der Weltwirtschaft zunehmend instabiler.

---

[156] S. Häckel, Erwin (2004): Internationale Energiepolitik, in: Woyke, Wichard (Hg.): Handbuch Internationale Politik, Bonn: Bundeszentrale für politische Bildung, S. 177-186 (181).
[157] S. Kleinwächter, Lutz (2007): Energie-Außenpolitik, in: Kleinwächter, Lutz (Hg.): Deutsche Energiepolitik, Eggersdorf: Brandenburgische Landeszentrale für politische Bildung, S. 91-99 (92).

- Zweitens spitzen sich Verteilungskonflikte um die Rohstoffe und Energieressourcen zu.
- Drittens steigt die Relevanz des Energiesicherheitsthemas besonders mit dem konkurrierenden Bedarf zwischen Industrienationen und postmodernen Informationsgesellschaften, Schwellenländern und Entwicklungsländern.[158]
- Viertens zeichnen sich Tendenzen einer globalen Destabilisierung der Umweltsituation ab.
- Fünftens ist Energiesicherheit längst selbst Gegenstand strategischer Außensicherheitspolitik, die über die Spielregeln auf den Energiemärkten eigene Machtpositionen absichern bzw. verbessern will.

Energiesicherheit verknüpft damit wie kaum ein anderer Bereich nicht nur komplexe Herausforderungen unterschiedlicher Dimensionen – ökonomische, soziale, kulturelle, technologische, sicherheitspolitische – miteinander, sondern involviert eine Vielzahl unterschiedlicher Akteure – staatliche und nicht-staatliche.

Diese veränderten Herausforderungen verlangen deshalb nach Lösungen jenseits der zwanghaften Aufrechterhaltung der strikten Trennung von innen und außen, von staatlicher und privater Zuständigkeit. Stattdessen hängt die zukünftige Gewährleistung von Energiesicherheit maßgeblich von der Fähigkeit zur Erschließung von Synergien ab. Die Erschließung von Synergien zur Gewährleistung deutscher Energiesicherheit erfordert jedoch die Analyse der strategischen Rahmenbedingungen, die nun im Folgenden vorgestellt werden.[159]

3.1 Die internationalen Energiemärkte

Energiemärkte sind maßgeblich von den gehandelten Energieträgern geprägt: Erdöl ist ein internationales Erzeugnis, das weltweit gehandelt wird. Für Erdöl gibt es einen Spotmarkt. Ein Großteil des Ölhandels wird über langfristige Lieferverträge (d.h. Termingeschäfte) abgewickelt. Erdöl wird "on the spot" an- und abtransportiert. Deutschland bezieht sein Erdöl größtenteils auf dem Spotmärkten Amsterdam, Rotterdam und Antwerpen.

---

[158] Bedarf meint in dieser Arbeit die Absicht, eine bestimmte Art und Menge an Gütern zu erwerben. Bedarf und Nachfrage werden synonym verwendet.

[159] Zum Vergleich Kohle: Dafür gibt es auch einen internationalen Markt mit rasant steigenden Preisen. Die Marktsituation ist hier jedoch eine andere: Nur zehn Prozent der gesamten Kohle wird international gehandelt. Beispielsweise wird die Kohle, die in den USA verbraucht wird, dort auch produziert. Somit gibt es keine Versorgungsprobleme.

Gas hingegen ist ein regionales Erzeugnis, das regional gehandelt wird.[160] Während es einen globalen Erdölmarkt, einen sog. Spotmarkt,[161] gibt, existieren vier autonome Erdgasregionalteilmärkte:

- Asiatischer Erdgasregionalteilmarkt.[162]
- Atlantischer Erdgasregionalteilmarkt.[163]
- Europäischer Erdgasregionalteilmarkt.[164]
- Euro-asiatischer Erdgasregionalteilmarkt.[165]

Mit der Herausbildung dieser Energiemärkte ist auf internationaler Ebene ein Netz aus formellen und informellen Institutionen und Regeln entstanden, das einerseits die globalen Energiebeziehungen strukturiert und andererseits stark von Fragmentierung und politökonomischen Realitäten geprägt ist.[166] Dieses formelle und informelle Netz wird im Folgenden untersucht.

3.1.1 Erdölmarkt

Auf dem internationalen Spotmarkt für Erdöl haben sich im Wesentlichen zwei den Markt prägende Institutionen herausgebildet: Die OPEC (Organization of Petroleum Exporting Countries) und die IEA (International Energy Agency).

---

[160] Zum Vergleich Kohle: Dafür gibt es auch einen internationalen Markt mit rasant steigenden Preisen. Die Marktsituation ist hier jedoch eine andere: Nur zehn Prozent der gesamten Kohle wird international gehandelt. Beispielsweise wird die Kohle, die in den USA verbraucht wird, dort auch produziert. Somit gibt es keine Versorgungsprobleme.

[161] Spotmarkt ist ein Teil der Börse, an dem nur Kassageschäfte (d.h. standardisierte Verträge über Wertpapiere, Devisen oder vertretbare Sachen mit gleichartigen Bedingungen) gehandelt werden. Auf Spotmärkten werden Waren aller Art gehandelt, für die es regelmäßig deutliche punktuelle Ungleichgewichte zwischen Angebot und Nachfrage gibt. Nachhaltige Tendenzen der hier ermittelten Preise deuten gewöhnlich frühzeitig auf Trends bei den Vertragsbedingungen für die Versorgung über normale Vertriebskanäle hin.

[162] Der asiatische Erdgasmarkt besteht aus Austral-Asien und dem östlichen Teil Russlands jenseits des Jenisseis.

[163] Der atlantische Erdgasmarkt ist in den nordamerikanischen und den südamerikanischen (Argentinien, Bolivien, Brasilien, Chile, Paraguay, Peru, Uruguay) Erdgasmarkt unterteilt.

[164] Der Europäische Erdgasmarkt besteht aus Europa, dem westlichen Teil Russlands diesseits des Jenisseis, den europäischen Länder der GUS, Ägypten, Algerien, Libyen, Marokko, Tunesien, Westsahara (Demokratische Arabische Republik).

[165] Der euro-asiatische Erdgasregionalteilmarkt besteht aus dem Mittleren Osten und den zentralasiatischen Ländern der GUS (Kasachstan, Usbekistan, Turkmenistan, Tadschikistan, Kirgisistan).

[166] S. Goldthau, Andreas/ Witte, Jan Martin (2006): Global Energy Governance. Neue Trends, neue Akteure, neue Regeln: Die Architektur der Strukturen im Energiesektor muss überholt werden, Internationale Politik, April 2008, S. 46-54 (47).

Die OPEC repräsentiert erdölexportierende Länder, die ca. 80 Prozent der weltweiten Erdölproduktion fördern und über ca. drei Viertel der weltweiten Erdölreserven verfügen. Ziel der OPEC ist es, durch eine gemeinsame Ölpolitik die Mitgliedsländer gegen einen Preisverfall und eine Verringerung ihrer Einnahmen aus der Ölförderung abzusichern.[167] Die IEA ist eine autonome Einheit der OECD, die ursprünglich zum Zweck eines gemeinsamen Vorgehens gegen die Ölkrise 1973 von Industrienationen gegründet wurde. Heute dient sie als Kooperationsplattform für Erforschung, Entwicklung, Markteinführung und Anwendung von Energietechnologien.[168]

In den Nachkriegsjahren bis zur Gründung der OPEC war der Ölpreis stark durch die multinationalen, privatwirtschaftlichen Ölgesellschaften reguliert. Bis Anfang der 1970er Jahre kostete ein Barrel Erdöl auf dem Weltmarkt zwischen zwei und drei US-Dollar. Als die Ölgesellschaften versuchten, die Listenpreise weiter zu senken, die Erdölförderländer jedoch angesichts der hohen Gewinne der Ölgesellschaften eine Erhöhung ihres Gewinnanteils verlangten, gründeten die fünf wichtigsten erdölfördernden Staaten 1960 die OPEC.[169]

Die OPEC hat in den 1970er Jahren erstmals wichtige Entscheidungen für die internationale Energieversorgung zwischen den Regierungen einer privilegierten Staatengruppe, der erdölfördernden Staaten, ausgehandelt.[170] Im Anschluss an den Kriegsausbruch 1973 im Nahen Osten boykottierte die OPEC Öllieferungen an die USA und die Niederlande. Der Ölpreis schnellte innerhalb von sechs Monaten um 400 Prozent in die Höhe. Die Preise sanken nach Ende des Embargos wieder. Trotzdem veränderte dieses Ereignis das Selbstvertrauen der Fördernationen und beeinflusst seither die Machtverteilung im Erdölmarkt. Die zweite Ölkrise im Zuge des Umsturzes im Iran und des darauf folgenden Iran-Irak-Kriegs ließ den Ölpreis erneut steigen. Diesmal sorgten wettbewerbs-

---

[167] Mitglieder der 1960 in Bagdad gegründeten OPEC sind Algerien, Angola, Ecuador, Irak, Iran, Katar, Kuwait, Libyen, Nigeria, Saudi-Arabien, Vereinigte Arabische Emirate und Venezuela.
[168] Mitglieder der 1973 gegründeten IEA sind Australien, Belgien, Dänemark, Deutschland, Finnland, Frankreich, Griechenland, Großbritannien, Irland, Italien, Japan, Kanada, Luxemburg, Niederlande, Neuseeland, Norwegen, Österreich, Polen, Portugal, Spanien, Schweden, Schweiz, Slowakei, Südkorea, Tschechien, Türkei, Ungarn und die USA.
[169] Standard Oil of New Jersey (Esso), Royal Dutch Shell, Anglo-Persian Oil Company (APOC), Standard Oil Co. of New York (Socony), Standard Oil of California (Socal), Gulf Oil und Texaco.
[170] 1965: Vereinbarung einer gemeinsamen Förderpolitik zur Stützung der Preise (Preisregulierung); 1970: Anhebung der Rohölpreise und der Steuern der Ölgesellschaften; seit 1974: Verstaatlichungen von Ölkonzernen; 1973: Arabischer Ölboykott gegenüber westlichen Staaten sowie Preiserhöhung; 1982: Ankündigung von Produktionsdrosselungen; 1983: Senkung des Rohölpreises und der Förderquote etc.

fördernde Neustrukturierungsmaßnahmen des Ölmarktes dafür, dass die Preise innerhalb kurzer Zeit wieder sanken.[171]

Der Einfluss der OPEC sank nachhaltig mit dem steigenden Anteil von Ölproduzenten außerhalb der OPEC und der mangelhaften Förderdisziplin der OPEC-Staaten. Zur Jahrtausendwende hat sich zwischen der OPEC und den Erdölkonsumierenden Staaten ein Marktgleichgewicht herausgebildet: Hohe Ölpreise schwächen die Weltwirtschaft; das wiederum wirkt sich langfristig auf die Nachfrage nach Erdöl und die Konkurrenzfähigkeit des Energieträgers, auf die alle Ölproduzenten – OPEC-Mitglieder oder nicht – angewiesen sind, aus. So besteht ein reziprokes Interesse an stabilen Ölpreisen.[172]

Dennoch steigt der Ölpreise seit einigen Jahren wieder stark. Das hat mehrere Ursachen: Die hohen Preise spiegeln zum einen die Erwartungshaltung der Marktteilnehmer und zum anderen strukturelle Schwäche des Erdölmarktes wider: Das starke Wirtschaftswachstum in Ostasien, die Furcht vor Terroranschlägen und die weit gehende Auslastung der gegenwärtigen Förder- und Verarbeitungskapazitäten zeichnen einige Trends für die zukünftige Erdölversorgung ab, was die Marktteilnehmer verunsichert.[173] Nachdem die Ölfelder in der Nordsee und Alaska, die für westliche Industrienationen verlässlichsten Erdölproduzenten, allmählich aufgebraucht sind, und die OPEC-Mitglieder über ca. 80 Prozent der weltweit gesicherten Reserven verfügen, dürfte die Marktmacht der OPEC wieder steigen – gleichwohl diese keineswegs mit der der 1970er Jahre zu vergleichen ist.

Das größere Problem für Deutschland auf dem internationalen Erdölmarkt liegt in der nicht zeitgemäßen Repräsentation und Funktion der IEA. Die IEA ist das Verbraucherkartell des Westens, d.h. die Antwort der Industrienationen 1974 auf die Ölkrise und das Erzeugerkartell der OPEC. Die primäre Aufgabe der IEA

---

[171] S. Engdahl, William F. (1993): Mit der Ölwaffe zur Weltmacht. Der Weg zur neuen Weltordnung, Wiesbaden: Dr. Böttiger Verlags-GmbH, S. 272.

[172] Für manche Ölstaaten sind die Zinserträge aus der Anlage früherer Ölgewinne inzwischen wichtiger als der Verkauf neuen Öls. Den Vereinigten Arabischen Emiraten z.B., wo allein das Emirat Abu Dhabi 875 Mrd. Dollar investiert hat, ist eine stabile Wirtschaftsentwicklung wichtiger als kurzfristig hohe Ölpreise, die eine mögliche globale Rezession beschleunigen könnten. Zudem gibt es eine Kluft zwischen den prowestlichen Ländern wie Saudi-Arabien und den Vereinigten Arabischen Emiraten und anderen Ländern wie Iran oder Venezuela, die bereit wären, die Ölwaffe als politisches Druckmittel einzusetzen. Vgl. Zirm, Jakob (2008): Die Macht des Öl-Kartells OPEC, Die Presse, 01.02.2008, http://diepresse.com/home/wirtschaft/360140/index.do (Zugriff 18.12.2009).

[173] Die Erdölpreise hängen stark davon ab, wie die Händler die kurz- und mittelfristige Entwicklung des Marktes beurteilen. Die Angst vor politischen Unruhen kann sich in einer Preisprämie äußern, welche keineswegs die realen Versorgungsbedingungen widerspiegelt. Auch andere tatsächliche oder erwartete Veränderungen von Angebot oder Nachfrage schlagen sich in den an der Börse gebotenen Preisen nieder.

besteht darin, im Fall einer Lieferunterbrechung die gemeinsamen Ölreserven solidarisch unter den Mitgliedstaaten zu verteilen. Über internationale Energieprogramme wird versucht, die Zusammenarbeit auf dem Gebiet der Energie, Koordination und Abstimmung der jeweils nationalen Energiepolitik zu erhöhen und die Abhängigkeit der IEA-Staaten von den OPEC-Staaten zu reduzieren. Um Versorgungsengpässe zu verhindern, verpflichteten sich die Unterzeichnerstaaten zur Anlegung von Vorräten. Diese Bevorratung entspricht in etwa den Nettoimporten von Erdöl von 90 Tagen.[174]

Da die Bevölkerungsquoten in den OECD-Ländern rückläufig sind und Energie immer effizienter genutzt wird, bleibt der Energiebedarf der OECD-Länder langfristig konstant bzw. sinkt. Gleichzeitig wurde jedoch der Energiebedarf der Entwicklungs- und Schwellenländer unterschätzt.[175] V.a. industrielle Schwellenländer mit boomenden Volkswirtschaften wie China, Indien und die Association of Southeast Asian Nations (ASEAN) haben aufgrund des hohen dynamischen ökonomischen und demographischen Wachstums einen hohen Bedarf an Energie. Diese Entwicklung zieht einen langfristigen Trend der Verschiebung des globalen Energiebedarfs nach sich. Das führt des Weiteren dazu, dass politisch instabile Regionen wie der Mittlere Osten wieder an Bedeutung gewinnen. Diese Verschiebung schlägt sich nicht nur in einer Verschiebung der Energieträgerströme nieder, sondern v.a. im Ausbau von Energietransportinfrastrukturen.

Deutschland bezieht unter 10 Prozent seiner Energie aus dem Mittleren Osten. So ist die Region für Deutschland aus sicherheits-, weniger aus energiepolitischen Aspekten wichtig. Die beiden Dimensionen lassen sich jedoch nicht voneinander trennen, so dass sich insgesamt aufgrund der Fragmentierung des internationalen Erdölmarkts und der regionalen Gasmärkte im Entstehen die Herausbildung eines Patts zwischen *markets and institutions vs. regions and empires* abzeichnet, sollte die IEA weiterhin auf die OECD-Staaten beschränkt bleiben, keine neuen Mitglieder aufnehmen und sich an die gegenwärtigen und zukünftigen Prozesse anpassen. Angesichts der hohen Konzentration globaler Energieträger in politisch instabilen Regionen wie dem Nahen Osten, dem Kaukasus, Afrika und Russland, wird die internationale Stabilität und Sicherheit nicht zuletzt davon abhängen, ob sich Konflikte um Ressourcen zunehmend verschärfen und beschleunigen werden oder ob Deutschland im Verbund mit

---

[174] Vgl. International Energy Agency (2010): Oil Markets and Emergency Preparedness, IEA, http://www.iea.org/about/ome.htm (Zugriff 23.05.2010).

[175] S. Meier-Walser, Reinhard (2007): Zur Einführung: Energieversorgung als politische Querschnittsaufgabe, in: Meier-Walser, Reinhard (Hg.): Energieversorgung als Sicherheitspolitische Querschnittsaufgabe, Akademie für Politik und Zeitgeschichte, München: Hanns Seidel Stiftung, S. 7-20 (9).

Freunden und Partnern im Rahmen der vorhandenen Institutionen den Wettbewerb um die Energieressourcen zu seinen Gunsten gestalten können wird.[176]

3.1.2 Der Erdölpreis und die Bindung des Erdgaspreises

Der Rohölpreis – ein wichtiger Faktor für die Weltwirtschaft – hatte sich über zehn Jahre lang innerhalb des Preiskorridors der OPEC von 22 bis 28 Dollar pro Barrel eingependelt. Seit 2005 steigt der Rohölpreis und lag 2008 auf seinem nominalen Hoch von über 140 Dollar pro Barrel.[177]

Der Rohölpreis ist ein Leitindikator und Orientierungswert für andere Energiepreise, insbesondere die Erdgaspreise. Während sich die Preissteigerung im Kontext der Ölpreiskrise der 1970er Jahre noch einzelnen Ereignissen, wie dem Jom-Kippur-Krieg, der OPEC-Politik, dem Sturz des Schahs oder dem Irak-Iran-Krieg, zuordnen lässt, lässt sich für die jüngsten Preisänderungen nicht mehr eine alleinige Ursache identifizieren.

Vielmehr ist eine Kombination von Faktoren, wie die steigende Nachfrage aus Asien, die immer aufwändigere Erschließung neuer Ölvorkommen, geopolitische Zuspitzungen, die Auslastung von Förderkapazitäten, Ausnahmeereignisse wie die Hurrikane Katrina und Rita oder schlicht Börsenspekulanten für die Preisschwankungen verantwortlich.

Treiber des Preises sind aber natürlich auch eine unsichere politische Lage im Nahen und Mittleren Osten, eine stete Furcht vor Terroranschlägen und die Androhung von Lieferboykotts oder Kapazitätsreduzierungen. Drastische und dynamische Preissteigerungen sind – anders als die Ölpreisschocks in den 1970ger Jahren – nicht durch eine Verknappung des Angebots bedingt, sondern in erster Linie nachfragegetrieben. Das starke Wachstum der Weltwirtschaft zu Beginn des 21. Jahrhunderts, insbesondere der Schwellenländern China, Indien, Brasilien, sind Indikatoren dafür, dass die internationale Nachfrage langfristig das potentielle Angebot übersteigen wird. Außerdem führen fehlende Raffinierungskapazitäten zu einer Verknappung des Angebots. So führen nicht nur grundsätzlich fehlende Kapazitäten für die Verarbeitung von Rohöl, sondern auch die ständig am Limit organisierte Energieversorgung von Nationalstaaten mit Öl und Gas zu höchst volatilen Preisen. Jede Art von Störung wirkt sich

---

[176] S. Messner, Dirk (2006): Machtverschiebungen im internationalen System: Global Governance im Schatten des Aufstiegs von China und Indien, in: Debiel, Tobias/ Messner, Dirk/ Nuscheler, Franz (Hg.): Globale Trends 2007, Frieden, Entwicklung, Umwelt. Frankfurt a. M.: Fischer Taschenbuch, S. 45-60 (52).

[177] Vgl. TECSON (2010): Entwicklung der Rohölpreise auf dem Weltmarkt, http://www.tecson.de/prohoel.htm (Zugriff 05.04.2010).

zusätzlich aufgrund der bestehenden strukturellen Engpässe, die dann erst die Krise auslösen, negativ auf den Preis aus.

Markt- und Preisentspannend wirken nur konkrete angebotsseitige Faktoren, wie die Überführung von Ressourcen in Reserven durch technische Fortschritte und Investitionen in Exploration, Feldentwicklung und Erhöhung von Reservewachstum, die Erhöhung von Produktions- und Förderkapazitäten oder die Politik der OPEC oder nachfrageseitige Faktoren wie die Entwicklung von Bevölkerungen und Wirtschaftsleistungen, spezifische Verbräuche von Produktionsprozessen und Transport- und Heizungssystemen.[178]

Bis in die 1960er Jahre wurde der Erdölpreis hauptsächlich von multinationalen, i.d.R. privaten Ölgesellschaften und nicht von den Förderländern bestimmt – zu dieser Zeit lag der Erdölpreis bei ca. 3 USD/b; entsprechend den heutigen Bedingungen, d.h. inkl. Inflation, wären das 10 USD/b. Erst mit der Gründung der OPEC, der stetigen Zunahme der Gesamtförderung und schließlich dem Lieferboykott 1973 konnte die OPEC den Rohölpreis autonom festsetzen. Im Zuge dieses Machtausbaus verstaatlichte die OPEC größtenteils die innerhalb ihrer Mitgliedstaaten tätigen Ölgesellschaften. Der nominale Ölpreis stieg auf ca. 11 USD/b. Die Revolution 1979 im Iran und der Angriff Iraks auf den Iran ließen den Erdölpreis erneut ansteigen, diesmal auf 38 USD/b nominal. Da die Verbrauchsländer bereits damals mit der Diversifizierung ihrer Quellen begannen, setzte die OPEC Förderquoten fest und versuchte mit dieser künstlichen Verknappung, den Preis/b auf einem (damals) hohen Niveau zu halten.[179] Ende der 1980er Jahre und bis 1997 pendelte sich der Ölpreis wieder auf einem Wert um 20 USD/b ein.

Die Finanzkrise in Asien Ende der 1990er Jahre, die global geringe Nachfrage und die inkonsistente Quotendisziplin der OPEC-Länder verursachten 1998 einen starken Preisverfall von Rohöl. Dies hatte v.a. Auswirkungen auf die Explorations- und Infrastrukturinvestitionen von (größtenteils staatlichen) Ölfirmen.[180] Das zwang die OPEC erneut zur Errichtung eines Preiskorridors, diesmal

---

[178] S. Energiewirtschaftliches Institut an der Universität zu Köln/ Prognos AG (2006): Auswirkungen höherer Ölpreise auf Energieangebot und -nachfrage Ölpreisvariante der Energiewirtschaftlichen. Referenzprognose 2030 für das Bundesministerium für Wirtschaft und Technologie, Berlin, Köln: EWI/ Prognos, S. 123.

[179] V.a. die mangelnde Förderdisziplin und die garantierten Gewinnvereinbarungen mit Raffinerien (sog. *Netback pricing*) Saudi-Arabiens untergruben diese OPEC-Strategie. Die anderen OPEC-Länder konnten ihre Linie nicht länger aufrechterhalten, schwenkten um und infolgedessen fiel der Ölpreis ab Mitte der 1980er Jahre wieder auf ein Niveau unterhalb 20 USD /b.

[180] Für die OPEC-Länder bedeutete die Ölpreiskrise 1998 Mindereinnahmen von ca. 50 Mrd. USD; das entspricht ca. einem Drittel der geplanten Gesamteinnahmen für dieses Jahr. S. Bundesanstalt für Geowissenschaften und Rohstoffe (2009): Energierohstoffe 2009, Hannover: BGR, S. 52.

um die 25 USD/b. Diese Förderregulierung der OPEC erzielte bis 2001 einen Ölpreis von ca. 30 USD/b; dieser fiel mit den Anschlägen vom 11. September jedoch wieder unter die 20-USD/b-Grenze.

Mit erneuten massiven Förderkürzungen seitens der OPEC (aber auch von nicht OPEC-Ländern wie Mexico und Norwegen) konnte der Preisverfall 2002 gestoppt werden. Seither ist – ähnlich wie zu Beginn der Ölpreisaufzeichnung in den 1860er Jahren – ein überproportional starker Anstieg des Ölpreises abzulesen.

Der Rekordpreis von 147 USD/b wurde im Juli 2008 erreicht.[181] Im gleichen Jahr sank er wieder auf ca. 40 USD/b. Die hohen und volatilen Ölpreise der vergangenen Jahre können nicht allein der nahenden Verknappung der Reserven zugerechnet werden. Hohe und volatile Ölpreise gab es bereits Ende des 19. Jahrhunderts. Vielmehr ist der Grund fluktuativer Preisveränderungen ein Mix unterschiedlicher Faktoren wie:[182]

- Die weltweit steigende Nachfrage;
- die künstliche Beschränkung des Ölangebots seitens der OPEC;
- die fehlenden Kapazitätsreserven;
- die mangelnden Investitionen in Infrastruktur und Explorationsprojekte;
- Inflation und Lieferunterbrechungen;
- die Angst vor Terroranschlägen;
- ein schwacher US-Dollar;
- Spekulationen auf den Finanzmärkten und an der Börse.

Der deutsche Energiepreis, genauer: der Grenzübergangspreis für fossile Energierohstoffe, ist der Durchschnittspreis von Langfrist- sowie Spotmarktverträgen. Diese setzen sich aus dem Produzentenpreis, den Umschlagskosten im Produzenten- und Verladeland und den jeweiligen Transportkosten per Pipeline, Schiff oder Bahn nach Deutschland zusammen.[183]

Auf Seiten der Förder- und Produzentenstaaten sind drei Faktoren für den Rohölpreis entscheidend:

- Erfolgreiche Realisierung von Explorationsprojekten und Erschließung neuer Felder.
- Stabile politische Verhältnisse.

---

[181] Vgl. Spiegel Online (2009): Wir müssen sparen, sparen, sparen, Der Spiegel, 12.04.2009, http://www.spiegel.de/wirtschaft/0,1518,617191,00.html (Zugriff 24.06.2010).
[182] S. Bundesanstalt für Geowissenschaften und Rohstoffe (2009): Energierohstoffe 2009, Hannover: BGR, S. 52.
[183] S. ebd., S. 214.

- Geschwindigkeit und Nachhaltigkeit der Entwicklung erneuerbarer und nichtkonventioneller Energien.

Diese Faktoren bestimmen v.a. die künftigen Marktbedingungen und die politische Rahmensetzung: Entscheidungen, die auf der Basis von Prognosen hinsichtlich dieser Kategorien getroffen wurden, wirken über Jahre hinweg. Erschwerend kommt erstens hinzu, dass zwischen der initialen Investitionsentscheidung, der Aufnahme von Explorationsaktivitäten und dem Beginn der tatsächlichen Förderungen i.d.R. fünf bis 20 Jahre vergehen. Die Explorations- und Erschließungskosten sind v.a. in der Arktis sowie bei nicht-konventionellen Energierohstoffen besonders hoch. Zweitens kann auf eine Erhöhung bzw. einen Rückgang der Nachfrage nur sehr langsam reagiert werden. Sowohl Angebot als auch Nachfrage können – angesichts der vielfältigen Abhängigkeiten und mangelnder Alternativen im Energiemix – nur zeitverzögert auf Veränderungen reagieren. Diese Trägheit ist mit verantwortlich für die starke Volatilität des Ölpreises. Ein Instrument zur ihrer Beherrschung ist die Bevorratung (in Deutschland definiert als zusätzliche Fördermenge, die innerhalb von 30 Tagen für mindestens 90 Tage zur Verfügung stehen muss). Ein weiteres Instrument ist die Bindung von Angebot und Nachfrage an langfristige Lieferverträge.[184] Vor allem das Geschäft langfristiger Lieferverträge bindet vielfältige Akteure: Neben sog. Hedgern, die überwiegend für die Absicherung von Ölgeschäften im Fall der Auflösung bestehender Lieferverträge und das Finden entsprechender Kauf- und Verkaufskontrakte zuständig sind, sorgen Spekulanten (durch die Übernahme von Risiken) für die am Markt notwenige Liquidität.[185] Prognosen hinsichtlich künftiger Erdölpreisentwicklungen sind aufgrund der Vielzahl unkalkulierbarer Einflussgrößen, der unterschiedlichen Szenario- und Ermittlungstechniken, einer unzureichenden Datenbasis und unterschiedlicher Preisbasen kaum möglich.

Da Erdgas – im Unterschied zum Öl – nur von wenigen Produzentenländern gefördert wird, gibt es auf dem Markt aufgrund langfristiger Lieferverträge keine frei verfügbaren Mengen. Das hat zu der internationalen, brancheninternen Vereinbarung der Ölpreisbindung geführt. Bei der Vereinbarung der Ölpreisbindung handelt es sich um ein klassisches Kartell zwischen Gasproduzenten, -importeu

---

[184] Langfristige Lieferverträge garantieren die rechtlich verbindliche Verpflichtung, eine festgelegte Menge Öl bestimmter Qualität zu einem bestimmten Zeitpunkt und zu einem genau ausgehandelten Preis zu kaufen oder zu verkaufen (Futures).

[185] Das Argument, Spekulanten seien die eigentlichen Verursacher der Ölpreis-Blase, sollte in jedem Fall individuell überprüft werden: Folgt man der Definition der "Blase" als einer Situation, in der der Anlagenwert den fundamentalen Wert des gehandelten Gutes, nämlich Erdöl, übersteigt, basiert der Erdölpreis i.d.R. auf dem Spotpreis, also dem fundamentalen Wert des Öls. Vgl. Interagency Task Force on Commodity Marktes (2008): Interim Report on Crude Oil, Washington D.C.: Interagency Task Force on Commodity Markets.

ren und -versorgern. Sie entstand in den 1960er Jahren aufgrund der Befürchtung, dass sich Erdgas wegen der enormen Investitionen in die Förderung und den Leitungsbau eventuell nicht durchsetzen oder, falls doch, eine erhebliche Konkurrenz für die herrschenden Erdölproduzenten darstellen könnte.

Mit der Ölpreisbindung sollte eine Absicherung für die Produzenten geschaffen werden, dass sich die Preise nicht unabhängig voneinander entwickeln und dadurch Verbrauchern die Möglichkeit eingeräumt wird, im Krisenfall auf den jeweils günstigeren Rohstoff zurückgreifen zu können. Das hat insgesamt dazu geführt, dass sich überhaupt kein eigener Marktpreis für Erdgas herausbilden konnte und stattdessen regionale Erdgasmärkte abgeschottet sind.[186] Um eine variablere, unabhängige Preisgestaltung auch beim Erdgas zu erzielen – um Verbraucher vor Hochpreisstrategien der Produzenten zu schützen –, müssen die Autonomie der vier Erdgasregionalteilmärkte und die Bindung des Erdgasexportgeschäftes an langfristige Lieferverträge überwunden, die Erdgasinfrastruktur, insbesondere das Flüssiggasvertriebsnetzwerk ausgebaut und die hohen Kosten für die Regasifizierung und den Transport über den Markt geregelt werden.[187]

3.1.3 Erdgasmarkt

Ende 2008 hat sich – nach dem Vorbild der OPEC – das *Gas Exporting Countries Forum* (GECF),[188] die sog. Gas-OPEC gegründet. Mitglieder des 2008 gegründeten GECF sind Ägypten, Äquatorialguinea, Algerien, Bolivien, Brunei, Indonesien, Iran, Katar, Libyen, Malaysia, Nigeria, Russland, Trinidad & Tobago und die Vereinigten Arabischen Emirate; Venezuela, Norwegen und Kasachstan haben Beobachterstatus. Die GECF bildet 42 Prozent der globalen Gasproduktion; sie verfügen über 73 Prozent der globalen Erdgasreserven und 57 Prozent der Welterdgasressourcen.[189] Den Kern der GECF bildet die Troika Russland, Iran und Katar. Die GECF strebt an – ähnlich wie die OPEC –, durch Absprachen der Produktionsmengen den Gaspreis zu steuern und so ein Gas-Monopol zu bilden.[190]

Als Reaktion auf diese Entwicklung brachte 2008 Polen den Vorschlag einer Energie-NATO ein, der von Deutschland in eine Energie-KSZE umgewan-

---

[186] Vgl. TECSON (2010): Entwicklung der Rohölpreise auf dem Weltmarkt, http://www.tecson.de/prohoel.htm (Zugriff 11.08.2010).
[187] Die Laufzeiten betragen häufig 20 oder 25 Jahre.
[188] Gas Exporting Countries Forum (2010), http://www.gecforum.com.qa (Zugriff 06.04.2010).
[189] Zum Vergleich: Im Rahmen der OPEC produzieren 12 Länder rund 43 Prozent der Weltproduktion.
[190] Vgl. Euraktiv (2010): Exportforum lehnt Gaskartell ab, http://www.euractiv.com/de/energie/pipeline-politik-energiestreit-zwischen-russland-eu/article-177665 (Zugriff 27. Juni 2010).

delt wurde. Die Forderung nach einer Energie-NATO oder Energie-KSZE ist Ausdruck des Wunsches der Etablierung eines Systems kollektiver Energiesicherheit.[191] Der Unterschied zwischen Energie-NATO und Energie-KSZE liegt darin, dass die NATO-Variante nur westliche Verbraucherländer umfasst, während die Energie-KSZE den Kreis der angesprochenen Staaten erweitert und sowohl Verbraucher als auch Produzenten und Transitstaaten mit einbindet. Beide Modelle beruhen auf der grundsätzlichen Kooperations- und Abstimmungsbereitschaft internationaler Energiepolitik. Der polnische Vorschlag der Energie-NATO adressiert den NATO-Verbund inklusive seiner Beistandsverpflichtung und fordert zum einen die Anwendung der Prinzipen kollektiver Verteidigung im Bereich der Energiepolitik und zum anderen den Ausbau einer europäischen Versorgungs- und Bevorratungsinfrastruktur. Der von deutscher Seite eingebrachte Vorschlag der Energie-KSZE basiert auf den Mechanismen dialogorientierter Vertrauensbildung und zielt auf die Etablierung einer Energiesicherheitsarchitektur, innerhalb derer Maßnahmen zu gemeinsamen Energiefragen entwickelt werden.[192]

Aufgrund technologischer Fortschritte ist in den letzten Jahren eine Reihe von Veränderungen auf den regionalen Erdgasmärkten zu beobachten. Da Erdgas im Vergleich zum Öl nicht in Containerschiffen wirtschaftlich transportiert werden kann, erfolgte der Transport hauptsächlich netzleitungsgebunden. Im Vergleich der traditionellen Erdgasmärkte stellt LNG im asiatisch-pazifischen Markt 97 Prozent, im europäischen Markt 8 Prozent und im amerikanischen Markt 1 Prozent des gesamten dortigen Verbrauchs. Da sich im Gassektor jedoch die Verflüssigungs- und Regasifizierungskosten an die Pipeline-Gaspreise und LNG-Preise in den letzten Jahren stark angeglichen haben, wachsen die regionalen Erdgasmärkte zu einem weltweiten LNG-Markt zusammen.[193] Investitionen in die Erdgaspipeline- und Verschiffungsinfrastruktur sind daher dringend erforderlich.[194] Aufgrund der globalen Finanz- und Wirtschaftskrise sind Energieinvestitionen 2008 und 2009 jedoch beachtlich gesunken. Es wurden weniger Öl- und Gasanlagen gebaut, Ausgaben für Pipelinesysteme, Raffinieren und Kraftwerke gekürzt und/oder Energieprojekt gar ganz aufgegeben.[195]

---

[191] S. Geden, Oliver/ Goldthau, Andreas/ Noetzel, Timo (2007): Energie-NATO und Energie-KSZE – Instrumente der Versorgungssicherheit?, Berlin: Stiftung Wissenschaft und Politik, S. 3.
[192] S. ebd., S. 5.
[193] Jones, Richard H. (2010): Medium-Term Oil and Natural Gas Market Review, Report from the International Energy Agency at the Center for Strategic and International Studies am 07.07.2010 in Washington D.C.
[194] Vgl. ebd. 7. Juli 2010.
[195] Vgl. ebd. 7. Juli 2010.

3.2 Transport von Energierohstoffen

Da die Hauptförderregionen von Erdöl und Erdgas nicht mit den wichtigsten Verbraucherregionen kongruent sind, werden Erdöl und Erdgas infolgedessen grenzüberschreitend und weltweit gehandelt und per Tanker oder Pipeline transportiert. Energietransporte stellen einen essentiellen Teil der Versorgungskette mit Energie dar.

3.2.1 Erdöltransport

Erdöl wird über die Wertschöpfungskette Pipeline, Verladeterminal, Öltanker/Pipeline, Raffinerie global, günstig und ohne Spezialaufwand vermarktet. In Europa erfolgt der Erdöltransport vornehmlich durch Pipelines und aus dem Nahen Osten nach Europa mit Tankern oder einem kombinierten Tanker- und Pipelinetransport. Für Erdöl ist der Transport – im Vergleich mit Erdgas – aufgrund der deutlich höheren Energiedichte mit Tankern billiger als der Transport per Pipeline, wobei der Tankertransport mit einem durchschnittlichen Anteil von ca. 75 Prozent überwiegt.[196]

Der Transport von Erdöl mit Tankern ist billiger als der Transport per Pipeline. Die Transportkosten hängen jedoch auch maßgeblich von der Größe der Tanker, der Kapazität der Pipelines, der allgemeinen Marktsituation und dem Rohstoffpreis ab. Erdöl kommt größtenteils per Tanker nach Deutschland und wird von den deutschen Häfen Wilhelmshaven, Hamburg und Rostock per Pipeline zu den Raffinerien transportiert. Ein Großteil des Erdöls kommt von ausländischen Häfen wie Triest, Rotterdam und Lavena per Pipeline nach Deutschland. Erdöl aus Russland gelangt über die Druschba-Pipeline nach Schwedt. Erdgas kommt aus Russland, Norwegen, den Niederlanden und Dänemark ausschließlich über Pipelines nach Deutschland.[197]

Die wichtigsten Pipelines für Deutschland und Europa sind:

- Baku-Tiflis-Ceyhan-Pipeline: Die 2006 in Betrieb genommene Baku-Tiflis-Ceyhan-Pipeline (BTC-/Transkaukasische Pipeline) transportiert Rohöl von Ölfeldern aus Aserbaidschan und Kasachstan am Kaspischen Meer nach Ceyhan am Mittelmeer. Die Baku-Tiflis-Ceyhan-Pipeline setzt am Terminal Sangachal bei Baku ein, durchquert Aserbaidschan (442 Kilometer),

---

[196] S. Bundesanstalt für Geowissenschaften und Rohstoffe (2009): Energierohstoffe 2009, Hannover: BGR, S. 49 f.
[197] S. ebd., S. 214.

führt durch Georgien (248 Kilometer) und die Türkei (1070 Kilometer), um am Mittelmeerhafen Ceyhan in einer Verladestation zu enden.

- Druschba-Pipeline: Die 1964 eingerichtete, 5327 km lange Druschba-Pipeline reicht von Almetjewsk in Tatarstan, Russland, über Weißrussland und Polen bis nach Schwedt/Oder und verbindet die russischen/westsibirischen Ölfelder mit den europäischen Raffinerien.[198] Der Südstrang der Leitung zweigt bei Masyr in Weißrussland ab und führt nach Tschechien und weiter in die Slowakei und bis nach Ungarn.
- Caspian Pipeline Consortium: Die "Caspian Pipeline Consortium"-Gasleitung (CPC) verbindet die Ölvorkommen im kasachischen Teil des Kaspischen Meeres mit dem russischen Schwarzmeer-Hafen Novorossijsk. Obwohl die 1510 km lange CPC-Pipeline über russisches Territorium verläuft und gemeinsam mit der russischen Regierung projektiert wurde, war sie die erste alternative Exportroute für kasachisches Öl zu den russisch dominierten nördlichen Routen.
- AMB-Ölpipeline: Die AMB-Ölpipeline der Albania-Macedonia-Bulgaria-Oil-Betreibergesellschaft ist eine seit 1993 in Planung befindliche, 894 Kilometer lange Pipeline, die Rohöl von der bulgarischen Hafenstadt Burgas über Mazedonien zum albanischen Adria-Hafen Vlora transportieren und den Erdöltransport mit Tankschiffen durch den Bosporus entasten soll. Von Vlora aus soll dann das Erdöl weiter mit Tankschiffen zu den Häfen Rotterdam und New York transportiert werden.
- Med Stream: Med Stream ist eine 460 km lange, in Planung befindliche Pipeline, die neben Rohöl auch Elektrizität, Erdgas und Wasser aus der türkischen Hafenstadt Ceyhan zur israelischen Hafenstadt Haifa transportieren soll. Die Rohölpipeline wäre die Verlängerung der Baku-Tiflis-Ceyhan-Pipeline.
- Transarabische Pipeline: Die Transarabische Pipeline (Tapline) ist eine 1214 km lange, von Saudi-Arabien über Syrien nach Libanon führende Pipeline, die im Zuge der israelisch-arabischen Auseinandersetzung, insbesondere des Sechstageskrieges stillgelegt wurde. Die Tapline wäre gegenüber Verschiffung mit Tankern durch den Sueskanal eine aufgrund der

---

[198] Ab 1963 unterband das Röhren-Embargo gegenüber der Sowjetunion den Export von Großröhren für den Bau von Gas- und Öl-Pipelines. Das Embargo setzte einen Beschluss des NATO-Rates um, der in der Zeit des kalten Krieges die Politik der kleinen Nadelstiche verfolgte, um die Entwicklung des Ostblockes soweit wie möglich zu behindern, insbesondere den Bau der Erdölleitung Druschba (Freundschaft), die die DDR mit Rohöl aus der Sowjetunion beliefern sollte, was nur partiell gelang. Vgl. Baade, Fritz (1966): Das umstrittene Embargo soll aufgehoben werden, Zeit Online, 16.09.1966, http://www.zeit.de/1966/38/Das-umstrittene-Embargo-soll-aufgehoben-werden (Zugriff 13. Mai 2010).

niedrigeren Transportkosten potenzielle Exportroute für Rohöltransporte aus der Region am Persischen Golf nach Europa.
- Burgas-Alexandroupolis-Ölpipeline: Die Burgas-Alexandroupolis-Ölpipeline ist eine 279 km lange Pipeline, die Öl aus Russland, Kasachstan und den Kaukasusrepubliken über Bulgarin in die Ägäis bringt. Dadurch soll der Öltransport durch die Meerengen am Bosporus und die Dardanellen vermieden werden.

Das ressourcenintensive Importmodell westlicher Industriestaaten, aber auch in dynamisch zunehmender Weise der Schwellenländer, ist elementar auf die funktionierende Zufuhr fossiler Energieträger angewiesen. Eine zentrale Problem- sowie Konfliktdimension im 21. Jahrhundert bildet die Kontrolle und Verfügungsmacht über fossile Energieträger.

3.2.2 Erdgastransport

Erdgas wird i.d.R. entweder als Gas durch ein aufwändiges Pipelinesystem, das jedoch regional gebunden ist, oder nach der Komprimierung oder Verflüssigung (Liquified Natural Gas (LNG) oder Compressed Natural Gas (CNG)) über den Seeweg mit Spezialtankern transportiert. Im Unterschied zu Erdöl kann Erdgas nicht ohne weiteres verschifft werden. Der geringere Energiegehalt von Erdgas pro Volumen lässt die Kosten für den Transport über Pipelines um etwa eine Größenordnung gegenüber Erdöl steigen, was v.a. erhebliche Wettbewerbsnachteile für Erdgas bedeutet.[199]

Erdgas unterliegt speziellen und kostenintensiven Transportzwängen: entweder dem druckfesten transnationalen bzw. transkontinentalen Pipelinenetz vom Produktionsort bis zum Endverbraucher oder der Verflüssigung von Erdgas im Erdgasförderland in speziellen Anlagen in Küstennähe, der Verschiffung des Flüssiggases mit speziellen LNG-Tankern, der Rückumwandlung in Erdgas (Regasifizierung) in der Zielregion und dem Transport per Erdgaspipeline zum Endverbraucher.[200]

---

[199] So lassen sich beispielsweise die Transportkosten von Erdgas um ca. die Hälfte reduzieren, wenn die Kapazität von 5 auf ca. 20 Mrd. Kubikmeter erhöht wird. Offshore-Transporte durch Pipelines sind um ca. 50 Prozent teurer. S. Bothe, David/ Seeliger, Andreas (2006): Erdgas – sichere Zukunftsenergie oder knappe Ressource?, EWI Working Paper, Nr. 06/2, 12/2006, S. 11.

[200] Grundsätzlich werden Abscheideanlagen für höhere Kohlenwasserstoffe, Anlagen zur Kühlung und Verflüssigung des Gases, LNG-Tanks, Verladeterminals für das LNG, LNG-Tanker, Anlandeterminals, LNG-Tanks und Anlagen zur Verdampfung des verflüssigten Erdgases bevor es in das normale Pipelinenetz eingespeist werden kann. Darüber hinaus werden u.a. benö-

Flüssiggastransporte bieten v.a. Flexibilität: LNG-Tanker können sich, im Gegensatz zum starren Leitungssystem von Pipelines mit festen Ausgangs- und Endpunkten und falls nichts anderes vereinbart, zwischen verschiedenen Verlade- und Anlandeterminals auf den Weltmeeren frei bewegen. In den nächsten fünf Jahren ist mit einer Verdoppelung der Verflüssigungskapazitäten und einem Anstieg des LNG-Handels zu rechnen. Das erfordert hohe Investitionen in neue LNG-Tanker und Regasifizierungsanlagen.[201]

Das Handelsvolumen des europäischen Erdgasmarkts liegt bei 1300 Mrd. Kubikmeter jährlich, wovon ca. 550 Mrd. Kubikmeter (= ca. 42 Prozent) grenzüberschreitend gehandelt werden.[202] 2007 wurden ca. 70 Prozent von Russland, Norwegen, Algerien und Großbritannien gedeckt, wobei Russland ca. die Hälfte des Bedarfs bereitstellte. Der Transport findet überwiegend leitungsgebunden statt. Der Rest (ca. 24 Prozent) wird in LNG-Form hauptsächlich aus Algerien und Nigeria geliefert.[203] Es ist davon auszugehen, dass der LNG-Anteil in den nächsten Jahren steigt und die Herausbildung eines Spotmarktes für Erdgas beschleunigt. Das könnte in Zukunft auch zur Entkopplung des Erdgaspreises vom Ölpreis beitragen.[204]

Der europäische Erdgasmarkt reicht im Osten bis nach Kasachstan und Russisch-Westsibirien sowie im Süden bis nach Nordafrika. Europa verfügt über ein sehr ausgedehntes Fern- (über 50.000 km) und Verteilungsnetz (über 1,5 Mio. km), das die großen Förderregionen in West-Sibirien, im Wolga-Ural-Gebiet, in der Nordsee und in Nordafrika mit den Hauptverbraucherregionen in Westeuropa und dem Westteil der GUS verbindet.[205] Russland bzw. Gazprom verfügt dazu über ein – teilweise seit über 30 Jahren bestehendes – Erdgasfern-

---

tigt *Floating Production, Storage and Offloading Units* für LNG für größere Wassertiefen, die zur Förderung, Verflüssigung, Lagerung und Verladung offshore dienen, LNG-Plattformen für Wassertiefen von 20 bis 50 m, die Erdgas von Förderplattformen übernehmen und verflüssigen, *Floating Storage and Regasification Units*, die das verflüssigte Erdgas an Bord wieder in die Gasphase überführen, und *Gravity Based Structures* für die Lagerung und Regasifizierung in Wassertiefen kleiner 30 m. Vgl. Bundesanstalt für Geowissenschaften und Rohstoffe (2009): Energierohstoffe 2009, Hannover: BGR.

[201] S. Bundesanstalt für Geowissenschaften und Rohstoffe (2009): Energierohstoffe 2009, Hannover: BGR, S. 84.

[202] Zum Vergleich: 2007 wurden über 30 Prozent – ca. 920 Mrd. Kubikmeter – der Welterdgasförderung grenzüberschreitend gehandelt – ein Viertel davon war LNG.

[203] S. Bundesanstalt für Geowissenschaften und Rohstoffe (2009): Energierohstoffe 2009, Hannover: BGR, S. 88.

[204] Das bedeutet, nach Richard H. Jones von der IEA aber auch, dass Erdgas dann künftig einer ähnlichen Volatilität wie Erdöl unterliegen würde. Jones, Richard H. (2010): Medium-Term Oil and Natural Gas Market Review, Report from the International Energy Agency at the Center for Strategic and International Studies am 07.07.2010 in Washington D.C.

[205] Der Mittlere Osten und die GUS nehmen im Erdgasmarkt eine besondere Stellung ein, da sie zwei der vier Erdgasregionalmärkte beliefern: den europäischen und den asiatischen Markt.

leitungsnetz mit einer Länge von knapp 155.000 km und einer Kapazität von ca. 600 Mrd. m³/a.

Für die europäische bzw. deutsche Erdgasversorgung spielen langfristig v.a. die russischen Reserven (47,7 Bill. Kubikmeter) und die westsibirischen (dort werden zusätzliche 106 Bill. Kubikmeter geschätzt) eine größere Rolle.[206] Ostsibirien spielt aufgrund seiner großen Entfernung eine geringere Rolle für Europa – und eine größere für den asiatischen Markt, besonders China. Das Potenzial des Kaspischen Raums – hier v.a. Turkmenistans, Kasachstans, Aserbaidschans und Usbekistans – und des Mittleren Ostens – sowohl in Form von LNG über den Seeweg als auch via Pipeline aus dem Iran – gewinnt angesichts der Diversifizierungsnotwendigkeit deutscher Energiebezüge an Bedeutung.[207]

Investitionen in Pipelineprojekte und die Erschließung neuer Felder werden von Regierungen oder den Kapitalmärkten bereitgestellt. Zur Sicherung des steigenden Importbedarfs von Europa sind seit einiger Zeit größere Pipelineprojekte in Planung und teilweise im Bau. Zu den für Deutschland wichtigsten Pipelineprojekten gehören die Ostseepipeline durch die Ostsee für Lieferungen aus Russland, die South-Stream-Pipeline durch das Schwarze Meer und über den Balkan, Nabucco von der Türkei bis nach Österreich und die Trans-Adria-Pipeline für Lieferungen aus Zentralasien und Iran.

- Ostseepipeline: Die Ostseepipeline soll ab (geplant) 2012 russisches Erdgas durch die Ostsee, 210 m unter der Wasseroberfläche, nach Deutschland transportieren.[208] Die Planungen für die Offshore-Gasleitung begannen 2005; sie transportiert Energie aus den Erdöl- und Erdgasfeldern Yuzhno-Russkoye, der Yamal-Halbinsel, Shtokmanovskoye und der Bucht von Ob-Taz durch die Bucht von Portovaya nahe Wyborg/Russland bis zur deutschen Ostseeküste nahe Greifswald in Mecklenburg-Vorpommern.[209] Nach anfänglichen Bedenken und erheblicher Skepsis erteilten Schweden und Finnland dem Bauherrn Nord Stream AG[210] 2009 die Genehmigungen für die durch ihre Wirtschaftszonen laufenden Streckenabschnitte. Das Pipelineprojekt verursacht v.a. bei den Polen Unmut: "*Russland und Deutschland hätten den Verlauf der Pipeline an Polen vorbei entschieden. Ein sol-*

---

[206] Zum Vergleich: Die europäischen Reserven belaufen sich auf ca. 7420 Mrd. Kubikmeter –drei Viertel davon liegen in Norwegen, den Niederlanden und Großbritannien.
[207] Interview mit Stephen Szabo, Leiter der Transatlantic Academy, am 21. Juli 2010, Washington D.C.
[208] Die Gastransport-Kapazität beträgt 55 Milliarden Kubikmeter/Jahr (2 Leitungsstränge mit einer Transportkapazität von je 27,5 Milliarden Kubikmeter/Jahr).
[209] Vgl. Nordstream (2010): Daten & Fakten, Nord Stream, http://www.nord-stream.com/de/the-pipeline/facts-figures.html (Zugriff 21.06.2010).
[210] Gazprom (51 Prozent), Wintershall (20 Prozent), E.ON (20 Prozent) und Gasunie (9 Prozent).

ches Vorgehen erinnere an politische Traditionen aus der Zeit vor dem Zweiten Weltkrieg."[211] Sowohl Polen als auch die Ukraine, Weißrussland und die baltischen Länder fühlen sich umgangen.[212]

- South-Stream-Pipeline: South Stream ist ein russisch-italienisches Erdgaspipelineprojekt und soll die russische Hafenstadt Noworossijsk mit der bulgarischen Stadt Warna verbinden. Von Bulgarien aus soll der South Stream auf je einem Strang nach Italien und Österreich weiterführen.[213] South Stream soll die Lieferrouten russischen Erdgases nach Europa diversifizieren und die derzeit dominierenden Transitländer Ukraine und Weißrussland (russisch-ukrainischer/russisch-weißrussischer Gasstreit) umgehen. Gazprom deckt ca. 40 Prozent der deutschen Gasnachfrage. South Stream würde die europäische Abhängigkeit noch festigen. South Stream gilt als ein Konkurrenzprojekt zur Nabucco-Pipeline, die das russische Territorium umgehen und Europa unabhängiger vom russischen Energieversorger Gazprom machen soll.
- Nabucco: Mit der 3300 km langen Nabucco-Pipeline – davon 2000 km Türkei, 400 km Bulgarien, 460 km Rumänien, 390 km Ungarn und 46 km Österreich – soll ab 2018 Gas aus Zentralasien nach Europa transportiert werden. Die Nabucco-Pipeline soll (geplant ab 2013) direkt an die Südkaukasus-/Baku-Tiflis-Erzurum-Pipeline anschließen und Gas nach Österreich transportieren.[214] Das Nabucco-Projekt kommt jedoch nur schleppend voran; trotz einer 200-Mio.-Euro- Förderung durch die EU fehlt es an festen Gaslieferzusagen aus Iran oder Turkmenistan. Die politische Lage im Iran gibt derzeit keinen Grund zur Hoffnung, dass Iran als baldiger Energieversorger auftritt. Turkmenistan gibt jedoch keine klaren Aussagen bzgl. seiner realen Gasreserven. In diesem Kontext stellen sich die grundsätzlichen Fragen, ob erstens Turkmenistan überhaupt ausreichend Gas für die europäische Nabucco-Pipelineversorgung hat und zweitens, ob nicht China das turkmenische Gas an sich binden wird.[215] Der unklare Status über das Kas-

---

[211] Vgl. Kloth Hans M.: (2010): Indirekter Hitler-Vergleich. Polnischer Minister poltert gegen Schröder und Merkel, Der Spiegel, 30.04.2006, http://www.spiegel.de/wirtschaft/0,1518,4139 31,00.html (Zugriff 21.06.2010).

[212] Vgl. Zrim, Jakob (2009): Gas. Neue Pipelines oder „Wie umgehe ich einen ehemaligen Freund?", Die Presse, 01.01.2009, http://diepresse.com/home/wirtschaft/economist/441160/in dex.do (Zugriff 27.06.2010).

[213] Vgl. South Stream – Europe's Energy Security (2009), http://south-stream.info/?L=1 (Zugriff 01.04.2010).

[214] S. John, Roberts (2003): Caspian oil and gas: How far have we come and where are we going?, Oil, transition and security in Central Asia, S. 143-160 (152).

[215] Die Seidenstraßen-Pipeline-Politik Chinas: Die 2009 eröffnete Seidenstraßen-Pipeline liefert Erdgas aus Turkmenistan nach China. In drei Jahren soll die Lieferung von Saman Depe zum

pische Meer und die Frage, ob Hoheitsrechte der Anrainerstaaten Russland und Iran betroffen sein könnten, stellt das Milliardenprojekt vor erhebliche Sicherheits-, Stabilitäts- und Investitionsherausforderungen.[216] Zudem versucht Gazprom seit 2009, den deutschen Versorger RWE zu einem Ausstieg bei Nabucco und zu einer Kooperation am South-Stream-Projekt zu bewegen.[217]

Obwohl in der EU der Anteil an LNG aufgrund des derzeit starken Ausbaus der Regasifizierungskapazitäten steigen wird, wird der Import von Erdgas nach Europa auch mittelfristig über Pipelines – ca. 80 Prozent der Welterdgasreserven liegen in einem Umkreis von ca. 5000 km (Golfregion, Kaspisches Meer, Sibirien und Nordafrika) – erfolgen.[218]

3.2.3 Seetransporte

Ca. 95 Prozent des interkontinentalen und ca. 60 Prozent des innereuropäischen Warenaustausches werden über den Seetransport abgewickelt. Für die Industriestaaten hat v.a. die Zufuhr von Rohstoffen, d.h. Rohöl und LNG, eine besondere Bedeutung: ca. 30 Prozent des seewärtigen Welthandels entfällt auf den Transport von Rohöl. Das Rohöl deckt ca. 40 Prozent des weltweiten Primärenergiebedarfs.

Deutschland ist aufgrund seiner geostrategischen Lage und exportwirtschaftlichen Orientierung besonders auf sichere und freie Seewege angewiesen[219] einschließlich der sicheren Energieversorgung über Seewege.[220] Eine Unterbrechung der Rohstoff- und Warentransporte über See hätte, ähnlich den Ölkrisen der 1970er Jahre, dramatische Folgen für die Funktionsfähigkeit der Wirtschaft,

---

Grenzpunkt Horgos und weiter nach Schanghai rund die Hälfte des chinesischen Bedarfs decken.

[216] Vgl. Euroactive (2010): Das Abenteuer Turkmenistan, Euroactive, 18.05.2010 http://www.euractiv.de/energie-klima-und-umwelt/artikel/das-abenteuer-turkmenistan-003120 (Zugriff 24.06.2010).

[217] Vgl. Euroactive (2009): Gazprom will Nabucco-Konsortium sprengen, Euroactive, 12.07.2010 http://www.euractiv.de/energie-klima-und-umwelt/artikel/gazprom-will-nabucco-konsortium-sprengen-003361 (Zugriff 24.06.2010).

[218] Jones, Richard H. (2010): Medium-Term Oil and Natural Gas Market Review, Report from the International Energy Agency at the Center for Strategic and International Studies am 07.07.2010 in Washington D.C.

[219] S. Flottenkommando (2009): Jahresbericht 2009. Fakten und Zahlen zur maritimen Abhängigkeit der Bundesrepublik Deutschland, Glücksburg: Flottenkommando, S. 6.

[220] S. Bundesregierung (2006): Weißbuch 2006 zur Sicherheitspolitik Deutschlands und zur Zukunft der Bundeswehr, Berlin, S. 27.

die Beschäftigungslage und die Stabilität Deutschlands.[221] Für Deutschland hat der Seeweg dabei in zweifacher Hinsicht eine besondere Bedeutung: Erstens belegt Deutschland mit 9,1 Prozent der Welthandelsflotte und 8,8 Prozent der Welttonnage den dritten Platz der weltweit führenden Schifffahrtsnationen. Deutsche Reeder führen mit über 1500 Containerschiffen (ca. 37 Prozent aller Containerschiffe) die weltweit größte Containerschiffsflotte mit 40 Prozent der weltweiten Containerkapazitäten. Zweitens ist Deutschland aufgrund des hohen Außenhandelsvolumens besonders abhängig von den empfindlichen Transportwegen über See und auf den ungehinderten und gesicherten Zugang zu Rohstoffen, Märkten und zu wichtigen Primärenergieträgern wie Rohöl und Erdgas angewiesen.[222]

Die maritime Abhängigkeit ist und bleibt ein bestimmendes Element der wirtschaftlichen Entwicklungsmöglichkeiten Deutschlands. *"Die Mehrzahl der Angriffe erfolgte auf Schiffe, die die Ölindustrie unterstützen."*[223] Zu den für Europa wichtigsten Energieseewegen gehören:

- Die Straße von Hormuz: Die Straße von Hormuz liegt zwischen dem Oman und Iran; sie verbindet den Persischen Golf im Osten mit dem Golf von Oman, dem Arabischen Meer und dem Indischen Ozean. An ihrer schmalsten Stelle beträgt die Breite der Straße von Hormuz 55 Kilometer. Seit der Antike verläuft der gesamt Schiffsverkehr von und zu den Ölhäfen Kuwaits, Bahrains, des Irak, der Vereinigten Arabischen Emirate und des Iran sowie der größte Teil des saudi-arabischen Verkehrs durch die Straße von Hormuz. 40 Prozent (ca. 17 Mio. Barrel) des weltweit auf See transportierten Erdöls und 20 Prozent des weltweiten Erdölhandels gelangen täglich durch diese Meerenge von Saudi-Arabien, Iran, Kuwait und den Vereinigten Arabischen Emiraten nach Westeuropa, den USA und Asien. Zwei jeweils vier Kilometer lange virtuelle Schifffahrtsrouten regeln den ein- und ausgehenden Verkehr. Die Schließung oder Blockade der Straße von Hormuz hätte die Nutzung längerer Ausweichrouten zur Folge, was sich v.a. auf die Transportkosten niederschlagen würde.[224]
- Der Bosporus: Täglich passieren 2,4 Mio. Barrel Öl aus der kaspischen Region den Bosporus. Der Bosporus verbindet Europa über das Schwarze

---

[221] S. Flottenkommando (2009): Jahresbericht 2009. Fakten und Zahlen zur maritimen Abhängigkeit der Bundesrepublik Deutschland, Glücksburg: Flottenkommando, S. 6.
[222] S. ebd., S. 7.
[223] Vgl. Deutsche Welle (2009): Zahl der Piratenangriffe deutlich gestiegen, Deutsche Welle, 15.07.2009, http:// www.dw-world.de/dw/article/0,,4489481,00.html (Zugriff 26.06.2010).
[224] Vgl. U.S. Energy Information Administration (2010): Strait of Hormuz, http://www.eia.doe .gov/emeu/cabs/World_Oil_Transit_Chokepoints/Hormuz.html (Zugriff 25.06.2010).

Meer mit Kleinasien und dem Marmarameer. Der Bosporus ist ca. 30 km lang, 700 m bis 2,5 km breit und 36 bis 124 m tief. Aufgrund der zwei großen Flussmündungen kommt es am Bosporus zu einem Wasserüberschuss, was zwei gegenläufige Strömungen, an der Oberfläche vom Schwarzen Meer zum Marmarameer und in etwa 40 m Tiefe als Gegenströmung in umgekehrter Richtung, zur Folge hat.

- Der Suez-Kanal: Der ägyptische Suez-Kanal verbindet das Rote Meer mit dem Mittelmeer. Auf dem 190 km langen, nur einspurig befahrbaren Kanal passieren täglich ca. 4,5 Mio. Barrel Öl diese Meerenge. Wirtschaftlich bedeutend ist der Suez-Kanal v.a. für den Handel der europäischen Exportnationen in den Nahen und Fernen Osten. Die Route durch den Suez-Kanal beträgt vom Persischen Golf zum Hafen von Rotterdam 6440 Seemeilen, während die Strecke um das Kap der guten Hoffnung 11170 Seemeilen beträgt.[225]
- Der Bab al-Mandab: Der rund 27 Kilometer breite Bab al-Mandab verbindet das Rote Meer mit dem Golf von Aden und führt über den Suez-Kanal nach Europa. Auf der Seite des mittleren Ostens befindet sich der Jemen und auf der afrikanischen Seite Eritrea und Dschibuti. Täglich passieren ca. 3,3 Mio. Barrel Öl den Bab al-Mandab. Der Bab al-Mandab gehört zusammen mit dem Golf von Aden zu den weltweit am meisten durch Piraterie gefährdeten Gebieten.[226]
- Die Straße von Malakka: Die Straße von Malakka verläuft nördlich von Sumatra zwischen Indonesien, Malaysia und Singapur. Sie verbindet das Südchinesische Meer und den Javasee mit dem Andamanischen Meer beziehungsweise den Pazifischen Ozean mit dem Indischen Ozean und dem Südchinesischen Meer. Sie verläuft zwischen der malaiischen Halbinsel und Sumatra, hat eine Länge von ca. 800 km und ist an ihrer engsten Stelle nur 2,8 km breit. Täglich befahren ca. 2000 Schiffe die Meeresenge; ca. 25 Prozent des maritimen Welthandels (täglich ca. 15 Mio. Barrel Öl) verlaufen durch die Straße von Malakka.[227] Sie ist die kürzeste Seeroute zwischen die Öllieferanten am Persischen Golf und in Westafrika und den asiatischen Märkten wie China, Japan, Südkorea und Indonesien. 80 Prozent der Ölimporte nach China aus Afrika und dem Nahen Osten sowie 90 Prozent der

---

[225] Vgl. ebd.
[226] Vgl. Auswärtiges Amt (2010): Aktuelle Hinweise/ Teilreisewarnung/ Gefahr von Entführungen und Anschlägen, AA, 26.05.2010, http://www.auswaertiges-amt.de/diplo/de/Laenderinfor mationen/Jemen/Sicher heitshinweise.html (Zugriff 26.06.2010).
[227] Vgl. U.S. Energy Information Agency (2010): World Oil Transit Chokepoints – Malacca, http://www.eia.doe.gov/cabs/World_Oil_Transit_Chokepoints/Malacca.html (Zugriff 26.06.2010).

gesamten Einfuhren nach Japan passieren die Straße von Malakka. Zwischen 1995 und 2003 wurden mit 1240 Piratenangriffen mehr als die Hälfte der weltweiten Überfälle in der Straße von Malakka registriert.[228]

Bis auf den Bosporus – einzige Alternative ist die derzeit in Planung befindliche Burgas-Alexandroupolis-Öl-Pipeline – gibt es zu jeder dieser Straßen und Seewege mindestens eine Alternativroute.[229] Die Alternativen sind jedoch aufgrund der Umwege und wechselnden Transportformen meistens mit kleineren Förderkapazitäten und höheren Transportkosten verbunden. Da fast der gesamte Ferngütertransport im Welthandel über den Schiffsverkehr abgewickelt wird, ist ein leistungsfähiger und kostengünstiger Seeverkehr für die wirtschaftliche Entwicklung und für prosperierende Handelsverbindungen unerlässlich.

3.3 Verfügbarkeit und Verteilung von Energierohstoffen

Die sich verschärfende globale Nachfrage nach Energierohstoffen wird zunehmend von der Endlichkeit fossiler Rohstoffe determiniert. In der Diskussion um die Verfügbarkeit von Energierohstoffen müssen jedoch unterschiedliche Begriffe differenziert werden: wie lang ein Rohstoff noch reicht, ist in der Literatur höchst unterschiedlich interpretiert. Dieser kann sich darauf beziehen, bis wann sämtliche Bedürfnisse aus der Nutzung des Rohstoffes befriedigt werden kön-

---

[228] Vgl. Chambers, Matthew (2010): International Piracy and Armed Robbery at Sea. Hindering Maritime Trade and Water Transportation Around the World, Washington D.C.: U.S. Department of Transportation, Research and Innovative Technology Administration.

[229] Die Alternative zur Straße von Hormuz ist für Öl die ca. 2000 km lange Ost-West-Pipeline (Petroline) und für Gas die parallel laufende Abqaiq-Yanbu-Pipeline. Eine Alternative zu Routen durch die Straße von Hormuz wäre die stillgelegte IPSA-Pipeline. Eine Alternative zur Straße von Malakka sind die Lombok- oder die Sunda Straße, gleichwohl diese beiden Meeresengen mit ähnlichen Herausforderungen wie die Straße von Malakka zu kämpfen haben. Eine Alternative könnte die 2007 beschlossene Dollar-Pipeline über Malaysia und Thailand sein. Die Lieferungen über den Bab al-Mandab können entweder über die afrikanische Südspitze umfahren oder ebenfalls über die Petroline transportiert werden. Eine besondere Gefahr für Tankertransporte durch den Bab al-Mandab stellen Piratenangriffe an den Küsten vom Yemen und Somalia dar. Die Alternative zum Suez-Kanal ist die 321 km lange Suez-Mediterranean Pipeline. Diese Alternativen sind aufgrund der Umwege, der wechselnden Transportformen und der damit verbundenen hohen Kosten keine realistischen Alternativen zu den beschriebenen Meerengen. Vgl. Luckhardt, Miriam (2010): Öltransporte – 6 strategisch wichtige Meerengen vom 21.01.2010, http://weltwirtschaft-welthandel.suite101.de/article.cfm/maritime_engpaesse_bei_den_oeltransporten (Zugriff 14.04.2010).

nen, oder auf den Zeitpunkt der letzten Produktion vor der absoluten Erschöpfung aller Lagerstätten.[230]

Aus dem Verhältnis von Reserven zu aktuellem Verbrauch ergibt sich die statistische Reichweite von Energierohstoffen. Nach jetzigem Stand würden die Ölvorräte über 40 Jahre und die Gasvorräte über 60 Jahre reichen.[231]

3.3.1 Konventionelles Erdöl

Das Gesamtpotenzial an konventionellem Erdöl beträgt Ende 2007 ca. 400 Gt.[232] Die Bewertung der Erdölreserven gemäß dem *Petroleum Resource Management System* führt jedoch immer wieder zu erheblichen Abweichungen bei den Reserveangaben unterschiedlicher Länder.[233]

Angaben zu den Erdölressourcen weisen eine noch höhere Unsicherheit auf als die Daten zu den Erdölreserven. Ressourcenangaben erfolgen unregelmäßig und in größeren Abständen: Die letzte weltweite Schätzung der Erdölressourcen

---

[230] Nur einige Vorkommen an Energierohstoffen sind wirtschaftlich nutzbar, sog. Lagerstätten. Liegt der Rohstoff in ausreichender Konzentration vor, ist die Gewinnbarkeit eines bekannten Vorkommens gegeben, wenn technische Möglichkeiten bestehen, die Vorkommen zu erschließen, die Gewinnung wirtschaftlich profitabel ist und keine anderen übergeordneten Gründe, z.B. soziale oder ökologische Erwägungen, gegen eine Nutzung sprechen. Unter diesen Voraussetzungen gewinnbare Vorkommen werden als Lagerstätten bezeichnet.

[231] Die statistische Reichweite gibt Auskunft darüber, ab wann, abhängig von den heute bekannten Mengen, kein Erdöl mehr da wäre, sofern, und das ist das Problem an der Rechnung, von jetzt an jedes Jahr konstant produziert würde. Da aufgrund nicht einheitlicher Bewertungskriterien von Lagerstätten die Meldungen von Ölgesellschaften über ihre Lagerstätten nicht nachprüfbar sind, kann die Authentizität mancher Angaben auch als fragwürdig angesehen werden.

[232] Konventionelles Erdöl ist fließfähiges Erdöl in Lagerstätten, wo der API-Grad (API = American Petroleum Institute: Maßeinheit für die Dichte der flüssigen Kohlenwasserstoffe, niedrige Grade entsprechen schwerem Öl) höher als 10° C ist. Beispiele sind Schweröl, Leichtöl und Kondensat. Nicht-konventionelles Erdöl ist in Lagerstätten nicht fließfähiges Öl, wie z.B. Schwerstöl, Rohöl aus Ölsand (Bitumen, Asphalt), Rohöl oder Schwelöl aus Ölschiefer. Ihr API-Grad ist geringer als 10° C. Vgl. Bundesanstalt für Geowissenschaften und Rohstoffe (2009): Energierohstoffe 2009, Hannover: BGR.

[233] Das *Petroleum Resource Management System* wurde 2007 überarbeitet und von der Society of Petroleum Engineers (SPE), dem World Petroleum Congress (WPC), der American Association of Petroleum Geologists (AAPG) und der Society of Petroleum Evaluation Engineers (SEEC) als gemeinsames Klassifikationsschema veröffentlicht. Es umfasst das gesamte Spektrum von Reserven bis zu den Ressourcen. Wesentliche Parameter für die Untergliederung der Reserven und Ressourcen sind die Wirtschaftlichkeit der Lagerstätten und der Grad der Unsicherheit der Vorratserfassung.

erfolgte 2000 und bezog sich – mit einer 25-Jahresvorschau – auf das Jahr 1995.[234]

Der Nahe Osten verfügt über das größte Gesamtpotenzial, gefolgt von der GUS und Nordamerika, wobei dort bereits fast zwei Drittel des erwarteten Gesamtpotenzials gefördert sind. In der GUS liegt dieser Anteil nur bei gut einem Drittel und im Nahen Osten nur bei einem knappen Viertel.[235] Die OPEC verfügt mit etwa 210 Gt über ca. 52 Prozent des Gesamtpotenzials – hier wurde allerdings erst gut ein Viertel des Erdöls gefördert. Diese signifikante Erhöhung gegenüber früheren Angaben und Auswertungen ist auf die Aufnahme neuer Mitglieder wie Angola und Ecuador zurückzuführen.

Diese Verteilung und v.a. die hohe Konzentration auf diese wenigen Länder hat erhebliche Konsequenzen für die künftige Exploration und Förderung, d.h. die Investition und den Zugang zu diesen Rohstoffen. Ausschlaggebend ist daher nicht nur das verfügbare Gesamtpotenzial, sondern v.a. das Potential verbleibender Förderung. Die OECD-Staaten verfügt über nur 79 Gt, von denen bereits über 60 Prozent gefördert sind. Die hohen Zuwächse im Nahen und Mittleren Osten (Plus ca. 12 Gt), in den GUS (Plus ca. 8 Gt), in Afrika (Plus ca. 7 Gt), in Lateinamerika (Plus ca. 5 Gt), in Nordamerika (Plus ca. 5 Gt) sowie in Europa (lediglich ein Plus ca. 1 Gt) der letzten Jahre sind auf die verbesserten Fördertechnologien zurückzuführen.[236]

Aus dieser regionalen Verteilung des Gesamtpotenzials ergibt sich eine Konzentration auf zehn Länder, die über 70 Prozent des Gesamtpotenzials und ca. 80 Prozent des noch verbleibenden Potenzials verfügen.[237] Die weltweite Erdölförderung betrug 2007 3,88 Gt.[238] Seit Beginn der industriellen Erdölförderung wurden bis 2007 weltweit insgesamt 151 Gt Erdöl gefördert; die Hälfte davon innerhalb der letzten 20 Jahre. Das entspricht einer Gesamtförderung von ca. 38 Prozent des derzeit erwarteten Gesamtpotenzials an konventionellem Erdöl.[239]

---

[234] S. Bundesanstalt für Geowissenschaften und Rohstoffe (2009): Energierohstoffe 2009, Hannover: BGR, S. 36.
[235] S. ebd., S. 33.
[236] S. ebd., S. 34.
[237] Die zehn ölreichsten Länder waren 2008 Saudi-Arabien, Kanada, Iran, Irak, Kuwait, Venezuela, Vereinigte Arabische Emirate, Russland, Libyen, Nigeria. Die zehn größten Ölförderer waren 2008 Saudi-Arabien, Russland, USA, Iran, China, Mexiko, Kanada, Kuwait, Vereinigte Arabische Emirate, Venezuela.
[238] Das bisherige absolute Fördermaximum wurde 2006 mit 3917 Megatonne erreicht. S. Bundesanstalt für Geowissenschaften und Rohstoffe (2009): Energierohstoffe 2009, Hannover: BGR, S. 81.
[239] S. Bundesanstalt für Geowissenschaften und Rohstoffe (2009): Energierohstoffe 2009, Hannover: BGR, S. 41.

Der Erdölverbrauch erreichte 2007 mit knapp 4 Gt einen historischen Höchstwert. Die OECD-Länder verbrauchen ca. 2,2 Gt, das sind ca. 56 Prozent des weltweiten Erdölverbrauchs. Die OPEC-Staaten verbrauchen ca. 9 Prozent. Der Rest des Verbrauchs entfällt hauptsächlich auf den asiatischen Raum. Die zehn größten Verbraucherländer verbrauchen 58 Prozent des Gesamtverbrauchs.[239] Der Vergleich zwischen Förderung und Verbrauch verdeutlicht, dass die am stärksten verbrauchenden Staaten nicht zugleich die Förderer sind, während bei den größten Förderern der Verbrauch gering ist.[240]

3.3.2 Konventionelles Erdgas

Das weltweite Gesamtpotenzial für konventionelles Erdgas liegt zwischen 300 und 600 Bill. Kubikmeter und damit ca. 13 Prozent über dem Gesamtpotenzial an konventionellem Erdöl.[241]

Im Gegensatz zu Erdöl steigen die Schätzungen seit einigen Jahren (noch) kontinuierlich an.[242] Ende 2007 beträgt das Gesamtpotenzial von konventionellem Erdgas ca. 460 Gt und liegt damit um 13 Prozent über dem Gesamtpotenzial an konventionellem Erdöl – ausschlagegebend sind hier v.a. die Erdgasressourcen in der Arktis. Die Reserven beliefen sich auf etwa 183 Bill. Kubikmeter und die Ressourcen auf etwa 239 Bill. Kubikmeter: Inzwischen sind ca. 17 Prozent des derzeit zu erwartenden globalen Gesamtpotenzials an konventionellem Erdgas gefördert und verbraucht. Die drei führenden Länder Russland, Iran und Katar in Sachen Erdgasvorkommen verfügen zusammen über 55 Prozent des Gesamtpotenzials. Weltweit sind ca. 26600 Erdgasfelder bekannt, wovon jedoch nur knapp über 100 Felder einer Größe von 80 Mrd. Kubikmeter (Giants) oder 800 Mrd. Kubikmeter (Supergiants) entsprechen. Acht Länder mit Reserven von über 5 Bill. Kubikmeter verfügen über mehr als zwei Drittel der Weltreserven.[243]

Die zehn gasreichsten Länder verfügen über knapp 80 Prozent des Gesamtpotenzials und knapp 70 Prozent des noch verbleibenden Potenzials.[244] Die

---

[239] Die zehn größten Verbraucherländer waren 2008 USA, China, Japan, Indien, Russland, Deutschland, Brasilien, Kanada, Südkorea, Saudi-Arabien.

[240] S. Bundesanstalt für Geowissenschaften und Rohstoffe (2009): Energierohstoffe 2009, Hannover: BGR, S. 46.

[241] Konventionelles Erdgas ist freies Erdgas und Erdölgas. Nicht-konventionelles Erdgas ist Erdgas in dichten Speichern, Flözgas, Aquifergas und Gashydrate.

[242] S. Bundesanstalt für Geowissenschaften und Rohstoffe (2009): Energierohstoffe 2009, Hannover: BGR, S. 73.

[243] S. ebd., S. 76.

[244] Die zehn gasreichsten Länder waren 2008 Russland, Iran, Katar, Saudi-Arabien, USA, Vereinigte Arabische Emirate, Nigeria, Venezuela, Algerien und Irak. Die zehn größten Erdgasför-

weltweiten Ressourcen an konventionellem Erdgas sind mit ca. 147 Bill. Kubikmeter und einer Reichweite von 76 bis 251 Bill. Kubikmeter ohne Einbeziehung der Reservezuwächse aus produzierenden Feldern beziffert. Die GUS verfügt über knapp 50 Prozent der Weltressourcen an Erdgas, Nordamerika über ca. 15 Prozent, der Nahe Osten über ca. 13 Prozent und Austral-Asien[245] über ca. 10 Prozent. Russland dominiert die Erdgasressourcen der GUS mit ca. 44 Prozent. Die globale Erdgasförderung nimmt seit einigen Jahren stetig zu und erreichte 2007 mit 3012 Mrd. Kubikmeter ihren bisher höchsten Wert und ca. 32 Prozent der bisher insgesamt entdeckten Reserven, wovon knapp die Hälfte allein innerhalb der letzten 15 Jahre gefördert wurde. Große Zuwächse waren in Russland mit 60 Mrd. Kubikmeter, in China, Norwegen und Iran mit jeweils über 45 Mrd. Kubikmeter und auch in Trinidad & Tobago, Malaysia, Nigeria, Katar, Saudi-Arabien und Mexiko mit mehr als 25 Mrd. Kubikmeter zu verzeichnen. Für die Zukunft sind v.a. Steigerungen in Katar, in Turkmenistan und durch die Erschließung des weltgrößten Erdgasfeldes South Pars/North Field eventuell auch in Iran zu erwarten.[246]

Der weltweite Erdgasverbrauch erreichte 2007 mit ca. 3 Bill. Kubikmeter seinen bisherigen Höchstwert. Größte Erdgasverbraucher waren die USA, Russland, Iran, Japan, Deutschland, Kanada und Großbritannien.[247] Die OECD-Länder (mit Konzentration auf Nordamerika, die GUS und Europa) verbrauchen mit über 1,5 Bill. Kubikmeter ca. 50 Prozent des weltweit geförderten Erdgases; die OPEC lediglich ca. 12 Prozent.[248] Mit nur ca. 5 Prozent des Welt-Erdgaspotenzials verfügt Europa über ein vergleichbar geringes Erdgaspotential. Bezogen auf die Erdgasmärkte verfügt besonders der europäische Markt, insbesondere aufgrund der Lieferungen aus Russland, über gut 47 Prozent des globa-

---

[245] derer waren 2008 Russland, USA, Kanada, Iran, Norwegen, Algerien, Niederlande, Saudi-Arabien, Großbritannien und China.

Afghanistan, Bangladesch, Bhutan, Brunei, China (Republik; auch: Taiwan), China (Volksrepublik), Indien, Indonesien, Japan, Kambodscha, Nordkorea, Südkorea, Laos, Malaysia, Malediven, Mongolei, Myanmar, Nepal, Neu-Kaledonien, Pakistan, Papua-Neuguinea, Philippinen, Singapur, Sri Lanka, Thailand, Vietnam, Australien, Belau (Palau Inseln, zu USA), Cook Inseln (zu Neuseeland), Fidschi, Französisch Polynesien, Guam (zu USA), Kiribati (Gilbert Inseln), Marshallinseln, Mikronesien, Nauru, Neukaledonien, Neuseeland, Norfolk Inseln (zu Australien), Nördliche Marianen, Palau, Pazifische Inseln (zu USA), Pitcairn Insel (zu Großbritannien), Ryukyu Inseln, Salomonen, Samoa (Westsamoa), Samoa (zu USA), Tokelau Inseln (zu Neuseeland), Tonga, Tuvalu (Ellice Inseln), Vanuatu (Neue Hebriden), Wallis & Futuna (zu Frankreich).

[246] S. Bundesanstalt für Geowissenschaften und Rohstoffe (2009): Energierohstoffe 2009, Hannover: BGR, S. 81.

[247] Zum Vergleich: Die zehn größten Erdgasverbraucher waren 2008 USA, Russland, Iran, Japan, Kanada, Deutschland, Großbritannien, Ukraine, Italien, Saudi-Arabien.

[248] S. Bundesanstalt für Geowissenschaften und Rohstoffe (2009): Energierohstoffe 2009, Hannover: BGR, S. 82.

len Gesamtpotenzials. Wird der Nahe Osten als potenzielles Liefergebiet hinzugerechnet, erweitert sich für Europa der Anteil des Gesamtpotenzials für konventionelles Erdgas auf ca. 77 Prozent.

3.3.3 Nicht-konventionelle Energierohstoffe

Die Klassifizierung in konventionell und nicht-konventionell bezieht sich bei den Rohstoffen Erdöl und Erdgas auf die Art der Energierohstoffvorkommen, ihre wirtschaftliche Nutzbarkeit, die technischen Möglichkeiten der Gewinnung und die Versorgungssicherheit. Konventionelles Erdöl und Erdgas wird mit klassischen Explorations-, Förder- und Transporttechniken gewonnen. Die Erschließung und Nutzung nicht-konventioneller Vorkommen erfordert dagegen alternative Technologien. Die Unterscheidung zwischen konventionellem und nicht-konventionellem Erdöl und Erdgas hängt daher von der Wirtschaftlichkeit der Gewinnung entweder mit klassischen Fördertechniken oder mit neuen Technologien ab.[249]

---

[249] Neben den konventionellen Erdöl- und Erdgasvorkommen gibt es u.a. die folgenden nicht-konventionellen Erdöl- und Erdgasvorkommen:
Ölsande: Das Gesamtpotenzial an Erdöl in Form von Ölsanden beträgt weltweit ca. 462 Gt, wovon allein 98 Prozent auf Kanada und die GUS entfallen. Bei der Förderung von Ölsanden wird Erdöl bzw. Bitumen extrahiert; diese Verfahren sind technisch und energetisch sehr aufwändig. Hinzu kommt, dass die Aufbereitung von Erdöl aus Ölsanden in herkömmlichen Raffinerien aufgrund des hohen Gehalts an langkettigen Kohlenwasserstoffmolekülen und der Notwendigkeit einer speziellen Aufbereitung unwirtschaftlich ist. Hinzu kommen der hohe Wasser- und Landverbrauch. Nichtsdestotrotz stimuliert ein steigender Ölpreis die Erdölproduktion aus Ölsanden, besonders in Kanada. S. Bundesanstalt für Geowissenschaften und Rohstoffe (2009): Energierohstoffe 2009, Hannover: BGR, S. 55 ff.
Schwerstöl: Das Gesamtpotenzial der Schwerstöle liegt bei ca. 246 Gt. Venezuela verfügt über ca. 95 Prozent der Schwerstöle. Obwohl auch Schwerstöl, ähnlich wie Ölsande, schwieriger zu fördern, zu transportieren und aufzubereiten ist als konventionelles Öl, erleben auch Schwerstöle im Zuge des Anstiegs der Rohölpreise erhebliche Produktionssteigerungen. S. Bundesanstalt für Geowissenschaften und Rohstoffe (2009): Energierohstoffe 2009, Hannover: BGR, S. 61 f.
Ölschiefer: Das Gesamtpotenzial von Ölschiefer liegt bei 413 Gt Schieferöl. Ölschiefer kommt v.a. in den USA (dort befinden sich ca. 73 Prozent) und Russland (dort befinden sich ca. 10 Prozent) vor. Eine kosten- und energieeffiziente Produktions- und Fördermethode der Ölschiefernutzung gibt es derzeit nicht, so dass es keine belastbaren Angaben zu theoretisch gewinnbaren Ölmengen der bisher bekannten Ölschiefervorkommen gibt. S. Bundesanstalt für Geowissenschaften und Rohstoffe (2009): Energierohstoffe 2009, Hannover: BGR, S. 65 f.
Erdgas aus dichten Gesteinen: Nicht-konventionelle Gasvorkommen in dichten Lagerstätten befinden sich v.a. in Nordamerika, Süd- und Mittelamerika (Mexiko, Venezuela, Argentinien), Afrika (Ägypten, Nigeria), Saudi-Arabien, Australien, Europa (Deutschland, Frankreich Niederlande, Großbritannien), der GUS, China und Indien. Die künftige Gewinnbarkeit von Erdgas aus dichten Gesteinen hängt in hohem Maße von weiteren geologischen Kenntnissen, der

Die Frage nach der Verfügbarkeit von Energierohstoffen ist essentiell für die globale Energieversorgungssicherheit. Die größte Schwierigkeit bei der Beantwortung dieser Frage liegt allerdings in den zahlreichen und zugleich uneinheitlichen Berechnungen, Darstellungen, Definitionen und Ausgangsdaten verschiedenster Peak-Oil-Modelle,[250] die zu einer unübersichtlichen Bandbreite

---

technologischen Entwicklung und wirtschaftlichen Rahmenbedingungen ab, die derzeit noch nicht gegeben sind und somit keine Einschätzung der Förderkapazitäten zulassen. S. Bundesanstalt für Geowissenschaften und Rohstoffe (2009): Energierohstoffe 2009, Hannover: BGR, S. 92 f.

Erdölbegleitgas: Erdölbegleitgas ist ein Nebenprodukt der Erdölförderung und wird i.d.R. abgefackelt oder unverbrannt in die Atmosphäre gestoßen. Das bedeutet hohe Emissionen und ungenutztes Energiepotenzial. Erdölbegleitgas könnte zur Druckerhaltung zurück in die Lagerstätte gespeist, zur Herstellung von Brennstoffen wie Flüssiggas genutzt oder zur lokalen Energieerzeugung eingesetzt werden. Russland (50 Mrd. Kubikmeter), Nigeria (16,8 Mrd. Kubikmeter) und Iran (10,6 Mrd. Kubikmeter) fackelten 2008 weltweit das meiste Erdölbegleitgas ab. Bisher scheint aber der wirtschaftliche Anreiz, das Gas zu verwenden oder weiterzuverarbeiten, zu gering. S. Bundesanstalt für Geowissenschaften und Rohstoffe (2009): Energierohstoffe 2009, Hannover: BGR, S. 94 f.

Kohleflözgas: Die weltweiten Flözgasressourcen liegen zwischen 135,5 und 372,5 Bill. Kubikmetern. Die GUS (v.a. Russland und Ukraine) verfügt mit 53,8 bis 157 Bill. Kubikmeter über die größten Flözgasressourcen. Der Trend, nach dem sich die weltweite Kohleflözgasförderung zwischen 2001 und 2007 verdoppelt hat, deutet auf die rasante Entwicklung der Kohleflözgasnutzung hin. Es ist davon auszugehen, dass künftig die Kohleflözgasförderung aufgrund der Fördertechniken v.a. in China, Kanada und Australien zunimmt. S. Bundesanstalt für Geowissenschaften und Rohstoffe (2009): Energierohstoffe 2009, Hannover: BGR, S. 96 f.

Erdgas in Aquiferen: Das Gesamtpotenzial an geopressured-geothermalen Aquiferen wird derzeit auf ca. 2.500 Bill. Kubikmeter geschätzt. Besonders die U.S.-amerikanischen Vorkommen im Golf von Mexiko gehören zu den Stellen, an denen eine kommerzielle Produktion von Aquifergas wirtschaftlich rentabel sein könnte. Obwohl Aquifergas, verglichen mit anderen nicht-konventionellen Gasressourcen, gegenwärtig ein nur sehr geringes ökonomisches Potenzial hat, bietet v.a. die bereits bestehende Infrastruktur der Kohlenwasserstoffindustrie ausreichend Motivation, auch über das Ende der konventionellen Förderung hinaus öl- und gashaltige Thermalwässer fördern zu können. S. Bundesanstalt für Geowissenschaften und Rohstoffe (2009): Energierohstoffe 2009, Hannover: BGR, S. 102 f.

Gashydrat: Obwohl zahlreiche Vorkommen von Gashydraten – das Gesamtpotential liegt schätzungsweise zwischen 1.000 und 120000 Bill. Kubikmeter Erdgas in Gashydrat – bekannt sind, sind sie aufgrund der besonderen Bildungsbedingungen nur sehr schwer zugänglich. Verglichen mit konventionellem Erdgas wäre damit etwa die zwei- bis zehnfache Menge an Erdgas in Gashydrat gebunden. Damit diese aber nutzbar gemacht werden könnten, müssten zuvor die Vorkommen, die für eine industrielle Nutzung tatsächlich geeignet sind, identifiziert und klassifiziert werden. Wären Lagerstätten entsprechend identifiziert und klassifiziert, könnten voraussichtlich mit bereits bekannter Technik aus der konventionellen Erdgasgewinnung Gashydrate produziert werden. S. Bundesanstalt für Geowissenschaften und Rohstoffe (2009): Energierohstoffe 2009, Hannover: BGR, S. 105 f.

[250] Unter Peak Oil ist das Allzeit-Fördermaximum an Erdöl, d.h. die maximal pro Jahr jemals geförderte Menge an Rohöl zu verstehen.

möglicher Produktionsverläufe geführt haben, sowie in den willkürlichen Berücksichtigung nicht-konventioneller Erdölquellen.[251] Nach der Peak-Oil-Theorie steigt die weltweite Förderung von Erdöl zunächst stetig an, bevor sie dann, sobald die Hälfte (der *Depletion Midpoint*) erreicht ist, irreversibel zurückgeht. Die Statistische Reichweite gibt Auskunft über das Verhältnis der Reserven zu der aktuellen Jahresproduktion.[252] Da sich die Fördermenge jedoch jährlich ändert,[253] ist eine tatsächlich belastbare Zukunftsaussage auch mit der Statistischen Reichweite nicht machbar; sie beschreibt eher den aktuellen Zustand.[254] Die Reichweite von Öl lag 1986 bei 39,8 Jahren, 1996 bei 41 Jahren und 2006 bei 40,5 Jahren.[255] Diese Entwicklung ist weniger auf neue größere Ölfunde zurückzuführen, als vielmehr auf die fortgeschrittene und verbesserte Technik zur Ausbeutung der bekannten Vorkommen. Darüber hinaus gibt es, nach der letztlichen Neubewertung vieler Staaten bzgl. ihrer Reserven, keine verlässlichen Daten über die im Erdboden befindlichen Ölvorkommen.[256]

Die Förderung fossiler Energieträger hängt bis heute weniger von der geologischen Verfügbarkeit für die Produktion ab, als vielmehr von der steigenden Nachfrage, die als Folge technologischen Fortschritts sowie gesamtwirtschaftlicher und geopolitischer Prozesse zu sehen ist. Die Frage nach der Verfügbarkeit von Energierohstoffen sowie die Erschließung neuer Lagerstätten war eine stets von Angebot und Nachfrage getriebene; die Endlichkeit der Ressourcen hat jedoch erhebliche Auswirkungen auf die Anreize zur Erschließung neuer Lagerstätten. So ist zum einen der Begriff der Reserve wiederum ein nicht vornehmlich geologisch, sondern eher ein von der wirtschaftlichen Profitabilität geprägter Begriff,[257] und zum anderen ist festzustellen, dass die Ölreserven in der Vergangenheit – trotz zunehmenden Verbrauchs – stetig gestiegen sind, was auf die Exploration neuer Förderstätten und den technischen Fortschritt, bereits genutzte

---

[251] Anfänglich wurden in der Peak-Oil-Diskussion v.a. die sog. Hubbertkurven des amerikanischen Geologen Marion King Hubbert als Grundlage herangezogen. Jüngere Einschätzungen nutzen auch Ansätze wie Backdating-Methode, Creaming Curves, das Hotelling-Modell und probabilistische Modelle.
[252] Eine errechnete Zahl würde Auskunft darüber geben, ab wann, abhängig von den heute bekannten Mengen, kein Erdöl mehr da wäre, sofern, und das ist das Problem an der Rechnung, von jetzt an jedes Jahr konstant produziert würde.
[253] Die Ölindustrie exploriert fortwährend, entdeckt neue Lagerstätten und erweitert durch technische Maßnahmen das Potenzial bereits in Produktion befindlicher Lagerstätten.
[254] S. Bundesanstalt für Geowissenschaften und Rohstoffe (2009): Energierohstoffe 2009, Hannover: BGR, S. 235.
[255] Vgl. BP (2007): BP Statistical Review of World Energy June 2007, London: BP.
[256] S. Gruss, Peter/ Schüth, Ferdi (2008): Die Zukunft der Energie. Die Antwort der Wissenschaft – Ein Report der Max-Planck-Gesellschaft, München: C.H. Beck, S. 24.
[257] S. ebd., S. 236.

Ölfelder besser und zuvor nicht genutzte zusätzliche Lagerstätten rentabel auszubeuten, zurückgeführt werden kann.[258]

Fest steht letztlich nur: Die Zeiten des billigen und leicht zu bekommenden Erdöls und Erdgases neigen sich dem Ende zu. Die Verfügbarkeit von Öl und Gas hängt in Zukunft v.a. von den relativen Preisen, Investitionen und dem Verlauf des technischen Fortschritts bei Exploration und Förderung sowie bei der Nachfrage ab.

3.4 Faktoren und Treiber

Fossile Energieträger stellen aus sicherheitspolitischer Perspektive einen ernstzunehmenden Konfliktgegenstand dar. Sie sind nicht erneuerbar, ihre Vorkommen endlich und häufig befinden sie sich in kritischen Regionen; gleichzeitig steigt jedoch ihr Bedarf.

Dieses Spannungsverhältnis führt zu mindestens zwei Konsequenzen: Erstens, Verteilungs- und Zugangsprobleme werden sich in Zukunft noch weiter verschärfen. Damit steigt die Wahrscheinlichkeit möglicher (gewaltsamer) Konflikte. Auch wenn in der Vergangenheit Energiekrisen oder gar -konflikte (abgesehen von der Ölkrise der 1970er Jahre) meistens regional begrenzt und eher mittelbar von internationalem Interesse waren, wird sich dies in Zukunft ändern. Vielmehr entwickelt sich der globale Mangel an fossilen Energieträgern wie Öl und Gas zu einem systemischen Risiko.

Zweitens gewinnen Regionen, in den sich die Lagerstätten befinden bzw. die eine Rolle als Transitposition spielen – größtenteils Zentralasien, der Kaukasus, der Nahe Osten und Russland –, massiv (weiter) an Bedeutung, denn mit der Verknappung und zunehmenden Konkurrenz um diese Güter findet darüber hinaus eine dauerhaft geografische Konzentration der Lagerstätten sowie der Transportinfrastrukturen statt. Kurz- bis mittelfristig kommt es zu einer bedeutsamen geostrategischen Machtverschiebung mit wichtigen Auswirkungen für die deutsche Energiesicherheit.

Die Rahmenbedingungen und das strategische Umfeld zur Gewährleistung deutscher Energiesicherheit werden im Wesentlichen von folgenden Faktoren und Treibern bestimmt:

- Internationaler Wettbewerb.
- Energie als politische Waffe.

---

[258] S. Hamburgisches Weltwirtschaftsinstitut (2005): Strategie 2030 – Energierohstoffe, Hamburg: Berenberg Bank, S. 21.

- Energie als "Currency for Power".
- Global Megatrends.
- Sonderrolle des "Mittleren Ostens".
- Terrorismus und Piraterie.

Diese Faktoren und Treiber deutscher Energiesicherheit beschreiben ein latentes Konfliktniveau, das sich jederzeit und in Kombination mit anderen Faktoren dynamisch aufschaukeln kann. Diese rasanten, weltweit wirkenden Veränderungen politischer, wirtschaftlicher und gesellschaftlicher Strukturen und das gleichzeitige Auftreten neuer Herausforderungen führen zu einer Veränderung des strategischen Umfeldes, in dem sich die Politik orientieren und operieren und zugleich erfolgreich handeln muss. Daraus resultieren erhebliche Anpassungserfordernisse an Deutschland. Die Auseinandersetzung mit diesen Faktoren und Treibern ist für die Erarbeitung von Folgerungen und Empfehlungen für die künftigen Fähigkeiten deutscher Energiepolitik bedeutsam.

3.4.1 Internationaler Wettbewerb

Die goldenen Zeiten von günstigem, leicht zu erwerbendem Öl und Gas sind Vergangenheit. Künftig werden Wettbewerb und Konkurrenz um Energielieferungen die dominierenden Elemente der wirtschaftlichen und politischen Landschaft der nächsten 20 bis 30 Jahre sein.[259]

Deutschland, Europa, die westlichen Industriestaaten, aber auch die aufstrebenden Volkswirtschaften Asiens sind zunehmend von Importen abhängig. Ihre heimische Produktion reicht nicht mehr aus, um den Anstieg der Nachfrage zu bewältigen.

- Die IEA geht davon aus, dass die Förderung von konventionellem Rohöl und Erdgas der Nicht-OPEC-Länder in den nächsten zehn Jahren ihr Maximum erreichen wird.[260]
- Im OECD-Raum werden bis 2030 insgesamt jedoch zwei Drittel des Ölbedarfs aus Importen gedeckt werden. Ein großer Teil der zusätzlichen Importe wird über Seerouten aus Nahost kommen.[261]

---

[259] S. International Energy Agency (2006): World Energy Outlook 2006, Paris: OECD, S. 65.
[260] S. International Energy Agency (2004): World Energy Outlook 2004, Zusammenfassung, Paris: OECD, S. 4.
[261] S. ebd., S. 5.

- Die beherrschende Marktstellung der OPEC-Länder des Nahen Ostens und Russlands wird in den nächsten Jahren aufgrund des strukturellen Ungleichgewichts zwischen Angebot und Nachfrage weiter gestärkt.[262]
- Der Weltenergiebedarf wird um ca. 1,5 bis 3 Prozent jährlich steigen.[263] Während sich die Nachfrage aufsteigender Wirtschaftsmächte wie China und Indien signifikant erhöhen wird, bleibt die Nachfrage etablierter Konsumentenstaaten auf einem konstanten Niveau.[264]

Obwohl der weltweite Erdölverbrauch 2008 – erstmals seit 1993 – um 0,4 Prozent sank – das entspricht einem Weltölverbrauch von 3.940 Mrd. t in 2008 – und der größte Ölverbraucher, die USA (6 Prozent), aber auch Japan einen leichten Rückgang erlebten, verzeichnen alle anderen Großverbraucher eine Steigerung von 3 bis 6 Prozent:

- Mit ca. 880 Mio. t konsumierten die USA knapp ein Viertel (22,3 Prozent) des weltweit geförderten Erdöls. Die USA importieren ca. 65 Prozent ihres Ölbedarfs.
- Mit ca. 400 Mio. t und ca. 10 Prozent der Weltrohölnachfrage ist China der zweitgrößte Ölverbraucher, womit China seinen Ölverbrauch innerhalb der letzten zehn Jahre mehr als verdoppelt hat (1997: 196 Mio. t).
- Mit ca. 220 Mio. t (und einem Rückgang des Ölverbrauchs in 2008 von knapp 5 Prozent folgt Japan als drittgrößter Ölverbraucher.
- Indien verbraucht ca. 145 Mio. t und nimmt Rang vier weltweit ein.
- Der fünftgrößte Ölverbraucher ist Russland mit ca. 130 Mio. t. Dies entspricht einem Anteil von knapp 3,5 Prozent am Weltölverbrauch.
- Deutschland folgt mit ca. 120 Mio. t und etwa 3 Prozent Weltmarktanteil auf Platz sechs.

2008 stieg der weltweite Erdgasverbrauch – im Gegensatz zum Erdöl – um 2,5 Prozent und lag damit bei 3018,7 Mrd. Kubikmeter. Dieser Anstieg ist v.a. ein Ausdruck der besonderen Nachfrage nach Erdgas mit steigender Tendenz. Bis 2030 wird sich der weltweite Erdgasverbrauch von derzeit ca. 3000 Mrd. Kubikmeter auf ca. 4300 Mrd. Kubikmeter erhöhen.[265]

---

[262] So wird z.B. die OPEC bis 2030 die Hälfte des weltweiten Energiebedarfs decken. S. International Energy Agency (2006): World Energy Outlook 2006, Zusammenfassung, Paris: OECD, S. 3.
[263] Vgl. International Energy Agency (2009): World Energy Outlook 2009, Paris: OECD.
[264] Der Anteil bei der Nachfrage von Nicht-OECD-Ländern steigt von jetzt 52 auf 63 Prozent 2030. S. International Energy Agency (2009): World Energy Outlook 2009, Paris: OECD. S. 4.
[265] Vgl. International Energy Agency (2009): World Energy Outlook 2009, Paris: OECD.

- Die USA sind mit ca. 660 Mrd. Kubikmeter der weltweit größte Erdgasverbraucher, wobei die USA ca. 11 Prozent ihres Bedarfs importieren müssen.
- Die EU liegt mit ca. 490 Mrd. Kubikmeter auf Platz zwei.[266]
- Russland nimmt mit ca. 420 Mrd. Kubikmeter den dritten Platz ein, ist in seiner Erdgasversorgung jedoch autonom.
- Auf Rang vier folgt der Iran mit ca. 120 Mrd. Kubikmeter.
- Japan ist mit 94 Mrd. Kubikmeter fünft- und China mit 83 Mrd. Kubikmeter sechstgrößter Verbraucher.

Diese Entwicklung zeigt, dass die Konkurrenz um die Gunst von Produzentenländern wächst.[267] Dies führt absehbar zu höchst volatilen Preisen und einer zunehmenden Steigerung der Machtposition der Produzentenstaaten. Das wiederum wird die internationale politische Einflussnahme dieser Produzenten erhöhen.

Sowohl für die Produzenten- und Förder- als auch für die Konsumentenländer eröffnet sich ein "Window of Opportunity": Auf der einen Seite erhöht sich für die Produzenten- und Förderländer die Bedeutung ihrer Ressourcen und damit die Durchsetzungskraft ihrer "politischen Waffe". Auf der anderen Seite ist dieses Zeitfenster aufgrund der abnehmenden Ressourcen, erschwerter Förderbedingungen und der fortschreitenden Transformation vieler Länder relativ klein. In der Konsequenz bedeutet das aber auch, dass in den nächsten Jahrzehnten mit einer offensiveren Durchsetzung eigener Interessen, sowohl auf Produzenten- und Förder- als auch auf Konsumentenseite, gerechnet werden muss.

---

[266] Betrachtet man den Einzelverbrauch der EU-Länder, führt Großbritannien mit ca. 94 Mrd. Kubikmeter vor Deutschland mit ca. 82 Mrd. Kubikmeter und Italien mit ca. 77 Mrd. Kubikmeter Erdgas.

[267] Die Weltölförderung liegt nur knapp über dem Weltölverbrauch (3949 Mrd. t), wobei die GUS mit ca. 1760 Mrd. t und die OPEC mit knapp 623 Mio. t mit insgesamt einem Viertel des weltweiten Rohöls den Löwenanteil fördert. Weltweit größter Rohölproduzent ist Saudi-Arabien mit ca. 510,0 Mio. t, gefolgt von Russland mit ca. 490 Mio. t. Die USA fördern ca. 310 Mio. t (ca. 8 Prozent der Weltölförderung). Iran ist mit ca. 200 Mio. t der viertgrößte Ölproduzent. China fördert ca. 190 Mio. t, Mexiko ca. 180 Mio. t, Kanada ca. 160 Mio. t, die Vereinigten Arabischen Emirate ca.140 Mio. t, Kuwait ca. 140 Mio. t, Venezuela ca. 130 Mio. t und der Irak ca. 120 Mio. t Rohöl.
Die Weltgasförderung liegt 2008 bei 3065 Mrd. Kubikmeter. Auffällig sind v.a. die Zuwächse von Aserbaidschan mit einem Plus von ca. 50 Prozent, Brasilien von ca. 24 Prozent, Katar von ca. 20 Prozent und den USA mit ca. 8 Prozent. Die weltweit größten Erdgasproduzenten sind Russland mit ca. 600 Mrd. Kubikmeter und die USA mit ca. 580 Mrd. Kubikmeter; sie produzieren ein Drittel (ca. 39 Prozent) des weltweiten Erdgases. Die EU förderte ca. 190 Mrd. Kubikmeter, Kanada ca. 175 Mrd. Kubikmeter, der Iran ca. 116 Mrd. Kubikmeter, Norwegen ca. 99 Mrd. Kubikmeter, Algerien ca. 86 Mrd. Kubikmeter, Saudi-Arabien ca. 78 Mrd. Kubikmeter, Katar ca. 76 Mrd. Kubikmeter und Indonesien ca. 70 Mrd. Kubikmeter. Vgl. Bundesanstalt für Geowissenschaften und Rohstoffe (2009): Energierohstoffe 2009, Hannover: BGR.

So ist beispielsweise China – heute bereits der weltweit zweitgrößte Konsument von Erdöl (zunehmend auch Erdgas) und elektrischer Energie – angesichts der dynamischen Industrialisierung und des rasanten Anstiegs des Lebensstandards einem erheblichen Druck zur Sicherung und Gewährleistung seiner Energieversorgung ausgesetzt.[268] China (aber auch Indien) werden für 53 Prozent der wachsenden Nachfrage verantwortlich sein.[269] China verbraucht gegenwärtig ca. halb so viel Erdöl wie die EU. Etwas mehr als die Hälfte kann China (noch) aus eigenen Beständen decken. Mit der vom Internationalen Währungsfonds angenommenen Verfünffachung des chinesischen BIP bis 2050 reichen die chinesischen Erdölreserven bei konstantem Wachstum nicht einmal zehn Jahre. Ähnliches gilt für Indien: Bis 2050 wird das Wachstum des indischen BIP auf das Siebenfache prognostiziert.[270]

Energie wird in China zunehmend zu einem "*core national interest among China's national security apparatus. As such, energy security is not only economically vital, but also has political, diplomatic and military implications*".[271] Zum Schutz seiner öl- und strategischen Interessen hat China eine "*String of Pearls*"-Strategie entwickelt. Die String of Pearls der chinesischen Energiepolitik zieht sich von Hongkong bis Port Sudan und passiert dabei wichtige strategischen Punkte wie die Straße von Mandab, die Straße von Malakka, die Straße von Hormuz und die Straße von Lombok sowie weitere strategische Marinepunkte wie Pakistan, Nepal, Bangladesch, Myanmar, Sri Lanka, Malediven und Somalia.[272]

Aufgrund der wachsenden Energienachfrage hat China den Zugang zu den Reserven an Öl und Gas in Zentralasien zum vorrangigen Ziel seiner Wirtschaftspolitik zu Beginn des 21. Jahrhunderts erhoben.[273] Zur strategischen Absicherung der chinesischen Energieversorgung pflegt China gute Beziehungen zu Iran, Pakistan und Nordkorea, den sog. "key pearls". Die sog. "pearl nodes" sind

---

[268] Es ist anzunehmen, dass China und Indien um Mitte des Jahrhunderts die Vormachtstellung der US-amerikanischen Volkswirtschaft ablösen werden. Die größte Herausforderung liegt maßgeblich in der Bewältigung der energiepolitischen Herausforderungen, die wiederum für ein hohes Wirtschaftswachstum und damit als Grundlage für sozioökonomische und politische Stabilität verantwortlich sind.

[269] Vgl. International Energy Agency (2009): World Energy Outlook 2009, Paris: OECD.

[270] Vgl. Bundeswirtschaftsministerium vom Rheinisch-Westfälischen Institut für Wirtschaftsforschung (2007): Trends der Angebots- und Nachfragesituation bei mineralischen Rohstoffen.

[271] S. Lei, Wu/ Qinyu, Shen (2006): Will China Go to War over Oil?, Far Eastern Economic Review, April, Vol.169, No. 3, S.38-40 (38).

[272] Vgl. Chacko, Joseph P. (2009): Chinese String of Pearls strategy around India in tatters, Frontierindia 11.05.2009, http://frontierindia.net/wa/chinas-string-of-pearls-strategy-around-india-in-tatters/266/ (Zugriff 22.02.2010).

[273] Vgl. Chan, John (2001): China greift nach Zentralasiens Öl und Gas, WSWS, 05.01.2001 http://www.wsws.org/de/2001/jan2001/chin-j05.shtml (Zugriff 04.07.2010).

wichtige Staaten, über die – mit Hilfe militärischer Kooperation und Zusammenarbeit im Bereich Nuklear- und biochemischer Technologie – Seesicherheit für Chinas Energieförderrouten oder der Zugang zu Ölreserven hergestellt wird.[274] China baut seit einiger Zeit entlang der früheren Seidenstraße[275] eine Pipeline für den Transport von Öl und Gas aus dem nordwestchinesischen uigurischen Autonomen Gebiet Xinjiang und den angrenzenden zentralasiatischen Ländern in die zentralen und östlichen Teile des Landes. Anfang 2005 wurde zwischen Kasachstan und China mit dem Bau einer Pipeline für Rohöl und im Westen Chinas mit dem Bau einer Pipeline für Rohöl und Ölprodukte begonnen. Berücksichtigt man die bereits Ende letzten Jahres fertig gestellte Gaspipeline von West- nach Ostchina, dann beginnt ein "Korridor" für Öl- und Gastransporte Gestalt anzunehmen.[276]

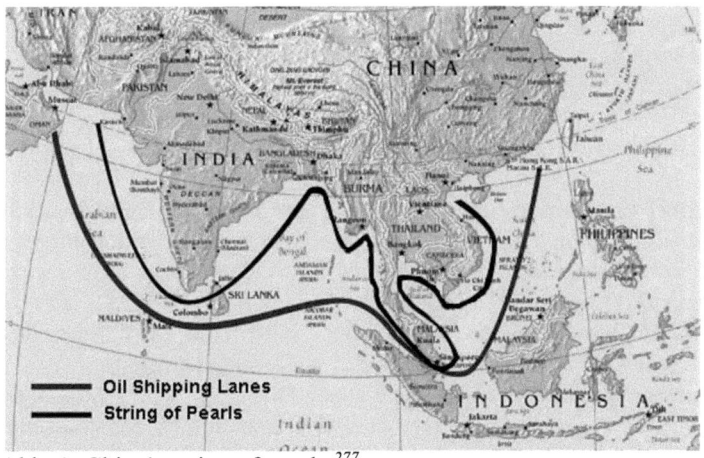

Abb. 1: China's string of pearls.[277]

---

[274] Vgl. Lin, Christina Y (2008).: Militarisation of China's Energy Security Policy – Defence Cooperation and WMD Proliferation Along its String of Pearls in the Indian Ocean, ISN ETH-Zürich, 18.06.2008 http://www.isn.ethz.ch/isn/Digital-Library/Publications/Detail/?id=56390 (Zugriff 01.07.2008).

[275] Die Seidenstraße ist die älteste Handelsroute der Welt und verbindet China, Zentralasien und Persien mit Europa. Die Seidenstraße ist nicht nur eine Route, sondern vielmehr ein Straßen- bzw. Wegenetz, das durch Gebiete und Länder wie China, Indien, Pakistan, Afghanistan, Kirgisistan, Tadschikistan, Usbekistan, Turkmenistan, Iran und Türkei führt.

[276] Vgl. Chan, John (2001): China greift nach Zentralasiens Öl und Gas, WSWS, 05.01.2001 http://www.wsws.org/de/2001/jan2001/chin-j05.shtml (Zugriff 04.07.2010).

[277] Vgl. Devonshire-Ellis, Chris (2009): China's String of Pearls Strategy, China Briefing, 18.03.2009, http://www.china-briefing.com/news/2009/03/18/china%E2%80%99s-string-of-pe arls-strategy.html (Zugriff 10.02.2010).

Es ist anzunehmen, dass die Regierungen Thailands, Singapurs, Malaysias und anderer Staaten sich Indien annähern werden, um einen geopolitisches Gegengewicht zu China zu bilden. Zur selben Zeit schlagen Nordost- und Südostasien unterschiedliche Richtungen ein: Während die Staaten im Norden wohlhabender und mächtiger werden und sich zu politischen und wirtschaftlichen Gravitationszentren entwickeln, nehmen die ökonomischen, ethnischen und religiösen Spannungen im Süden zu und bieten gleichzeitig Platz für transatlantische Bedrohungen wie Terrorismus und Organisierte Kriminalität. Diese Nord-/Südteilung spiegelt das kulturelle Auseinanderdriften zwischen dem nicht-muslimischen Nordosten und dem muslimischen Süden wider, wo besonders in Indonesien, Malaysia und den Philippinen der islamische Radikalismus zunimmt. Gerade demographische Faktoren spielen eine große Rolle in der regionalen Entwicklung. Während sich das Bevölkerungswachstum in China und Südkorea verlangsamt, haben die Staaten im südöstlichen Asien mehr und mehr das Problem, die Basisversorgung ihrer wachsenden Bevölkerung zu gewährleisten.[278]

3.4.2 Energie als politische Waffe

Der Begriff Energiewaffe ist die generalisierte Form des Begriffs der Ölwaffe, die erstmals 1973 im Zuge des Ölembargos der OPEC als Druckmittel gegen die OECD-Staaten eingesetzt wurde. Damals verursachte die Reduzierung der Öllieferungen der OPEC-Staaten eine weltweite Energiepreiskrise.[279] Die Öl- bzw. Energiewaffe bedeutet i.d.R. neben einer Reduzierung der Fördermengen und damit möglichen Versorgungsengpässen v.a. Preissteigerungen.

In einer Zeit während bzw. nach einer weltweiten Wirtschafts- und Finanzkrise und einem anarchischen internationalen System trägt die steigende Bedeutung der Produzenten- und Förderländer dazu bei – mit Hilfe der Energiewaffe –, ihre innen- und außenpolitischen Aktionsräume auszubauen und regionalen, möglicherweise gar globalen Führungsanspruch zu erheben. So drohte Irans Wirtschaftsminister 2006 damit, dass der "*Ölpreise schnell auf ein Niveau steigen [könnte], mit dem der Westen nie gerechnet hätte*", wenn sich Europa und die USA nicht aus den iranischen Atomplänen heraushielten.[280]

---

[278] S. NATO (2007): Future Security Environment, Belgium: NATO, S. 110 ff.
[279] S. Henle, Peter (1987): Internationale Energieversorgung und politische Zukunftssicherung, Deutsche Gesellschaft für Auswärtige Politik, München: Oldenburg Verlag, S. 216.
[280] Vgl. Achatz, Helmut (2006): Der Iran droht dem Westen, Focus Money Online, 20.01.2006, http://www.focus.de/finanzen/geldanlage/oel-als-waffe_aid_103860.html (Zugriff 14.07.20 10).

In Kombination mit einem sich international verschärfenden Wettbewerb – zunehmender Konkurrenz um strategische und knapper werdende Ressourcen – kann die Nutzung der Energiewaffe also auch zu einer verschärften Auseinandersetzung zwischen unterschiedlichen weltanschaulichen Aspekten bzw. Ideologien führen. Es ist mit der Bildung von Allianzen entlang ideologischer Konfliktlinien zu rechnen. Das zwingt Deutschland auf der einen Seite zu mehr Pragmatismus in seiner Außen- und Sicherheitspolitik sowie zur Anerkennung und Integration normativer (geostrategischer) Aspekte bei der eignen Strategieformulierung.[281]

Während sich die OPEC 2000 darauf einigte, dass Öl nicht als politische Waffe missbraucht werden soll, scheint es, als setzen Staaten wie Iran, Venezuela und Russland ihren Reichtum an Öl und Gas bevorzugt als politisches Druckmittel ein. Das hat zur Herausbildung zweier Lager geführt: Die Energiehändler und die Energiekrieger.[282] Während die Energiehändler an langfristig an stabilen Preisen und der Steigerung der ökonomischen Bedeutung ihres Landes interessiert sind, setzen die Energiekrieger – teilweise mit der Energiewaffe – auf die Durchsetzung kurzfristiger, politischer Vorteile und Macht. Obwohl der wirtschaftliche Gewinn stets eine bedeutende Rolle spielt, wird dieser jedoch von strategischen politischen Erwägungen überlagert.[283]

So hat Russland jeweils im Gasstreit mit Weißrussland und der Ukraine die Unterversorgung Europas mit Energie in Kauf genommen.[284] Für Deutschland stellt sich deshalb nicht nur die Frage, ob Russland eine Unterversorgung Deutschlands mitten im Winter billigend in Kauf nimmt, sondern vielmehr, ob die Konsequenzen dieses Gasstreits – die Versorgung für verwundbare Menschen mitten im Winter zu kappen – für Deutschland hinnehmbar sind? Aus deutscher sicherheits-, wirtschafts- und gesellschaftspolitischer Perspektive ist die Frage definitiv zu verneinen. Aber hat Deutschland überhaupt eine andere Wahl? Die überproportional großen Energieimporte aus Russland begründen eine Abhängigkeit Deutschlands von Russland, die nicht einfach über Nacht zu überwinden ist. Diese Situation ist nur schwerlich zu ändern, zumal russische Energieressourcen für Deutschland immer wichtiger werden. So hat Russland

---

[281] So beispielsweise mit der Gründung der Shanghaier Organisation für Zusammenarbeit 2002 mit dem Ziel, die Mitwirkung und Zusammenarbeit auf politischen, wissenschaftlich-technischen, kulturellen, touristischen und ökologischen Gebieten, im Bereich des Handels, der Energie und des Transports zu fördern, oder auch mit der Gründung des Gas Exporting Countries Forums 2008.

[282] Vgl. Thumann, Michael (2007): Erdöl als Waffe, Zeit Online, 14.12.2007, http://www.zeit.de/online/2007/51/oel-konflikte?page=1 (Zugriff 14.07.2010).

[283] Vgl. ebd.

[284] Vgl. Beste, Ralf/ Dohmen, Frank/ Neef, Christian/ Sauga, Michael/ Schepp, Matthias/ Schlamp, Hans-Jürgen (2010): Energiepolitik – Die Waffe Gas, Der Spiegel, 3/2009, S. 74-78.

begonnen, große Öl- und Gasvorräte im arktischen Schelf v.a. in der Barentssee und der Karasee abzubauen, die ein Viertel aller weltweit bekannten Lagerstätten fossiler Energieträger umfassen; zudem steigen seit einigen Jahren die Förderzuwächse Russlands und der GUS stetig.[285]

Hinzu kommt nicht nur die Fähigkeit Russlands, die deutsche Energieversorgung unterbrechen zu können, sondern auch die Bereitschaft, dies zu tun, sofern russische Interessen betroffen sind. Vladimir Putin machte auf der Münchner Sicherheitskonferenz 2007 sehr deutlich, dass Russland "*aufgrund seiner gewachsenen Rolle auf der Weltbühne Anspruch auf Mitsprache*" erhebt. Die Zeiten, in denen Russland seinen Supermachtstatus lediglich mit Atomwaffen begründen konnte, sind vorbei; nun hat es einen "neuen" Supermachtstatus auf der Grundlage seiner Energieressourcen, als Energiesupermacht. Die gewaltigen Bodenschätze sind "*das Hauptpotenzial der Verwandlung Russlands zur führenden wirtschaftlichen Großmacht in relativ naher Zukunft*".[286]

Wie der Gasstreit Russlands mit Weißrussland und der Ukraine 2006 und 2009 verdeutlicht, schreckt Russland erstens vor der Nutzung der Energiewaffe nicht zurück. Zweitens verfügen aber nicht nur Produzenten- und Förderländer über die Energiewaffe, sondern auch Transitstaaten. Hauptförderregionen für Erdöl und Erdgas sind nicht mit den wichtigsten Verbraucherregionen kongruent. Erdöl und Erdgas werden grenzüberschreitend und weltweit gehandelt und müssen per Tanker oder Pipeline transportiert werden. Das stärkt die Bedeutung von Transitstaaten in der Wertschöpfungskette der deutschen Energieversorgung.[287]

Es ist davon auszugehen, dass die Erfolgsaussichten des Einsatzes von Energie als politische Waffe angesichts der Schmerzen, die das "*eigene Handeln*" – wie die Lehren der Ölkrise für die OPEC-Staaten verdeutlichen – auch für Russland oder den Iran geringe Anreize setzen.[288] Auch wenn das Credo

---

[285] S. Bundesanstalt für Geowissenschaften und Rohstoffe (2009): Energierohstoffe 2009, Hannover: BGR, S. 37 f.

[286] S. Reitschuster, Boris (2006): Mit Energie zur Weltmacht, FOCUS Magazin, Nr. 34 (2006), S. 142-144 (142).

[287] Zum einen resultiert das weißrussische Selbstbewusstsein nicht zuletzt aus seiner geostrategischen Lage, die Belarus zu einem der wichtigsten Transitländer russischer Gaslieferungen nach Europa macht. Vgl. Hett, Felix (2007): Belarus unter Druck? Die belarussisch-russischen Energiekonflikte und ihre Folgen, Berlin: SWP, S. 5 f. Zum anderen ist sich Russland über die Transitbedeutung von Belarus bewusst und versucht im Hinblick auf das Wiederaufleben alter sowjetischer Größe seinen geostrategischen Einflussbereich zu erweitern. S. MacShane, Denis (2008): Die zehn Mythen des Wladimir Putin, die Welt, 08.09.2008, S. 7.

[288] So hatte das Embargo von 1973/74 nicht nur Konsequenzen für die Ölimportländer – Ölkrise im Westen inkl. tiefer Rezession –, sondern ebenso für die Exportstaaten der OPEC – nachhaltiger Einnahmeschock. Vgl. Thumann, Michael (2007): Erdöl als Waffe, Zeit Online, 14.12.2007, http://www.zeit.de/online/2007/51/oel-konflikte?page=1 (Zugriff 14.07.2010).

"*berechenbarer, fairer Preise*" kontinuierlich wiederholt wird, [289] so profitieren jedoch alle Erdöl- und Erdgasproduzenten erheblich von Preissteigerungen, so dass der Einsatz der Energiewaffe abschließend nicht ausgeschlossen werden kann. Eine rhetorisch deklarierte stabile Preispolitik der Produzentenländer ist somit immer in Relation zu möglichen Gewinnen und Verlusten politischer und wirtschaftlicher Ziele zu setzen.

3.4.3 Energie als "Currency for Power"

Die knapp 20-jährige Auszeit in der Energiepolitik ist beendet.[290] Stattdessen sprechen einige Akteure von Energie "*as a new currency for power*".[291] Energie als "currency for power" beschreibt das Verhältnis zwischen der Abhängigkeit von Energielieferungen und Energie als ein bestimmender Faktor internationaler Politik. Im Gegensatz zu Energie als politischer Waffe bezieht sich Energie als "currency for power" v.a. auf die besondere Stellung nationaler Öl- und Gasfirmen.

Dem Zugang und der Erschließung neuer Lagerstätten für Öl und Gas kommt bei der Sicherung der Energieversorgung eine zentrale Bedeutung zu. Während der globale Ölmarkt und die Exploration von Öllagerstätten in den 1960er und 1970er Jahren von sieben Ölkonzernen beherrscht wurde, zeichnet sich seit einiger Zeit ein Übergang der Marktmacht von internationalen Öl- und Gasfirmen (International Oil Companies, IOC) zu nationalen Öl- und Gasfirmen (National Oil Companies, NOC) ab. NOCs behandeln Energierohstoffe als strategische Machtressourcen und wirken durch direkte oder indirekte staatliche Eingriffe unmittelbar auf dieses Gefüge ein. Dieser Trend der Verstaatlichung der Verfügungsgewalt über Ressourcenvorkommen in Form staatlicher oder halbstaatlicher Öl- und Gasfirmen bleibt auch in Zukunft dominierend.

Derzeit sind ca. die Hälfte der 50 größten internationalen Öl- und Gasfirmen mehrheitlich oder gar zu 100 Prozent in Staatseigentum,[292] die sich i.d.R.

---

[289] Vgl. ebd.
[290] S. Skinner, Robert (2006): Strategies for Greater Energy Security and Resource Security, Oxford: Oxford Institute for Energy Studies, S. 3.
[291] Vgl. Adam, Rudolf (2008): Geostrategic Dimensions of Energy Security, Presentation at the 16th Meeting of the Atlantik-Brücke with CDRUSEUCOM and US Component Commanders, Magnus-Haus, 26.03.2008.
[292] Saudi-Arabien: Saudi-Aramco (100% staatlich), Iran: National Iranian Oil Company (100% staatlich), Venezuela: Petróleos de Venezuela (100% staatlich), China: China National Petroleum Corporation (100% staatlich), Mexiko: Petróleos Mexicanos (100% staatlich), Algerien: Sonatrach (100% staatlich), Russland: Gazprom (50 % staatlich), Kuwait: Kuwait Petroleum Company (100 % staatlich), Brasilien: Petrobas (35 % staatlich), Russland: Rosneft (75 %

darauf konzentrieren, entweder das heimische Erdöl- und Erdgaspotenzial zu erschließen oder nutzbar zu machen, oder ihre Beteiligungen an Erdöl- und Erdgasvorkommen im Ausland zu steigern, um die eigene Energieversorgung zu sichern, wie es beispielweise China macht. Zahlreiche der nationalen Öl- und Gasfirmen verfügen mittlerweile über eigenes Kapital und Wissen zur Unternehmensführung und sind nicht mehr auf Technologiepartnerschaften mit der Privatwirtschaft angewiesen.[293]

Da Öl und Gas überwiegend frei gehandelt werden, gibt es kaum eine Absicherung durch internationale Abkommen. In den 1970er Jahren kontrollierten IOCs noch ca. 50 Prozent der weltweiten Ölproduktion. Die Realität hat sich verändert, so dass die *"oil giants"*, die einst den globalen Markt dominierten, ihren Einfluss größtenteils verloren haben.[294] Der Anteil von Exxon Mobil, BP, Royal Dutch Shell, Chevron, ConocoPhillips, Total of France und Eni of Italy lag im Jahr 2008 unter 10 Prozent. Westliche Ölkonzerne wurden von dem wachsenden Selbstbewusstsein der Regierungen im Mittleren Osten, Russland, Südamerika und ihrem Anspruch auf Kontrolle ihrer Ressourcen aus ressourcenreichen Regionen verdrängt und ihre Verträge neu verhandelt. In Zeiten hoher Rohstoffpreise konnten Produzentenstaaten ihre Öl- oder Gaseinkommen in staatliche Budgets umzusetzen. Und so wird der Markt um die Jahrtausendwende zunehmend von NOCs beherrscht.[295] Diese Entwicklung ist nicht unerheblich, denn IOCs und NOCs behandeln Energierohstoffe sehr unterschiedlich: IOCs betrachten Energierohstoffe als auf Märkten gehandelte Güter. NOCs sehen Energierohstoffe als strategische Machtressourcen, die u.a. in staatliche Budgets umgelenkt werden können. IOCs müssen heute weitaus mehr in die Erschließung neuer Ölfelder investieren als noch vor einigen Jahren (2010: 43 Dollar pro Barrel; 2003: 5 Dollar pro Barrel).[296] Und so investieren IOCs – trotz gewisser Unsicherheiten – nach wie vor Milliarden in die Erschießung neuer Öl- und Gasvor-

---

[293] staatlich), Malaysia: Petronas (100 % staatlich), Vereinigten Arabisch Emirate: Adnoc (100 % staatlich).
S. Bundesanstalt für Geowissenschaften und Rohstoffe (2009): Energierohstoffe 2009, Hannover: BGR, S. 42.
[294] Vgl. Mouawad, Jad (2008): As Oil Giants Lose Influence, Supply Drops, New York Times, 18.08.2008, http://www.nytimes.com/2008/08/19/business/19oil.html (Zugriff 01.04.2010).
[295] Die zwölf größten NOCs sind 2008 die saudische Saudi-Aramco, die iranische NIOC, die venezolanische PDV, die chinesische CNPC, die mexikanische Pemex, die algerische Sonatrach, die russische Gazprom, die brasilianische Petrobras, die russische Rosneft, die malaysische Petronas und die Adnoc in den Vereinigten Arabischen Emiraten.
[296] Vgl. Slodczyk, Katharina (2010): BP investiert Milliarden in neue Ölquellen, Handelsblatt, 12.03.2010 http://www.handelsblatt.com/unternehmen/industrie/oel-und-gasfoerderer-bp-investiert-milliarden-in-neue-oelquellen;2544752 (Zugriff 31.03.2010).

kommen.[297] Die Exploration neuer Lagerstätten ist jedoch mühsamer geworden und Investitionszyklen liegen meist zwischen fünf und zehn Jahren: Förderstrategien und die Reihenfolge des Abbaus von Ölfeldern reichen so meist 25 Jahre in die Zukunft.[298] NOCs wirken stattdessen durch direkte oder in indirekte staatliche Eingriffe unmittelbar auf dieses Gefüge ein. So haben die kontinuierlich wachsende Nachfrage nach Energierohstoffen (hauptsächlich die Nachfrage Asiens, d.h. Chinas und Indiens) und die steigende Risiko- und Gewinnbereitschaft der NOCs dazu geführt, dass – besonders – die NOCs immer mächtiger geworden sind und die Abnehmer immer abhängiger.[299] Direkte Verstaatlichungen in Bolivien und Venezuela, Re-Stabilisierungsmaßnahmen und Eigentumstransfer in Russland sowie der günstige Erwerb von Energierohstoffen durch den Einkauf Chinas in Förderprojekte im Sudan, Angola oder Indonesien[300] sollen langfristig die Energiesicherung dieser Länder gewährleisten.[301]

Stetig steigende bzw. konstant hohe Rohölpreise auf den internationalen Energiemärkten tragen dazu bei, dass nicht nur die innenpolitische Reformbereitschaft der erdöl- und erdgasexportierenden Staaten sinkt, sondern auch dazu, dass ihr konfrontatives außenpolitisches Verhalten steigt. Aufgrund der Subventionen, die die NOCs leisten müssen, besteht eine erhebliche Differenz zwischen den IOCs und NOCs in ihrer Wirtschaftlichkeit. Dies wirkt sich erheblich auf die Infrastrukturinvestitionen, Gesetzgebungsakte, die Erschließung neuer Lagerstätten und dies wiederum auf die Verfügbarkeit von Energierohstoffen auf dem Energiemarkt aus. Besonders Investitionsunsicherheiten sind im Kontext der Tatsache, dass der größte Teil künftiger Zuwächse von Öl- und Gaslagerstätten von NOCs in Nicht-OECD-Ländern kontrolliert wird, zu sehen. Insgesamt stärken diese Entwicklungen die Absenkung marktwirtschaftlicher Leistungsfähigkeit auf dem Ölmarkt und führen zu einer eingeschränkt autonomen Nutzung der Gewinne durch die Unternehmen.[302]

---

[297] Vgl. Mouawad, Jad (2008): As Oil Giants Lose Influence, Supply Drops, New York Times, 18.08.2008, http://www.nytimes.com/2008/08/19/business/19oil.html (Zugriff 01.04.2010).

[298] S. Mayr, Walter/ Preuss, Joachim/ Neef, Christian (2004): Russland ist nicht die Opec, Der Spiegel, 27/2004, S. 94-96 (94).

[299] Diese Entwicklung bezieht sich nicht nur auf Energierohstoffe; auch bei anderen Rohstoffen ist eine solche Entwicklung zu verzeichnen: Im Eisenerzgeschäft z.B. kontrollieren nur drei Konzerne – CVRD, Rio Tinto und BHP Billiton – fast drei Viertel des weltweiten Angebots.

[300] 2005 operierten chinesische Energiekonzerne in 139 ausländischen Energieprojekten. Vgl. Gu, Xuewu, Mayer, Maximilian (2007): Chinas Energiehunger: Mythos oder Realität?, München: Oldenburg Verlagswissenschaften.

[301] S. Speck, Ulrich (2006): Die Gesetze der Petropolitik, Tagesspiegel, 16.07.2006, http://www.tagesspiegel.de/meinung/kommentare/;art141,2091615 (Zugriff 28.03.2009).

[302] S. Goldthau, Andreas/ Witte, Jan Martin (2006): Global Energy Governance. Neue Trends, neue Akteure, neue Regeln: Die Architektur der Strukturen im Energiesektor muss überholt werden, Internationale Politik, April 2008, S. 46-54 (49).

Nur wenige Märkte weisen so schwerwiegende Verzerrungen auf – Kartelle, Oligopole, Subventionen und intervenierende Regierungen – wie die internationalen Energiemärkte:[303] Das liegt zum einen daran, dass der Handel mit Öl und Gas über bilaterale, regionale und globale Handelsregime, Investitionen und die bestehenden Regelungen auf den Finanzmärkten gesteuert wird.[304] Das internationale Energiesystem hat bislang jedoch funktioniert und die Nachfrage wurde – wenngleich nicht zu Wettbewerbspreisen – gedeckt.[305] Den übergeordneten Handlungsrahmen für internationale Energiegeschäfte bildet das *General Agreement on Tariffs and Trade* (GATT). Im GATT selbst und auch außerhalb des GATT existieren keine WTO-Übereinkommen, die ein besonders Regelregime für Energierohstoffe vorsehen. Lediglich die Art. XX und Art. XXI des GATT (*General Exception* und *Security Exception*) lassen für bestimmte strategische Güter im Bereich der staatlichen Souveränität bzw. nationalen Sicherheit Ausnahmen vom Prinzip des Freihandels erkennen. So werden die Energierohstoffe Erdöl und Erdgas zwar nur indirekt, aber immerhin vom GATT erfasst, besonders insoweit erdöl- und erdgasexportierende Staaten Mitglieder der WTO sind.[306] Nichtsdestotrotz herrschen auf dem internationalen Energiemarkt besonders seitens der Förderstaaten Exportrestriktionen (d.h. Exportquoten und -zölle), die sowohl den Freihandel als auch den Markt durch künstliche Angebotsverknappung bzw. Preissteigerungen stören. Dies liegt daran, dass die WTO-Regeln im Bereich des Energierohstoffhandels weitestgehend durch politische, teils wirtschaftliche Faktoren überlagert werden.[307] Der Grund hierfür liegt in der Importabhängigkeit der Industrienationen von den Förderländern, so dass besonders das Verhältnis der Energieproduzenten und -konsumenten die internationale Energiearchitektur prägt.

---

[303] S. Dirmoser, Dietmar (2007): Energiesicherheit. Neue Knappheiten, das Wiederaufleben des Ressourcennationalismus und die Aussichten für multilaterale Ansätze, Friedrich Ebert Stiftung, Kompass 2020, August 2007, S. 14.

[304] Goldtau, Andreas/ Witte, Jan M. (2008): Global Energy Governance. Neue Trends, neue Akteure, neue Regeln: Die Architektur der Strukturen im Energiesektor muss überholt werden, Internationale Politik, April 2008, S. 46-54 (47).

[305] Dirmoser, Dietmar (2007): Energiesicherheit. Neue Knappheiten, das Wiederaufleben des Ressourcennationalismus und die Aussichten für multilaterale Ansätze, Friedrich Ebert Stiftung, Kompass 2020, August 2007, S. 14.

[306] Wie z.B.: Indonesien, Kuwait, Nigeria, Vereinigte Arabischen Emirate, Venezuela, Saudi-Arabien, Angola, Ecuador, Gabun, Russland, 23.07.2008 http://www.wto.org/english/thewto_e/whatis_e/tif_e/org6_e.htm (Zugriff 14.01.2010).

[307] S. Klaus, Ulrich (2005): Erdöl und Erdgas im WTO–Vertragssystem – Ein Überblick am Beispiel der Russischen Föderation, Policy Papers on Transnational Economic Law, No. 16, Halle-Wittenberg: Research Center, S. 3.

3.4.4 Globale Megatrends

Globale Megatrends sind die Menschheit betreffende Entwicklungen, die sich zwar einerseits partiell dem Einfluss einzelner Staaten entziehen, sie aber andererseits in unterschiedlichem Ausmaß betreffen.[308] Sie wirken umfassend, interdependent und mehrdimensional; kurz: sie betreffen die ganze Welt sowie alle politischen, sozialen, wirtschaftlichen und gesellschaftlichen Subsysteme nationaler, europäischer und internationaler Gestaltungsräume. Sie verändern die Grundlagen nationaler und globaler Sicherheit und damit auch von Energiesicherheit.[309]

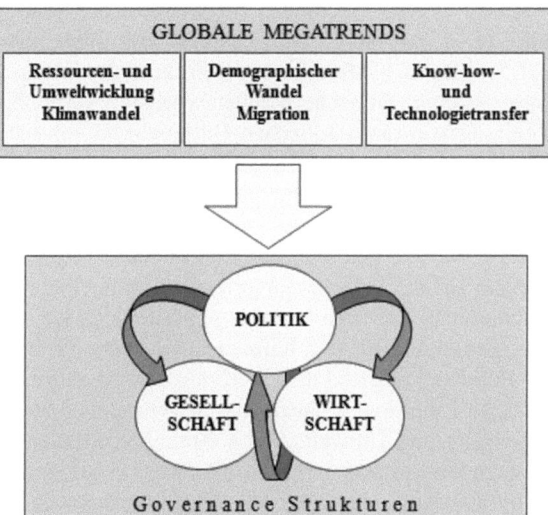

Abb. 2: Globale Megatrends. Caroline Mükusch 2010.

Unter der Vielzahl globaler Megatrends sind v.a. der demographische Wandel, zunehmende Ressourcenkonkurrenz sowie Umwelt- und Klimaentwicklungen, technologischer Fortschritt und Terrorismus zu nennen.[310]

---

[308] Vgl. National Intelligence Council (2009): Global Trends 2025: A Transformed World, Washington: NIC.
[309] S. Thiele, Ralph (2006): Gerhard von Scharnhorst. Zur Identität der Bundeswehr in der Transformation, Bonn: Bernhard & Graefe Verlag, S. 155.
[310] S. National Intelligence Council (2009): Global Trends 2025: A Transformed World, Washington: NIC, S. 3.

Die Weltbevölkerung beträgt heute mehr als 6,8 Mrd. Menschen.[311] Sie wächst jedes Jahr um 60 Millionen Menschen und 2030 werden voraussichtlich etwa 8 Milliarden Menschen auf der Erde leben.[312] Die Bevölkerung Europas wird bis dahin um ca. 100 Millionen Menschen schrumpfen. Gleichzeitig wird sich die Zahl der Afrikaner wahrscheinlich auf mehr als 1,9 Mrd. Menschen verdoppeln. Immer weniger und immer älter werdende Europäer stehen dann den rasant wachsenden Gesellschaften des Südens sowie des Nahen und Mittleren Ostens, die bereits gegenwärtig durch große soziale Spannungen gekennzeichnet sind, gegenüber.[313]

Weltweit gibt es eine Tendenz zur Urbanisierung und zur Schaffung von Megastädten.[314] Die Urbanisierungsrate liegt über dem Weltbevölkerungswachstum. Derzeit leben ca. 3 Mrd. Menschen (48 Prozent der Weltbevölkerung) in urbanen Räumen, ca. 5 Prozent in Megastädten. Bis 2030 könnte die urbane Bevölkerung auf 5 Milliarden Menschen (57 Prozent der Weltbevölkerung) anwachsen.[315] Damit ist eine städtische Flächenexpansion verbunden, d.h. Entstehung und Ausbreitung von randstädtischen Hüttenvierteln an naturräumlich ungünstigen Standorten wie Halbwüsten, Flussufern, abrutsch-gefährdeten Hängen oder temporären Überschwemmungsregionen. Es entstehen informelle Sektoren außerhalb jeglicher städtischer Planung.[316]

Die wachsende Weltbevölkerung hat einen höheren Ressourcenbedarf und damit Auswirkungen auf die Ressourcenverfügbarkeit über soziale und ökologische Rahmenbedingungen. In Zusammenhang mit der sich wandelnden globalen demographischen Struktur wird der Klimawandel Auswirkungen hervorrufen, die mittelbar der Bereitstellung und dem Verbrauch von Energie entspringen.[317]

Energiebedingte Emissionen haben mittlerweile einen anerkannten negativen Einfluss auf Klima und Umwelt. Das Verbrennen fossiler Brennstoffe und die daraus resultierenden Emissionen von Kohlendioxid (CO_2) sowie die Freisetzung weiterer Treibhausgase verändern die Zusammensetzung der Atmosphäre

---

[311] Vgl. U.S. Census Bureau (2010): According to the International Programs Center, U.S. Census Bureau, the total population of the World, projected to 09/28/10 at 11:14 UTC is 6,811,470,660, http://www.census.gov/cgi-bin/ipc/popclockw (Zugriff 28.09.2010).
[312] S. Population Reference Bureau (2009): World Population Data Sheet, Washington D.C.: PRB, S. 1.
[313] S. ebd., S. 1.
[314] S. Spreitzhofer, Günter (2006): Megacities. Zwischen (Sub)Urbanisierung und Globalisierung, Berlin: Friedrich Ebert Stiftung, S. 13.
[315] Ein Großteil der Millionen- und Megastädte liegen darüber hinaus in Entwicklungsländern, größtenteils in Ost- und Südostasien.
[316] S. National Intelligence Council (2008): Global Trends 2025: A Transformed World, Washington: NIC, S. 23.
[317] S. National Intelligence Council (2009): Global Trends 2025: A Transformed World, Washington: NIC, S. 19.

und die Temperatur des Wasserkreislaufs.[318] Die energiebedingten Emissionen steigen bis 2030 weltweit um absehbar über 60 Prozent.[319] Diese zunehmende Verschlechterung der Umweltqualität wird eine destabilisierende Wirkung haben. Angesichts der voraussichtlichen demographischen Entwicklung können die Konsequenzen schwerwiegend sein und verheerende Folgen für die Ernährung haben. Menschen, die in von starken Umweltveränderungen betroffenen Regionen leben, können ein mögliches Konfliktpotenzial darstellen.

In Gegenden, die besonders von Klimawandel und Überbevölkerung betroffen sind, werden sich die negativen Effekte der Bodendegradation und der Ressourcenknappheit noch verschärfen. Hier kommt es zu einer weiteren Rückkopplung, denn durch erhöhten Raubbau an natürlichen Ressourcen, um das eigene Überleben zu sichern, oder durch eine intensivere landwirtschaftlichen Nutzung werden wiederum Ressourcen wie Wasser knapper und der Boden weiter verschlechtert. Es folgt eine Verknappung des für die Bevölkerung zur Verfügung stehenden Raums. Daraus lassen sich geostrategische Auswirkungen wie eine verstärke Bevölkerungswanderung ableiten. Vermehrte gewalttätige Konflikte können die Folge sein – gerade wenn die betroffenen Staaten nicht in der Lage sind, ihre Probleme friedlich zu lösen, oder die Bevölkerung eine Exitstrategie wählt. Es kommt zu massenhaften Abwanderungen mit der Folge von Flüchtlingsströmen, humanitären Notlagen und möglichen weiteren Konflikten.

Besonders eklatant ist das Nord-Süd-Gefälle: 1,5 Mrd. Menschen verfügen über 80 Prozent der Weltwirtschaftsleistung, während 4,5 Mrd. Menschen weniger als ein Fünftel der weltweiten Wirtschaftsleistung zur Verfügung steht. Die Kluft zwischen den Verursachern und den Betroffenen wird größer: Zum einen produzieren die westlichen Industriestaaten im Vergleich zu den Schwellen- und Entwicklungsländern pro Kopf sowie insgesamt den größten Beitrag zur globalen Treibhausgaskonzentration. Zum anderen sind die westlichen Industriestaaten aber nicht mehr am globalen Emissionswachstum beteiligt. Laut OECD beträgt das Emissionswachstum der westlichen Industriestaaten bis 2030 ca. 3 Prozent, während sich das Emissionswachstum der Schwellen- und Entwicklungsländer auf ca. 70 Prozent beläuft, was darauf hindeutet, dass die Schwellen- und Entwicklungsländer die Industrialisierung und die damit verbundene Ver-

---

[318] S. German Watch (2008): Globaler Klimawandel: Ursachen, Folgen, Handlungsmöglichkeiten, Bonn: German Watch, S. 6.
[319] Zwei Drittel des Zuwachses sind den Entwicklungsländern, besonders China und Indien, zuzurechnen. So stieg der Kohleverbrauch Chinas 2008 um 6,8 Prozent, das sind rund 85 Prozent des weltweiten Mehrverbrauchs an Kohle. Zugleich steigt der Kohleverbrauch auch in Indien, Südkorea, Südafrika und Russland.

schwendung nachholen.[320] Die Länder des Südens, und speziell Afrikas, werden von den Konsequenzen des Klimawandels stärker betroffen sein als die des Nordens.[321] Der Klimawandel hat Auswirkungen auf Ressourcensicherheit bestimmter Staaten hat und damit die territoriale Souveränität und politische Stabilität und Ordnung von Staaten konterkariert.[322]

Das 21. Jahrhundert ist stark von naturwissenschaftlichen Innovationszyklen geprägt:[323] Innovationsdynamik entsteht v.a. durch die Verbindungen von Schlüsseltechnologien, besonders auf den Gebieten der Informations- und Kommunikationstechnologie, der Bio- und Gentechnologie, der Werkstoff- und Energietechnik sowie der Nanotechnologie. Sie prägen im Wesentlichen die technischen Dual-Use Fähigkeiten.[324]

Technologischer Fortschritt spielt in der Wertschöpfungskette moderner Energieversorgung eine wichtige Rolle. In den nächsten Jahren wird die Welt weitere Quantensprünge in der Informationstechnologie und in anderen Bereichen von Wissenschaft und Technologie erleben. Zusätzlich werden Veränderungen durch Globalisierung, besonders aber durch Fortschritte im Bereich Nanotechnologie, künstliche Intelligenz, Genetik und Molekularbiologie, künftige Herausforderungen maßgeblich prägen.

An der Spitze dieser Welle stehen die anhaltende Verbreitung der Informationstechnologie und neue Anwendungen der Biotechnologie, Werkstoffkunde und Nanotechnologie. Die absehbaren Fortschritte auf dem Gebiet der Breitband-Datenverbindungen werden durch die virtuelle Allgegenwart jedes Einzelnen überall, jederzeit in Echtzeit, auch zu neuen Kooperationen und Wettbewerben führen. Breitband-Datenverbindungen stellen in Verbindung mit den fortschreitenden Transporttechnologien einen Eckpfeiler der Globalisierung dar.[325]

---

[320] S. Müller, Friedemann (2009): Energiesicherheit. Eine Strategie zum Überleben, in: Bundesakademie für Sicherheitspolitik (Hg.): Sicherheitspolitik in neuen Dimensionen, Ergänzungsband 2, Hamburg: E.S. Mittler & Sohn, S. 225-252 (243).

[321] Bodendegradation, Ökosystemübernutzung und -umwandlung sowie Verknappung der Wasserressourcen treten häufig in Kombination miteinander und verbunden mit ländlicher Armut auf.

[322] S. Apt, Wenke/ Angenendt, Steffen (2009): Demographie. Einfluss auf die Sicherheit, in: Bundesakademie für Sicherheitspolitik (Hg.): Sicherheitspolitik in neuen Dimensionen, Ergänzungsband 2, Hamburg: E.S. Mittler & Sohn, S. 275-307 (290).

[323] S. Studie des Fraunhofer-Institut für Naturwissenschaftlich-Technische Trendanalysen (2001): Streitkräfte, Fähigkeiten und Technologie im 21. Jahrhundert, Waldbröl: Zentrum für Analysen und Studien der Bundeswehr, S. 3.

[324] S. Anton, Philip S./ Silberglitt, Richard/ Schneider, James (2001): The Global Technology Revolution. Bio, Nano, Materials Trends and Their Synergies with Information Technology by 2015, Santa Monica: RAND, S. 2.

[325] S. Staley, Britt C./ Ladislaw, Sarah/ Zyla, Kate/ Goodward, Jenna (2009): Evaluating the Energy Security Implications of a Carbon-Constrained U.S. Economy, Washington D.C.: Center for Strategic and International Studies, S. 2.

Die Abhängigkeit aller Nutzer von der ungestörten Funktionsfähigkeit der Informationssysteme und von kritischen Teilen der Informatik- und Kommunikationsinfrastruktur wächst immer mehr. Über menschliche und technische Fehlmanipulationen hinaus reichen die Einwirkungen von allen Möglichkeiten zur Informationsbeschaffung, gezielter Manipulation von Daten, über die Sättigung von Systemen, Implementierung von Fehlfunktionen, Daten- und Softwarevernichtung bis zur physischen Zerstörung von Hardware und Infrastruktur. Vorrangig zu berücksichtigen sind Einwirkungen gegen sensitive Bereiche der kritischen Energieinfrastruktur, darunter insbesondere die Versorgungs- und Verteilsysteme für Elektrizität, Gas, Öl, Wasser; Verkehrsleitung und Transportsysteme (Straße/Schiene, Luft, Wasser, Weltraum, virtueller Raum).[326]

Der Druck für die Schwellen- und Entwicklungsländer, den Industrialisierungsprozess nach- und aufzuholen, führt unter Energiegesichtspunkten zur verstärkten Nutzung der Atomkraft. Für einige Regime bedeutet die Atomkraftnutzung eine nachholende Industrialisierung zu günstigen Preisen und außerdem den legalen Zugang zu nuklearem Know-how: Die unklare Grenzziehung der Nutzung von Atomkraft zu zivilen oder militärischen Zwecken führt zu vermehrten Auseinandersetzungen zur Verfolgung von Proliferation. Konflikte mit dem Iran und Nordkorea würden sich vervielfältigen.[327] Besonders in sicherheitspolitischen Spannungsgebieten wächst die Zahl erklärter und unerklärter Nuklearstaaten seit einigen Jahren stetig. Diese Herausforderung ist gerade hinsichtlich der Energiefrage nicht zu unterschätzen; die Technologien zur Energiegewinnung sind dual-use und können mit dem Argument der Energiesicherheit, besonders in der gegenwärtigen Lage der Unsicherheit, als Deckargument zur Urananreicherung für nukleares Trägermaterial herhalten. Darüber hinaus finden auch biologische, chemische und radiologische Stoffe sowie die Technologien zu ihrer Verbringung immer weitere Verbreitung. Heute ist es vielfältigen Akteuren (von Staaten bis hin zu Einzelpersonen) möglich, Zugang zu entsprechendem Wissen zu erlangen, sodass sogar von einer *Demokratisierung von Massenvernichtungswaffen* gesprochen werden kann.[328] Parallel eröffnet die Verfügbarkeit neuer Einsatzmittel (insbesondere Massenvernichtungswaffen und Informationstechnologie) Terroristen zum einen die Chance zu subversiven Angriffen auf strategisch

---

[326] S. Zentrum für Analysen und Studien der Bundeswehr (2002): Streitkräfte, Fähigkeiten und Technologie im 21. Jahrhundert. Studie des Fraunhofer-Institut für Naturwissenschaftlich-Technische Trendanalysen, Waldbröl: Zentrum für Analysen und Studien der Bundeswehr, Anhang II/1, S. 3 ff.

[327] S. National Intelligence Council (2009): Global Trends 2025: A Transformed World, Washington: NIC, S. 29.

[328] S. Will, Thomas (2008): Rahmenbedingungen künftiger Sicherheitspolitik, Europäische Sicherheit, 10/2008, S. 48-52 (50).

bedeutsame Infrastruktur und zum anderen werden entwickelte Gesellschaften damit signifikant politisch erpressbar. Darüber hinaus bergen technologische Fortschritte und Erfolge auf dem Gebiet der Energieerzeugung – wie beispielsweise im Bereich der Kernfusion oder der Brennstoffzellen – radikale Veränderungen in sich: Regionen wie der Nahe und Mittlere Osten, die aufgrund ihrer Öl- und Gasvorkommen derzeit eine herausragende Rolle bei der Energieversorgung inne haben, könnten marginalisiert werden.[329] Ihnen würde mit diesen technologischen Fortschritten die wirtschaftliche Grundlage entzogen werden, was das Potenzial für neue Gefahren und Konflikte weiter erhöht.[330] Gleichzeitig birgt die wachsende Zahl von Ländern, die Atomwaffen besitzen, die Gefahr eines möglichen Einsatzes von Atomwaffen. Wissen über Atomtechnik ist viel leichter verfügbar geworden. Das erhöht die Gefahr des nuklearen Terrorismus.[331] Die internationale Kontrolle und Führerschaft bei Schlüsseltechnologien spielt hinsichtlich der Energiesicherheitsfrage eine besondere Rolle:

- Einerseits trägt der technologische Fortschritt im Bereich Energie zu mehr Unabhängigkeit (und Klimafreundlichkeit) bei; andererseits können technologische Fortschritte in der Energieforschung aber auch zu einem Bedeutungsverlust der derzeitigen Energieproduzenten führen, was aufgrund der überwiegenden innerstaatlichen Schwierigkeiten wiederum zu einem internationalen Problem werden könnte.
- Andererseits führte der Anspruch auf die friedliche Nutzung von Kernenergie in der Vergangenheit u.a. dazu, dass zivile Programme militärischen Zwecken dienten und diese die Vorhaben lediglich kaschiert haben. Viele Staaten nutzen bei der Sicherung ihrer nationalen Energieversorgung

---

[329] Hiervon besonders betroffen ist die strategische Ellipse, die sich vom Nahen Osten über den Kaspischen Raum bis in den Hohen Norden Russlands erstreckt. Darin befinden sich ca. zwei Drittel der weltweit bekannten natürlichen Erdöl- und Erdgaslagerstätten, die sich momentan wirtschaftlich fördern lassen. Die Stabilität der strategischen Ellipse bleibt für die entwickelte Welt aufgrund der Öl- und Gasreserven und deren Transportwegen sowie als Absatzmarkt für ihre Produkte von strategischer Bedeutung. Die zunehmenden ökonomischen Disparitäten von Energieressourcen zwischen den Export- und Nichtexportstaaten bedrohen diese Stabilität innerhalb der strategischen Ellipse zusätzlich. Ein dauerhaftest Stillhalten der betroffenen Bevölkerungsgruppen in diesen Staaten kann nicht erwartet werden.

[330] S. Zentrum für Analysen und Studien der Bundeswehr (2002): Streitkräfte, Fähigkeiten und Technologie im 21. Jahrhundert. Studie des Fraunhofer-Institut für Naturwissenschaftlich-Technische Trendanalysen, Waldbröl: Zentrum für Analysen und Studien der Bundeswehr, III/2, S. 29.

[331] Vgl. Krüger, Paul-Anton (2008): Warnung vor nuklearem Terrorismus, Süddeutsche Zeitung, 25.09.2008, http://www.sueddeutsche.de/politik/atomenergiebehoerde-warnung-vor-nuklearem-terrorismus-1.710377 (Zugriff 12.02.2010).

Atomenergie. Eine damit einhergehende Proliferationsgefahr kann nicht bestritten werden. Problematisch wird es v.a. dann, wenn zum Betrieb von Kernreaktoren die Fähigkeiten zur Urananreicherung und zur Wiederaufbereitung hinzukommen. Beide Technologien eignen sich zur Herstellung von waffenfähigem Spaltmaterial.[332]

Eine nachhaltige und effektive Lösung, wie die friedliche Nutzung von Kernenergie zu gewährleisten, gleichzeitig aber eine militärische Zweckentfremdung zu verhindern ist, ist, wie die Auseinandersetzungen mit dem Iran zeigen, noch nicht gefunden. Die Frage der friedlichen Nutzung von Kernenergie und der damit einhergehenden Herausforderungen wird aufgrund (1) der weltweiten Verknappung von Öl und Gas, (2) der zunehmenden internationalen Konkurrenz und (3) der Verknüpfung von Wirtschaftswachstum mit Energieverbrauch künftig eine immer wichtigere Rolle spielen.

Einige der Trends haben Langzeitcharakter (z.b. demographische Trends); abrupte Veränderungen sind hier weniger zu erwarten. Andere haben möglicherweise eine kürzere Reichweite und können relativ schnell umschlagen, wenn neue Trends hinzutreten. Letzteres gilt vor allem für komplexe Trends (z.B. Globalisierung), deren Bewertung dadurch erschwert wird. Darüber hinaus liegen bisher nur wenige Erkenntnisse über die Zusammenhänge und Wechselwirkungen der verschiedenen Trends vor. Diese Defizite können nur mittels längerfristig angelegter empirischer Untersuchungen überwunden werden. Die permanente Beobachtung komplexer trendbestimmender Faktoren und ihrer Auswirkungen, die eine bestimmte Entwicklung kennzeichnen, schafft hierfür wichtige Voraussetzungen. Darüber hinaus sind "*Wild Cards*", d.h. schwer vorhersehbare Trends, zu betrachten. Staaten müssen über ausreichend Reaktionsfähigkeit und Flexibilität im Umgang mit Überraschungsmomenten im Energiesektor verfügen, da diese plötzlichen Trend- und Strukturentwicklungen massive Auswirkungen auf das energiepolitische Umfeld haben können.

Aus der Kombination von Klimawandel, Rohstoffverknappung, weltweitem Bevölkerungswachstum und dem Bedarf der nachholenden Industrialisierung der Schwellen- und Entwicklungsländer resultiert ein nicht unerhebliches Konfliktpotential. Gewaltaktionen gegen die (westliche) politische Ordnung nehmen zu, um damit einen politischen Wandel herbeizuführen. Besonders in Kombination mit dem technologischen Fortschritt stellen der Terrorismus und fundamentalistische Bewegungen ein hohes Risiko für die Leistungsfähigkeit moderner Industriestaaten, die in erster Linie auf der Komplexität und reziproken Abhängigkeit

---

[332] S. Trachsler, Daniel (2009): Kernenergie auf dem Vormarsch. Die Gefahr der Proliferation, CSS Analysen zur Sicherheitspolitik, Nr. 57, Juli 2009, S. 1.

von Versorgungseinrichtungen moderner Staaten und ihrer Vernetzung untereinander beruht, dar. Auch kleine Störungen kritischer Infrastruktur können gravierende Auswirkungen auf die Funktionalität dieser Staaten haben.[333]

Diese globalen Trends wirken auf die gesamte Wertschöpfungskette deutscher Energiesicherheit – Zugang, Förderung und Transport von Erdöl und Erdgas sowie die damit zusammenhängenden wirtschaftlichen und sozialen Prozesse in Deutschland.

3.4.5 Sonderrolle des "Mittleren Ostens"

Obwohl der Mittlere Osten nur 6 Prozent des deutschen Erdöls fördert, steht er im Fokus globalen und deutschen Interesses. Besonders die nicht vorhersehbare Dynamik in der Bedarfsentwicklung beeinflusst die künftige Förderentwicklung, was wiederum hinsichtlich energie-, aber auch sicherheitspolitischer Konsequenzen von höchster Relevanz für Deutschland ist.

Neben dem Gesamtpotenzial an gewinnbaren Energierohstoffen spielt die regionale Verteilung der Lagerstätten eine wichtige Rolle. Von besonderer strategischer Relevanz sind in diesem Zusammenhang v.a. die Kontrolle über die verbliebenen und die neu zu findenden großen Felder, die sog. Giants, Supergiants und Megagiants.[334] Werden keine neuen Felder in dem Ausmaß von Supergiants und Megagiants gefunden,[335] wird sich die Last der Erdölversorgung mit zunehmender Erschöpfung der größten Felder auf die wenigen großen vorhandenen Felder konzentrieren.

Diese großen Felder befinden sich insbesondere in den Förderregionen der *strategischen Ellipse*.[336] Dort lagern ca. 70 Prozent der konventionellen Erdölre-

---

[333] Vgl. Commission of the European Communities (2006): Communication from the Commission on a European Programme for Critical Infrastructure Protection, COM (2006) 786, Brussels.
Vgl. One Hundred Seventh Congress of the United States of America (2001): H.R.3162 Uniting and Strengthening America by Providing Appropriate Tools Required to Intercept and Obstruct Terrorism (USA PATRIOT ACT) Act of 2001.

[334] Giants = 1 bis 10 Gigatonnen; Supergiants = 10 bis 20 Gigatonnen; Megagiants = größer als 20 Gigatonnen.

[335] In den vergangenen zehn Jahren wurde nur eine Menge an Erdölreserven in neu gefundenen Giants ausgewiesen, die einer derzeitigen weltweiten Jahresförderung an Erdöl entspricht.

[336] Die strategische Ellipse bezeichnet einen geographischen Raum, der sich vom Nahen Osten über den Kaukasus bis in den Norden Russlands erstreckt und v.a. deshalb eine große Bedeutung hat, weil in ihm mehr als zwei Drittel der gesamten Erdgas- und Erdölvorräte stecken. Zur strategischen Ellipse gehören sieben Länder: Iran, Irak, Kasachstan, Katar, Kuwait, Saudi-Arabien, Vereinigte Arabische Emirate. Die größten Ressourcenlagerstätten liegen im Iran und in Russland.

serven und 70 Prozent der konventionellen Erdgasreserven, was die regionale Konzentration weiter bedingt, die Bedeutung dieser Region erhöht und die fortschreitende Polarisierung der Welt in Produzenten- und Verbraucherländer verschärft.

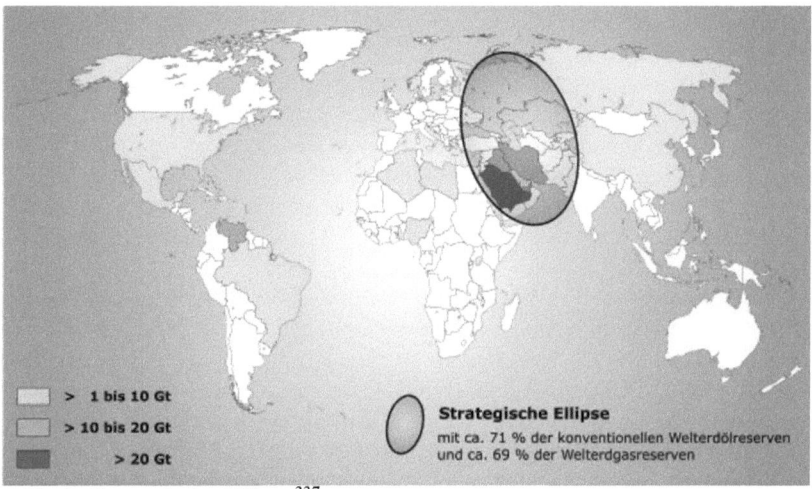

Abb. 3: Strategische Ellipse[337]

Die besondere Rolle des Mittleren Ostens ergibt sich aufgrund von drei Entwicklungen:

Erstens ist im Mittleren Osten seit den frühen 1990er Jahren eine Massierung des religiös-fundamentalistischen Terrorismus zu beobachten, der mit Gewaltaktionen (wie Entführungen, Attentate, Sprengstoffanschläge, Angriffe mit nuklearen, biologischen und chemischen Mitteln über ballistische oder Marschflugkörper etc.) gegen eine politische Ordnung des Westens zielt. Im Zusammenhang mit der Proliferation von Massenvernichtungswaffen in Verbindung mit der Entwicklung weitreichender Trägermittel muss der strategische Terrorismus wegen des enormen Gefahrenpotenzials als realistische und wahrscheinliche Bedrohung für die deutsche Energiesicherheit gesehen werden. Der für den Mittleren Osten charakteristische "Arc of Crisis" führt zugleich zu Staatsversagen, dem Untergang prowestlicher Staaten, dem Aufkommen autoritärer Regime und schließlich zu einem systematischen Zusammenbruch des Mittleren Os-

---

[337] S. Bundesanstalt für Geowissenschaften und Rohstoffe (2009): Energierohstoffe 2009, Hannover: BGR, S. 295.

tens.[338] Die Kombination wirtschaftlicher, politischer und ethno-religiöser Probleme verstärkt die soziale Unzufriedenheit, was besonders die jüngeren Generationen für die Rekrutierung radikaler Islamisten anfällig macht. All dies hat natürlich auch Auswirkungen auf das Angebots-Nachfrage-Gleichgewicht im Energiemarkt.

Zweitens verschärft die stetige Aufrüstung Israels, Irans, Pakistans, der Hisbollah und Hamas mit ballistischen Waffen, Marschflugkörpern, Massenvernichtungswaffen und/oder atomarem, biologischem, radiologischem und chemischem Material die Lage im Mittleren Osten zunehmend. Ein Konflikt zwischen Israel und den arabischen Staaten der Region würde das Eingreifen der Großmächte und deren Bündnispartner zur Folge haben.[339] Auch kann eine Verbindung verschiedener Konflikte in der strategischen Ellipse (Israel – Palästina, Irak, Afghanistan, Tschetschenien, Kaschmir, Libanon und die Kurdengebiete) nicht ausgeschlossen werden.

Drittens werden aller Voraussicht nach besonders die Proliferationsbestrebungen des Iran das strategische Umfeld des Nahen und Mittleren Ostens nachhaltig verändern. Bis 2025 gibt es voraussichtlich vier bis sechs Nuklearmächte in dieser Region.[340] Der Iran hat – unabhängig von der zusätzlichen Gefahr des iranischen Nuklearprogramms – eine strategische Bedeutung, da er mit seiner Position an der nördlichen Seite des Persischen Golfs in der Lage ist, die Ölfelder Saudi-Arabiens, Kuwaits, des Oman, Iraks sowie der Vereinigten Arabischen Emirate zu bedrohen. Iran hat ebenfalls Zugang zur Straße von Hormuz, durch die täglich 40 Prozent der weltweiten Erdölexporte müssen, und der Ausbau strategischer Beziehungen zu China, Indien und Japan verschaffen dem Iran weiteren Einfluss.[341]

In der strategischen Ellipse treffen globaler Ressourcenwettlauf und religiös-fundamentalistischer Terrorismus aufeinander. Sowohl durch den Kaukasus, das Schwarze und Kaspische Meer im Norden als auch das östliche Mittelmeer und den Golf verlaufen wichtige Transitrouten deutscher Energielieferungen. Deshalb ist diese Region ein Gebiet hervorgehobenen geostrategischen und

---

[338] Es ist davon auszugehen, dass die Gefahr kriegerischer Konflikte in Ländern und Regionen besonders groß ist, in denen weite Bevölkerungskreise an den sozialen Rand des Existenzminimums gedrängt werden, die über schwache politische Institutionen verfügen oder unter fortgeschrittener Umweltzerstörung und Ressourcenknappheit leiden.

[339] S. Raas, Whitney/ Long, Austin (2007): Osirak Redux? Assessing Israeli Capabilities to Destroy Iranian Nuclear Facilities, International Security, 31 (4), 7-33 (22).

[340] Israel, Iran, Türkei, Ägypten, Syrien, Saudi-Arabien. Vgl. Hiemann, Roland (2005): Massenvernichtungswaffenfreie Zone im Nahen Osten. Eine Bestandsaufnahme der Diskussion, Stiftung Wissenschaft und Politik, Diskussionspapier 05, November 2005.

[341] S. Klare, Michael (2006): Öl, Geopolitik und der kommende Krieg gegen Iran, Zeitschrift Wissenschaft und Frieden, 3/2006, Marburg: BdWi-Verlag, S. 13-15 (13).

sicherheitspolitischen Interesses. Deutschland ist bereits jetzt mit den Einsätzen auf dem Balkan (KFOR/EUFOR), in Afghanistan (ISAF/ UNAMA), im Libanon (UNIFIL), in Georgien (UNOMIG), im Sudan (UNMIS/UNAMID) vor der Küste Somalias (Atalanta) an den Flanken dieser Region in die strategische Ellipse involviert.

Im Ganzen lässt die regionale Konzentration der wichtigen Reserven in der strategischen Ellipse eine weiter fortschreitende Polarisierung der Welt in Produzenten- und Verbraucherländer erwarten. Die Staaten des Nahen und Mittleren Ostens sind innenpolitisch wenig gefestigt, wirtschaftlich labil, in ihren wechselseitigen Beziehungen unbeständig und in ihren künftigen Entwicklungen unberechenbar.[342] Deutschland ist herausgefordert, zur Gewährleistung der eigenen Energiesicherheit zur Stabilisierung dieser Region beizutragen. Diese Aufgabe ist durchaus anspruchsvoll, denn das Konfliktpotential der gegebenen geostrategischen Konstellation birgt die Gefahr des Einsatzes auch militärischer Gewalt. Darüber hinaus ist zu bedenken, dass es sich bei den zentralen Akteuren internationaler Energiesicherheit um Nuklearmächte handelt.

3.4.6 Piraterie/ Terrorismus

Die globale Energieinfrastruktur ist in hohem Maße verwundbar. Besonders kritisch sind der Transport zur See und über Pipeline, Häfen, Raffinieren, Anlageterminales und Chokepoints. Insbesondere Wasserstraßen und Engpässe sind einerseits zunehmend Angriffen von Terroristen und Piraten und andererseits geopolitischen Machtattituden von Anrainerstaaten ausgesetzt.

Die im Zuge der Globalisierung immer länger werdenden Transportwege sind wichtige Elemente der Wertschöpfungskette deutscher Energieversorgung. Zur Deckung des deutschen (und weltweiten) Energiebedarfs hat sich ein logistisches Netzwerk herausgebildet, das die Vorräte aus den großen Lagerstätten Asiens, des Mittleren Ostens und Afrikas zu seinen Konsumenten in Europa und anderswo in der Welt bringt. Energietanker passieren so eine Vielzahl von Seenadelöhren, von Umschlagterminals und Offshore-Anlagen. Ihre Gefährdungen und die Störanfälligkeit rücken gerade durch die Bedrohung von Piraterie und Terrorismus immer stärker in den Blickpunkt.

Hinsichtlich des Transports von Energierohstoffen über See stellt Piraterie eine für die deutsche Energiesicherheit beachtliche Gefahr dar. Piraterie kann vom einfachen bewaffneten Überfall und Diebstahl, über international organi-

---

[342] S. Häckel, Erwin (2004): Internationale Energiepolitik, in: Woyke, Wichard (Hg.): Handbuch Internationale Politik, Bonn: Bundeszentrale für politische Bildung, S. 177-186 (182).

siertes Verbrechen, Schiffsraub und Mord bis hin zu terroristischer Handlung reichen. Piraterie ist maritime Kriminalität und Gewalt. Piraterie kann in Form lokaler Seeräuberei oder hochorganisierter, weltweit agierender Bandenkriminalität auftreten.[343]

So stieg die Zahl der Piratenangriffe 2009 weltweit um ca. 40 Prozent auf 406. Das ist der höchste Stand seit sechs Jahren.[344] Insgesamt wurden 217 Überfälle somalischer Piraten – fast doppelt so viele wie im Jahr zuvor (111) – gezählt; in nigerianischen Gewässern waren es 28 Piratenüberfälle. In Südamerika stieg die Zahl der Angriffe um mehr als das Doppelte, von 14 im Jahr 2008 auf 37 im Jahr 2009. Ein Rückgang der Überfälle konnte in Indonesien von 28 auf 15 verzeichnet werden.[345] Seit einiger Zeit wird Piraterie auch zunehmend mit Terrorismus in Verbindung gebracht.[346] Über 90 Prozent des gesamten Welthandels, fast 95 Prozent des Außenhandels der Europäischen Union, über 40 Prozent des Binnenhandels der Europäischen Union und nahezu 70 Prozent des deutschen Im- und Exports werden ausschließlich über See abgewickelt. Im Zuge dieser Entwicklung und aufgrund ihrer steigenden ökonomischen Bedeutung gewinnen Häfen und Wasserstraßen besonders im Kontext von Piraterie und Terrorismus als Sicherheitsräume an Bedeutung.[347]

Es häufen sich die Überfälle auf Bargen und Schleppverbände sowie Schiffsentführungen mit Lösegeldforderung. Bargen und Schleppverbände sind aus Sicht der Piraten besonders attraktiv, denn sie lassen sich durch z.B. Umlackieren äußerlich rasch verändern. Außerdem führen sie i.d.R. leicht umschlagbare Waren (wie Palmöl oder Zucker) mit sich. Schiffsentführungen

---

[343] *Low-Level Armed Robberies*: Ziel eines – i.d.R. nächtlichen – Angriffs ist der Diebstahl leicht entwendbarer Güter bzw. Gegenstände. Der Schaden liegt unter 10.000 US-Dollar und die Aktion findet meistens gewaltlos statt. *Medium-Level Armed Assault and Robbery*: Bewaffneter Überfall, bei dem es i.d.R. zur Androhung oder tatsächlichen Gewalt sowie zum Diebstahl an Bord befindlicher Güter kommt. Der wirtschaftliche Schaden liegt zumeist zwischen 10.000 und 20.000 US Dollar. *Major Criminal Hijack*: Gezielt geplanter Raub der gesamten Schiffsladung. Die Mannschaft wird meist unter Deck gefangen gehalten, während die Ladung von Bord geschafft wird. Nach der Aktion treibt das Schiff führerlos auf dem Meer. Der Schaden liegt meist im zweistelligen Millionen-Dollar-Bereich. S. Kluge, Christian (2006): Piraterie – Bedrohung auf See. Eine Risikoanalyse, München: Münchner Rück, S. 17.

[344] Vgl. International Maritime (2010): Live Piracy Report, 26.06.2010, http://www.icc-ccs.org/index.php?option=com_content&view=article&id=30:welcome-to-imb-piracy-reporting-centre&catid=28:home&Item id=12 (Zugriff 26.06.2010).

[345] Vgl. ebd.

[346] Vgl. Stehr, Michael (2004): Piraterie und Terror auf See. Nicht-Staatliche Gewalt auf den Weltmeeren 1994-2004, Berlin: Dr. Köster, S. 4.

[347] S. Ministerium für Wissenschaft, Wirtschaft und Verkehr des Landes Schleswig-Holstein (2007): Technologien für Küsten- und Hafensicherheit Potenzialanalyse Schleswig-Holstein, Kiel: Ministerium für Wissenschaft, Wirtschaft und Verkehr des Landes Schleswig-Holstein, S. 2.

mit Lösegeldforderung, wie häufig vor der Küste Somalias, geschehen meistens dann, wenn die Schiffe maritime Nadelöhre wie die Straße von Hormuz, die Straße von Malakka, den Suez-Kanal, den Bab el-Mandab oder den Bosporus passieren. Die Auswirkungen von Überfällen, Terroranschlägen und (Teil-)Blockaden verursachen fast immer erhebliche Zusatzkosten und beeinträchtigen in einigen Fällen den Welthandel empfindlich.[348]

Die internationalen maritimen Hochrisikogebiete waren 2008 die Gewässer nahe der nigerianischen Hafenstadt Lagos, die Küste Somalias einschließlich des Golfs von Aden, Indien und Indonesien.[349] Zug um Zug erweitern die Piraten inzwischen die Reichweite ihrer Zugriffe. Terroristen nutzen die Abhängigkeit westlicher Volkswirtschaften von Öl und Gaslieferungen gezielt aus. Im Kontext des Anschlags auf den französischen Tanker Limburg im Oktober 2002 kündigte Osama bin Laden an, die *"Wirtschaftsinteressen der westlichen Industriestaaten"* – insbesondere ihre Erdölzufuhr – anzugreifen.[350]

Pipelinesysteme, "Sealines of Communications", ihre Knotenpunkte und Tanker, aber auch z.B. Untertage-Erdgasspeicher sind in der Tat lukrative Ziele für Terroristen.[351] Ein Anschlag auf einen Öl- oder Gastanker in der Straße von Malakka reicht aus, um die 800 km lange, 1,2 km breite und 25 m tiefe Wasserstraße für längere Zeit zu blockieren. Anschläge auf die Tanker oder Häfen mit atomaren, biologischen oder chemischen Waffen können schwerwiegende Auswirkungen auf Finanzzentren, den Energiepreis, die internationale Gemeinschaft und den Handel zwischen Ost und West haben.[352] *"Die Lebensader des Welthandels könnte binnen Sekunden verstopft sein."*[353] Piraterie und Terroristen können

---

[348] S. Stehr, Michael (2005): Piraterie, Terrorismus und Weltwirtschaft. Selbstschutz der zivilen Schifffahrt, Marine-Forum 2006, Heft 4, S. 5.

[349] Vgl. Werning, Rainer (2009): Modernes Freibeutertum. Hintergrund. Piraterie in der Straße von Malakka. Blicke gen Osten jenseits von Somalia und dem Golf von Aden, AG Friedensforschung, 22.12.2009, http://www.ag-friedensforschung.de/themen/Piraten/malak ka.html (Zugriff 27.06.2010).

[350] S. Ministerium für Wissenschaft, Wirtschaft und Verkehr des Landes Schleswig-Holstein (2007): Technologien für Küsten- und Hafensicherheit Potenzialanalyse Schleswig-Holstein, Kiel: Ministerium für Wissenschaft, Wirtschaft und Verkehr des Landes Schleswig-Holstein, S. 7.

[351] Die Erdgasversorgung in Deutschland wird u.a. durch Untertage-Erdgasspeicher – Ausgleich zwischen tages- und jahreszeitlich schwankendem Verbrauch und dem Angebot aus heimischer Förderung und Importen – gewährleistet. Nach den USA, Russland und der Ukraine verfügt Deutschland über den viertgrößten Erdgasspeicher.

[352] Vgl. Maizière, Thomas de (2006): "Unsere Energieversorgung ist keineswegs gesichert", Die Bundesregierung, 12.10.2006, http://www.bundesregierung.de/Content/DE/Archiv16/Rede/ 2006/10/2006-10-12-rede-chefbk-symposium.html (Zugriff 24.06.2010).

[353] Vgl. Eschenfelder, Jörg (2009): Der bedrohte Welthandel – Piraten und Terroristen in der Straße von Malakka, IMS Magazin, 05.02.2009, http://www.ims-magazin.de/index.php?p=arti kel&id=1233835500,1,gas tautor, (Zugriff 24.06.2010).

somit die soziale und wirtschaftliche Stabilität von Ländern und Regionen beeinträchtigen. Die zunehmende Gefahr von Terroranschlägen auf Infrastruktureinrichtungen von kritischer Bedeutung, deren Schädigung oder Zerstörung mit gravierenden Folgen für die Gesundheit, Sicherheit und den wirtschaftlichen Wohlstand der Bürger verbunden ist, betrifft v.a. die Energieinfrastrukturen. Kritische Energieinfrastrukturen wie Kernkraftwerke, Staumauern von Wasserkraftwerken, Öl- und Gasproduzenten, Raffinerien, Einrichtungen zur Weiterleitung, Versorgungsrouten und -einrichtungen, Energiespeichereinrichtungen sowie Sondermülldeponien sind attraktiv für Terroranschläge.[354]

Die Energiesicherheit in und für Deutschland hängt maßgeblich von einer funktionierenden internationalen Energieinfrastruktur ab. Deutschland wird sich in Zukunft weit mehr mit kritischen Fragen der physischen und politischen Sicherheit der Energieinfrastruktur auf verschiedenen Ebenen beschäftigen müssen. Eine Einbindung und Aufgabenbewältigung im Rahmen der EU und auch der NATO sind dringend erforderlich, denn die Sicherung globaler Energieinfrastrukturen kann nicht von Deutschland allein gewährleistet werden.[355]

---

[354] Der arabische Terrorismus sei durchaus daran interessiert, das auch zu tun – bereits 1989 habe Usama bin Ladin verkündet, dass die Herstellung einer "Atomwaffe des Islam" für jeden Muslim eine Pflicht „zur maximalen Terrorisierung der Feinde Gottes" sei. Vgl. Spiegel Online (2010): Merkel warnt vor schmutzigen Bomben, Spiegel Online, 12.04.2010, http://www.spiegel.de/politik/ausland/0,1518,688458,00.html (Zugriff 21.05.2010).

[355] Vgl. Wittmann, Klaus (2010): NATO's new Strategic Concept. An Illustrative Draft, Berlin: Politisch-Militärische Gesellschaft.

4. Handlungsrahmen deutscher Energiesicherheit

Die Auswirkungen einer Energieversorgungsunterbrechung beeinflussen die Sicherheit und Prosperität von Nationalstaaten. Das betrifft die Aufrechterhaltung der Wirtschaftsfähigkeit, den sozialen Frieden und Lebensstandard der deutschen Bevölkerung, die Auftragserfüllung deutscher Sicherheits- und Verteidigungsinstitutionen sowie die Erreichung von Klima- und Umweltzielen. Ohne Energie, genauer: ohne signifikanten Mengen fossiler Energieträger und Elektrizität, ist Bewegung zu Land, Luft, See, im Welt- und virtuellen Raum unmöglich. Da Energiesicherheit – für westliche bzw. industrialisierte Staaten – eine Voraussetzung für "*key high-tech applications*" und "*influence on downstream industries*" und somit einen wesentlichen Wettbewerbs- und Prosperitätsfaktor darstellt, ist Energiesicherheit für Deutschland von erheblichem nationalem Interesse. Energiesicherheit ist dabei eine Querschnittsaufgabe, die sowohl Außen- und Handels-, Sicherheits- und Verteidigungs-, Struktur- und Innen- als auch Wirtschafts- und Umweltpolitik umfasst. Die sich international abzeichnende Politisierung der Produktion, des Handels, der Lieferung und des Konsums von Energie macht das internationale System anfälliger für politische Schocks, was wiederum dazu führen kann, dass neue Konflikte entstehen oder bestehende verschärft werden.[356] Die Internationale Energie-Agentur warnt bereits seit 2004 davor, dass

- die internationale Energieversorgung zukünftig mit erheblichen Risiken verbunden sei,
- die Frage der Versorgungssicherheit eine zentrale Herausforderung für die Weltpolitik darstelle,
- diese zukünftig mehr denn je von ausreichenden Investitionen in den weltweiten Energiesektor (ca. 16 Mrd. US-Dollar) abhängen und
- für die Lösung der globalen Energieversorgungssicherheit und der Klimaproblematik bis 2030 alle Energieträger, einschließlich Kernenergie und Kohle, benötigt werden würden.[357]

---

[356] S. United Nations Environment Programme (2009): From Conflict to Peacebuilding. The Role of Natural Resources and the Environment, Nairobi: UNEP, S. 30.
[357] Vgl. International Energy Agency (2005): World Energy Outlook 2005, Paris: OECD.

Trotzdem war Energiesicherheit (in Deutschland) seit der Ölkrise der 1970er Jahre kein Thema auf der politischen Agenda. Erst massive Preisbelastungen und die Angst vor Versorgungsengpässen und Lieferunterbrechungen, besonders im Zuge der Energiekonflikte zwischen Russland und Transitstaaten, haben die Menschen in Deutschland die steigende Konkurrenz um knappe Rohstoffe und die Notwendigkeit zur Sicherung der nationalen Energieversorgung bewusst werden lassen.

Der Vorschlag der Parlamentarischen Staatssekretärin im Bundesministerium für Umwelt, Naturschutz und Reaktorsicherheit Astrid Klug im Frühjahr 2010 zur Gründung einer Deutschen Rohstoffagentur erkennt erstmals diese internationalen Entwicklungen im Energiebereich – d.h. die wachsende Tendenz einiger Staaten bei der Sicherung von Zugängen zu Rohstoffen und Energieträgern durch Missachtung und Umgehen der Märkte in einer beinahe "*postkolonialen Manier*" – an.[358]

Im Zuge der Arbeiten am neuen Energiekonzept der Bundesregierung forderte Bundesaußenminister Guido Westerwelle im August 2010 eine ausführliche und kontroverse Debatte über Deutschlands künftige Energiepolitik.[359] Er bezeichnete Energie, neben den großen Aufgaben der Menschheit wie die Bewahrung der Schöpfung, Frieden und Wohlstand, als eine der großen Fragen des 21. Jahrhunderts.[360] Obwohl Westerwelle behauptet, dass das "*politische Ziel für [die Bundesregierung] völlig klar*" sei – nämlich das Erreichen eines Zeitalters der regenerativen Energien –, ist indes (völlig) unklar, *wie* dieses Ziel erreicht werden soll.

Bundesumweltminister Nobert Röttgen bezeichnet die langfristige Perspektive deutscher Energiesicherheit, d.h. die nächsten 40 Jahre, als "*das Wichtigste*".[361] Da Investitionszyklen in der Energiewirtschaft über Jahrzehnte zu rechnen sind, ist eine klare Grundlage gefordert, d.h. Sicherheit für künftige Investitionen. Der Übergang in das regenerative Zeitalter ist kein Sprint, sondern ein Langstreckenlauf, dessen Etappen richtig und gut eingeteilt werden müssen.[362]

Die derzeitige deutsche Energiepolitik leidet bisher massiv an institutioneller Fragmentierung, struktureller Inkohärenz und ebenfalls Ignoranz geopolitischer Realitäten. Die von Westerwelle ins Spiel gebrachten "*Brücken in dieses Zeitalter*" erfordern v.a. eine kohärente, ganzheitliche sowie gegenwärtige und

---

[358] S. Frankfurter Allgemeine Zeitung (2010): Staatssekretärin schlägt Rohstoffagentur vor, 14.04.2010, S. 13.
[359] Westerwelle, Guido (2010): Pressekonferenz von Vizekanzler Guido Westerwelle zur Kabinettssitzung und aktuellen Themen, 04.08.2010, Berlin: Bundespressekonferenz.
[360] Vgl. ebd.
[361] Vgl. Röttgen, Norbert (2010): Weiter auf Wachstumskurs. Die Entwicklung der erneuerbaren Energien in Deutschland im Jahr 2009, 24.03.2010, Berlin: Bundespressekonferenz.
[362] Vgl. ebd.

zukünftige Zeitumstände berücksichtigende Energiepolitik. Die Modernisierung alter Kohlekraftwerke und eine maßvolle Verlängerung der Laufzeiten der Atomkraftwerke sind wichtige Elemente,[363] allerdings allein betrachtet viel zu kurz gedacht.

Eine Reihe wichtiger Fragen sind zu adressieren, darunter:

- Wie ist Deutschland auf mögliche Energiekrisen bzw. Störungen und/oder Unterbrechungen der Energieversorgung vorbereitet?
- Welche Schutzmaßnahmen hat Deutschland gegenüber Risiken und (möglichen) Bedrohungen der Energieversorgung getroffen?
- Welche Alternativen/Optionen hat Deutschland im Falle beispielsweise einer Lieferunterbrechung?
- Wie ist Deutschland auf die Realität internationaler Energiekonstellationen vorbereitet? Verfügt Deutschland über angemessene Instrumente, um mit Partnern und Verbündeten (bündnis-)gemeinsame Energieversorgung zu sichern?
- Wie sieht Deutschlands ganzheitliche Strategie zum Schutz nationaler Energieinteressen aus?
- Verfügt Deutschland über zweckmäßige Fähigkeiten und Instrumente
  - zum Schutz nationaler und internationaler Energieversorgungsinfrastrukturen gegen Angriffe, Unfälle und Naturkatastrophen;
  - zur Reduzierung der Konsequenzen nationaler Verletzlichkeit gegenüber Störungen und Unterbrechungen;
  - zur Schadensminimierung und Wiederherstellung alter Zustände;
  - zur Notfallplanung für Situationen unerwarteter Risiken und (möglicher) Bedrohungen?
- Verfügt Deutschland über eine Planungseinheit, um mit zukunfts- und richtungsweisenden Trends umzugehen, die nur schwer oder kaum zu antizipieren sind?

Diese Fragen werden im Folgenden adressiert.

4.1 Deutsche Energiepolitik

Energiepolitik ist in Deutschland Teil der Wirtschaftspolitik und dem Geschäftsbereich des Bundesministeriums für Wirtschaft und Technologie zugeordnet. Deutsche Energiepolitik wird von der Bundesregierung in Abstimmung mit den

---

[363] Vgl. ebd.

Ländern und im Zieldreieck von Versorgungssicherheit, Wirtschaftlichkeit und Umweltverträglichkeit formuliert:

1. Versorgungssicherheit bedeutet, für die Energienachfrage jederzeit ein ausreichendes Angebot an Energieträgern sicherzustellen. Die Versorgungslage hängt besonders vom Energiemix, aber auch von einer rationellen Energieverwendung ab.
2. Wirtschaftlichkeit bedeutet eine effiziente Energiebereitstellung und -nutzung.
3. Umweltverträglichkeit bedeutet eine möglichst schonende Nutzung der natürlichen Ressourcen.[364]

Das war nicht immer so. Die Herausbildung nationaler Energiepolitik in Deutschland verlief in fünf Phasen:

- Zwischen 1948 und 1958 stand im Fokus deutscher Energiepolitik Kohle. Die Erhöhung der Förderung der Kohle, v.a. der Steinkohleproduktion, diente der Deckung des steigenden Energieverbrauchs. Kohle wurde direkt und indirekt subventioniert.
- Zwischen 1958 und 1966 war deutsche Energiepolitik v.a. auf die Verlangsamung bzw. Verhinderung des Strukturwandels durch den vermehrten Einsatz von Erdöl gerichtet.
- Zwischen 1966 und 1973 ging die deutsche Energiepolitik von der Kohle- zur Ölförderung über. Im Zuge der Ölpreiskrise 1973 legte die Bundesregierung auch erstmals ein energiepolitisches Gesamtkonzept vor.
- Zwischen 1974 und 1982 ist deutsche Energiepolitik von den Nachwirkungen der ersten Ölpreiskrise, der zweiten Ölpreiskrise, der Energieeinspargesetze sowie des "Jahrhundertvertrags" zwischen Steinkohlebergbau und Elektrizitätswirtschaft geprägt.
- Seit 1983 ist deutsche Energiepolitik, ausgelöst durch das Waldsterben 1983, verstärkt von einer umweltpolitischen Komponente begleitet.[365]

Der Fokus der aktuellen Regierungskoalition von CDU/CSU und FDP im Bereich nationaler Energiepolitik liegt neben dem Ausbau erneuerbarer Energien auf der Stärkung des Wettbewerbs (bei Strom und Gas), auf Energieeinsparun-

---

[364] Vgl. Bundesministerium für Wirtschaft und Technologie (2009): Politik für Energie, http://www.bmwi.de/BMWi/Navigation/Energie/ziele-der-energiepolitik.html (Zugriff 28.05.2009).
[365] Vgl. Wichard Woyke (2004): Handwörterbuch des politischen Systems der Bundesrepublik Deutschland. 4. aktual. Auflage, Opladen: Leske & Budrich.

gen, einer modernen und leistungsfähigen Energieinfrastruktur, auf der Energieforschung und der Weiterentwicklung des konventionellen Energiemix.[366]

Ein wesentlicher Unterschied zur Vorgängerregierung im Bereich nationaler Energiesicherheit liegt in der Behandlung der Frage zur Nutzung von Kernenergie. Während die rotgrüne Bundesregierung (1998 bis 2005) nicht mehr auf den Ausbau der Atomenergie setzte und stattdessen mit dem Atomausstiegsgesetz 2001 eine Beschränkung des Betriebs der Atomkraftwerke beschloss, will die schwarz-gelbe Bundesregierung (seit 2009) die Laufzeiten für Atomkraftwerke "*unter Einhaltung der strengen deutschen und internationalen Sicherheitsstandards*" verlängern.[367]

Kernpunkte der aktuellen Energiepolitik der schwarz-gelben Bundesregierung sind:

- Kernenergie: Aushandlung einer Laufzeitverlängerung für Atomkraftwerke mit den Atomkraftwerkbetreibern. Kernenergie wird als Brückentechnologie betrachtet, die mittelfristig bestehen bleibt, aber langfristig durch alternative Energie ersetzt werden soll. Der Bau neuer Kernkraftwerke wird abgelehnt.[368]
- Klimaschutz: Schaffung von Anreizen für Unternehmen, neue Technologien zu erforschen, um Deutschland international in die "*Technologieführerschaft*" zu versetzen wie beispielsweise bei den großen Energie-Infrastrukturprojekten Nordstream, Nabucco, LNG und DESERTEC. Bis zum Jahr 2020 will die deutsche Regierung es schaffen, durch ihre Regulierung die Treibhausgas-Emissionen von CO_2 um 40 Prozent gegenüber 1990 zu senken. Im Jahr 2011 soll hierfür das Integrierte Energie- und Klimaprogramm von 2010 weiterentwickelt werden.[369]

---

[366] Vgl. Rede des Bundesministers für Wirtschaft und Technologie, Rainer Brüderle, anlässlich der 17. Handelsblatt Jahrestagung Energiewirtschaft, 14.01.2010 in Berlin.

[367] S. Koalitionsvertrag zwischen CDU, CSU und FDP (2009): Wachstum. Bildung. Zusammenhalt, 17. Legislaturperiode, S. 24.

[368] Im Streit über längere Laufzeiten für die deutschen Kernkraftwerke zeichnet sich Mitte 2010 eine Kompromisslinie ab: Die ersten Kernkraftwerke würden demnach schon 2011 vom Netz gehen, andere dagegen würden im Gegenzug länger laufen. Anlass seien neue Sicherheitsauflagen, die im Zusammenhang mit der Laufzeitverlängerung erlassen werden sollen. Vgl. Zeit Online (2010): Atomkompromiss. Merkel spricht von einer Revolution, Zeit Online, 06.09.2010, http://www.zeit.de/politik/deutschland/2010-09/atom-laufzeiten-merkel-minister (Zugriff 10.07.2010).

[369] „*Mit einer Abwanderung von Produktion und Investitionen in Länder ohne vergleichbaren Klimaschutz, ohne vergleichbare Konzepte oder Vorstellungen wäre weder der Umwelt gedient, noch wäre dies industriepolitisch tragbar.*" Zitat Bundeswirtschaftsminister Rainer Brüderle anlässlich des BDEW-Kongresses 2010, 01.07.2010, Berlin: Bundesverband der Energie- und Wasserwirtschaft e.V.

- Energieverbrauch: Senkung des nationalen Energieverbrauchs durch die Sanierung von Häusern und die Modernisierung von Stromnetzen und Erhöhung der Energieeffizienz durch die Stärkung der Energiekompetenz der Verbraucher. Der Bau hocheffizienter Kohlekraftwerke ist zur Umgehung von Energieimporten und möglichen Preisschwankungen bzw. -steigerungen weiterhin erlaubt. An der CO_2-Abscheidung und -Speicherung (Carbon Dioxide Capture and Storage, CCS) wird weiterhin geforscht.
- Internationale Energiepolitik: Energieaußenpolitik als zentrales Element nationaler Energiesicherheit zielt auf Liberalisierung und Wettbewerb im nationalen, europäischen und globalen Maßstab. Deutschland zielt – als relativ rohstoffarmes Land, welches zu Dreiviertel seinen Energiebedarf durch Importe absichern muss – mit seiner Energieaußenpolitik bis 2020 darauf, 30 Prozent seines Strombedarfs mit Wind-, Wasser-, Sonnen- und Biomasse-Energie zu decken.

Im Zuge der Ausarbeitung des neuen Energiekonzepts der Bundesregierung – BMU und BMWi als gemeinsam Federführende – haben Gespräche zwischen dem Bundeswirtschaftsministerium, Verbänden, Unternehmen, Gewerkschaften und dem Auswärtigen Amt sowie dem Ministerium für wirtschaftliche Zusammenarbeit und Entwicklung zu einem Rohstoffdialog stattgefunden.[370] Ziel des neuen Energiekonzepts der Bundesregierung ist, "*eine klimafreundliche, sichere und gleichzeitig bezahlbare Energieversorgung der Zukunft*".[371] Prof. Michael Hüther, Direktor des Instituts der deutschen Wirtschaft Köln, sagte im September 2010, dass "*das neue Energiekonzept der Bundesregierung die Anforderungen an eine zukunftsorientierte Energiepolitik nur bedingt [erfüllt]*."[372] Dabei kommen besonders die oben diskutierten (vgl. Kap. 3.4 Faktoren und Treiber) geostrategischen Aspekte deutscher Energieversorgung zu kurz.

4.1.1 Verantwortliche Akteure deutscher Energiepolitik

Die deutsche Energiepolitik wird maßgeblich durch das Bundesministerium für Wirtschaft und Technologie formuliert, gesteuert und umgesetzt. Für die Regu-

---

[370] Rede des Bundesministers für Wirtschaft und Technologie, Rainer Brüderle anlässlich der BDI-Veranstaltung zum Energiekonzept. 06.07.2010, im Haus der Deutschen Wirtschaft in Berlin.
[371] Vgl. ebd.
[372] Instituts der deutschen Wirtschaft Köln (2010): Energiekonzept Bundesregierung muss nachsteuern, Pressemitteilung Nr. 42, 24.09.2010, http://www.iwkoeln.de/Presse/Pressemitteilungen/Archiv/tabid/184/articleID/30536/Default.aspx (Zugriff am 25.09.2010).

lierungen im Bereich Erneuerbarer Energien ist das Bundesumweltministerium federführend, bei Forschungsprojekten das Bundesforschungsministerium. Die Sicherung und Diversifizierung der Bezugsquellen und der Ausbau des Dialogs mit Liefer-, Transit- und großen Verbraucherländern werden vom Auswärtigen Amt verantwortet.

Im BMWi leitet ein beamteter Staatssekretär die Abteilung III Energiepolitik.[373] Das BMWi hat eine Bundesstelle für Energieeffizienz beim Bundesamt für Wirtschaft und Ausfuhrkontrolle eingerichtet. Diese Bundesstelle ist insbesondere für die Schaffung der Voraussetzungen für die Entwicklung und die Förderung eines Markts für Energiedienstleistungen verantwortlich.[374]

Die Bundesanstalt für Geowissenschaften und Rohstoffe (BGR) ist eine technisch-wissenschaftliche Oberbehörde des BMWi mit dem Auftrag, durch Forschung und Beratung dazu beizutragen, die Lebensbedingungen durch verantwortliche Nutzung der Geopotenziale zu erhalten oder zu verbessern.[375]

Das Bundeswirtschaftsministerium hat im Juli 2005 einen Bericht zur aktuellen rohstoffwirtschaftlichen Situation und zu möglichen rohstoffpolitischen Handlungsoptionen veröffentlicht. Daraufhin hat der BDI die Präsidialgruppe *Internationale Rohstofffragen* eingerichtet, bei der neben den in Deutschland verantwortlichen Ressorts auch die Bundesanstalt für Geowissenschaften und Rohstoffe ihre Expertise mitgearbeitet hat.[376]

Neben diesem wirtschaftstechnologischen Schwerpunkt ist Energie auch zu einem grundlegenden Bestandteil der Außenpolitik geworden. Im deutschen Auswärtigem Amt (AA) sind v.a. die Abteilung VI mit dem Beauftragen für Internationale Energiepolitik, Globalisierung und nachhaltige Entwicklung, Exportkontrolle: Dual Use-Güter im nichtkonventionellen Bereich (MTCR/ Australische Gruppe) und die abteilungsübergreifende Arbeitsgruppe Energie- und Klimapolitik in der Verantwortung.[377] Die Energieaußenpolitik des AA umfasst den kooperativen Dialog, Vereinbarungen und Abkommen mit wichtigen Produ-

---

[373] Vgl. Bundesministerium für Wirtschaft und Technologie (2010), http://www.bmwi.de/BMWi/ (Zugriff 23.08.2010).

[374] Vgl. Bundesamt für Wirtschaft und Ausfuhrkontrolle (2010): Bundesstelle für Energieeffizienz, BMWi, 09.07.2009, http://www.bafa.de/bafa/de/energie/energieeffizienz/index.html (Zugriff 23.04.2010).

[375] Vgl. Bundesanstalt für Geowissenschaften und Rohstoffe (2010): Leitbild der BGR, http://www.bgr.bund.de/cln_109/nn_334328/DE/Allgemeines/Wm/UeberUns/Leitbild/leitbild__node.html?__nnn=true (Zugriff 23.04.2010).

[376] S. Bundesregierung (2007): Elemente einer Rohstoffstrategie der Bundesregierung, Berlin, S. 1.

[377] Vgl. Auswärtiges Amt (2010): Das Auswärtige Amt, http://www.auswaertiges-amt.de/diplo/de/AAmt/Uebersicht.html (Zugriff 23.04.2010).

zenten- und Transitländern,[378] regelmäßige Dialoge mit Verbraucherländern,[379] die Unterstützung der Diversifizierung von Energiequellen, -trägern und -versorgungsrouten.[380]

Das BMU betrachtet Energiesicherheit v.a. aus einer klimapolitischen Perspektive. Die energiepolitischen Schwerpunkte der Abteilung K I Klimaschutz, Umwelt und Energie, Erneuerbare Energien, Internationale Zusammenarbeit des BMU bilden der Emissionshandel, Energieeffizienz und Erneuerbare Energien. Das Thema Atomenergie: Sicherheit, Versorgung und Entsorgung bilden einen weiteren Pfeiler der Energiepolitik des BMU.[381]

Das Bundesministerium für Bildung und Forschung – Abteilung VII Zukunftsvorsorge: Forschung für Kultur, Grundlagen und Nachhaltigkeit mit der Unterabteilung Großgeräte, Energie, Grundlagenforschung – setzt mit der *Grundlagenforschung Energie 2020+* die EU-Anforderungen, bis 2020 den Ausstoß von Treibhausgasen und den Primärenergieverbrauch um jeweils 20 Prozent zu verringern und den Anteil von erneuerbaren Energien an der Energieversorgung auf 20 Prozent zu erhöhen, um.[382] Diese Ziele lassen sich nur durch eine Trendwende hin zu einer nachhaltigen Energiewirtschaft erreichen, wobei Innovation und technischer Fortschritt bei Energietechnologien eine Schlüsselrolle spielen.[383] Wichtige Beiträge dazu leisten die Deutsche Energie-Agentur, das Kompetenzzentrum für Energieeffizienz und erneuerbare Energien – eine öffentlich-private Partnerschaft – und das Deutsche Zentrum für Luft- und Raumfahrt, das Forschungszentrum der Bundesrepublik Deutschland für Luft- und Raumfahrt mit umfangreichen Forschungs- und Entwicklungsarbeiten in Luftfahrt, Raumfahrt, Energie und Verkehr.

Die Kommunen spielen in der Wertschöpfungskette bundesdeutscher Energiepolitik eine zentrale Rolle. Besonders die Nähe kommunaler Energiepolitik zu örtlichen Akteuren ermöglicht es Kommunen, Einfluss auf den Energieverbrauch verschiedener Verbrauchsgruppen, wie Haushalte, Handel, Dienstleistungs- und produzierendes Gewerbe, zu nehmen. Zur Gestaltung ihrer Energiesysteme be-

---

[378] Zu diesen gehören v.a. Russland, Norwegen, die Staaten Zentralasiens, Anrainerländer des Kaspischen und des Schwarzen Meeres, die Maghrebstaaten und die Ukraine sowie die Türkei.

[379] Dialoge mit großen Verbraucherstaaten wie beispielsweise den USA, China, Indien oder Brasilien beinhalten Themen wie Energieeffizienz und erneuerbare Energien und die damit verbundenen Technologien, insbesondere Beiträge zum Klimaschutz.

[380] Vgl. Auswärtiges Amt (2010): Energiesicherheit, http://www.auswaertiges-amt.de/diplo/de/ Aussenpolitik/Themen/EnergieKlima/Energiepolitik.html (Zugriff 23.04.2010).

[381] Vgl. Bundesministerium für Umwelt, Naturschutz und Reaktorsicherheit (2010): Klima und Energie, http://www.bmu.de/klima_energie/doc/41060.php (Zugriff 23.04.2010).

[382] S. Bundesministerium für Bildung und Forschung (2008): Grundlagenforschung Energie 2020+, Berlin: BMBF, S. 2.

[383] S. ebd., S. 8.

dienen sich Kommunen v.a. umweltfreundlicher und nachfrageseitiger, d.h. verbrauchsteuernder, Instrumente. Kommunen leisten einen erheblichen Beitrag zur Erreichung nationaler Energieziele.[384]

Kommunale Energiepolitik ist besonders von dem gesellschaftspolitischen Ziel der Klimafreundlichkeit und Energieeffizienz geprägt und richtet sich zum einen auf die rationelle Verwendung von Energie, d.h. die Kostensenkung und die Verbrauchsoptimierung für Energie und Wasser in städtischen Liegenschaften, und zum anderen auf die Vermeidung von Emissionen und unterscheidet sich so stark von der bundesdeutschen Energiepolitik. Sie ist besonders an der Festlegung einer daran ausgerichteten Verwaltungsorganisation und Verfahrensorganisation interessiert. Kommunale Energiepolitik umfasst sämtliche Aktivitäten von kommunalen Körperschaften, den eigenen Energie- und Ressourcenverbrauch unter ökonomischen und ökologischen Aspekten zu optimieren. Kommunen erfüllen für die Umsetzung nationaler Energie- (und Klimaschutz)ziele wichtige Aufgaben, besonders hinsichtlich unmittelbarer Maßnahmen, mittelbarer Maßnahmen und der Bewusstseins- und Verhaltensänderung in der Gesellschaft.[385] Kommunale Energiepolitik ist die geeignete Plattform, um Akteure aus allen Bereichen an der Formulierung und Umsetzung von Energiezielen zu beteiligen und ein gemeinsames Verständnis zu kultivieren.[386] Viele Kommunen haben jedoch meist kein eigenes Energiereferat, in dem der Energiebereich in der Verwaltung organisatorisch und instrumentell gebündelt und koordiniert werden kann; dies bleibt hauptsächlich den großen Städten vorbehalten.[387] Jedoch können auch kleinere Einheiten, wie Arbeitsgruppen, kommunale Energiekonzepte erarbeiten. Diese dienen dann als Entscheidungsgrundlage für Investitionen.

---

[384] S. Fischer, Annett/ Kallen, Carlo (1995): Erfolgsbedingungen für kommunale Energie- und Klimaschutzkonzepte, Berlin: Deutsches Institut für Urbanistik, S. 5.

[385] Das können bauphysikalische Maßnahmen, wie z.B. eine verbesserte Wärmedämmung, Heiztechnik in öffentlichen Gebäuden oder schlichtweg der Einsatz von Energiesparlampen sein, oder z.B. die Anschaffung von schadstoff- und verbrauchsarmen Fahrzeugen, Anreize für Private zur rationellen Energienutzung, der Einsatz alternativer Energien oder die Verkehrsplanungspolitik oder z.B. Energie- und Umweltberatungen betreffen.

[386] S. Müsch, Klaus (1995): Die kommunale Aufgabe Klimaschutz – organisatorische Voraussetzungen für wirkungsvollen lokalen Klimaschutz am Beispiel der Energieleitstelle der Senatsverwaltung für Stadtentwicklung und Umweltschutz des Landes Berlin, in: Fischer, Annett/ Kallen, Carlo (Hg.): Erfolgsbedingungen für kommunale Energie- und Klimaschutzkonzepte, Berlin: Deutsches Institut für Urbanistik, S. 12-20 (13).

[387] S. Baumeister, Günter (1995): Die kommunale Aufgabe Klimaschutz – organisatorische Voraussetzungen für wirkungsvollen lokalen Klimaschutz am Beispiel der ressortübergreifenden, verwaltungsinternen Erarbeitung des Klimaschutzkonzepts in der Stadt Schwerte, in: Fischer, Annett/ Kallen, Carlo (Hg.): Erfolgsbedingungen für kommunale Energie- und Klimaschutzkonzepte, Berlin: Deutsches Institut für Urbanistik, S. 27-40 (43).

Dazu müssen Schwerpunkte identifiziert, festgelegt und mit den anstehenden kommunalen Investitionsvorhaben abgeglichen werden.[388]

Die deutsche Industrie beschäftigt sich v.a. mit der großen Konkurrenz auf den Weltmärkten für mineralische und energetische Rohstoffe und dem damit verbundenen Preisdruck aufgrund massiv verteuerter Importe, der zu schwindender internationaler Wettbewerbsfähigkeit und auch zum Verlust von Arbeitsplätzen führen kann.[389]

4.1.2 Deutschlands Energiesicherheitsstrategie

Die aktuelle Energiestrategie der Bundesregierung ist das "Integrierte Energie- und Klimaprogramm" von 2007 und gleichzeitig das Maßnahmenprogramm, das die europäischen Richtungsentscheidungen zur Energiepolitik auf nationaler Ebene umsetzt.[390] Bestandteile des integrierten Energie- und Klimaprogramms sind die Aussagen der Regierungserklärung vom 26. April 2007[391] und die Ergebnisse des Energiegipfels vom 3. Juli 2007.[392] Darüber hinaus hatte die Bundesregierung im Rahmen ihrer EU-Ratspräsidentschaft und des deutschen G8-Vorsitzes im ersten Halbjahr 2007 Energiepolitik zu einem Top-Thema gemacht.[393]

Auf dem EU-Frühjahrsrat im März 2007 konnte erstmals die Klima- und Energiepolitik der Europäischen Union eng aufeinander abgestimmt werden. Der dort verabschiedete "Europäische Aktionsplan Energie" zielt zum einen auf die

---

[388] S. Hübner, Andreas/ Probst, Jörg (1995): Erarbeitung und Umsetzung von Energie- und Klimaschutzkonzepten durch einen Consulting-Unternehmen-Ansatz einer prozessbegleitenden und umsetzungsorientierten Beratung, in: Fischer, Annett/ Kallen, Carlo (Hg.): Erfolgsbedingungen für kommunale Energie- und Klimaschutzkonzepte, Berlin: Deutsches Institut für Urbanistik, S. 72-85 (79 f.).

[389] S. Grewe, Hartmut (2006): Energiesicherheit als strategisches Ziel: Anforderungen an eine Energieaußenpolitik, Reihe Analyse und Argumente aus der Konrad Adenauer Stiftung, Nr. 36/2006, Berlin: KAS, S. 1.

[390] Vgl. Bundesministerium für Umwelt, Naturschutz und Reaktorsicherheit (2007): Das Integrierte Energie- und Klimaprogramm der Bundesregierung, BMU: Berlin.

[391] Vgl. Regierungserklärung des Bundesministers für Umwelt, Naturschutz und Reaktorsicherheit, Sigmar Gabriel zur Klimapolitik der Bundesregierung nach den Beschlüssen des Europäischen Rates vor dem Deutschen Bundestag am 26. April 2007 in Berlin.

[392] Vgl. Bundesministerium für Wirtschaft und Technologie, Bundesministerium für Umwelt, Naturschutz und Reaktorsicherheit (2006): Energieversorgung für Deutschland Statusbericht für den Energiegipfel am 3. April 2006, Berlin: BMWi.

[393] Vgl. Bundesregierung (2007): Ein energiepolitisches Gesamtkonzept für Deutschland, http://www.bundesregierung.de/Content/DE/StatischeSeiten/Breg/ThemenAZ/Energiepolitik/energiepolitik-2006-07-31-ein-energiepolitisches-gesamtkonzept-fuer-deutschland.html (Zugriff 11.07.2010).

Gestaltung eines effizienten europäischen Binnenmarktes für Gas und Strom und zum anderen enthält er klare Leitvorgaben für eine wirksame Energiepolitik, bei der Europa gegenüber Drittstaaten mit einer gemeinsamen Stimme spricht.[394]
2007 wurden außerdem die zwischen der Bundesregierung und dem Bundesverband der Deutschen Industrie entwickelten "*Elemente einer Rohstoffstrategie für Deutschland*" veröffentlicht. Die Versorgung der deutschen Industrie mit Rohstoffen wird als ein wichtiger Standortfaktor angesehen. Dafür ist ein Handlungsrahmen für eine nachhaltige Rohstoffwirtschaft zu definieren und die Entwicklung von Lösungsvorschlägen für Problemfelder wie sparsame Ressourcennutzung, sichere Verfügbarkeit von Rohstoffen, Verringerung von Umweltschäden oder soziale und entwicklungspolitische Auswirkungen des Rohstoffabbaus zu antizipieren.[395]

Die wichtigsten Elemente einer Rohstoffstrategie für Deutschland sind:

- Ordnungspolitische Grundsätze der Rohstoffpolitik: Rohstoffversorgung wird in erster Linie als Aufgabe der Wirtschaftsunternehmen betrachtet. Aufgabe des Staates ist es, die politischen, rechtlichen und institutionellen Rahmenbedingungen für eine international wettbewerbsfähige Rohstoffversorgung zu setzen.
- Verbesserung der Vernetzung verschiedener Politikbereiche: Um die rohstoffpolitischen Fragestellungen Deutschlands effizient und zielgerichtet bearbeiten zu können, müssen verschiedene Politikbereiche, die sich mit Fragen der Rohstoffversorgung befassen, innerhalb der Bundesregierung gebündelt werden. Fragen sowohl der Rohstoffversorgungssicherheit, als auch die Schritte hin zu einer nachhaltigen Rohstoffwirtschaft in Deutschland werden mehr als bisher in einem ganzheitlichen politischen Zusammenhang gesehen.
- Abbau von Handelshemmnissen und Wettbewerbsverzerrung: Verschiedene Länder haben handelspolitische Maßnahmen (u.a. Exportzölle, Importvergünstigungen) ergriffen, die die jeweilige heimische Industrie begünstigen, aber auch den Wettbewerb verzerren. Da aber das nationale Handlungsinstrumentarium Deutschlands begrenzt ist, werden bi- und multilaterale Kontakte und die WTO die wesentlichen Instrumente sein, Handelsbeschränkungen politisch zu bekämpfen.
- Entwicklungspolitischer Rohstoffansatz: Im Rahmen der Entwicklungszusammenarbeit rücken rohstoffpolitische Fragen wie Bergbaupolitik, Umweltschutz, Rohstoffgewinnung und Lagerstättenexploration in den Vor-

---

[394] Vgl. ebd.
[395] Vgl. ebd.

dergrund. Angestrebt wird neben einer angebotsseitigen Verbesserung der Energieversorgung, die Rohstoffsektoren in Partnerländern im Sinne der Nachhaltigkeit und guten Regierungsführung zu gestalten und einen Beitrag zur Armutsminderung zu leisten.[396]

Während das Integrierte Energie- und Klimaprogramm der Bundesregierung von 2007 v.a. Klimaschutz- und Energieeffizienzfragen adressiert, soll das neue, für Herbst 2010 erwartete Energiekonzept der Bundesregierung, basierend auf ökonomischen Analysen, langfristige, strategische Leitlinien für eine saubere, zuverlässige und bezahlbare Energieversorgung bis 2050 festlegen. *"Denn wir müssen wissen, was bestimmte Entwicklungen konkret für Wirtschaft und Verbraucher bedeuten und wie man nationale Klimaschutzziele mit möglichst geringen gesamtwirtschaftlichen Kosten erreicht. Eines muss dabei klar sein: Wir machen in Deutschland kein Kernenergie- und auch kein Klimaschutzkonzept. Wir machen ein Energiekonzept."*[397]

Rohstoffsicherung in Deutschland ist Aufgabe der Wirtschaft. Die Bundesregierung sorgt für die erforderlichen Rahmenbedingungen für eine nachhaltige, international wettbewerbsfähige Rohstoffversorgung, indem sie mit einer kohärenten Rohstoffpolitik einen verbindlichen Rechtsrahmen schafft, staatliche, nicht-staatliche und private Expertise einbindet, Forschung und Entwicklung fördert, außenpolitische und außenwirtschaftliche Maßnahmen ergreift, eng mit Wirtschaft, Industrie und der Gesellschaft zusammenarbeitet.[398]

Dieses Verständnis wird auch in gesetzlichen Regelungen reflektiert. So gliedert sich deutsches Energierecht v.a. in das Energiewirtschaftsrecht, das Energiekartellrecht, das Energieverbraucherschutzrecht, das Energieumweltrecht

---

[396] Hierzu zählt insbesondere, rohstoffreiche Entwicklungsländer bei der Schaffung und Einhaltung verlässlicher und angemessener Rahmenbedingungen und kompetenter staatlicher Sektorinstitutionen, der Erstellung und Einhaltung von Umwelt- und Sozialstandards als auch Förderung von Transparenz und Rechenschaftspflicht bei Rohstoffgewinnung und -verarbeitung sowie der nachhaltigen Verwendung der Einnahmen zu unterstützen. Vgl. Bundesregierung (2007): Ein energiepolitisches Gesamtkonzept für Deutschland, http://www.bundesregierung.de/Content/DE/StatischeSeiten/Breg/ThemenAZ/Energiepolitik/energiepolitik-2006-07-31-ein-energiepolitisches-gesamtkonzept-fuer-deutschland.html (Zugriff 11.07.2010).

[397] Zitiert nach Brüderle, Rainer, Bundesministerium für Wirtschaft und Technologie (2010): Energiestrategie, Energieeffizienz, Versorgungssicherheit - Bundeswirtschaftsminister Brüderle trifft Kommissar Oettinger in Brüssel, Pressemitteilung, 31.05.2010, http://www.bmwi.de/BMWi/Navigation/Presse/pressemitteilungen,did=344376.html (Zugriff 11.07.2010).

[398] Vgl. Bundesministerium für Wirtschaft und Technologie (2010): Rohstoffpolitik, http://www.bmwi.de/BMWi/Navigation/Energie/rohstoffpolitik (Zugriff 06.04.2010).

und das Energiesicherheitsrecht.[399] Dabei ist das Energiewirtschaftsgesetz (EnWG) die übergeordnete Regelung zum Recht der leitungsgebundenen Energie. Ziel des EnWG ist, erstens eine möglichst sichere, preisgünstige, verbraucherfreundliche, effiziente und umweltverträgliche Versorgung der Allgemeinheit mit Strom und Gas, zweitens die Sicherstellung eines wirksamen und unverfälschten Wettbewerbs bei der Versorgung mit Elektrizität und Gas und der Sicherung eines langfristig angelegten leistungsfähigen und zuverlässigen Betriebs von Energieversorgungsnetzen und drittens die Umsetzung und Durchsetzung des Energierechts in der Europäischen Union.[400]

4.1.3 Deutschlands Energieportfolio und -optionen

Die Energiesicherheit Deutschlands hängt maßgeblich von seinem nationalen Energieportfolio ab. Energieversorgungssicherheit zielt prinzipiell auf eine interne wie externe Vergrößerung des Energieangebots. Das erfordert neben wirtschafts-, industrie- und technologie-, aber auch gesellschaftspolitischen Maßnahmen zunehmend auch die außenpolitische und außenwirtschaftliche Flankierung. Versorgungssicherheit im Energiesektor bedeutet in erster Linie Zukunftsvorsorge durch Exploration, Innovation, Forschung, Diversifizierung und technische Investitionen. In diesem Sinne sieht das Energieportfolio wie folgt aus:

Diversifizierung des Energieträgermixes
Die Diversifizierung des Energieträgermixes ist eine Maßnahme zur Verbesserung deutscher Energiesicherheit, die sich jedoch angesichts des energiepolitischen Zieldreiecks in Deutschland und der hohen Abhängigkeit von Russland zunehmend problematisch gestaltet.[401] Die Notwendigkeit der Diversifizierung beginnt beim Energieträgermix: Je kleiner der Energieträgermix, umso abhängiger ist Deutschland von den übrigen Energiequellen. Ziel der Diversifizierung

---

[399] Die gegenwärtig dynamischste Entwicklung nimmt das Energieumweltrecht, das die Förderung erneuerbarer Energien, den Emissionshandel und die Steigerung der Energieeffizienz zum Gegenstand hat. Wichtige Gesetze sind v.a. das Kraft-Wärme-Kopplungsgesetz, das Erneuerbare-Energien-Gesetz und das Gesetz zur Steigerung der Energieeffizienz.
[400] S. Bundesministeriumsder Justiz in Zusammenarbeit (2005): Gesetz über die Elektrizitäts- und Gasversorgung (Energiewirtschaftsgesetz – EnWG), § 1 Zweck des Gesetzes, S. 5.
[401] Der geplante Ausstieg aus der Kernenergie bis 2012 und auch der Baustopp neuer Kohlekraftwerke verstoßen gegen die Theorie der Diversifizierung. Der deutsche Kernenergieausstieg wird mit einer höheren Abhängigkeit von Gasimporten kompensiert. Gas gilt gegenüber Öl und Kohle als klimafreundlicher. Ein solches Denken geht allerdings zulasten der deutschen Versorgungssicherheit, da die Gasimportabhängigkeit von Russland und politisch instabilen Importländern weiter erhöht wird.

des Energieträgermixes sollte ein robuster Energiemix sein, d.h. ein effizientes Energieportfolio, das das Risiko von Versorgungsstörungen und -unterbrechungen unter verschiedensten Bedingungen minimiert. Auch wenn die Diversifizierung als Lenkungsmaßnahme sich aufgrund der verzögert einsetzenden Wirkung als schwer steuerbar erweist, gilt: Ein möglichst breit gefächerter Energiemix ist die beste Risikoversicherung gegen extreme Entwicklungen.

Diversifizierung der Energiebezugsquellen
Obwohl die deutsche Energieversorgung im Vergleich zu anderen Industrieländern gut diversifiziert ist, ist die Importabhängigkeit Deutschlands besonders von Russland hoch und wird, aufgrund der stetig steigenden Nachfrage, der Konzentration von Öl- und Gasressourcen auf teils instabile Regionen, der zunehmenden Politisierung der Märkte und des globalen Investitionsstaus in den Bereichen Förderung, Transport und Raffination, in Zukunft wahrscheinlich noch weiter steigen. Vorrangige Maßnahmen zur Diversifizierung der deutschen Energiebezugsquellen wären neben der Anbindung noch isolierter Energiemärkte, der Einrichtung eines südlichen Gaskorridors für die Versorgung mit Erdgas aus Quellen im kaspischen Raum und im Nahen Osten v.a. die vermehrte Nutzung von LNG, die Verbindung Deutschlands mit dem südlichen Mittelmeerraum über Strom- und Gasverbundleitungen, der Ausbau des Nord-Süd-Gas- und Stromverbunds mit Mittel- und Südeuropa und der Aufbau eines Verbunds der Elektrizitätsnetze in Nordwesteuropa zur verbesserten Windkraftnutzung in der Nordsee. Eine breite Diversifizierung der Energiebezugsquellen verringert die Importabhängigkeit. Eine Diversifizierung der Energiebezugsquellen kann darüber hinaus v.a. durch den Ausbau von Energiepartnerschaften mit Russland, Norwegen, Kaukasus, Zentralasien und Afrika erreicht werden.

Ausbau der Kernenergie
Der Ausbau der Kernenergie – v.a. eine Folge der Ölkrise 1973, der Störanfälligkeit von einer Vielzahl von Einflussfaktoren, Unvorbereitetheit und Abhängigkeit der modernen Industriestaaten von fossiler Energie – war ursprünglich eine Initiative, die v.a. eine größere Unabhängigkeit vom Öl zum Ziel hatte. Die Novellierung des Atomgesetzes von 2002 – das "Gesetz zur geordneten Beendigung der Kernenergienutzung zur gewerblichen Erzeugung von Elektrizität" – ändert das Atomgesetz von 1959: Statt der Förderung der Kernenergie soll diese bis 2021/22 geordnet beendet werden.[402] Zu den Kernpunkten der Gesetzesnovelle gehört das Verbot des Neubaus von kommerziellen Atomkraftwerken und

---

[402] Dabei herrschte in den fünfziger und sechziger Jahren, ausgelöst durch die "Atoms for Peace"-Rede des amerikanischen Präsidenten Eisenhower vor den Vereinten Nationen 1953, in Deutschland ein wahrer Atomenthusiasmus.

die Befristung der Regellaufzeit der bestehenden Kernkraftwerke auf durchschnittlich 32 Jahre seit Inbetriebnahme.[403] Der Koalitionsvertrag der schwarz-gelben Bundesregierung von 2009 sieht jedoch den "Ausstieg vom Ausstieg" aus der Kernenergie vor. Auf der einen Seite stehen die Fragen der grundsätzlichen Sicherheit von Atomkraftwerken (und die Gefahr des Austritts radioaktiver Substanzen in die Umwelt), der Uranimportabhängigkeit von Russland, der Entsorgung von Atommüll etc. Auf der anderen Seite stehen eine positive Energiebilanz, die Klimafreundlichkeit und die besonders hohe Sicherheit deutscher Atomkraftwerke gegenüber ausländischen Atomkraftwerken.[404] Kernenergie ist einer der wirtschaftlich verfügbaren Energieträger in Deutschland, der zur Reduzierung von Abhängigkeiten und Verhinderungen von Versorgungsengpässen von versorgungspolitischer Bedeutung ist.

Nutzung einheimischer Energiequellen
Ein Instrument zur Verbesserung deutscher Energiesicherheit ist die Forcierung einheimischer Energiequellen. Das hat zum einen den Vorteil, dass die Importabhängigkeit vom Ausland reduziert werden kann. Andererseits werden die heimischen Ressourcen rascher verbraucht, was wieder zu Importabhängigkeit in der Zukunft führt – vorausgesetzt, es werden keine alternativen, leistungsstarken Energiequellen entdeckt. 2007 tragen Steinkohle mit 16 Prozent, Erdöl mit drei Prozent und Erdgas mit 17 Prozent zur inländischen Energiebereitstellung bei.[405] Obwohl Wasserkraft (ca. 3,4 Prozent am deutschen Primärenergieverbrauch 2007)[406] und Windenergie (ca. 1,1 Prozent am deutschen Primärenergieverbrauch 2007)[407] bisher nur einen kleinen Anteil zur Primärenergiegewinnung in Deutschland leisten, hat sich ihr Beitrag seit 1990 fast vervierfacht. Die sonstigen Energieträger, die größtenteils erneuerbare Energieträger wie Biomasse, Solarenergie, Geothermie, aber auch z.B. Abfall beinhalten, sind im gleichen Zeitraum um das Sechsfache gestiegen und haben damit im Jahr 2007 einen Anteil von 21,8 Prozent an den heimischen Primärenergieträgern.[408]

---

[403] Weltweit gibt es 438 Reaktoren in 32 Ländern. Ihre Leistungskapazität liegt bei 371.000 Megawatt. Die Kernreaktoren konzentrieren sich auf die drei Haupt-Wirtschaftsregionen: Europa, Nordamerika, Fernost, d.h. Japan, Korea, China, Indien.

[404] Vgl. Baring, Arnulf (2009): Kernenergie Geschichte eines Realitätsverlusts, FAZ, 02.07.2009, http://www.faz.net/s/Rub0E9EEF84AC1E4A389A8DC6C23161FE44/Doc~EAD3C1D5168B74DC2A201DA0EAB23CB52~ATpl~Ecommon~Scontent.html (Zugriff 11.07.2010).

[405] S. Bundesanstalt für Geowissenschaften und Rohstoffe (2009): Energierohstoffe 2009, Hannover: BGR, S. 198 ff.

[406] Vgl. Bundesministerium für Umwelt, Naturschutz und Reaktorsicherheit (2010): Wasserkraft, http://www.erneuerbare-energien.de/inhalt/4644/ (Zugriff 17.07.2010).

[407] Vgl. ebd.

[408] Vgl. Bundesministerium für Wirtschaft und Technologie (2009), http://www.bmwi.de/BMWi/Navigation/Energie/energiestatistiken,did=177104.html (Zugriff 04.01.2010).

Strategische Bevorratung mit Erdöl, Erdölerzeugnissen und Erdgas
Die Bevorratung von Öl und Gas ist bei Weitem die schnellste und effizienteste Maßnahme, um eine mengenmäßige Versorgungskrise abzuwenden oder einer möglichen Gefahr vor einer solchen Krise zu begegnen. Durch die strategische Bevorratung von besonders Erdöl, Benzin, Heizöl und Erdöl-Zwischenprodukten werden in Deutschland Mindestvorräte an Öl für 90 Tage gesichert.[409] Das regeln das Energiewirtschaftsgesetz (EnWG) und das Erdölbevorratungsgesetz (Erdöl-BevG), die Richtlinien 2004/67/EG und 2006/67/EG der Europäischen Union und die Verpflichtung als Mitglied der Internationalen Energie-Agentur. Bei der Bevorratung mit Erdgas gibt es keine der Erdölbevorratung entsprechenden Regeln.[410] Allerdings existieren Pufferkapazitäten auf dem Gasmarkt. Diese sind jedoch nicht per Gesetz vorgeschrieben, sondern entstehen über tages- oder jahreszeitliche Schwankungen in Angebot und Nachfrage.[411]

Energieeinsparung und -effizienz
Energieeinsparung und -effizienz sind gezielte Lenkungsmaßnahmen, mit denen der heimische Energieverbrauch gesenkt werden soll. So dienen im Fall von Versorgungsunterbrechungen diese Lenkungsmaßnahmen dazu, den lebenswichtigen Bedarf an Energie zu gewährleisten.[412] Die Senkung des heimischen Energieverbrauchs erfolgt hauptsächlich über Energieeffizienz und Energieeinsparungen. Die Verringerung des Energiebedarfs durch den Verzicht auf bestimmte Leistungen, z.B. das Ausschalten von nicht genutzten Geräten, die Reduzierung der Gebäudeheizung in nicht genutzten Räumen oder der bewusste Verzicht auf das Automobil in bestimmten Situationen, verfügt über großes Energiesparpotenzial. Gleichzeitig erhöht die Steigerung der Effizienz, z.B. durch Wärmedämmung oder Energiesparlampen, die Ausnutzung der aufgewendeten Energie.[413] Beide Maßnahmen tragen wesentlich zur Senkung des Verbrauchs bei, was wiederum zu Versorgungssicherheit beiträgt, da insgesamt weniger Energie beschafft werden muss. Gezielte Lenkungsmaßnahmen könnten Verbote von

---

[409] Es ist davon auszugehen, dass der Gesamtvorrat an Öl- und Gasprodukten in Deutschland aber schon allein deshalb wesentlich höher ist, weil Verbraucher besonders im Heizölbereich vorlagern. Jedoch dürfen die national angelegten Vorräte nur in physischen Krisenfällen und nicht zur Preisbeeinflussung eingesetzt werden.
[410] S. International Energy Agency (2007): Natural Gas Market Review 2007, Security in a globalizing market to 2015, OECD: Paris, S. 254.
[411] S. Außenhandelsverband für Mineralöl und Energie e. V. (2008): Gasbevorratung in Deutschland, Hamburg: AFM+E, S. 8.
[412] Vgl. Bundesgesetz vom 21.10.1982 über Lenkungsmaßnahmen zur Sicherung der Energieversorgung (Energielenkungsgesetz 1982).
[413] Vgl. Gesetz über die Bevorratung mit Erdöl und Erdölerzeugnissen (Erdölbevorratungsgesetz - ErdölBevG) vom 25.07.1978.

Kraftfahrzeugen, Wasser- und Luftfahrzeugen mit Maschinenantrieb für bestimmte Zeiten, im ganzen Bundesgebiet oder in Teilen des Bundesgebietes oder Geschwindigkeitsbeschränkungen sein.

Energieforschung
Die Energieforschung in Deutschland unterstützt diese Zielsetzung und ist darauf gerichtet, die energiepolitischen Instrumente in ihrer Wirkung zu verstärken. Deutsche Energieforschung basiert auf Energieforschung in der EU, Energieforschung in der Internationalen Energieagentur sowie in multilateralen Initiativen zur Energieforschung; die programmatisch-inhaltliche Federführung liegt beim Bundesministerium für Wirtschaft und Technologie.[414] Die Ziele und Schwerpunkte deutscher Energieforschungspolitik und zugehörige Fördermechanismen sind im Energieforschungsprogramm festgelegt. Die Bundesregierung stellt in den Jahren 2008 bis 2011 im Rahmen der Energieforschung ca. 2,2 Mrd. Euro für die Förderung von Forschung und Entwicklung moderner Energietechnologien bereit und leistet damit einen Beitrag zur Modernisierung der deutschen Energieversorgung.[415] Es geht v.a. um Technologiefortschritte in den Bereichen Erneuerbare Energien und hier um die politische Förderung von Technologieentwicklungen im Bereich erneuerbarer Energien.[416] Planvolle und systematische Aktivitäten auf der Basis wissenschaftlicher Methoden sollen den Erwerb neuen Wissens ermöglichen, d.h. Forcierung der anwendungsorientierten Forschung.[417] Durch die Förderung und Zusammenführung heimischer Expertise rund um die deutsche Energiesicherheit soll allgemein die Wissensbasis verbessert werden.[418]

Zugangssicherung zu ausländischen Energiequellen
Zur Risikominimierung der Importabhängigkeit und zur Steigerung deutscher Energiesicherheit nutzt Deutschland das Instrument der Zugangssicherung zu

---

[414] Vgl. Bundesministerium für Wirtschaft und Technologie (2010): Energieforschung der Bundesregierung, http://www.bmwi.de/BMWi/Navigation/Energie/energieforschung,did=220084. html (Zugriff 06.08.2010).
[415] Vgl. ebd.
[416] Z.B. Moderne Kraftwerkstechnologien, Kraft-Wärme-Kopplung, Fernwärme, Brennstoffzelle, Wasserstoff, effiziente Stromnutzung, Speicher, energieoptimiertes Bauen, Energieeffizienz in Industrie, Gewerbe, Handel und Dienstleistungen.
[417] So hat die Bundesregierung am 14. Januar 2009 das zweite Konjunkturpaket „Pakt für Wachstum und Stabilität" beschlossen. Bestandteil dieses Pakets ist die Förderung anwendungsorientierter Forschung im Bereich Mobilität. Das BMU schafft einen neuen Forschungs- und Entwicklungsförderschwerpunkt „Intelligente Netze, erneuerbare Energien und Elektromobilität".
[418] Vgl. Bundesministerium für Forschung und Bildung (2008): Grundlagenforschung Energie 2020+, Berlin: BMBF.

ausländischen Energiequellen.[419] Das umfasst u.a. die staatliche Beteiligung im privaten Sektor, die direktere Unterstützung bei Gesprächsverhandlungen mit Dritten, die Verknüpfung von Entwicklungshilfeprojekten mit energiepolitischen Interessen, aber auch die Herbeiführung internationaler Stabilität und Freiheit.[420] Voraussetzung für den Erfolg solcher Vorhaben sind kohärente, inter- und intraministeriell-kooperative und die Privatwirtschaft integrierende Politikansätze sowie Transparenz. Das Instrument der pro-aktiven Akquisition gewinnt für Deutschland langsam an Attraktivität.[421]

Pro-aktive Akquisition
Die pro-aktive Akquisition beginnt mit einer Soll-Ist-Analyse einschließlich der Identifikation von Chancen und Risiken für neue mögliche Energieprojekte. Kern dieser Maßnahmen bilden internationale strategische Partnerschaften mit energiereichen Ländern, d.h. über bi- und multilaterale Partnerschaften sollen Energiezulieferungen aus dem Ausland sichergestellt werden. Die Absicherung dieser Maßnahmen erfolgt i.d.R. über Direktinvestitionen, d.h. eine strategische Investition in ausländische Energie-Projekte.

Teilnahme an internationalen Kooperations- und Partnerschaftsprogrammen
Durch die Teilnahme an internationalen Kooperations- und Partnerschaftsprogrammen stärkt Deutschland seine bilateralen und multilateralen Partnerschaften zu für Deutschland energierelevanten Ländern. Die Partnerschaft mit den Entwicklungs- und Schwellenländern hat das Potenzial, die Entwicklungschancen der armen Länder zu verbessern, zur Verringerung der Armut weltweit beizutragen, indem durch materiell staatliche Unterstützung zur ökonomischen, sozialen und politischen Entwicklung von Entwicklungs- und Schwellenländern beigetragen wird. Die Unterstützung und Förderung guter Regierungsführung öffentlicher Angelegenheiten, gutes Management öffentlicher Ressourcen sowie die Einhaltung sozialer und wirtschaftlicher Standards in diesen Ländern fördert die internationale Kooperationskultur, was wiederum Voraussetzungen schafft für die Zugangssicherung zu ausländischen Energiequellen.

---

[419] Im Weißbuch zur Sicherheitspolitik Deutschlands und zur Zukunft der Bundeswehr 2006 der Bundesregierung explizit erwähnt.
[420] Die Einsätze der Bundeswehr bei ISAF in Afghanistan seit 2001, Artemis in der DR Kongo 2004, UNMIS im Südsudan 2005 sind zwar in erster Linie sicherheitspolitische Maßnahmen, dienen jedoch langfristig über die Herstellung internationaler Stabilität auch der Zugangssicherung zu Energierohstoffen.
[421] Vgl. Deutsche Bundesbank (2010): Direktinvestitionen laut Zahlungsbilanzstatistik für die Berichtsjahre 2006 bis 2009, Berlin: BMWi.

Abbau von Handelshemmnissen
Da deutsche Unternehmen am internationalen Rohstoffmarkt die gleichen Voraussetzungen antreffen sollen wie ihre Mitbewerber, wird das Netz der deutschen Auslandsvertretungen der Bundesregierung – im Rahmen der Außenwirtschaftsförderung – für die Unterstützung nationaler Wirtschaftsinteressen genutzt. Darüber hinaus nutzt Deutschland seine bilaterale Verhältnis zu rohstoffexportierenden und -explorierenden Staaten für den Abbau von Handelshemmnissen und Wettbewerbsverzerrungen sowie für die Verbesserung von Transparenz im Rohstoffsektor. Im Rahmen dieser Beziehungen kann auch die Wichtigkeit der Einhaltung internationaler Standards bei der Rohstoffgewinnung betont werden, was wiederum langfristig zur Wahrung der Menschenrechte, Demokratisierung, Vermeidung von Umweltschäden und "Good Governance" beiträgt.

Energiesicherheits- und -außenpolitik
Das Spannungsverhältnis der wachsenden Abhängigkeit von Importen fossiler Energieträger, der Verknappung dieser Energieträger und der gleichzeitig steigenden Konkurrenz um diese Güter erfordert eine ganzheitliche nationale und europäische Energieaußen- und -sicherheitspolitik. Der Auf- und Ausbau guter politischer Beziehungen mit Energieproduzenten und -lieferländern zur Schaffung stabiler außenpolitischer Beziehungen und eines für Wirtschaft und Industrie freundlichen Investitionsklimas sind wichtige Instrumente einer ganzheitlichen deutschen Energiesicherheits- und -außenpolitik. Das umfasst neben der Stärkung des politischen Engagements mit Partnern und Verbündeten und der Anerkennung geopolitischer Realitäten auch eine aktive Stabilisierungs- und Friedenspolitik in Krisengebieten wie dem Mittleren Osten.[422] Deutschland steht vor der Herausforderung, künftig verstärkt regional und global zu kooperieren, um eine nachhaltige Energiepolitik gewährleisten zu können. Das Auswärtige Amt hat daher die Aufgabe, die Bezugsquellen zu sichern und zu diversifizieren, den Dialog mit Liefer-, Transit- und den großen Verbraucherländern zu führen, vor allem mit den neuen Industriestaaten auszubauen, für die Einhaltung der internationalen Umwelt- und Klimaschutzabkommen einzutreten und den wirtschaftlichen und wissenschaftlichen Know-how-Transfer deutscher Unternehmen und Forschungseinrichtungen in Partnerländer zu fördern.[423]

---

[422] S. Lee, Julian (1999): International Energy Security: Prospects and Problems, in: Krause, Joachim/ May, Bernhard/ Niemann, Ulrich (Hg.): Asia, Europe and the Challenge of Globalisation, Lecture from the first ASEF-Summer School 1998, Singapore: ASEF-Summer School, S. 165-186 (165).

[423] Vgl. Auswärtiges Amt (2009): Energiesicherheit, http://www.auswaertiges-amt.de/diplo/de/ Aussenpolitik/Themen/EnergieKlima/Energiepolitik.html (Zugriff 12.07.2010).

4.1.4 Schutz kritischer Energieinfrastrukturen

Störungen und Ausfälle in der Energieversorgung können erhebliche volkswirtschaftliche Schäden nach sich ziehen und weite Teile der Bevölkerung unmittelbar betreffen. Der Schutz von Einrichtungen mit wichtiger Bedeutung für das staatliche Gemeinwesen (kritische Infrastrukturen), bei deren Ausfall oder Beeinträchtigung nachhaltig wirkende Versorgungsengpässe, erhebliche Störungen der öffentlichen Sicherheit oder andere dramatische Folgen eintreten würden, ist daher eine wichtige Aufgabe vorsorgender Sicherheitspolitik.[424] Gezielte Störungen von Infrastrukturen können eine Kettenreaktion von Störungen auch in anderen Bereichen auslösen.

Der Schutz kritischer Energieinfrastrukturen richtet sich daher gegen jegliche Form der Bedrohung: natürlich (extreme Wetterlagen)[425] technisch[426] oder man-made[427]. Primäres Ziel ist es, die kritischen Energieinfrastrukturen präventiv und effektiv vor Risiken zu schützen und mögliche Schäden zu minimieren bzw. zu vermeiden. Die "Nationale Strategie zum Schutz Kritischer Infrastrukturen" 2009 fasst die Zielvorstellungen und den politisch-strategischen Ansatz der Bundesregierung in diesem Aufgabenbereich zusammen:

- Anpassung des Schutzniveaus für Kritische Infrastrukturen in Deutschland durch geeignete und abgestimmte Maßnahmen im Hinblick auf vorhandene und zu erwartende Gefahren.

---

[424] Vgl. Bundesministerium des Innern (2009): Schutz Kritischer Infrastrukturen – Moderne Gesellschaften sind auf eine zuverlässige Infrastruktur angewiesen, http://www.bmi.bund.de/DE/ Themen/Sicherheit/BevoelkerungKrisen/Kritis/kritis.html (Zugriff 11.07.2010).

[425] So verursachte ein Schneechaos am 26. und 27. November 2005 im Münsterland, Tecklenburger Land, Ruhrgebiet, Osnabrücker Land, Bergischen Land und südlichen Emsland neben 82 umgestürzten Strommasten einen viertägigen Stromausfall, von dem 250.000 Menschen in 25 Gemeinden betroffen waren.

[426] Ausgangspunkt des Stromausfalls am 6. November 2006 war eine Hochspannungsleitung im Emsland, die durch den Energieerzeuger E.ON abgeschaltet wurde. In Deutschland waren über eine Million Menschen in Nordrhein-Westfalen, Bayern und Hessen ohne Strom. In Frankreich waren es ca. fünf Millionen. Zu diesem großen Stromausfall haben darüber hinaus wahrscheinlich die ungleiche Verteilung im Netz – in Westeuropa zu wenig, in Osteuropa zu viel Energie im Netz – und die spontane zu hohe Einspeisung von Windenergie geführt. Vgl. Focus Online (2006): Stromausfall. E.ON nimmt Schuld auf sich, Focus Online, 06.11.2006, http://www.focus.de/finanzen/news/stromausfall_aid_118690.html (Zugriff 09.07.2010).

[427] Besonders verletzliche Punkte der Energieversorgung sind bevorzugtes Ziel krimineller oder auch terroristischer Angriffe bzw. Sabotageakte. Gezielte Mehrfachanschläge auf die Energieversorgung Deutschlands können für längere Zeit zu Versorgungsengpässen oder gar - ausfällen und damit zu schweren volkswirtschaftlichen Schäden führen.

- Erkennung von Risiken im Vorfeld sowie Vermeidung gravierender Störungen und Ausfälle bzw. Beschränkung der Auswirkungen auf ein Mindestmaß.
- Minimierung der Folgen von Störungen und Ausfällen durch Notfallmanagement, Redundanzen und Selbsthilfekapazitäten.
- Fortschreibung der Gefährdungsanalysen sowie Analysen von Störfällen zur Verbesserung der Schutzstandards.

Die Nationale Strategie zum Schutz Kritischer Infrastrukturen stellt den konzeptionellen Rahmen zum Schutz der für die Versorgung von Staat, Wirtschaft und Gesellschaft zentralen Versorgungs- und Dienstleistungseinrichtungen.

Die Abwendung dieser Gefahren erfordert gemeinsame Schutzkonzepte von Staat und Betreibern der Infrastruktureinrichtungen – in Deutschland befinden sich etwa vier Fünftel der so genannten Kritischen Infrastrukturen in privatwirtschaftlicher Verantwortung. Das Bundesamt für Bevölkerungsschutz und Katastrophenhilfe (BBK),[428] das Bundeskriminalamt (BKA) und das Bundesministerium des Innern haben 2005 ein *Basisschutzkonzept* erarbeitet, das potenzielle Gefährdungen analysiert und entsprechend bauliche, organisatorische, personelle und technische Schutzvorkehrungen empfiehlt.[429]

Die Empfehlungen des Basisschutzkonzeptes bilden die Grundlage für den 2008 veröffentlichten Leitfaden "Schutz Kritischer Infrastrukturen – Risiko- und Krisenmanagement" für Unternehmen und Behörden, der Betreiber kritischer Infrastrukturen beim Aufbau und der Weiterentwicklung des jeweiligen Risiko- und Krisenmanagements unterstützen soll. Er stellt Methoden zur Umsetzung eines Risiko- und Krisenmanagements dar und ergänzt diese um Handreichungen in Form von Analogien, Beispielen und Checklisten.[430] Neben diesen Basisschutzmaßnahmen, d.h. bauliche und technische Härtung, sind allerdings auch spezielle Schutzvorkehrungen im virtuell-kommunikativen Raum zu treffen.[431]

---

[428] Das BBK wurde als Reaktion auf die veränderte Sicherheitslage wurde im Mai 2004 errichtet. Das BBK arbeitet intensiv an umfassenden Schutzkonzepten auf dem Gebiet Kritischer Infrastrukturen. Zu seinen konzeptionellen Aufgaben gehören u.a. Gefährdungs- und Risikoanalysen.

[429] Vgl. Bundesministerium des Innern (2005): Schutz Kritischer Infrastrukturen – Basisschutzkonzept, Berlin: BMI.

[430] Vgl. Bundesministerium des Innern (2008): Leitfaden zum Schutz Kritischer Infrastrukturen – Risiko- und Krisenmanagement, Berlin: BMI.

[431] Besonders kritisch IT-abhängig sind die Steuerung und Regelung der Energieerzeugereinrichtungen, die Steuerung und Regelung von Einrichtungen der Energieübertragung und die Steuerung und Regelung der Energieverteilung. Vgl. Bundesamt für Sicherheit in der Informationstechnik (2010): Abhängigkeitsverhältnis zwischen IT-Technik und Energie, https://www.bsi.bund.de/cln_165/ContentBSI/Themen/Kritis/Einfuehrung/Kritissektoren/erlaeuterungen.html#Energie (Zugriff 11.07.2010).

Die Bundesoberbehörde im Geschäftsbereich des BMI nimmt gemeinsam mit der Bundesanstalt Technisches Hilfswerk (THW) – die Zivil- und Katastrophenschutzorganisation des Bundes – Aufgaben der zivilen Sicherheitsvorsorge wahr. Das THW leistet den nicht-militärischen Schutz der Zivilbevölkerung vor Kriegseinwirkungen und deren Beseitigung. Das BKA steht mit den Betreibern der Infrastruktureinrichtungen in einem engen Informationsaustausch über die Gefährdungsbewertung im Bereich der politisch motivierten Kriminalität. Sowohl über die Gefährdungslage als auch über konkrete Gefährdungshinweise zu einzelnen Objekten werden die Betreiber informiert, damit die Sicherheitsmaßnahmen entsprechend angepasst werden können. Im Bereich der Luft-, See- und Bahnsicherheit sind spezielle Rahmenpläne bzw. Vereinbarungen zwischen den Sicherheitsbehörden und den Betreibern geschlossen, die detaillierte Absprachen über Informationswege und einzuleitende Schutzmaßnahmen bei Veränderungen der Gefährdungslage festlegen.[432]

Da Störungen, Ausfälle und Engpässe trotz aller Planungen nicht gänzlich ausgeschlossen werden können, muss die Bundesrepublik für eben diese Fälle gerüstet sein. Dazu bedarf es entsprechender Notfallpläne und -maßnahmen. Das BBK empfiehlt hierzu v.a. wichtige Einrichtungen des öffentlichen Lebens und Unternehmen auf Konsequenzen möglicher Energieversorgungsunterbrechungen hin zu untersuchen und technisch-organisatorisch darauf auszurichten.

Der Schutz kritischer Energieinfrastruktur berührt neben binnenländischen Aspekten v.a. auch regionale und internationale Aspekte. Grenzüberschreitende Transport- und Versorgungssysteme sowie Importe unverzichtbarer Primärenergieträger über mehrere Länder oder auch Wetterextreme stellen komplexe Teilprobleme für die Sicherung der nationalen Energieversorgung dar. Da die deutschen Infrastrukturen größtenteils privatwirtschaftlich betrieben werden, sollte auch ein Teil der Verantwortung und Sicherung der nationalen Energieversorgung bei den verantwortlichen Unternehmen liegen.

---

[432] Vgl. Bundesministerium des Innern (2009): Schutz Kritischer Infrastrukturen – Moderne Gesellschaften sind auf eine zuverlässige Infrastruktur angewiesen, http://www.bmi.bund.de/ DE/Themen/Sicherheit/BevoelkerungKrisen/Kritis/kritis.html (Zugriff 11.07.2010).

Die Energieinfrastruktur in Deutschland kann in folgende drei Bereiche unterschieden werden:[433]

Elektrizität	Gas	Mineralöl
• Erzeugungsanlagen • Übertragungs- und Transportleitungen • Steuereinrichtungen: z.B. Leitwarten • Verteilknoten: Umspannwerke, Netzstationen	• Produktionsanlagen (Förderung und Aufbereitung) • Rohrleitungen • Verdichterstationen • Speicher • Druckreduzierungsstationen • Übergabepunkte	• Produktionsanlagen (Förderung und Aufbereitung) • Rohölleitungen • Produktleitungen • Verarbeitungsanlagen (Raffinerien) • Tanklager (mit EBV 90 Tage und Raffinerien zur Zwischenlagerung)

Tab. 1: Energieinfrastrukturbereiche

Was bei der Debatte um den Schutz kritischer Energieinfrastrukturen bislang vollkommen fehlt, ist die systemische Einbeziehung der Bundeswehr bei einer möglichen Versorgungskrise. Bislang gibt es lediglich im Weißbuch 2006 zur Sicherheitspolitik Deutschlands und zur Zukunft der Bundeswehr einen Bezug: *"Deutschland, dessen wirtschaftlicher Wohlstand vom Zugang zu Rohstoffen, Waren und Ideen abhängt, hat ein elementares Interesse an einem friedlichen Wettbewerb der Gedanken, an einem offenen Welthandelssystem und freien Transportwegen."*[434] Weiter heißt es, dass *"darüber hinaus die Sicherheit der Energieinfrastruktur gewährleistet werden [muss]."*[435] Der Auftrag der Bundeswehr ist Teil der gesamtstaatlichen Sicherheitsvorsorge. Das bedeutet, dass die Bundeswehr als Instrument einer umfassend angelegten, vorausschauenden Sicherheits- und Verteidigungspolitik die außenpolitische Handlungsfähigkeit sichert, einen Beitrag zur Stabilität im europäischen und globalen Rahmen leistet, für die nationale Sicherheit und Verteidigung sorgt und zur Verteidigung der Verbündeten beiträgt. Der Schutz der Bevölkerung und der Infrastruktur gehört

---

[433] Die deutsche Energieinfrastruktur sollte jedoch nicht für sich allein, sondern vielmehr im Kontext weiterer kritischer Infrastrukturen betrachtet werden. Kritische Energieinfrastrukturen stellen eine unverzichtbare technische Basisinfrastruktur dar. Laue, Peter (2009): Die kritische Infrastruktur Energieversorgung, auf der Konferenz „Public Private Security: Schutz Kritischer Infrastrukturen" in Berlin vom 21. bis 22. März 2009.

[434] S. Bundesregierung (2006): Weißbuch 2006 zur Sicherheitspolitik Deutschlands und zur Zukunft der Bundeswehr, BMVg: Berlin, S. 19.

[435] S. ebd., S. 22.

untrennbar dazu.[436] Dies sollte sich in entsprechenden Plänen und Konzepten reflektieren.

4.2 Energieversorgung in der EU

Mit dem Grünbuch *Eine europäische Strategie für nachhaltige, wettbewerbsfähige und sichere Energie* begann 2006 erstmals eine europäische Debatte über die strategische Ausrichtung der europäischen Energiepolitik. 2007 veröffentlichte die Europäische Kommission den *Strategic Energy Review*.[437] Diese energie- und sicherheitspolitischen Maßnahmen passen sich in den Rechtsrahmen der EU ein und sind Teil einer europäischen Energiestrategie.

4.2.1 Anfänge europäischer Energiepolitik

Die Europäische Union beschäftigt sich bereits mit dem Vertrag über die Europäische Gemeinschaft für Kohle und Stahl (EGKS) 1951 und dem Vertrag über die Europäische Atomgemeinschaft (EURATOM) 1957 mit Energiepolitik und dehnt besonders seit der letzten Dekade ihre energiepolitischen Maßnahmen zunehmend aus. So lagen die energiepolitischen Kompetenzen zunächst bei den Einzelstaaten und gingen erst mit dem Inkrafttreten des Lissabon Vertrages in einen eigenständigen Zielkatalog für eine gemeinsame europäische Energiepolitik über.

Die Maßnahmen vor dem Lissabon Vertrag waren von den "*geteilten Zuständigkeiten*" der EU aus anderen Politikbereichen getragen und haben bisher lediglich zu einer fragmentierten und unübersichtlichen Struktur der europäischen Energiebinnenmarktkompetenzen geführt. Weder in den Römischen Verträgen 1957 noch in den Verträgen von Maastricht 1992, Amsterdam 1997 oder Nizza 2001 sind energiepolitische Kompetenzen der EU verankert. Die EU konnte, bis auf abgeleitete Zuständigkeiten aus anderen Kompetenzgebieten (Umwelt, Binnenmärkte etc.), nur subsidiär handeln. Lediglich in Angelegenheiten der Kernenergie (durch den Euratom-Vertrag) hatte die EU eine eindeutige Energiezuständigkeit.

---

[436] Vgl. Bundeswehr (2010): Auftrag und Aufgaben, BMVG, http://www.bundeswehr.de/portal/a/bwde/kcxml/04_Sj9SPykssy0xPLMnMz0vM0Y_QjzKL d443DnQHSYGZASH6kTC xoJRUfW99X4_83FT9AP2C3IhyR0dFRQCsXOUq/delta/base64xml/L2dJQSEvUUt3QS80S VVFLzZfQ180RUI!?yw_contentURL=/C1256EF4002AED30/N264HLH9072MMISDE/content.jsp (Zugriff 11.07.2010).

[437] S. Europäische Kommission (2007): Eine Energiepolitik für Europa, Brüssel: EU, S. 13

Energiepolitik ist aufgrund ihres großen Potenzials hinsichtlich der Wettbewerbsfähigkeit, aber auch wegen der sicherheits- und ordnungspolitischen Möglichkeiten ein Politikfeld eminenter nationaler Interessen. Gemäß Art. 5 Abs. 1 und 2 EGV unterlag es bis 1. Dezember 2009 dem Subsidiaritätsprinzip. Die EU-Mitgliedstaaten hielten sich somit die Möglichkeit offen, Energiepolitik gemäß ihren eigenen nationalen Präferenzen zu gestalten.[438] Die Aktivitäten einer europäischen Zielsetzung bei der Ausrichtung energiepolitischer Maßnahmen der Europäischen Kommission konzentrierten sich auf die erste Säule der Unionspolitik.[439] Im Bereich der begrenzten Einzelermächtigung konnte die Europäische Kommission anhand eines genau umrissenen Politikfeldes bzw. einer umfassenden Zielbeschreibung Aufgaben übernehmen. Die Zielbeschreibungen im Bereich Energiepolitik beziehen sich jedoch hauptsächlich auf die Politikfelder "*Gemeinsamer Markt*" und "*Umweltpolitik*".[440]

Im Vordergrund der Initiativen der ersten Liberalisierungsrichtlinie für Strom 1996, der für Gas 1998 und der zwei Binnenmarkt-Beschleunigungsrichtlinien 2003 stehen erstens die Trennung der Energieproduktion von den Übertragungs- bzw. Fernleitungsnetzen, zweitens eine Ausweitung der Befugnisse der nationalen Regulierungsbehörden sowie drittens ein Ausbau der Interkonnektoren.[441] Die Debatte um Versorgungssicherheit im Sinne einer Ausfallsicherheit etwa im Bereich der Stromversorgung hat besonders bzgl. der Initiative zur Trennung der Energieproduktion von den Übertragungs- bzw. Fernleitungsnetzen neuen Aufschwung erfahren, denn es kam zu einer Verkaufswelle von Hochspannungsnetzen seitens der Energieproduzenten mit der Befürchtung der Abhängigkeit von ausländischen Finanzinvestoren (*Heuschrecken-Debatte*).[442] Zwar sind die privatwirtschaftlichen Energieversorgungsunternehmen (in Deutschland) gesetzlich verpflichtet, ein sicheres, zuverlässiges und leistungsfähiges Versorgungsnetz zur Verfügung zu stellen, jedoch wird die Einhaltung der Anforderungen, aus Angst vor Ausfällen, von Verbänden auf

---

[438] S. McGowan, Francis (1994): EC energy policy, in: El-Agraa, Ali (Hg.): The economics of the European Community, New York: Harvester Wheatsheaf, S. 266.
[439] S. Eickhof, Norbert/ Holzer, Verena L. (2004): Energiepolitische Kompetenzen in der Europäischen Union, Wirtschaftsdienst 84. Jg., Heft 7, Juli 2004, S. 444.
[440] S. Homeyer, Ingmar von (2002): The Impact of Enlargement on EU Environmental Governance, Intereconomics, Volume 37, Number 6, November 2002, S. 293.
[441] Vgl. Geden, Oliver (2009): Gasversorgungssicherheit in der Europäischen Union – mehr Eigenvorsorge, weniger Energieaußenpolitik?, Energiewirtschaftliche Tagesfragen, 59. Jg., Heft 12, S. 2-4 (2).
[442] Vgl. Wetzel, Daniel (2008): Angst vor Heuschrecken im Stromnetz, Die Welt Online, 12.03.2008, http://www.welt.de/wams_print/article1746441/Angst_vor_Heuschrecken_im_ Stromnetz.html (Zugriff 10.01.2010).

Basis des Energiewirtschaftsgesetzes und von staatlicher Seite durch die Bundesnetzagentur überwacht.[443]

4.2.2 Der Vertrag von Lissabon

Der Vertrag über die Arbeitsweise der Europäischen Union (= der ehemalige EGV), der am 13. Dezember 2007 unterzeichnet wurde und am 1. Dezember 2010 in Kraft trat, enthält ein gesondertes Energie-Kapitel (Titel XXI Art. 194). Mit dem Lissabon Vertrag hat eine Kompetenzverteilung im Bereich der Energiepolitik stattgefunden. Danach fallen einige Bereiche der Energiepolitik künftig in die geteilte Zuständigkeit. Laut Absatz 1 verfolgt die Energiepolitik der Union "im Geiste der Solidarität zwischen den Mitgliedstaaten folgende Ziele:

- Sicherstellung des Funktionierens des Energiemarkts
- Gewährleistung der Energieversorgungssicherheit in der Union
- Förderung der Energieeffizienz und von Energieeinsparungen sowie Entwicklung neuer und erneuerbarer Energiequellen und
- Förderung der Interkonnektion der Energienetze."

Mit dem Lissabon Vertrag hat eine Kompetenzverteilung im Bereich der Energiepolitik stattgefunden, d.h., die Zuständigkeit liegt nicht länger exklusiv bei den Mitgliedstaaten. Dennoch belässt der Vertrag von Lissabon jedem Mitgliedstaat das Recht, "die Bedingungen für die Nutzung seiner Energieressourcen, seine Wahl zwischen verschiedenen Energiequellen und die allgemeine Struktur seiner Energieversorgung zu bestimmen" (Art. 194 Abs. 2 UAbs. 2). Energiepolitische Maßnahmen nach Art. 176A werden künftig im Verfahren der Mitentscheidung mit dem Parlament erlassen, doch ist in einigen Fällen, so beispielsweise bei Maßnahmen steuerlicher Art oder bei Maßnahmen nach Art. 194 Abs. 2, weiterhin Einstimmigkeit im Rat erforderlich.

Neben technischen Aspekten wird sich die Europäische Kommission künftig vermehrt sicherheitspolitischen Aspekten des Energiethemas widmen müssen. Dies liegt auch im expliziten deutschen Interesse. Für den Wirtschaftsstandort Deutschland ist der Faktor Sicherheit ein Standortvorteil von maßgeblicher Bedeutung. Deutschland kann diesen Standortvorteil nur aufrechterhalten, wenn es im Rahmen eines europäischen Energiebinnenmarktes eine ganzheitliche Betrachtung sowie ein koordiniertes Risiko- und Krisenmanagement durchsetzt.

---

[443] S. Bundesministerium des Innern (2009): Nationale Strategie zum Schutz Kritischer Infrastrukturen (KRITIS-Strategie), Berlin: BMI, S. 4.

Das schließt zum einen die geopolitisch-strategische Energieversorgungssicherheit mit all ihren sicherheitspolitischen Implikationen ein wie auch den umfassenden Schutz kritischer Energieinfrastrukturen in einem einheitlichen europäischen Vorgehen.

4.2.3 Energiepolitik der Europäischen Union

Die Energiepolitik der Europäischen Union zielt auf eine sparsam mit Energie umgehende Wirtschaft und eine gesicherte, wettbewerbsfähige und nachhaltige Energieversorgung. Voraussetzung dafür sind das reibungslose Funktionieren des Energiebinnenmarkts, die strategische Versorgungssicherheit, eine konkrete Reduzierung der Treibhausgasemissionen sowie ein geschlossenes Auftreten der EU auf der internationalen Bühne.[444] Hauptziel europäischer Energiepolitik ist eine ganzheitliche Betrachtung der politischen Komponenten und Maßnahmen, d.h. Kohärenz.[445] Energiepolitische Belange spiegeln sich in vielen verschiedenen Politikbereichen wider. Dabei wird besonders die soziale Dimension der europäischen Energiepolitik in allen Phasen der Planung und Umsetzung der einzelnen Maßnahmen betont. Darüber hinaus verfolgt die Europäische Kommission die Gründung einer internationalen Allianz der Industriestaaten zur Erreichung der supra- und internationalen Energieziele.[446] Eine gemeinsame energiepolitische Strategie sowie ein Aktionsplan zur europäischen Energiepolitik sind die ersten Schritte dort hin.[447] Die strategischen Ziele der Europäischen Kommission und ihr Aktionsplan bilden den Kern der neuen europäischen Energiepolitik, welche, ähnlich wie die deutsche Energiepolitik, auf drei langfristige Ziele ausgerichtet ist:

1. Nachhaltigkeit: (a) Entwicklung wettbewerbsfähiger erneuerbarer Energiequellen und anderer Energiequellen und Energieträger mit niedrigem CO_2-Ausstoß, vor allem alternativer Kraftstoffe, (b) Begrenzung der Energienachfrage in Europa und (c) führende Rolle bei den weltweiten Anstrengungen zur Eindämmung des Klimawandels und zur Verbesserung der örtlichen Luftqualität.
2. Wettbewerbsfähigkeit: (a) Sicherstellen, dass die Energiemarktöffnung den Verbrauchern und der Wirtschaft insgesamt Vorteile bringt und gleichzeitig

---

[444] S. Europäische Kommission (2007): Eine Energiepolitik für Europa, Brüssel: EU, S. 1.
[445] S. ebd., S. 7.
[446] Senkung der globalen Treibhausgasemissionen um 30 Prozent bis 2020 und Reduzierung der Treibhausgasemissionen der EU um 20 Prozent bis 2020.
[447] S. Europäische Kommission (2007): Eine Energiepolitik für Europa, Brüssel: EU, S. 6.

Förderung von Investitionen in die umweltfreundliche Energieerzeugung und in Energieeffizienz, (b) Begrenzung der Auswirkungen höherer internationaler Energiepreise auf Wirtschaft und Bürger in der EU und (c) Beibehaltung der europäischen Führungsposition im Bereich der Energietechnologien.

3. Versorgungssicherheit: Lösungen für die steigende Abhängigkeit der EU von Energieimporten durch (a) einen integrierten Ansatz – Verringerung der Nachfrage, Diversifizierung des Energieträgermixes in der EU durch eine vermehrte Nutzung wettbewerbsfähiger einheimischer und erneuerbarer Energien und Diversifizierung der Energieeinfuhrquellen und der -importwege, (b) die Schaffung eines Rahmens, der angemessene Investitionen zur Bewältigung der wachsenden Energienachfrage fördert, (c) eine bessere Ausstattung der EU mit Mitteln für die Bewältigung von Notfällen, (d) die Verbesserung der Bedingungen für europäische Unternehmen, die Zugang zu globalen Ressourcen haben wollen, und (e) die Gewährleistung, dass alle Bürger und Unternehmen Zugang zu Energie haben.[448]

Mit *The Raw Materials Initiative – Meeting Our Critical Needs for Growth and Jobs in Europe* erkennt die Europäische Kommission an, dass "*raw materials are essential for the sustainable functioning of modern societies. Access to and affordability of mineral raw materials are crucial for the sound functioning of the EU's economy.*"[449] Darin stellt die Europäische Kommission des Weiteren fest, dass die Herausforderungen einer langfristigen Energierohstoffsicherung vielfältig, komplex und zusammenhängend sind. "*These challenges are likely to persist, or even increase.*" Die Initiative der Europäischen Kommission konstatiert, dass sich die EU fundamentalen Veränderungen auf dem globalen Energierohstoffmarkt gegenübersieht, signifikant in Angelegenheiten der Verfügbarkeit und Preisentwicklung; darüber hinaus liegt eine besondere Gefahr in der Dysfunktionalität globaler Energiemärkte.[450]

Eine präventive Erdöl- und/oder Erdgassicherungspolitik auf europäischer Ebene gibt es bisher nicht. Jedoch hat die EU seit 2000 zahlreiche Initiativen auf den Weg gebracht, die einen Beitrag zu Europas Energiesicherheit leisten.

Im Grünbuch *Hin zu einer europäischen Strategie für Energieversorgungssicherheit* 2000 der EU-Kommission wird postuliert, dass Energieträger fortlau-

---

[448] S. Europäische Kommission (2006): Grünbuch: Eine europäische Strategie für nachhaltige, wettbewerbsfähige und sichere Energie, Brüssel: EU, S. 20 f.

[449] S. Commission of the European Communities (2008): Communication from the Commission to the European Parliament and the Council. The Raw Materials Initiative – Meeting Our Critical Needs for Growth and Jobs in Europe, Brussels: EC, S. 2.

[450] S. ebd., S. 4.

fend und zu für alle Verbraucher erschwinglichen Preisen auf dem Markt zur Verfügung stehen, ohne dass Umwelterwägungen und das Ziel einer nachhaltigen Entwicklung in den Hintergrund gedrängt werden. Ziel ist – nicht ein Höchstmaß an Energieautarkie – die mit der Importabhängigkeit verbundenen Risiken zu mildern.

Im Grünbuch *Eine europäische Strategie für nachhaltige, wettbewerbsfähige und sichere Energie* 2006 der EU-Kommission sind sechs zentrale Bereiche europäischer Energiesicherheit festgelegt:[451]

- Wettbewerbsfähiger Energiebinnenmarkt,
- Solidarität,
- Diversifizierung des Energieträgermix,
- nachhaltige Entwicklung im Klimaschutz,
- Innovation und Technologie und
- Außenpolitik.

Jeder dieser sechs Bereiche ist wesentlich für die langfristige Gewährleistung von Energiesicherheit in Europa und Deutschland. Zur Verwirklichung eines wettbewerbsfähigen Energiebinnenmarkts bedarf es eines einheitlichen europäischen Netzes, eines Verbundplans, der Investitionen in die Stromerzeugungskapazitäten, gleicher Wettbewerbsbedingungen sowie der Stärkung der Wettbewerbsfähigkeit der europäischen Industrie, um besonders Länder wie Irland, Malta und die baltischen Staaten in den europäischen Energieverbund zu integrieren und "*Energieinseln*" zu verhindern.[452]

Solidarität zwischen den Mitgliedstaaten unterstützt im Krisenfall die Absicherung gegen politische Risiken und gegen Versorgungsunterbrechungen und beim Schutz europäischer Energieinfrastruktur vor Naturkatastrophen und terroristischen Bedrohungen.

Diese *Richtlinie 2008/114/EG vom 8. Dezember 2008 über die Ermittlung und Ausweisung europäischer kritischer Infrastrukturen und die Bewertung der Notwendigkeit, ihren Schutz zu verbessern* betrifft v.a. die Sektoren Energie und Verkehr.[453] Versorgungsunterbrechungen auf dem Erdölmarkt erfordern, auch

---

[451] S. Europäische Kommission (2006): Grünbuch: Eine europäische Strategie für nachhaltige, wettbewerbsfähige und sichere Energie, Brüssel: EU, S. 6 f.
[452] S. ebd., S. 6.
[453] Vgl. Europäischer Rat (2008): Richtlinie 2008/114/EG des Rates über die Ermittlung und Ausweisung europäischer kritischer Infrastrukturen und die Bewertung der Notwendigkeit, ihren Schutz zu verbessern, Amtsblatt der Europäischen Union L 345/75, 23.12.2008.

wenn sie sich lokal bzw. regional ereignen, eine globale Reaktion.[454] Angedacht ist ein Legislativvorschlag der Kommission, durch den eine regelmäßigere und transparentere Veröffentlichung des Stands der Erdölvorräte der Gemeinschaft gewährleistet werden soll. Ermöglicht werden muss außerdem die Förderung der auf den europäischen Erdgas- und Elektrizitätsmärkten erforderlichen Investitionen, sowie von Investitionen in die Versorgungssicherheit und in Infrastruktureinrichtungen.[455]

Sicherheit und Solidarität sind die Grundpfeiler europäischer Energiepolitik. In ihrem EU-Aktionsplan für Energieversorgungssicherheit und -solidarität hat die Kommission fünf Schwerpunkte vorgeschlagen: Infrastrukturbedarf und Diversifizierung der Energieversorgung, Außenbeziehungen im Energiebereich, Öl- und Gasvorräte und Krisenreaktionsmechanismen, Energieeffizienz und optimale Nutzung eigener Energieressourcen der EU. Die Gasversorgung beruht im Unterschied zum flexiblen internationalen Ölhandel vorwiegend auf fest installierten Pipelineinfrastrukturen.[456] Da die EU knapp 60 Prozent ihrer Energie importiert, liegt die Notwendigkeit einer neuen Energie- und Umweltpolitik auf der Hand.[457]

Um Versorgungsstörungen zu verhindern, müssen ausreichend Reserven vorhanden sein. In der EU gibt es dafür spezielle Regelungen. Das sind v.a. Gemeinschaftsmaßnahmen, die zum einen eine gemeinsame Pflichtbevorratung fördern und zum anderen im Krisenfall harmonisierte Verbrauchsbeschränkungen implementieren. Gegenwärtig regeln insbesondere folgende EG-Richtlinien und gemeinschaftliche Entscheidungen die Energiesicherheit:

- Richtlinie 2009/119/EG zur Verpflichtung der Mitgliedstaaten, Mindestvorräte an Erdöl und/oder Erdölerzeugnissen zu halten.
- Entscheidung 68/416/EWG über den Abschluss und die Ausführung von besonderen zwischenstaatlichen Übereinkünften betreffend die Verpflichtung der Mitgliedstaaten der EWG, Mindestvorräte an Erdöl und/oder Erdölerzeugnissen zu halten.
- Vorschlag KOM/2002/0488 für eine Richtlinie über die Angleichung der Maßnahmen zur Sicherung der Versorgung mit Erdölerzeugnissen.

---

[454] Wie z.B.: Die Freigabe von Notvorräten durch die IEA als Reaktion auf den Hurrikan Katrina 2005.
[455] S. Europäische Kommission (2006): Grünbuch: Eine europäische Strategie für nachhaltige, wettbewerbsfähige und sichere Energie, Brüssel: EU, S. 9 ff.
[456] KOM(2008) 781 vom 13.11.2008 EU-Aktionsplan für Energieversorgungssicherheit und Solidarität.
[457] 2007 wurde das dritte Legislativpaket Energiebinnenmarkt vorgelegt, mit dem langfristig die Ziele in den Bereichen Nachhaltigkeit, Wettbewerbsfähigkeit und Versorgungssicherheit erreicht werden sollen.

- Entscheidung 77/706/EWG zur Festsetzung eines gemeinsamen Richtwerts für die Einschränkung des Primärenergieverbrauchs bei Schwierigkeiten in der Versorgung mit Erdöl und Erdölerzeugnissen.
- Mitteilung KOM/2002/0488 Energiebinnenmarkt: Abgestimmte Maßnahmen im Bereich der Energieversorgungssicherheit.

Diese Richtlinien dienen der Steuerung von mengenmäßigen Versorgungs- bzw. Vorratsdefiziten im Fall einer Versorgungsunterbrechung, nicht zur Kompensation von Preisvolatilität oder Diversifizierung der Bezugsquellen. Da die Richtlinien den Aktionsrahmen lediglich materiell ausfüllen, aber nicht substantiell, bedarf es ergänzend Aktionspläne und Leitfäden zu Implementierung der Richtlinien. Im Falle einer Krise liegt die Entscheidung über die Freigabe von Erdölreserven jedoch nicht bei der Kommission – diese kann höchstens ein Verbrauchsziel festlegen –, sondern bei den Mitgliedstaaten.

Da der Erdgaspreis, ähnlich wie der Erdölpreis, volatil ist und Erdgas aus größtenteils instabilen Lieferregionen kommt, ist der Unsicherheitsfaktor der europäischen Erdgasversorgung entsprechend hoch. In einem im Wandel begriffenen europäischen Gasmarkt kann die Organisation der Versorgungssicherheit nicht einem einzigen Marktakteur ausschließlich anvertraut werden.

Nach der Richtlinie 2003/55/EG des Europäischen Parlaments und des Rates vom 26. Juni 2003 über gemeinsame Vorschriften für den Erdgasbinnenmarkt wird Versorgungssicherheit als eine gemeinwirtschaftliche Verpflichtung mit gemeinsamen Regeln für den Erdgasbinnenmarkt betrachtet. Da der Erdgasmarkt in der Gemeinschaft liberalisiert wird, besteht ein zunehmender Bedarf, die sichere Erdgasversorgung zu gewährleisten. Die EU-Kommission hat deshalb 2004 eine Rahmenrichtlinie mit Mindestanforderungen für die Erdgasversorgung verabschiedet.

Die *Richtlinie 2004/67/EG für Maßnahmen zur Gewährleistung der sicheren Erdgasversorgung* soll eine ausreichend sichere Erdgasversorgung gewährleisten. Die Erdgas-Richtlinie legt jedoch nur Rahmenbedingungen fest, nach denen die Mitgliedstaaten eine Versorgungssicherheitspolitik entwickeln, da in der EU die Meinung herrscht, dass die Marktkräfte sowohl die Sicherheit der Gasversorgung als auch gleiche Bedingungen hinsichtlich der Verpflichtungen im Zusammenhang mit der Versorgungssicherheit ausgleichen. Die Spezifikation der Standards für die Versorgungssicherheit und die Wahl der Instrumente bleiben in der Hand der Mitgliedstaaten.

Im Fall einer Krise sieht die EU ein dreiphasiges Krisenmanagement vor: In der ersten Phase kommt die Reaktion der Industrie und Wirtschaft auf die Versorgungsunterbrechung zum Tragen; erweist sich das als unzureichend, ergreifen die Mitgliedstaaten Maßnahmen (Phase 2), um die Versorgungsunterbrechung zu beheben. Angemessene Maßnahmen auf Gemeinschaftsebene (Phase 3) werden erst dann ergriffen, wenn die in den ersten zwei Phasen ergriffenen Maßnahmen nicht zu einem Erfolg geführt haben.[458]

Für mehr Versorgungssicherheit im Gasbereich sorgen die Regelungen zu den europäischen Erdgasfernleitungsnetzen:

- Verordnung (EG) Nr. 1228/2003 vom 26. Juni 2003 über die Netzzugangsbedingungen für den grenzüberschreitenden Stromhandel.
- Verordnung (EG) Nr. 1775/2005 vom 28.9.2005 über die Bedingungen für den Zugang zu den Erdgasfernleitungsnetzen.

Mit diesen Reglungen wurden der regulatorische Rahmen für Erdgasfernleitungen geschaffen und Leitlinien für den Zugang unter Berücksichtigung der Besonderheiten der nationalen Erdgasnetze festgelegt. Bei diesen Regelungen geht es v.a. um die Festlegung von Tarifen für den Netzzugang, Kapazitätszuweisungsmechanismen und Transparenzanforderungen.

Ein stärker nachhaltig ausgerichteter, effizienterer und vielfältigerer Energieträgermix ist die dritte Komponente der europäischen Energiepolitik. Obwohl die Entscheidung bzgl. des Energieträgermixes bei jedem Mitgliedstaat liegt, wirkt sich diese Entscheidung jedoch unweigerlich auf die Energieversorgungssicherheit der Nachbarländer und der Gemeinschaft insgesamt sowie auf die Wettbewerbfähigkeit und die Umwelt aus.[459] Die EU beeinflusst diese nationalstaatliche Souveränität jedoch zunehmend indirekt, indem sie Ziele und Auflagen zu erneuerbaren Energien und zur Reduzierung der Treibhausgase vorschreibt.[460]

Der integrierte EU-Klimaschutzansatz ist bemüht, die Spitzenposition der EU, was Konzepte zur Abkopplung des Wirtschaftswachstums vom steigenden Energieverbrauch betrifft, zu behalten und auszubauen:

- Mitteilung KOM/2001/0264 Nachhaltige Entwicklung in Europa für eine bessere Welt: Strategie der Europäischen Union für die nachhaltige Entwicklung.

---

[458] Richtlinie 2004/67/EG des Rates vom 26. April 2004 über Maßnahmen zur Gewährleistung der sicheren Erdgasversorgung, Amtsblatt der Europäischen Union L 127/92, S. 2.

[459] Hier sind v.a. die Entscheidung bezüglich einer weitgehenden Stromerzeugung durch Erdgas, durch Kernenergie sowie durch Braun- und Steinkohle gemeint. Besonders drängend erscheint eine Debatte im Hinblick auf die künftige Rolle der Kernenergie in Europa.

[460] S. Europäische Kommission (2006): Grünbuch: Eine europäische Strategie für nachhaltige, wettbewerbsfähige und sichere Energie, Brüssel: EU, S. 10 f.

- Mitteilung KOM (2007) 2 vom 10.1.2007 Begrenzung des globalen Klimawandels auf 2 Grad Celsius Der Weg in die Zukunft bis 2020 und darüber hinaus.
- Mitteilung KOM/2005/0658 Überprüfung der Strategie für nachhaltige Entwicklung Ein Aktionsprogramm.

In diesen Mitteilungen gibt die EU-Kommission einen Überblick über die Kosten und den Nutzen der Bekämpfung des Klimawandels und schlägt verschiedene Maßnahmen vor, mit denen die Erwärmung der Erde auf 2° C begrenzt werden soll.[461] Dazu zählt besonders die Kombination von Energieeffizienz-Programmen mit der Förderung wettbewerbsfähiger und wirksamer erneuerbarer Energien. Obwohl diese Herausforderungen enorm sind, bietet besonders der Klimaschutz mehrere Chancen für Europas langfristige Energiesicherheit: Verbesserung des Klimaschutzes, Optimierung der Energieversorgungssicherheit, Schaffung von Arbeitsplätzen und Behauptung als Technologieführer in einer globalen Branche mit hohen Wachstumsraten.

Dazu ist die europäische Kohäsionspolitik innerhalb der einzelstaatlichen strategischen Rahmenpläne und operativen Programme für den Zeitraum 2007-2013 zu integrieren,[462] ein internationales Energieeffizienz-Abkommen abzustreben[463] und ein EU-Emissionshandelssystem zu etablieren. Das führt zu einem expandierenden, weltweiten CO_2-Markt.[464] Dies würde mit einer Einsparung von 60. Mrd. Euro bei den Energieimporten einen wesentlichen Beitrag zur Energieversorgungssicherheit (sowie bis zu einer Million neuer Arbeitsplätze) beitra-

---

[461] Mitteilung KOM(2007) 2 vom 10.1.2007 Begrenzung des globalen Klimawandels auf zwei Grad Celsius Der Weg in die Zukunft bis 2020 und darüber hinaus.

[462] Die Kohäsionspolitik ist seit der Einheitlichen Europäischen Akte (1986) ein wichtiges Element der EU-Politik. Sie geht davon aus, dass zwischen reicheren und ärmeren Regionen in der EU eine Umverteilung stattfinden soll, um die Folgewirkungen der ungleichen wirtschaftlichen Entwicklung auszugleichen. Mit Programmen zur Kohäsionspolitik hat die EU von 1988 bis 2004 dafür insgesamt rund 500 Milliarden Euro investiert. Vor der EU-Osterweiterung waren die Empfänger vor allem die südlichen EU-Regionen sowie Irland und ab 1990 auch die neuen deutschen Bundesländer. Vgl. Rudzio, Kolja (2000): Funktionswandel der Kohäsionspolitik unter dem Einfluss des Europäischen Parlaments, Schriftenreihe des Europa-Kollegs Hamburg zur Integrationsforschung, Baden-Baden: Nomos.

[463] Vgl. das Energy Star-Abkommen zwischen der Europäischen Union und den Vereinigten Staaten. Damit sind neue, schärfere technische Anforderungen als Kennzeichnungsvoraussetzung bei EDV-Bildschirmen, Rechnern und Bürogeräten mit Druckfunktion verbunden. Beispielsweise wird bei der letztgenannten Gerätegruppe nunmehr der sogenannte typische Stromverbrauch, statt wie bisher der Augenblickswert Leistungsaufnahme, begrenzt.

[464] Das Grünbuch zur Energieeffizienz der Europäischen Kommission von 2005 legt dar, dass bis zu 20 Prozent der in der EU genutzten Energie eingespart werden können.

gen.[465] Die wirtschaftlichen, sozialen und ökologischen Auswirkungen sämtlicher Politiken finden bei der Ausarbeitung und Beschlussfassung europäischer Energiepolitik koordiniert Berücksichtigung.[466]

Die Entwicklung und der Einsatz neuer Energietechnologien sind von wesentlicher Bedeutung zur Gewährleistung der Versorgungssicherheit, der Nachhaltigkeit und der industriellen Wettbewerbsfähigkeit. Energieeffiziente und kohlenstoffarme Technologien stellen einen schnell wachsenden internationalen Markt dar. Forschung im Bereich kohlenstoffarme Energietechnologien hat eine strategische Bedeutung: Zum einen im Umgang mit dem Klimawandel und zum anderen zur Sicherheit der Energieversorgung. Um den Übergang zu einer kohlenstoffemissionsarmen Wirtschaft realisieren zu können, hat sich die Europäische Kommission einen Maßnahmenkatalog mit den Zielmarken 2020 und 2050 gesteckt. Bereits die Entscheidungen der nächsten 10-15 Jahre werden tief greifende Auswirkungen auf die Energieversorgungssicherheit, den Klimawandel, das Wachstum und die Beschäftigung in Europa haben.[467]

Zur Flankierung der energiepolitischen Maßnahmen der EU entwickelt die EU seit dem Gasstreik zwischen Russland und der Ukraine bzw. Weißrussland eine Energieaußenpolitik. Der Europäische Rat hat hierzu einen umfassenden energiepolitischen Aktionsplan verabschiedet, der die Entwicklung eines gemeinsamen Konzepts für die Energieaußenpolitik unterstützt. Kernelement der europäischen Energieaußenpolitik sind Dialogforen und Partnerschaften zwischen Verbraucher- und Erzeugerländern, zwischen Verbraucherländern untereinander und zwischen Verbraucher- und Transitländern.[468] Die wichtigsten EU-Energiepartnerländer sind u.a. Russland, Norwegen, die USA, Indien, China und die OPEC. Mit fünf der wichtigsten EU-Energiepartner – Ukraine, Aserbaidschan, Kasachstan, Turkmenistan und Ägypten – konnten bereits Absichtserklärungen unterzeichnet werden. Regionale Kooperationen wie die Baku-Initiative,[469] die Schwarzmeer-Synergie,[470] die Östliche Partnerschaft,[471] die

---

[465] S. Europäische Kommission (2005): Grünbuch über Energieeffizienz. Weniger kann mehr sein, Brüssel: Europäische Gemeinschaften, S. 4 f.

[466] Die Strategie für nachhaltige Entwicklung der EU-Kommission ergänzt die Lissabon-Strategie.

[467] Vgl. Europäische Kommission (2007): Ein Europäischer Strategieplan für Energietechnologien (SETPLAN), Erklärung anlässlich des 50. Jahrestages der Unterzeichnung der Römischen Verträge in Berlin 2007, Brüssel: EU.

[468] Vgl. Kommission der Europäischen Gemeinschaften (2006): Mitteilung der Kommission an den Europäischen Rat – Energiepolitische Außenbeziehungen – Grundsätze – Maßnahmen, KOM (2006) 590, Brüssel.

[469] Vgl. European Commission (2006): Ministerial Declaration on Enhanced energy co-operation between the EU, the Littoral States of the Black and Caspian Seas and their neighboring countries, Brussels: Directorates-General Energy and Transport.

Mittelmeerunion und die Zentralasienstrategie enthalten einen wichtigen Energie-Bestandteil. Energiebeziehungen werden auch mit den Ländern des Golfkooperationsrats, Lateinamerikas, der ASEAN und des Asia-Europe Meeting (ASEM) ausgeweitet.

Grundlage einer europäischen Strategie zur Energieaußenpolitik ist ein klares politisches Konzept für die Sicherung und Diversifizierung der Energieversorgung und ihre Bezugsquellen. Eindeutige Prioritäten für die Modernisierung und den Bau neuer Infrastruktureinrichtungen, insbesondere von neuen Erdöl- und Erdgasrohrleitungen sowie Flüssiggas-/LNG-Terminals, und die Anwendung von Regeln für den Transit und den Zugang Dritter zu vorhandenen Pipelines sind notwendig.[472] Die wechselseitige Abhängigkeit zwischen der EU und ihren Energiepartnern hat zu der Herausbildung spezifischer Energiedialoge mit bestimmten Erzeuger- und Transitländern geführt.[473]

Um Sicherheit, Berechenbarkeit und die erforderlichen langfristigen Investitionen in neue Kapazitäten zu ermöglichen, sollte die Entwicklung einer gemeinsamen Energieaußenpolitik einen deutlichen Wandel in dieser Energiepartnerschaft sowohl auf Gemeinschaftsebene als auch auf einzelstaatlicher Ebene widerspiegeln. Die Schaffung einer europäischen Energiegemeinschaft – im Einklang mit der Europäischen Nachbarschaftspolitik, ihren Aktionsplänen sowie der Partnerschafts-, Kooperations- und Assoziationsabkommen – soll die Nachbarn der EU einbeziehen und sie schrittweise an den EU-Binnenmarkt heranführen. Ein Raum mit einem gemeinsamen Regelwerk um Europa herum führt langfristig zu gemeinsamen Handels-, Transit- und Umweltregeln sowie harmonisierten und integrierten Märkten. Mit der Entwicklung des Maghreb-Strommarktes und des Mashrik-Gasmarktes soll eine europaweite Energiegemeinschaft geschaffen werden. Mit essentiellen, strategischen Partnern – wie der Türkei, der Ukraine, der Anrainerstaaten des Mittelmeeres und des Kaspischen

---

[470] Vgl. European Commission (2006): Communication from the Commission to the Council and the European Parliament – Black Sea Synergy. A new regional cooperation initiative, COM (2007) 160, Brussels.

[471] Vgl. Kommission der Europäischen Gemeinschaften (200): Mitteilung der Kommission an den Europäischen Rat und das Europäische Parlament – Östliche Partnerschaft, KOM (2008) 823, Brüssel.

[472] Beispiele hierfür sind u.a. eine unabhängige Versorgung durch Erdgasrohrleitungen von der kaspischen Region und von Nordafrika bis ins Zentrum der EU oder Ölleitungen in Mitteleuropa für einen leichteren Transport von kaspischem Öl durch die Ukraine, Rumänien und Bulgarien in die EU, oder die neue Afrika-Strategie, die der EU helfen könnte, ihre Erdöl- und Erdgasbezugsquellen zu diversifizieren.

[473] Insbesondere mit Russland, Norwegen, Algerien, der Ukraine, den Ländern der Kaspischen Senke, den Mittelmeerländern, der OPEC und dem Golf-Kooperationsrat.

Meeres – werden transparente, berechenbare und auf Gegenseitigkeit beruhende Energiepartnerschaften angestrebt.[474]

Dieser Rahmen bietet außerdem die Voraussetzung für eine optimale, langfristige Nutzung von Gemeinschaftsinvestitionen durch transeuropäische Energienetze, ihre Ausdehnung auf Partner in Drittländern und die größtmögliche Wirkung von EU-Mitteln, die für den Energiesektor in Drittländern aufgewandt werden.[475] Darüber hinaus sollte über ein europäisches Instrument für die Bewältigung von Versorgungsnotfällen in Drittländern nachgedacht werden. Notwendig wäre in diesem Kontext ein Verfahren für die fortlaufende Beobachtung, um Frühwarnmeldungen ausgeben und die Reaktionsmöglichkeiten im Falle einer externen Energiekrise verbessern zu können. Dringend geboten ist desgleichen die "*Einbeziehung der Energie in andere Politikfelder mit einer außenpolitischen Dimension.*"[476] Hinzu tritt eine verstärkte Zusammenarbeit, um die Bemühungen der IEA zur Nichtverbreitung, nuklearen Sicherheit und Sicherung zu unterstützen.

Wie stark die Energiesicherheit mit der Wirtschaft verflochten ist, ist besonders deutlich in Zeiten der Wirtschaftskrise zu sehen. Die *Verordnung (EG) Nr. 663/2009 vom 13. Juli 2009 über ein Programm zur Konjunkturbelebung durch eine finanzielle Unterstützung der Gemeinschaft zugunsten von Vorhaben im Energiebereich* soll ein europäisches Energieprogramm zur Konjunkturbelebung auf den Weg bringen, das drei zentrale Bereiche des Energiesektors fördert: Gas- und Strominfrastrukturen, Offshore-Windenergie und Kohlenstoffabscheidung und -speicherung.[477]

Mit dem Binnenmarkt- und dem Energie- und Klimapaket Antworten findet die europäische Energiepolitik Antworten auf die ersten beiden Ziele europäische Energiepolitik: Wettbewerbfähigkeit und Nachhaltigkeit. Diese werden immer intensiver bearbeitet Den Aspekten der Versorgungssicherheit nähert sich die EU im Aktionsplan für Energieversorgungssicherheit und -solidarität an.[478] Mit diesem breiten energie- und sicherheitspolitischen Ansatz sollen erstens die Energiesicherheit innerhalb der EU optimiert, zweitens die Energieversorgung

---

[474] S. Europäische Kommission (2007): Eine Energiepolitik für Europa, Brüssel: EU, S. 21.
[475] S. Europäische Kommission (2006): Grünbuch: Eine europäische Strategie für nachhaltige, wettbewerbsfähige und sichere Energie, Brüssel: EU, S. 16 ff.
[476] S. ebd., S. 19.
[477] Verordnung (EG) Nr. 663/2009 des Europäischen Parlaments und des Rates vom 13. Juli 2009 über ein Programm zur Konjunkturbelebung durch eine finanzielle Unterstützung der Gemeinschaft zugunsten von Vorhaben im Energiebereich.
[478] Mitteilung der Kommission an das Europäische Parlament, den Rat, den Europäischen Wirtschafts- und Sozialausschuss und den Ausschuss der Regionen – Zweite Überprüfung der Energiestrategie: EU-Aktionsplan für Energieversorgungssicherheit und Solidarität.

der EU von außen gewährleistet und drittens die Zusammenarbeit und Solidarität unter den EU-Mitgliedstaaten verbessert werden.

4.2.4 Schutz kritischer Energieinfrastrukturen

Die EU verfügt seit 2005 über ein Europäisches Programm für den Schutz kritischer Infrastrukturen (EPSKI).[479] Ziel des Programms ist die Verbesserung des präventiven Schutzes von durch Anschläge gefährdeten Infrastrukturen (wie z.b. Verkehrs- und Kommunikationswege, Energieerzeugung) und die Vorsorge für die Bewältigung realisierter Gefahren. Neben den im Vordergrund stehenden terroristischen werden auch natürliche Gefahrenursachen berücksichtigt.[480]

Da die Folgen von Anschlägen auf Steuersysteme kritischer Infrastrukturen vielfältig sein können, sind Verfahren, Grundsätze und Instrumente für die Bewältigung der Folgen von Terrorismus, kriminellen Handlungen, Naturkatastrophen und anderen Unglücksursachen bereitzustellen.[481] Dafür stellt das EPSKI folgenden Rahmen zur Verfügung:

- Verfahren zur Ermittlung und Ausweisung kritischer europäischer Infrastrukturen und ein gemeinsames Konzept für die Bewertung der Notwendigkeit, den Schutz derartiger Infrastrukturen zu verbessern;
- Maßnahmen zur Erleichterung der Durchführung des EPSKI einschließlich eines Aktionsplans, eines Warn- und Informationsnetzes für kritische Infrastrukturen, der Einsetzung von EU-Sachverständigengruppen zu Fragen des Schutzes kritischer Infrastrukturen (SKI), des Austausches von Informationen über den SKI sowie der Ermittlung und Analyse von Abhängigkeiten;
- Unterstützung der Mitgliedstaaten im Hinblick auf die Sicherheit kritischer nationaler Infrastrukturen, die bei Bedarf von den Mitgliedstaaten in Anspruch genommen werden kann;
- Notfallplanung sowie flankierende finanzielle Maßnahmen und insbesondere das spezifische Programm "Prävention, Abwehrbereitschaft und Folgenbewältigung im Zusammenhang mit Terrorakten und anderen Sicherheitsrisiken" für den Zeitraum 2007–2013, in dessen Rahmen Finanzmittel für Maßnahmen zum Schutz kritischer Infrastrukturen bereitgestellt werden können.

---

[479] Vgl. Kommission der Europäischen Gemeinschaften (2006): Mitteilung der Kommission über ein Europäisches Programm für den Schutz kritischer Infrastrukturen, KOM (2006) 786.
[480] S. ebd. S. 1.
[481] S. ebd. S. 4.

Die Verantwortung für den Schutz von kritischen Infrastrukturen liegt – trotz der geltenden Befugnisse der EU – bei den Eigentümern/Betreibern in den Mitgliedstaaten. Die qualitativen und quantitativen Aspekte der Auswirkungen einer (Zer-)Störung hängen von der Tragweite, also dem geografischen Umfang einer (Zer-)Störung kritischer Infrastruktur, und der Schwere, also den Folgen einer (Zer-)Störung kritischer Infrastruktur, ab. Die Schwere bemisst sich entlang der gesellschaftlichen Auswirkungen, d.h. der Zahl der betroffenen Bürger, der wirtschaftlichen Auswirkungen, d.h. der Schwere des wirtschaftlichen Verlusts bzw. der Minderung der Qualität von Erzeugnissen oder Dienstleistungen, der ökologischen Auswirkungen, der politischen Auswirkungen sowie der psychologischen und gesundheitlichen Auswirkungen.[482]

Da sowohl terroristische Aktivitäten als auch kriminelle Handlungen sowie Natur- und sonstige Katastrophen nicht an Ländergrenzen haltmachen, empfiehlt die EU-Kommission, die externen Dimensionen des Schutzes kritischer Infrastrukturen "*in vollem Umfang*" zu berücksichtigen. Die Mitgliedstaaten der EU sind aufgrund der Abhängigkeit ihrer Wirtschaft und Gesellschaft von globalisierten Verfahren auch außerhalb der EU-Grenzen verletzlich. Das muss nicht nur die EU-Mitgliedstaaten betreffen, sondern kann durchaus Auswirkungen auf Partner der EU mit sich bringen. Die EU-Kommission versucht daher, die Auswirkungen von Störungen kritischer Infrastrukturen mit Hilfe des EPSKI auf ein Mindestmaß zu reduzieren und gleichzeitig einen Beitrag zur Erhaltung der globalen Wettbewerbsfähigkeit der EU-Wirtschaft zu erhalten.[483]

4.2.5 Europäisches Referenznetz für den Schutz kritischer Infrastrukturen

Kritische Infrastrukturen wie das deutsche und europäische Energieversorgungssystem sind das Rückgrat und Nervensystem von Wohlstand und Prosperität. Die Aufgabe des Schutzes kritischer Energieinfrastrukturen spiegelt wie kaum ein anderer Bereich die Verschmelzung der einst getrennten Bereiche innerer und äußerer Sicherheit wider. Nationalstaaten haben nicht nur die Aufgabe, ihre heimischen Energieinfrastrukturen zu schützen, die – und das stellt die Nationalstaaten vor neue Kooperationsherausforderungen – zu 80 Prozent privatwirtschaftlich betrieben werden, sondern auch die ausländischen Energieinfrastrukturen, die zur Versorgung des nationalen Energiebedarfs notwendig sind.

Die große Abhängigkeit von infrastrukturellen Dienstleistungen macht die europäischen Mitgliedstaaten und insbesondere auch Deutschland aufgrund der

---

[482] S. ebd. S. 7.
[483] S. ebd. S. 11.

hohen Interdependenzen zwischen den einzelnen Infrastruktursystemen verletzlich. So baut Deutschland, wie die meisten westlichen Industrie- und Informationsgesellschaften, auf hoch industrialisierte, sehr komplexe Technologien nutzende und auf arbeitsteilige, ausdifferenzierte Organisationsstrukturen auf. Daraus, sofern die Netze nicht zweckmäßig konzipiert sind, können Domino- und Kaskadeneffekte resultieren, die nicht nur erhebliche Auswirkungen auf das Funktionieren von Gesellschaften, sondern auch Vertrauensverluste in die politische Führung einer Gesellschaft oder volkswirtschaftliche Schäden zur Folge haben können.[484] Energieinfrastrukturen weisen als Basisinfrastruktur eine sowohl systemische als auch symbolische Kritikalität auf; systemisch, weil sie aufgrund ihrer strukturellen, funktionellen und technischen Positionierung im Gesamtsystem von besonders hoher Relevanz sind. Symbolisch, weil eine Störung der Energieinfrastruktur die kulturelle oder identitätsstiftende Bedeutung einer Gesellschaft emotional erschüttern und sich psychologisch nachhaltig auf diese auswirken kann.[485]

Gemäß der *Council Directive 2008/114/EC of 8 December 2008 on the identification and designation of European critical infrastructures and the assessment of the need to improve their protection* baut die Europäische Kommission seit 2009 im Rahmen von Verwaltungsvereinbarungen ein freiwilliges Referenznetz der EU für den Schutz kritischer Infrastrukturen auf.[486] Dieses Europäische Referenznetz für den Schutz kritischer Infrastrukturen (ERN-CIP) hat die Aufgabe, die EU-Mitgliedstaaten beim Austausch bewährter Verfahren und Informationen in Bezug auf gemeinsame Bedrohungen, Schwachstellen und Maßnahmen zum Schutz kritischer Infrastrukturen in den Bereichen Verkehr, Information und Energie zu unterstützen.[487] Das Programm gibt einen umfassenden Rahmen für den Schutz kritischer Infrastrukturen sowie politische Maßnahmen zur Wahrung bzw. Gewährleistung der Sicherheit und der öffentlichen Ord-

---

[484] Westliche Gesellschaften haben sich aufgrund der technologischen Entwicklung an sehr hohe Sicherheitsstandards und eine hohe Versorgungssicherheit gewöhnt. Sollte es trotz dieser hohen Sicherheitsvorkehrungen zu Störungen kommen, steigt das Verletzlichkeitsempfinden überproportional an. S. Bundesministerium des Innern (2009): Nationale Strategie zum Schutz Kritischer Infrastrukturen (KRITIS-Strategie), Berlin: BMI, S. 15.

[485] S. ebd., S. 16.

[486] Vgl. European Commission, Europan Reference Network for Critical Infrastructure Protection, http://erncip.jrc.ec.europa.eu/ (Zugriff 11.02.2010).

[487] Energy: Oil and gas production, refining, treatment, storage and distribution by pipelines and electricity generation and transmission. Information Communication Technology: European information systems, internet, provision of fixed telecommunications, provision of mobile telecommunications, radio communication and navigation, satellite communication and broadcasting. Transport: Road transport, rail transport, air transport, inland waterways transport and ocean and short-sea shipping. Vgl. European Commission, Europan Reference Network for Critical Infrastructure Protection, http://erncip.jrc.ec.europa.eu/ (Zugriff 11.02.2010).

nung in Krisensituationen vor. Die Schwerpunkte sind: (1) Prävention und Abwehrbereitschaft zur Verhinderung bzw. Minderung der Risiken im Zusammenhang mit Terrorakten und anderen Sicherheitsrisiken sowie (2) Folgenbewältigung infolge eines sicherheitsrelevanten Vorfalls, insbesondere bei Terroranschlägen, zur Koordinierung der Krisenbewältigungs- und Sicherheitsmaßnahmen.

Das ERN-CIP nutz Modellbildung und Simulation als ein Instrument zu Bewertung und Optimierung von Energienetzen. Zu seinen Aufgaben gehören:[488]

- Analyse der Sicherheitsanforderungen für Experimente auf Ebene der EU, Konsultierung öffentlicher und privater Stellen in den Mitgliedstaaten und Berücksichtigung der für das European Programme for Critical Infrastructure Protection ausgewählten Sektoren und Prioritäten;
- Überprüfung der derzeitigen Test-, Versuchs- und Auswertungsmöglichkeiten und -kapazitäten für den Sicherheitsbereich in der gesamten EU (also Feststellung, welche Einrichtungen bereits vorhanden sind und in den Mitgliedstaaten zur Verfügung stehen, wo genau, welchen Qualifikationsanforderungen das Testpersonal genügt und welche Ressourcen zur Verfügung stehen);
- Entwurf eines Plans für den Aufbau des Referenznetzes und die Entwicklung der erforderlichen Ressourcen sowie Steuerung der Umsetzung. Vorschlag und Überwachung des Zeitplans und des Überprüfungsplans;
- Vorschlag und Schaffung einer Managementstruktur für das Referenznetz. Bei der Festlegung des Zeitplans ist auch das Zulassungsverfahren zu berücksichtigen. Mit dem Zulassungsverfahren wird sichergestellt, dass alle Beteiligten Zugang zu den Lokalitäten und zu den Ergebnissen haben, wenn sie diese benötigen;
- Entwicklung gemeinsamer Testprotokolle (also für die Experimente und die Dokumentierung der Ergebnisse) und Unterstützung der Erstellung von Zertifizierungsnormen (z.B. für Detektoren);
- Untersuchung und Entwicklung von Testverfahren für öffentliche und private Einrichtungen der EU unter strenger Einhaltung der Vertraulichkeits- und Geheimhaltungsvorschriften.
- Konkrete Durchführung, Planung und Entwicklung von Experimenten für den Test kritischer kommerzieller Detektoren und Schutzanlagen für Infrastrukturen (z.B. für Sprengstoffe) und Gewährung des Zugangs zu gesicherten Versuchsanlagen;

---

[488] Council Directive 2008/114/EC of 8 December 2008 on the identification and designation of European critical infrastructures and the assessment of the need to improve their protection.

- Planung und Entwicklung von Experimenten für den Test der Schwachstellen kritischer Infrastrukturen (z.b. Steuerungssysteme) und Gewährung des Zugangs zu gesicherten Versuchsanlagen für die Durchführung von Versuchen;
- Untersuchung, Entwicklung und Verwaltung von Mechanismen und Instrumenten für die gesicherte koordinierte Sammlung und Weitergabe von Testergebnissen und Daten. Die Versuchsanlage soll unter Sicherheitsbedingungen betrieben werden, alle sensiblen Testergebnisse werden als *EU confidential* oder in einer noch höheren Geheimhaltungsstufe eingestuft;
- Entwicklung und Überwachung von Testverfahren für öffentliche und private Einrichtungen der EU unter strenger Einhaltung der Vertraulichkeits- und Geheimhaltungsvorschriften. Von den Mitgliedstaaten durchgeführte Versuche werden subventioniert, privatwirtschaftliche Einrichtungen müssen die Versuchskosten selbst tragen.

Für die EU sind v.a. Infrastrukturen mit einem "*signifikant cross-border impact*" von Interesse.[489] Zur Feststellung dieser bedarf es Methoden, Techniken und Instrumente, eines Verfahrens zum Austausch und zur Verbreitung von Informationen, Erfahrungen und bewährten Praktiken der EU-Mitgliedstaaten sowie zwischen den verschiedenen Organisationen oder Stellen, die für den Schutz kritischer Infrastrukturen verantwortlich sind. Das ERN-CIP trägt dazu bei, die Beziehungen zwischen den Behörden und dem privaten Sektor in diesem Bereich auszubauen, Kenntnisse über die Schutzsysteme der anderen Mitgliedstaaten zu verbessern, den Austausch bewährter Praktiken zu fördern, ein informelles Kontaktnetz zwischen den Behörden zu schaffen und eine Kultur des Vertrauens und der Kooperation zu etablieren.

Das ERN-CIP bildet mit Hilfe von Modellbildung und Simulation vernetzte Abhängigkeiten zum Zweck einer Sensitivitätsanalyse ab. Es soll überprüft werden, ob Architekturen und Prozesse europäischer Energie-, Informations- und Verkehrsinfrastrukturen den Anforderungen des Schutzes kritischer Infrastrukturen entsprechen. Von Versorgungsunterbrechungen sind nicht nur die Bevölkerung massiv betroffen,[490] sondern darüber hinaus die öffentliche Ordnung sowie das gesamte Gesellschafts- und Wirtschaftsleben.[491] Beispiele reichen von elekt-

---

[489] Council Directive 2008/114/EC of 8 December 2008 on the identification and designation of European critical infrastructures and the assessment of the need to improve their protection.
[490] Heizung im Winter, Kühlung im Sommer, Verlust des elektrischen Lichts, Telefon und Internet, Trinkwasserversorgung und Lebensmittelbevorratung bzw. -zubereitung, Abwasserversorgung etc.
[491] Behörden, Rettungswesen und Polizei, aber auch Banken, die selbst allesamt kritische Infrastrukturen darstellen, sind abhängig von einer störungsfreien Energieversorgung.

ronischen Leit-, Steuerungs- und Überwachungssystemen sowie Pumpanlagen bis hin zur Wasser- und Abwasserversorgung. Die Komplexität der Energie- und Verkehrsinfrastruktur soll mit dem ERN-CIP aufgefangen und mit Partnern aus Industrie und Wirtschaft, die bereits über Expertise und Erfahrungen in diesem Bereich verfügen, beherrschbar gemacht werden. Im Ergebnis ist zu erkennen, inwieweit Prozesse und Architekturen zusammenpassen, wo möglicherweise Redundanzen geschaffen bzw. wo neue Vorgaben gemacht werden müssen.

Mit diesem ganzheitlichen, mehrstufigen und vernetzten Ansatz versucht die EU die Beziehungen zwischen den Behörden und dem privaten Sektor im Bereich Verkehr, Information und Energie auszubauen und zu verbessern, eine Kultur des Vertrauens und der Kooperation zu schaffen, die Kenntnisse über die Schutzsysteme der anderen Mitgliedstaaten zu erhöhen, den Austausch bewährter Praktiken zu fördern und ein informelles Kontaktnetz zwischen den Behörden einzurichten. Diese Maßnahmen leisten einen Beitrag zur Prävention, Abwehrbereitschaft und Reaktionsfähigkeit in Krisen, d.h., sie ermöglichen die Abwehr und/oder Minderung der Risiken im Zusammenhang mit Terrorakten und anderen Sicherheitsrisiken und zur Folgenbewältigung. Auf dieser Grundlage können z.B. Maßnahmen abgestimmt werden, die infolge eines sicherheitsrelevanten Vorfalls ergriffen werden müssen und dessen Folgen abmildern. Zugleich soll dadurch eine reibungslose Koordinierung der Krisenbewältigungs- und Sicherheitsmaßnahmen gewährleistet werden.

4.3 Energiesicherheit und die Rolle militärischer Macht

Die Verfügbarkeit und Qualität von Energie betrifft grundlegende Lebensbedürfnisse wie Nahrung, Unterkunft und Qualität der Luft zum Atmen. Güter, Ideen, Kapital und Menschen werden zu Land, See, Luft, im Welt- und virtuellen Raum transportiert. Sie können jedoch in keinem dieser Räume ohne Energie bewegt werden. Das Scheitern eines inadäquaten Managements im Umgang mit den Energieherausforderungen des 21. Jahrhunderts kann zu signifikanten Einschränkungen künftiger wirtschaftlicher und sozialer Entwicklungspotentiale, der Verschiebung politischer und militärischer Macht über den gesamten Globus und u.U. zu Spannungen, Konflikten und Kriegen führen.

Die Bundeswehr – ein politisches Instrument der Bundesregierung – ist Bestandteil der freien, rechtsstaatlichen und demokratischen Gesellschaft der Bundesrepublik Deutschland und unterliegt dem Primat der Politik. Militärische Instrumente stellen jedoch aufgrund ihrer (unmittelbar) zerstörerischen Wirkung eine Besonderheit im staatlichen Instrumentenportfolio dar.[492] Der Einsatz militärischer Mittel ist einerseits wie Clausewitz bereit 1830 feststellte, die *"bloße Fortsetzung der Politik unter Einbeziehung anderer Mittel"*,[493] jedoch anderseits nur unter Würdigung aller Umstände, mit gebotener Zurückhaltung und Berücksichtigung der Verhältnismäßigkeit der Mittel einzusetzen.

Die Bedeutung, Rolle und Wirkung militärischer Macht bzw. der Bundeswehr für den Schutz deutscher Energiesicherheit entstehen jedoch nicht erst mit ihrem Einsatz für eben diesen, sondern bereits mit ihrer Existenz. Die konkret von Feinden und Gegnern wahrgenommenen militärischen Kapazitäten und Fähigkeiten führen, durch die Erzeugung von Angst vor überlegener Gegenmacht, i.d.R. zur Abschreckung von Angriffen. Diese Zweck-Mittel-Relation spiegelt die Realität der internationalen Beziehungen wider: Militärische Macht ist kein Selbstzweck, sondern folgt einer politischen Zielsetzung. Deshalb richtet sich der Einsatz militärischer Macht nicht automatisch auf den äußersten Zweck, d.h. die Vernichtung eines militärischen bzw. politischen Gegners, sondern ist in einem breiten Portfolio von Einsatzoptionen zweckdienlich zu gebrauchen. Hierzu gehören beispielsweise die Überwachung definierter Zonen, bewaffnete Observation oder logistische Unterstützung, die Sicherung der "Sealines of Communication" oder die Stabilisierung krisenhafter Länder und Regionen.

Entsprechend kann der politisch legitimierte und zweckmäßige Einsatz militärischer Macht zivile sicherheits- und außenpolitische sowie wirtschaftliche Maßnahmen unterstützen. Dabei kann ein vergleichsweise früher und begrenzter Einsatz von Streitkräften die Wirkung zivilpolitischer Maßnahmen unterstreichen bzw. den Handlungsspielraum erweitern, z.B. durch Einflussnahme auf die Willensbildung gegnerischer Akteure, die derart zum Einlenken bewegt werden. Militärische Macht hat aber nicht nur eine abschreckende, stabilisierende und friedenserhaltende Wirkung, sondern dient auch der Durchsetzung zivilpolitischer Maßnahmen gegen den Willen gegnerischer Kräfte.

Energiesicherheit ist eng mit sicherheitspolitischen Überlegungen verbunden. So sieht die NATO beispielsweise in der Herstellung nationaler Energiesicherheit, der Sicherung der Verfügbarkeit von Energierohstoffen, der Sicherung von anfälligen Seehandelswegen oder von Infrastruktur wie Häfen, Pipelines, Förderanlagen etc. nicht nur eine politische und wirtschaftliche Herausforderung, sondern darüber hinaus auch eine sicherheitspolitische Aufgabe. *"Energy security is of increasing importance to the United States and its European allies, as some energy producers are using oil and gas for political leverage. Although*

---

[492] Das widerspricht nicht der Tatsache, dass auch nicht-militärische Instrumente tödliche Wirkungen haben können. So treffen Wirtschaftsboykotte selten in erster Linie die Machthaber eines Landes, sondern vielmehr die Bevölkerung.

[493] S. Aron, Raymond (1980): Clausewitz. Den Krieg denken, Frankfurt a. M.: Propyläen, S. 157.

most European allies believe that a market solution exists to ensure security of energy supplies, NATO has begun to discuss the issue as an allied concern."[494] Die Einbeziehung von Militär für die Sicherung der Energieversorgung gilt in Deutschland seit Jahrzehnten als ein Tabuthema.[495] Dennoch ist gerade Energiesicherheit ein Thema, das sich mit anderen Themen "*including terrorism and extremism, challenging demographics, weapons of mass destruction, aspirations, energy demand and great-power competition*" in Krisenregionen wie dem Mittleren Osten trifft und dort ganzheitlich bewältigt werden muss.[496] Neben dem staatlichen Interesse an einer sicheren Energieversorgung brauchen auch die Märkte und Investoren Sicherheit in diesem Sektor; und da die deutsche Wirtschaft, im Zeitalter der Globalisierung, mehr als zuvor auf den freien Zugang zu den Märkten und Rohstoffen der Welt angewiesen ist, kann die "*Bundeswehr als Teil der staatlichen Sicherheitsvorsorge im Rahmen internationaler Einsätze zur Sicherung der Handelswege und Rohstoffzugänge*" beitragen.[497] Die Exportorientierung der Bundesrepublik macht Deutschland von umfangreichen Rohstoffimporten abhängig.

Es ist absehbar, dass der Verteilungskampf um knapper werdende Ressourcen unterhalb oder auch oberhalb der Schwelle sichtbarer militärischer Auseinandersetzungen die Teilnahme der Bundeswehr an Operationen der NATO und EU erforderlich macht. So sind zur Sicherung der Netzwerke und (See-)Transportwege bereits heute internationale Überwachungs- bzw. Sicherungsoperationen nötig. Darüber hinaus ist die Verhinderung kostspieliger Konflikte bzw. die Schaffung sicherer Investitionsbedingungen für Energie-Investoren wiederum Voraussetzung, Mittel in die Erschließung neuer Lagerstätten zu investieren.

Bereits 2006 verweist der damalige NATO-Generalsekretär Jaap de Hoop Scheffer auf die wachsende Bedeutung des Themas Energiesicherheit für die Zukunft des Militärbündnisses.[498] Bei der Sicherung der Seewege für Öl- und Energietransporte, aber auch beim Schutz kritischer Infrastruktur im Energiebe-

---

[494] Vgl. Gallis, Paul (2007): NATO and Energy Security, CRS Report for Congress, 15.08.2007, http://italy.usembassy.gov/pdf/other/RS22409.pdf (Zugriff 11.07.2010).

[495] Vgl. Bitzer, Klaus (2008): NATO und Energiesicherheit: Unser Öl, http://www.zeitfragen.ch/ausgaben/2008/nr20-vom-1352008/NATO-und-energiesicherheit-unser-oel/ (Zugriff 01.09.2009).

[496] S. Center for Strategic and international Studies (2004): The Transatlantic Dialogue on Terrorism, Washington D.C.: CSIS, S. 4.

[497] Vgl. FAZ.NET (2006): CDU bekennt sich zu deutschen Interessen, FAZ, 17.10.2006, http://www.faz.net/s/Rub594835B672714A1DB1A121534F010EE1/Doc~E6B4D2B10CCE9455B80A8E20BA1F186F2~ATpl~Ecommon~Scontent.html (Zugriff 11.07.2010).

[498] S. Bacia, Horst, Frankenberger, Klaus-Dieter (2006): Die NATO ist kein Weltpolizist, Frankfurter Allgemeine Zeitung, 03.02.2006, S. 2.

reich gegen terroristische Bedrohungen könne die NATO eine Rolle spielen. Zwar obliegen diese Aufgaben der nationalen Souveränität der jeweiligen betroffenen Staaten, jedoch könnte die NATO in technischen Angelegenheiten oder durch Informationsaustausch unterstützen.[499] So könnten NATO-Einheiten sog. *choke points* wie den Panama- und Suezkanal bewachen, aber auch Meerengen wie den Ärmelkanal oder die Straße von Gibraltar, den Schiffsverkehr beobachten, vor terroristischen Angriffen schützen, Begleitservice für nicht-militärische Schiffe anbieten und verdächtige Schiffe kontrollieren.

Operation Atalanta-Mission
Im Dezember 2008 startete die europäische Anti-Piraterie-Mission *NAVFOR Somalia – Atalanta*, an der Deutschland mit knapp 1400 Soldatinnen und Soldaten der Bundeswehr beteiligt ist.[500] Das Mandat ermächtigt die beteiligten Schiffsbesatzungen, alle erforderlichen Maßnahmen einschließlich der Anwendung militärischer Gewalt zu ergreifen, um den Auftrag zu erfüllen.[501] Die Operation Atalanta – Grundlage bildet die VN-Sicherheitsrat-Resolution 1846 (2008) – dient dem Schutz von humanitären Hilfslieferungen nach Somalia, der Verhütung und Bekämpfung seeräuberischer Handlungen und bewaffneter Raubüberfälle und dem Schutz der dortigen Handelswege und der freien Seefahrt in einer 500 Seemeilen tiefen Zone vor der Küste Somalias.[502] Es werden die Küstengebiete Somalias und Kenias überwacht, um Bedrohungen frühzeitig aufzuklären. Darüber hinaus wird durch die anhaltende und sichtbare Präsenz der Kriegsschiffe und ihre abschreckende Wirkung auf Seeräuber der Schutz für alle zivilen Schiffe verbessert.[503]

---

[499] S. ebd., S. 2.
[500] Antrag der Bundesregierung Beteiligung bewaffneter deutscher Streitkräfte an der EU-geführten Operation Atalanta zur Bekämpfung der Piraterie vor der Küste Somalias auf Grundlage des Seerechtsübereinkommens der Vereinten Nationen von 1982 und der Resolutionen 1814 (2008) vom 15.05.2008, 1816 (2008) vom 02.06.2008, 1838 (2008) vom 07.10.2008, 1846 (2008) vom 02.12.2008 und nachfolgender Resolutionen des Sicherheitsrates der Vereinten Nationen in Verbindung mit der Gemeinsamen Aktion 2008/851/GASP des Rates der Europäischen Union vom 10.11.2008.
[501] Vgl. Bundesministerium der Verteidigung (2010): Anti-Piraterie-Mission: Atalanta, BMVg, 17.06.2010, http://www.bmvg.de/portal/a/bmvg/kcxml/04_Sj9SPyksy0xPLMnMz0vM0Y_Qj zKLd4k3Ng40A8mB2CZu5vqRcMGglFR9X4_83FR9b_0A_YLciHJHR0VFAGTXyB8!/delt a/base64xml/L3dJdyEvd0ZNQUFzQUMvNElVRS82X0RfMzNRNw!! (Zugriff 11.07.2010).
[502] Der Schutz der zivilen Schiffe am Horn von Afrika erfolgt mit erster Priorität für Schiffe des Welternährungsprogramms (WEP), mit zweiter Priorität für andere Schiffe mit Ladung für humanitäre Zwecke, mit dritter Priorität für Schiffe unter EU-Flagge und mit vierter Priorität für sonstige schutzbedürftige Schiffe.
[503] Vgl. Bundesministerium der Verteidigung (2010): Anti-Piraterie-Mission. Atalanta, BMVg, 17.06.2010, http://www.bmvg.de/portal/a/bmvg/kcxml/04_Sj9SPyksy0xPLMnMz0vM0Y_Qj

Operation Enduring Freedom
Die Operation Enduring Freedom (OEF) wird in vier Regionen durchgeführt: in Afghanistan, am Horn von Afrika, auf den Philippinen und in Afrika innerhalb und südlich der Sahara. Deutschland beteiligt sich militärisch mit Einheiten der Marine an dem Einsatz im Indischen Ozean. Im Kampf gegen den internationalen Terrorismus ist Deutschland mit knapp 230 Seeleuten am Horn von Afrika militärisch präsent. Das Operationsgebiet der OEF-Teiloperation erstreckt sich von der Südspitze der Halbinsel Sinai im Roten Meer entlang der afrikanischen Ostküste bis zur somalisch-kenianischen Grenze und im Osten entlang der arabischen Halbinsel bis zur Straße von Hormuz im Golf von Oman und weiter nach Osten entlang der pakistanischen Küste bis etwa Karatschi. Die Hoheitsgewässer der Anrainerstaaten dürfen jedoch nur mit Zustimmung der jeweiligen Regierung befahren werden. Als Stützpunkt für den Einsatz am Horn von Afrika dient der Deutschen Marine der Hafen Djibouti.[504]

Operation Active Endeavour: Operation Ocean Shield
Die *Operation Ocean Shield* ist eine seit August 2009 durchgeführte NATO-Marinemission, Teiloperation der *Operation Active Endeavour*, zur Bekämpfung der Piraterie im Golf von Aden.[505] Von Oktober bis Dezember 2008 führte die NATO mit der Standing NATO Maritime Group 2 (SNMG 2) die *Operation Allied Provider* zum Schutz der Seewege am Horn von Afrika durch. Von März bis Juni 2009 folgte mit der Standing NATO Maritime Group 1 (SNMG 1) die *Operation Allied Protector* mit der gleichen Zielsetzung.[506] Die NATO begleitet Handelsschiffe und befreit bei Bedarf auch gekaperte Schiffe. In enger, im Rahmen der Vereinten Nationen koordinierter Zusammenarbeit mit allen anderen Akteuren in der Region – v. a. der EU-Mission Atalanta – wirkt die *Operation*

---

[504] zKLd4k3Ng40A8mB2CZu5vqRcMGglFR9X4_83FR9b_0A_YLciHJHR0VFAGTXyB8!/delta/base64xml/L3dJdyEvd0ZNQUFzQUMvNElVRS82X0RfMzNRNw!! (Zugriff 11.07.2010).
Vgl. Bundesministerium der Verteidigung (2010): Einsatzgebiet Operation ENDURING FREEDOM, BMVg, 19.01.2009, http://www.marine.de/portal/a/marine/kcxml/04_Sj9SPykssy0xPLMnMz0vM0Y_QjzKLNzKOD_R1BcmB2d5mIfqRcNGglFR9X4_83FR9b_0A_YLciHJHR0VFAF0ZG84!/delta/base64xml/L2dJQSEvUUt3QS80SVVFLzZfMjNfUVRB?yw_contentURL=/01DB070000000001/W26E9C9Z654INFODE/content.jsp (Zugriff 11.07.2010).

[505] Vgl. NATO (2010): Terrorismusbekämpfung auf dem Mittelmeer, NATO, http://www.NATO.int/docu/review/2005/issue3/german/art4.html (Zugriff 11.07.2010).

[506] Vgl. NATO (2010): Operation Ocean Shield, NATO, http://www.aco.NATO.int/page208433730.aspx (Zugriff 11.07.2010).

Ocean Shield am Aufbau lokaler Fähigkeiten zur Bekämpfung der Piraterie mit.[507]

Bereits im strategischen Konzept der NATO von 1999 heißt es, dass "*alliance security interests can be affected by other risks of a wider nature, including acts of terrorism, sabotage and organised crime, and by the disruption of the flow of vital resources*".[508] Seit 2004 wird das Thema Energiesicherheit im *Advanced Research Workshop* der NATO diskutiert. Auf dem NATO-Gipfel in Bukarest 2008 identifizierten die Mitglieder neben "*NATO's Role in Energy Security*" Schlüsselbereiche, in denen die NATO einen Beitrag leisten kann:[509]

- Information and intelligence fusion and sharing.
- Projecting stability.
- Advancing international and regional cooperation.
- Supporting consequence management.
- Supporting the protection of critical infrastructure.

Eine kohärente Politik hat die NATO trotz der vielfältigen Auseinandersetzung mit dem Thema bisher nicht entwickelt. Dieser Mangel resultiert aus der Uneinigkeit innerhalb des Bündnisses darüber, ob, besonders mit Blick auf Russland, eine "Militarisierung" des Themas verhindert werden soll, oder ob Energiesicherheit sogar ein Thema sein kann, das unter Umständen den Bündnisfall auslösen könnte.[510] Die Hoffnung liegt in einem für Ende 2010 erwarteten, neuen Strategischen Konzept der NATO. Eine neue NATO-Strategie, die das Thema Energiesicherheit adressiert, bietet die Gelegenheit, sich erstens mit der Überarbeitung der Europäischen Sicherheits-Strategie abzustimmen und zweitens einen breit angelegten strategischen Dialog im Bündnis hinsichtlich des Verhältnisses der NATO zu anderen Institutionen, insbesondere der EU, die Beziehungen zu den Partnerländern innerhalb und außerhalb Europas und die Rolle der NATO bei diesen neuen Aufgaben zu diskutieren.

---

[507] Vgl. Auswärtiges Amt (2010): Nordatlantische Allianz (NATO) – Operation Ocean Shield, http://www.auswaertiges-amt.de/diplo/de/Aussenpolitik/InternatOrgane/NATO/NATO.html (Zugriff 11.07.2010).
[508] S. NATO (1999): The Alliance's Strategic Concept Approved by the Heads of State and Government participating in the meeting of the North Atlantic Council in Washington D.C. on 23rd and 24th April 1999, NAC-S(99)65, S. 7.
[509] Vgl. NATO (2010): NATO's role in energy security, NATO 14.03.2010, http://www.NATO.int/cps/en/NATOlive/topics_49208.htm (Zugriff 11.07.2010).
[510] Vgl. Rühle, Michael (2008): Der steinige Weg ins globale Zeitalter, http://www.internationalepolitik.de/ip/archiv/jahrgang-2008/maerz/der-steinige-weg-ins-globale-zeitalter.html (Zugriff 24.08.2009).

Die NATO betreibt keine eigene Energiepolitik. Sie leistet lediglich einen Beitrag zur nationalen, europäischen oder internationalen Energiesicherheit. Die NATO ist nicht nur ein militärisches Bündnis, sondern auch ein politisches; als solches stärkt sie den Dialog mit Mittelmeerländern und die Beziehungen zu Ländern des Golf-Kooperationsrates oder des NATO-Russland-Rates. Dennoch – verdeutlicht nicht zuletzt durch die Kaukasus-Krise 2008 – sind gerade auch die Grenzen der Einflussmöglichkeiten auf Partnerländer wie z.B. Russland begrenzt. Die NATO-Osterweiterung, die Balkan-Kriege, die Unabhängigkeit des Kosovo und zuletzt die Beitrittsavancen der NATO an die Ukraine und Georgien sind Indizien dafür, dass das Verhältnis zu Russland belastet ist: Während die Regierungen von Polen, Tschechien und der USA 2007 noch an der Installation von Basen des US-Raketenabwehrsystems interessiert waren, drohte Russland seinerseits eine Raketenstellung in Kaliningrad an der polnischen Grenze einzurichten. Energie- und sicherheitspolitischer Interessenausgleich scheint sich unter diesen Vorzeichen schwierig gestalten zu lassen. Gleichzeitig denkt die NATO nach, Marinekräfte mit Ölkonzernen zu verbinden. Diese Pläne zur Sicherung westlicher Ressourcenförderung gehen mit Marineeinsätzen zur Sicherung des Schiffshandels einher. Auch bei Angriffen auf Einrichtungen, in Fällen von Geiselnahme oder Piraterie in Afrika, Asien oder im Nahen Osten können NATO-Kräfte zum Einsatz kommen.

5. Das Konzept der Vernetzten Sicherheit

Der neue Sicherheitskontext des 21. Jahrhundert schafft ein neues Umfeld, in dem sich Nationalstaaten zurechtfinden und operieren müssen. Es prägt sich ein neuer Mix an Herausforderungen aus, auf den Deutschland sowie auf seine Verbündeten und Partner mit einer Anpassung ihrer Strategie, Konzepte und Instrumente reagieren. Diese Entwicklungen schaffen insgesamt einen neuen Kontext von Sicherheit und Verteidigung.

Vor allem aber verändern diese Entwicklungen die Anforderungen an die staatliche Sicherheitsorganisation, ihre Aufgaben (Schutz der Bürgerinnen und Bürger gegen Gefahren von innen und außen) in diesem Kontext weiterhin effektiv zu gewährleisten.[511] Die Offenheit und Vernetztheit der industrialisierten Staatenwelt in Zeiten der Globalisierung eröffnen aggressiven Staaten, Individuen oder Gruppen (Opposing Militant Forces) zahlreiche, leichter verletzbare Angriffspunkte als früher.[512]

Gemeinsame Anstrengungen einer ganzheitlichen, diesem Kontext und diesen Entwicklungen gerecht werdenden Sicherheitsstrategie finden sich beispielsweises im Comprehensive Approach der NATO[513], führen zu neuen Konzepten, Verfahren und Prozessen in der Begegnung internationaler Herausforderungen in den westlichen Nationalstaaten, so auch in Deutschland. Der Comprehensive Approach und seine deutsche Fassung, die Vernetzte Sicherheit, sind demnach als zentrale Bestandteile der Sicherheitsorganisation im 21. Jahrhundert anzusehen. Dabei ist Vernetzte Sicherheit Methode, Strategie und Ziel zur Gestaltung globaler und nationaler Sicherheit im 21. Jahrhundert.

---

[511] Vgl. die fortschreitende Entwicklung von Wirtschaft und Gesellschaft, indem die Informations- und Kommunikationsdienstleistungen im Vergleich zur industriellen Warenproduktion, aber auch zu den traditionellen Dienstleistungen (v.a. Handel und Verkehr) eine zentrale Bedeutung gewinnen.

[512] S. United States of America (2010): National Security Strategy 2010, Washington D.C.: White House, S. 2.

[513] Der Comprehensive Approach begreift das Handlungsumfeld entlang der Dimensionen Politik, Wirtschaft, Zivilgesellschaft, Infrastruktur und Information und bettet die militärischen Fähigkeiten hierin zweckdienlich im Sinne einer zuvor entwickelten Gesamtstrategie ein. Vgl. Comprehensive Political Guidance (CPG) Endorsed by NATO Heads of State and Government on 29 November 2006, Riga, Latvia.

5.1 Ausgangsüberlegungen

Bei der Vernetzten Sicherheit als mögliches, zukünftiges außen- und sicherheitspolitisches Gesamtkonzept für Deutschland geht es im Kern darum, Wissen und Technologie so miteinander zu verbinden, dass sich die Effektivität und Effizienz politischen Handelns maßgeblich erhöhen. Dies eröffnet neue Chancen für die Umsetzung politischer und wirtschaftlicher Ziele und vermindert zugleich die Verwundbarkeit Deutschlands gegenüber Risiken und möglichen Bedrohungen für die nationale Sicherheit. Vernetzte Sicherheit verbessert damit auch die Sicherheit für die deutschen Bürger und Bürgerinnen.

Der Gewinn an Sicherheit entsteht durch das bewusst "intelligente" Zusammenwirken politischer, gesellschaftlicher, technologischer und ökonomischer Prozesse und daraus entstehender Synergien. Derart ausgerichtet stellt sich Deutschland für die sicherheitspolitischen Herausforderungen der kommenden Jahre im Bereich der inneren und äußeren Sicherheit gut auf.

Genau das ist der Ansatz der Vernetzten Sicherheit, wie er bereits im *Weißbuch zur Sicherheitspolitik Deutschlands und zur Zukunft der Bundeswehr 2006* der Bundesregierung vorgestellt wird: "*Nicht in erster Linie militärische, sondern gesellschaftliche, ökonomische, ökologische und kulturelle Bedingungen, die nur in multinationalem Zusammenwirken beeinflusst werden können, bestimmen die künftige sicherheitspolitische Entwicklung. [...]. Erforderlich ist [...] ein umfassender Ansatz, der nur in vernetzten sicherheitspolitischen Strukturen sowie im Bewusstsein eines umfassenden gesamtstaatlichen und globalen Sicherheitsverständnisses zu entwickeln ist.*"[514] Mit Hilfe der Vernetzten Sicherheit sollen Prozesse und Strukturen definiert werden, mit denen Zusammenhänge besser identifiziert, analysiert und behandelt werden können.[515]

Sicherheitspolitik muss permanent Antworten auf die sich verändernden Herausforderungen finden. Der Wandel des Sicherheitssektors betrifft insbesondere auch die zivilen Sicherheitsherausforderungen. Die Nationen müssen sich hinsichtlich ihrer Strategien, Prozesse, Strukturen, Fähigkeiten sowie Ressourcen an die neuen Sicherheitsanforderungen anpassen. Das stellt hohe Anforderungen an Staat, Wirtschaft und Gesellschaft:

- Aufgaben der inneren wie äußeren Sicherheit konvergieren und erfordern eine neuartige Sicherheitsarchitektur, gekennzeichnet durch konsequent

---

[514] S. Bundesregierung (2006): Weißbuch 2006 zur Sicherheitspolitik Deutschlands und zur Zukunft der Bundeswehr, Berlin, S. 25.
[515] Vgl. Baraásis, Albert-László (2003): Linked: How Everything is Connected to Everything Else, New York: Plume.

ressortübergreifende Vernetzung aller staatlichen und nicht-staatlichen Akteure.
- "Power to the Edge" (d.h. Handlungs- und Wirkungsüberlegenheit durch Dezentralisierung) setzt auf die Befähigung und Selbstsynchronisierung weitgehend autonom handelnder Elemente. Dies gilt für alle Bereiche deutscher Sicherheitspolitik gleichermaßen.[516]
- Das Spektrum, die Leistung und die Art einzusetzender Instrumente erweitern sich rapide. Ausschlaggebend ist die angestrebte Wirkung. Von dieser aus wird zurückgerechnet: Was muss getan werden, damit die beabsichtigte Wirkung erzielt wird?
- Die Anforderungen an Informationsbedarf, -management und -sicherheit steigen drastisch: Ziel ist Entscheidungsüberlegenheit auf der Grundlage von Informations- und Wissensüberlegenheit.
- Innovation und Tempo sind die Schlüssel für moderne Sicherheitskonzepte, Antworten auf zunehmend asymmetrische Bedrohungslagen und Voraussetzung für Prosperität von Gesellschaften.
- Budgetäre Engpässe zwingen zu einer Balance von sinnvollem Einsatz leistungsfähiger "Altsysteme" einerseits und neuartiger technologischer Innovation andererseits.
- Die Komplexität moderner "System-of-Systems"-Lösungen lässt sich nur im Zusammenwirken aller relevanten Akteure von staatlich und nichtstaatlich über öffentlich und privat bis national und international bewältigen; diese stehen jedoch nicht selten mit ihrem gewohnten Denken in direktem Widerspruch.

Der EU ist es nach dem Ende des Ost-West-Konflikts nicht gelungen, sicherheitspolitisch zu einem eigenständigen, handlungs- und durchsetzungsfähigen Akteur zu werden. Sowohl Deutschland als auch die EU sind zwar bündnis-, aber nicht wirklich führungsfähig.[517] Die sich abzeichnende ökonomisch und demographisch induzierten Machtverschiebungen veranlassen Deutschland, die EU sowie andere westliche Partner zur Entwicklung ganzheitlicher Konzepte

---

[516] S. Alberts, David S./ Hayes, Richard (2003): Power to the Edge, in: Department of Defence (Hg.): Command and Control Research Program, Washington D.C.: CCRP, S. 6.

[517] Sie konnten weder auf dem Balkan noch im Nahen und Mittleren Osten überzeugende Beiträge zum Krisen- und Konfliktmanagement leisten. Ähnliches gilt für den Aufbau der Administration in Mostar oder den Polizeiaufbau in Afghanistan. Erst seit kurzem zeigen sich Erfolge wie z.B. die EU-Operation EUFOR RD Congo oder EU NAVFOR Somalia – Operation Atalanta. Insgesamt hat jedoch der Lissabon-Prozess die EU sicherheitspolitisch nicht wesentlich gestärkt; eher sogar noch geschwächt. Frankreich hat aus dieser Entwicklung Konsequenzen gezogen und ist 2009 in die militärischen Strukturen der Atlantischen Allianz zurückgekehrt

und Strukturen, mit deren Hilfe die eigenen vitalen Interessen künftig gewahrt werden können.[518]

Grundlage jeder außen- und sicherheitspolitischen Maßnahme sollte künftig das Bewusstsein über die Interessenvernetzung und die Erkenntnis sein, dass alles mit allem zusammenhängt. Daraus folgt, dass es in außen- und sicherheitspolitischen Fragen – wie z.B. der deutschen Energiesicherheit – um politische Entscheidungen von gesamtstaatlicher Relevanz geht: Sicherheit im 21. Jahrhundert ist eine Kombination aus dem physischen Schutz territorialer Grenzen und der Unversehrtheit der darin verfassten Gesellschaft, der Verteidigung nationaler Werte, dem Schutz der Wettbewerbsfähigkeit auf den Weltmärkten sowie international konkurrenzfähiger akademischer Standards. Sicherheit im 21. Jahrhundert, verstanden als zu schützende und zu gestaltende Daseinsvorsorge, muss neben militär- und tagespolitischen Erwägungen auch weiterwirkende Faktoren berücksichtigen. Dazu zählen beispielsweise Energiesicherheit, wissenschaftliche und technologische Interoperabilität und sensible Hochtechnologien.

Sicherheit berührt nicht mehr nur die physischen Grenzen des Heimatlandes, sondern immer stärker nationale Interessen. Gefragt ist daher ein sicherheitspolitischer Gesamtansatz.

5.1.1 Das politische Umfeld

Das *Weißbuch 2006 zur Sicherheit der Bundesrepublik Deutschland und zur Zukunft der Bundeswehr* der Bundesregierung definiert folgende, grenzüberschreitende Herausforderungen, die Deutschland "*auf neue Weise fordern*":[519]

- *Internationaler Terrorismus*: Internationale, planvoll handelnde, länderübergreifende Netzwerke bedrohen die Sicherheit in und für Deutschland, indem sie sich zunehmend neuer Technologien und moderner Kommunikationswege, die die westlichen Demokratien im Zuge der Globalisierung bereitwillig zur Verfügung stellen, zur Durchführung ihrer Anschläge bedienen. Dies verdeutlichen die Terroranschläge vom 11. September 2001 in

---

[518] Den Kern der vitalen deutschen Interessen bildet die Bewahrung und Steigerung der volkswirtschaftlichen Leistungs- sowie außen- und sicherheitspolitischen Handlungsfähigkeit Deutschlands; dazu zählt insbesondere die Exportstärke im Automobil- und Maschinenbau sowie in der chemisch-pharmazeutischen Industrie.

[519] S. Bundesregierung (2006): Weißbuch 2006 zur Sicherheit der Bundesrepublik Deutschland und zur Zukunft der Bundeswehr, Berlin, S. 19.

New York und Washington, 11. März 2004 in Madrid, 7. Juli 2005 in London und zahlreiche weitere.[520]

- *Massenvernichtungswaffen*: Zahlreiche Akteure (unter ihnen nicht nur Staaten, sondern auch nichtstaatliche, transnationale Akteure) streben den Besitz von Massenvernichtungswaffen an.[521] Die damit verbundene Proliferation von Hochtechnologien, Massenvernichtungswaffen und ihren Trägern, aber auch dem diesbezüglichen Wissen und Können, ermöglicht es einer kleinen Anzahl von Akteuren – die nicht über internationale abrüstungspolitische Mechanismen zur Kooperation verpflichtet werden können, da staatlicher Natur –, offene und vernetzte Gesellschaften zu bedrohen.

- *Regionalkonflikte*: Politische Konflikte an der Peripherie der EU, aber auch in weiter entfernten Regionen berühren zunehmend die Sicherheit Deutschlands. Die Erosion staatlicher Strukturen, der Zerfall ganzer Staatsapparate, damit einhergehende Bürgerkriege und das Entstehen von Gebieten außerhalb der Beherrschbarkeit eröffnen Aktionsräume und Rückzugsgebiete für Terrorismus und Organisierte Kriminalität. In einer globalisierten Welt wirken diese Entwicklungen in vielfältiger Weise auch auf die Sicherheit Deutschlands.

Hinzu kommen die eingangs beschriebenen Entwicklungen wie der Wandel der Demographie, Zersplitterung der Gesellschaften, Klima und Umwelt, wirtschaftliche (und technologische) Entwicklungen, unterschiedliche Werteorientierung und Radikalisierung, Entwicklungsstand der Gesundheit, Verbreitung von Pandemien und Seuchen, Zugang zu Rohstoffen sowie Migration. Diese Entwicklungen sind nicht grundlegend neu, sondern begleiten die Menschheitsgeschichte schon länger. Allerdings gewinnen sie durch die globale Vernetzung eine neue sicherheitspolitische Dimension und fordern "*state based international institutions that were largely designed in the wake of World War II by policymakers who*

---

[520] 27. November 2009 Russland: 26 Tote und 100 schwer Verletzte nach Anschlägen auf den Schnellzug Moskau – St. Petersburg; 26. November 2008 Mumbai, Indien: 174 Tote und 239 Verletzte nach 17 fast zeitgleichen Explosionen, Angriffen mit Schnellfeuerwaffen und Geiselnahmen an zehn verschiedenen Stellen der Stadt durch eine kleine Gruppe von Angreifern; 9. November 2005 Amman, Jordanien: 58 Tote nach Explosionen in drei westlichen Luxushotels; 23. Juli 2005 Scharm el Scheich, Ägypten: 66 Tote, überwiegend westliche Touristen; 1. September 2004 Beslan, Russland: 330 Tote in einer Schule in Nordossetien; 24. August 2004: 90 Tote nach Sprengstoffexplosionen zweier russischer Passagierflugzeuge; 20. November 2003 Istanbul, Türkei: 33 Tote nach Bombenanschlag auf britische Einrichtungen; 16. Mai 2003 Casablanca, Marokko: 45 Tote nach fünf Anschlägen auf westliche und jüdische Einrichtungen.

[521] S. United States of America (2002): National Security Strategy 2002, Washington D.C.: The White House, S. 13.

had different challenges in mind" heraus.[522] Obgleich diese Entwicklungen auch den politischen Handlungsrahmen deutscher Sicherheitspolitik abstecken, fließen sie bisher nur vereinzelt und nicht systematisch in die Analyse der Sicherheitspolitik und die Konzeptionierung von Lösungsansätzen in und für Deutschland ein.[523]

Aufbrechende innerstaatliche und regionale Konflikte können zum einen den Charakter von Kriegen und Konflikten gegenüber der Zeit des Ost-West-Konfliktes verändern.[524] Zum anderen spannt sich mit der Globalisierung ein wirtschaftliches, soziales und technologisches Netz um die Welt, das die wechselseitige Abhängigkeit von Gesellschaften erhöht. Die Verknüpfung dieser beiden Überlegungen lässt nicht (mehr) ausschließen bzw. es sogar wahrscheinlich werden, dass krisenhafte Entwicklungen weitentfernter Regionen – über globalisierte Interdependenzen – auch Deutschland unmittelbar betreffen können.[525] Mit anderen Worten: Geographische Distanz garantiert (überhaupt) keine Sicherheit. Das führt zu der Schlussfolgerung, dass die Verwundbarkeit freier Gesellschaften und ein sich wandelndes internationales Umfeld in einem Kausalzusammenhang mit den gleichzeitig hervortretenden Heraus- und Anforderungen staatlicher Sicherheitsvorsorge stehen.[526]

Verantwortlich für diese Verwundbarkeit sind zum einen die Offenheit und Vernetztheit demokratischer Gesellschaften: Die Entfaltung und zunehmende Vernetzung internationaler Handels-, Investitions-, Reise-, Kommunikations- und

---

[522] S. ebd., S. 14.
[523] S. Jäger, Wolfgang (1988): Von der Kanzlerdemokratie zur Koordinationsdemokratie, Zeitschrift für Politik, Nr.1, 1988, S.15-32 (21).
S. Müller-Rommel, Ferdinand/ Pieper, Gabriele (1991): Das Bundeskanzleramt als Regierungszentrale, Aus Politik und Zeitgeschichte, B 21-22/1991, 17.5.1991, S. 3-13 (12).
S. Seidt, Hans-Ulrich (1997): Die Apparate sind hilflos: Deutschland braucht ein eigenes Instrument für Krisenmanagement, Denkwürdigkeiten Journal der Politisch-Militärischen Gesellschaft, Nr. 1, Oktober 1997, S. 4-7 (4).
[524] Damit einher geht die Anerkennung der Gefahr innerstaatlicher Krisen für die internationale Sicherheit und den Frieden mit der Folge VN-geführter Interventionen auf Basis von Kapitel VII VN-Charta. Vgl. Kreß, Claus (1999): Der Jugoslawien-Strafgerichtshof im Grenzbereich zwischen internationalem bewaffneten Konflikt und Bürgerkrieg, in: Horst, Fischer/ Sascha, Rolf L. (Hg.): Völkerrechtliche Verbrechen vor dem Jugoslawien-Tribunal, nationalen Gerichten und dem Internationalen Strafgerichtshof, Berlin: Berlin Verlag.
[525] Aufzuführen sind hier v.a. die beschleunigte Ausbreitung von Krankheiten über globale Mobilität und Verkehr (z.B. Malaria, Tuberkulose, Influenza oder SARS), der leichtere Zugang zu Know-how, Fähigkeiten und Technologien über Internet und Satellitenkommunikation sowie seine Nutzbarmachung entgegen der ursprünglichen Intention (Proliferation von Massenvernichtungswaffen oder "Flugzeuge als Waffen"), die echtzeitnahe Verbreitung von Informationen über moderne Kommunikationstechnologien etc.
[526] S. Schneckener, Ulrich (2005): Fragile Staatlichkeit als globales Sicherheitsrisiko. Sicherheitsstrategien von USA und EU, Aus Politik und Zeitgeschichte, B 28-29/2005, 11.07.2005, S. 26-31 (28).

Wissensströme eröffnen eben auch die Möglichkeit zum Missbrauch. Über Internet und Satellitenkommunikation können nicht nur Menschen an entfernten Orten in Sekundenschnelle miteinander vernetzt, große Finanztransaktionen um die ganze Welt abgewickelt oder einfach Ideen ausgetauscht, sondern illegal durch Staaten sowie nichtstaatliche und transnationale Akteure auch sensibles Wissen, Technologien und neuen Fähigkeiten erworben werden.[527]

Zum anderen haben Staaten – wahrscheinlich insbesondere aus Kostengründen und mit Blick auf andere Prioritäten – der Sicherheit bzw. dem Abbau und der Vermeidung von Verwundbarkeiten seit 1990 immer weniger Beachtung geschenkt. Der staatliche Fokus auf Kostenreduzierung, Effizienzsteigerung, Interoperabilität, Standardisierung und Normierung sowie schließlich auch "Outsourcing" – für sich genommen alles lobenswerte, wichtige und oftmals richtige Zielsetzungen – hat in der Summe bewirkt, dass Sicherheitsaspekten (zu) wenig Rechnung getragen wurde und Verwundbarkeiten in (zu) hohem Maße zugelassen sowie toleriert wurden. Dies erscheint nicht zuletzt die Konsequenz einer Politik der Illusion über das "Ende der Geschichte", den übermächtigen Sieg von Demokratie und Kapitalismus und den "ewigen Frieden" in einer (fast) konfliktfreien Welt über nun Jahrzehnte hinweg – deren systematisches Unterschätzen möglicher Bedrohungen (spätestens) am 11. September 2001 nachhaltig erschüttert wurde.[528] Systematisch vergrößern moderne Industriegesellschaften auf dem Sprung zu den Informationsgesellschaften ihre Abhängigkeit von neuesten informationstechnologischen Systemen, ohne aber die zunehmende Verwundbarkeit zu reduzieren. Klassische Verfahren zur Minimierung von Verwundbarkeiten (wie z.B. Redundanzen, Notfallvorsorge, "Resilience" etc.) finden kaum noch Anwendung. Sicherheitsbelange lassen sich aber nur begrenzt und bedingt Kosteneinsparungen unterordnen.

Ursachen und Wirkungen von Risiken und möglichen Bedrohungen deutscher Energiesicherheit lassen sich künftig nicht (mehr) auf einen einzelnen geographischen Ort oder Raum begrenzen, sie sind prinzipiell allgegenwärtig. Die Delokalisierung von unkalkulierbaren, miteinander verflochtenen Risiken und möglichen Bedrohungen findet auf drei Ebenen statt:

- Räumlich: Ausbreitung über die Grenzen des Nationalstaates hinweg.
- Zeitlich: Zukünftige Folgen können nicht zuverlässig bestimmt und begrenzt werden.

---

[527] S. Bundesregierung (2006): Weißbuch 2006 zur Sicherheit der Bundesrepublik Deutschland und zur Zukunft der Bundeswehr, Berlin, S. 19.
[528] S. Fukuyama, Francis (1992): Das Ende der Geschichte. Wo wir stehen?, München: Kindler, S. 13.

- Sozial: Komplexe Abläufe mit langen Wirkungsketten führen dazu, dass sich Ursachen und Wirkungen nicht mehr hinreichend bestimmen und zurechnen lassen.

Hinzu kommt, dass ihre Folgen unkalkulierbar sein können. Dabei ist die Spannbreite sicherheitspolitisch zu erfassender Risiken und (möglicher) Bedrohungen des 21. Jahrhunderts weder wirklich neu noch in ihren Extremen mit denen des Ost-West-Konflikts vergleichbar. Ein Großteil der "neuen" Herausforderungen ist ursprünglich nicht sicherheitspolitischer Natur, sondern gewinnt erst über destabilisierende Folgen an besonderer, sicherheitspolitischer Bedeutung.[529] Es reicht jedoch nicht aus, mögliche Schaden abzuwenden bzw. präventiv zu verhindern.

Seit den 1990er Jahren wird die territoriale Verteidigung durch ein verstärktes Engagement für internationales Krisenmanagement, die Stabilisierung von Konfliktregionen und Friedenskonsolidierung ergänzt und so die traditionelle Unterscheidung zwischen innen und außen in gewissem Maße zunehmend aufgebrochen. Staatliche Sicherheitsvorsorge beschränkt sich nicht mehr (nur) auf Landes- und Bündnisverteidigung im territorialen Sinn, sondern umfasst vielmehr die Verteidigung nationaler und bündnisgemeinsamer Interessen. Sicherheitspolitik ist im 21. Jahrhundert risikoorientiert, vorbeugend und proaktiv, was ein entsprechend vielfältiges Spektrum an Instrumenten erforderlich macht. Gerade der europäische Integrationsraum bietet mit fast 500 Millionen Menschen, einer Fläche von über 4,3 Millionen km^2, einem Straßennetz von über 4,5 Millionen km, einem Eisenbahnnetz von ca. 170.000 km und einer Öl- und Gasleitungsinfrastruktur von 1,2 Millionen km sowie über 240 Atomkraftwerken zahlreiche Angriffspunkte, die ein effektives Sicherheitssystem unverzichtbar, jedoch zugleich, aufgrund zahlreicher Zielkonflikte, außerordentlich schwierig realisierbar machen.[530]

Vor diesem Hintergrund sind bestehende Konzepte der staatlichen Sicherheitsvorsorge auf ihre künftige Wirksamkeit zu überprüfen und ggf. anzupassen.

---

[529] Hierzu können Auswirkungen von Armut, Flüchtlingsströme, Pandemien und Seuchen, Klima- und Umweltentwicklungen etc. zählen.

[530] S. Pankratz, Thomas/ Borchert, Heiko (2004): Homeland Security aus europäischer Perspektive, in: Borchert, Heiko (Hg.): Vernetzte Sicherheit, Band 3, Weniger Souveränität – Mehr Sicherheit, Schutz der Heimat im Informationszeitalter und die Rolle der Streitkräfte, Hamburg: E.S. Mittler & Sohn, S.17-38 (19).

5.1.2 Das Problem mit der erweiterten Sicherheit

Der Begriff Sicherheit verweist auf sehr unterschiedliche Themen, Fragestellungen und Werte, wie:

- Individuelle Sicherheit: Sicherheit vor Kriminalität und Gewährleistung individueller Unversehrtheit
- Ökonomische Sicherheit: Schaffung adäquater Rahmenbedingungen für Wirtschaftswachstum, Prosperität und kollektive Wohlstandssicherung
- Soziale Sicherheit: Sicherung des Lebensunterhaltes, Bewahrung von Frieden, Schutz und Förderung von Bürgerrechten
- Politische Sicherheit: Schutz vor Menschenrechtsverletzungen, Gewährleistung innere und äußerer Sicherheit, Förderung friedlicher Konfliktlösung
- Militärische Sicherheit: Schutz vor chemischen, biologischen und atomaren Waffen, Gewährleistung äußerer Sicherheit
- Sicherung der Lebensgrundlagen: Schutz vor Katastrophen, Gewährleistung von Lebensqualität.[531]

Im Deutschen wird der Begriff Sicherheit, *securitas*, sorglos, zwar umfassend, jedoch undifferenziert verwendet.[532] Der sogenannte "erweiterte Sicherheitsbegriff" hat sich seit Anfang des 21. Jahrhunderts in der deutschen sicherheitspolitischen Debatte durchgesetzt.[533] Dieser geht u.a. von einem "*grundlegenden Wandel im Sicherheitsumfeld*" (Bundesregierung, 2006: 8) aus. So impliziert der "*erweiterte Sicherheitsbegriff*", dass (auch innere) Bedrohungen dort bekämpft werden müssen, wo sie entstehen,[534] nämlich zunehmend im Ausland: "*Unsere*

---

[531] S. Österreichische Akademie der Wissenschaften (2005): Sicherheitsforschung – Begriffsfassung und Vorgangsweise für Österreich, Wien: Verlag der Österreichischen Akademie der Wissenschaften, S. 25.

[532] Anders als im Englischen, wo zwischen Safety, Security und Certainty unterschieden wird.

[533] Vgl. Bundesakademie für Sicherheitspolitik (2001): Sicherheitspolitik in neuen Dimensionen. Kompendium zum erweiterten Sicherheitsbegriff. Hamburg: E.S. Mittler & Sohn.
Vgl. Meier, Ernst-Christoph/ Roßmanith, Richard/ Schäfer, Heinz-Uwe (2003): Wörterbuch zur Sicherheitspolitik. Deutschland in einem veränderten internationalen Umfeld, Hamburg: E.S. Mittler & Sohn.
Vgl. Bundesakademie für Sicherheitspolitik (2004): Sicherheitspolitik in neuen Dimensionen. Ergänzungsband 1. Hamburg: E.S. Mittler & Sohn.

[534] S. Varwick, Johannes (2004): Die Nordatlantikorganisation und der amerikanische War on Terrorism – Transformation in die Bedeutungslosigkeit oder Neuanfang?, in: Pradetto, August (Hg.): Sicherheit und Verteidigung nach dem 11. September 2001. Akteure – Strategien – Handlungsmuster, Frankfurt a. M.: Peter Lang – Europäischer Verlag der Wissenschaft, S. 201-226 (202).

Sicherheit wird nicht nur, aber auch am Hindukusch verteidigt."[535] Sicherheit und Verteidigung gelten nicht länger als territorial besetzt, sondern im Sinne der Verteidigung von Wohlstand, Kultur, Interessen und Werten als entgrenzt.[536] Die Loslösung vom Territorialgedanken und die Übertragung auf eine gesamtgesellschaftliche Ebene führen dazu, dass Verteidigung sich weniger gegen einen Feind von außen richtet, als dass sie vielmehr eine gestalterisch-stabilisierende Funktion übernimmt. Einerseits müssen (im-)materielle Güter beschützt und andererseits aktiv Konfliktpotentiale und deren Ursachen unterbunden werden.[537] Während physische Grenzen immer weniger Schutz benötigen, erscheinen binnenstaatliche Infrastruktur und Know-how zunehmend schützenswerter.

Daraus lässt sich schließen, dass Sicherheit ein "*ambiguous symbol*" ist, das – wird es ohne Spezifikation verwendet – Raum struktureller Unordnung stiftet, und nicht politischen Konsens bzw. eine wissenschaftlich angemessene Behandlung.[538] Das führt eher zu einem "*conceptual muddle rather than a paradigm or world view shift – a de-definition rather than a re-definition of security.*"[539] Zudem ist Sicherheit ein gesellschaftliches Wertsymbol; sie verspricht heute weit mehr als bloßen Schutz, nämlich Gewissheit, Verlässlichkeit, Beruhigung und Geborgenheit.[540] Diese positive Besetzung von Sicherheit hat zur Folge, dass der Staat "*by naming a certain development a security problem*" die Furcht vor existenzbedrohenden Unsicherheiten begründet und "*a special right*" beansprucht, wodurch eine (legitimatorische) Mobilisierung aller verfügbaren Mittel ermöglicht wird.[541] Insgesamt mangelt es an einem gemeinsamen Sicherheitsverständnis darüber, wie Sicherheit konzeptionalisiert sein und welche Fragestellungen

---

[535] Vgl. Erklärung der Bundesregierung durch den Bundesminister der Verteidigung, Dr. Peter Struck, am 11.03.2004 in Berlin.

[536] S. Bundesregierung (2006): Weißbuch 2006 zur Sicherheitspolitik Deutschlands und zur Zukunft der Bundeswehr, Berlin, S. 24.

[537] S. Eggenberger, René (2004): Homeland Security, die Rolle der Streitkräfte und der neue Verteidigungsbegriff, in: Borchert, Heiko (Hg.): Vernetzte Sicherheit. Weniger Souveränität – Mehr Sicherheit, Schutz der Heimat im Informationszeitalter und die Rolle der Streitkräfte, Bd. 3, Hamburg: E.S. Mittler & Sohn, S. 116-133 (123 ff.).

[538] S. Wolfers, Arnold (1952): National Security as an Ambiguous Symbol, Political Science Quarterly, Vol. 67, No. 4. (Dec., 1952), S. 481-502 (483).

[539] S. Ayoob, M. (1997): Defining Security: A Subaltern Realist Perspective, in: Krause, Keith/ Williams, Michael (Hg.): Critical Security Studies: Concepts and Cases, London: UCL Press, S. 121-147 (129).

[540] S. Kaufmann, Franz-Xaver (1973): Sicherheit als soziologisches und sozialpolitisches Problem. Untersuchungen zu einer Wertidee hochdifferenzierter Gesellschaften, Stuttgart: Enke, S. 1.

[541] S. Deudney, Daniel (1990): The Case Against Linking Environmental Degradation and National Security, Millenium 19/3, S. 461-476 (465).

sie adressieren muss.[542] Es bleibt unklar, ob Sicherheit ein Ziel, Problemfeld, Konzept, Forschungsprogramm oder eine Disziplin ist.[543]
Der Sicherheitsbegriff an sich ist schwer fassbar und definierbar. Er kommt innerhalb eines großen Kontextes multipler individueller, gesellschaftlicher, staatlicher und wissenschaftlicher Zielsetzung zum Einsatz und umfasst synchron mehrere widersprüchliche und doch "*raffinierte*" Komponenten. Die Ableitung sicherheitspolitischer Implikationen des Energiesicherheitsbegriffs ist jedoch aufgrund des "*persistent underdevelopment*" des Sicherheitsbegriffs im Allgemeinen und der Vielzahl von Risiken und (möglichen) Bedrohungen, die in ihrer Tiefe und Ausmaß nicht absehbar sind, um so schwieriger.[544] Diese Unklarheit ist u.a. in dem politischen Motiv der Aufrechterhaltung symbolischer Mehrdeutigkeit begründet. Mit dem Argument "zum Zweck der nationalen Sicherheit" können sich politische Maßnahmen viel leichter rechtfertigen lassen, als es unter anderen Umständen der Fall wäre. Sicherheit ist zu einem Synonym für die enorme Bandbreite disponierter Interessen geworden.[545]

5.2 Vernetzung – Eine mögliche Antwort

„*Das Ganze ist mehr als die Summe seiner Teile.*"
(Aristoteles)

Aristoteles Erkenntnis, dass das Ganze mehr als die Summe seiner Teile ist, besteht nun seit über 2000 Jahren. Robert Metcalfe hat das inzwischen für Informations- und Kommunikationstechnologie-Netze nachgewiesen.[546] Netzwerkorientierte Konzepte stammen u.a. aus der System- bzw. der Netzwerktheorie. Ein System besteht aus einzelnen Teilen, die durch Ursache-Wirkung-Beziehungen und Systemeigenschaften miteinander vielfältig verknüpft sind.[547] Der Wert eines Netzes ist überproportional zum Quadrat der Anzahl der Instru-

---

[542] S. Nye, Joseph S. (1988): Problems of Security Studies, Paper presented at the XIV World Congress of the International Political Science Association, Washington D.C., August, S. 6.
[543] S. Haftendorn, Helga (1991): The Security Puzzle: Theory-Building and Discipline-Building, International Security, International Studies Quarterly, Vol. 35, No. 1, S. 3-17 (15).
[544] S. Schultze, Charles L. (1973): The Economic Content of National Security Policy, Foreign Affairs, Vol. 51, No. 3, S. 529-530 (529).
[545] Vgl. Buzan, Barry (1991): People, States and Fear. An agenda for International Security Studies in the Post-Cold War Era, Second Edition, New York: Harvester Wheatsheaf, S. 7-11.
[546] S. Odlyzko, Andrew, Tilly, Benjamin (2005): A refutation of Metcalfe's Law and a better estimate for the value of networks and network interconnections, Minneapolis: Digital Technology Center, University of Minnesota, S. 5.
[547] S. Jansen, Dorothea (2003): Einführung in die Netzwerkanalyse, Opladen: Leske & Budrich, S. 11.

mente sowie Akteure und ihrer Fähigkeiten in einem System.[548] D.h., ein einzelnes Instrument, ein einzelner Akteur und seine Fähigkeiten verfügen für sich allein nur über eine begrenzte Wirkung. Der Wert eines Instrumentes, eines Akteurs und seiner Fähigkeiten steigt insgesamt mit der Anzahl der Instrumente und Akteure im Netz, weil dadurch die Wirkung jedes Einzelnen im Verbund drastisch erhöht wird. Die Qualität des Netzes hängt maßgeblich von der Anzahl der Knotenpunkte ab.

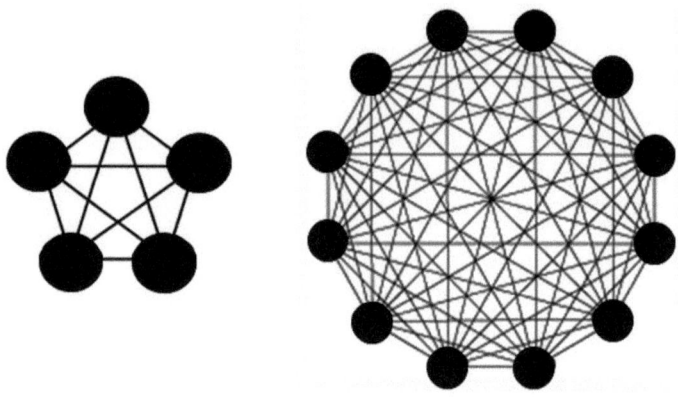

Abb. 4: Kleine und große Netzwerke. Quelle: Derrick Coetzee 2006.

Grundvoraussetzung für die Wirkungssteigerung im Netz ist ein gemeinsames Lagebewusstsein und -verständnis. Wenn die Akteure einander und ihre Instrumente nicht verstehen, werden sie die gesamte Wirkung im Netz nicht verstehen und somit nicht in Maßnahmen übersetzen können. Die Ausgangsthese ist, dass die Nützlichkeit großer Netzwerke exponentiell mit ihrer Größe steigt.

In der Politikwissenschaft ist Vernetzung unter dem Begriff des Netzwerkes bekannt. Das Zusammenwirken privater und öffentlicher Akteure in bestimmten Politikbereichen findet häufig in Form von nicht-hierarchischen und dezentralen Netzwerken zu einem bestimmten Zweck, i.d.R. einer effizienteren Zusammenarbeit zur Erreichung einer gemeinsamen Zielsetzung und nicht zuletzt zum Austausch von Ressourcen zwischen den beteiligten Akteuren, statt. Auf nationaler wie internationaler Ebene finden sich Politiknetzwerke besonders aufgrund

---

[548] S. Odlyzko, Andrew, Tilly, Benjamin (2005): A refutation of Metcalfe's Law and a better estimate for the value of networks and network interconnections, Minneapolis: Digital Technology Center, University of Minnesota, S. 1.

der Politikformulierung- und -implementierung zusammen.[549] Zentrale, dezentrale, regionale, nationale und internationale sowie horizontale und vertikale Ebenen überwinden traditionell hierarchische Strukturen und finden sich in neuen polyarchischen Formen der Kooperation zusammen.[550] Vernetzungsprozesse können als ein "*in social governance from hierarchical control to horizontal coordination*" tendierender Prozess verstanden werden.[551]

Vernetzung beschreibt Maßnahmen zur Herstellung einer strukturierten – horizontalen und vertikalen – Verbindung zwischen Akteuren, Gruppen und Organisationen mit dem Ziel der Effektivitäts- und Effizienzsteigerung von Gemeinsamkeit, um Problemstellungen besser und schneller zu erfassen und zu lösen. Vernetzung stellt eine Organisationsform dar, die durch die Bündelung von Wissen und die gemeinsame Verarbeitung von Informationen in der Lage ist, Transferwissen über Schnittstellen zu transportieren.[552] Sie ist als Prinzip, Methode und/oder Zielbeschreibung zu verstehen, bei der durch strategische Interaktion zwischen korporativen Akteuren[553] innerhalb formaler institutioneller Strukturen (Regierungsorganisation) die Präferenzen und Informationen der Akteure zu einer spezifischen kollektiven Entscheidung aggregiert werden.

---

[549] S. Jansen, Dorothea (2003): Einführung in die Netzwerkanalyse, Opladen: Leske & Budrich, S. 13 f.

[550] S. Scharpf, Fritz W. (1996): Positive und negative Koordination in Verhandlungssystemen, in: Kenis, Patrick/ Schneider, Volker (Hg.): Organisation und Netzwerke: Institutionelle Steuerung in Wirtschaft und Politik, Band 2, Frankfurt a. M.: Campus, S. 497-534 (503).

[551] S. Messner, Dirk (1997): Netzwerktheorien: Die Suche nach Ursachen und Auswegen aus der Krise staatlicher Steuerungsfähigkeit, in: Altvater, Elmar/ Haake, Markus/ Brunnengräber, Achim/ Walk, Heike (Hg.): Vernetzt und verstrickt, Münster: Westfälisches Dampfboot, S. 27-64 (33).

[552] S. Cook, Karen S. (1990): Exchange Networks and Generalized Exchange: Linking Structure and Action, in: Marin, Bernd (Hg.): Generalized Political Exchange – Antagonistic Cooperation and Integrated Policy Circuits, Frankfurt a. M.: Campus, S. 215-230 (215 f.).

[553] Korporative Akteure sind Organisationen, die meist von einer hierarchischen Führung (Topdown) kontrolliert werden. Die Aktivitäten werden von seinen Agenten ausgeführt, deren eigene Interessen durch Arbeitsverträge neutralisiert worden sind. Somit nimmt ein korporativer Akteur, der, obwohl aus mehreren Individuen bestehend, einen klar definierten Idealpunkt ein, der von den ihn vertretenen Agenten zum Ausdruck gebracht wird. In diesem Sinne sind korporative Akteure als unitary actor zu behandeln. Abgrenzung zum kollektiven Akteur: Kollektive Akteure sind von den Präferenzen der Mitglieder abhängig und werden von diesen kontrolliert. Die Führung des korporativen Akteurs entscheidet unabhängig. Gemeinsam ist beiden Typen von Akteuren, dass mehrere Akteure beteiligt sind, welche ein gemeinsames Ziel verfolgen oder gemeinsam ein Gut bzw. eine Dienstleistung produzieren. S. Thurer, Paul W., Stoiber, Michael (2002): Interministerielle Netzwerke: Formale und informelle Koordinationsstrukturen bei der Vorbereitung der deutschen Verhandlungsposition zur Regierungskonferenz 1996, Politische Vierteljahresschrift, Zeitschrift der Deutschen Vereinigung für Politische Wissenschaften, XLIII. Jg. 2002, Wiesbaden: Westdeutscher Verlag, S. 561-605 (562).

Netzwerke sind aufgrund ihrer Organisations-, Kommunikations- und Interaktionsmuster keine statistischen Konstrukte, sondern entstehen, bestehen und entwickeln sich auf der Grundlage von Prozessen. Diese Prozesse sind instrumentalisierbar und damit zugleich ein Instrument zur Problembewältigung.[554] Koordinationsformen, die formal zwar selbstständig agieren, aber praktisch durch reziproke und eher koordinierende denn kompetitive Beziehungen dauerhaft angelegt sind.

Vernetzungsprozesse resultieren aus der Erkenntnis, dass Einzelakteure nicht die notwendigen Ressourcen besitzen, um ein bestimmtes Ziel zu erreichen. Dies gilt für jede Entität von Sicherheit – d.h. die wirtschaftliche, soziale, politische, militärische etc. –, und demnach auch für Energiesicherheit. "*Globale Herausforderungen lassen sich nicht im Alleingang lösen.*"[555] Energiesicherheit kann folglich nur gemeinschaftlich auf internationaler Ebene bewältigt werden. Mit Hilfe der Netzwerkorganisation wird versucht, Ressourceninterdependenzen, hierarchische Koordinationshürden und zentralisierte Politiksteuerung zu überwinden.

Vernetzung ist u.a. bedingt durch die Globalisierung: Personen verbinden durch ihre Mobilitäts- und Reisebewegungen Staaten und Kontinente; moderne Informations- und Kommunikationstechniken ermöglichen den globalen Austausch; Handels- bzw. Transportnetze und globale verteilte Produktionsabläufe inter- bzw. transnationalisieren[556] Produkte. Durch die einzelnen Infrastrukturkomponenten haben die globalen Netze sogar eine dauerhafte Struktur (Schienen, Straßen und Pipelines). Die mit der Globalisierung einhergehenden Be-

---

[554] S. Borchert, Heiko (2001): Vernetzte Sicherheitspolitik und die Transformation des Sicherheitssektors: Weshalb neue Sicherheitsrisiken ein verändertes Sicherheitsmanagement erfordern, in: Borchert, Heiko (Hg.): Vernetzte Sicherheit – Leitidee der Sicherheitspolitik im 21. Jahrhundert, Hamburg: E.S. Mittler & Sohn, S. 53-79 (55).

[555] Vgl. IRENA (2009): Die Internationale Agentur für Erneuerbare Energien (IRENA) startet 2009, Deutsche Botschaft Lima, http://www.lima.diplo.de/Vertretung/lima/de/00/Irena/Irena.html (Zugriff 05.04.2010).

[556] In den Politik- und Geschichtswissenschaften zur Kennzeichnung bestimmter, nationalstaatliche Grenzen überschreitender Formen politischer Beziehungen oder in der Organisations- und Managementsoziologie zur Beschreibung eines bestimmten Typus internationaler Unternehmen verwendeter Begriff. Transnationalisierung ist ein historisch nicht völlig neuer, wohl aber in den letzten Dekaden im Kontext zunehmender internationaler Bewegungen von Gütern, Menschen und Informationen sich ausweitender und vertiefender Prozess der Herausbildung relativ dauerhafter und dichter plurilokaler und nationalstaatliche Grenzen überschreitender Verflechtungsbeziehungen von sozialen Praktiken, Symbolsystemen und Artefakten. Diese emergenten, grenzüberschreitenden gesellschaftlichen Formationen können eine vorwiegend ökonomische, soziale, kulturelle oder politische Dimension haben – in aller Regel ist ihre Dynamik aber durch komplexe Wechselwirkungen zwischen diesen Dimensionen bestimmt. S. Pries, Ludger (2002): Transnationalisierung der sozialen Welt?, Frankfurt a. M.: Suhrkamp, S. 312.

schleunigungsprozesse führen Systeme aber auch schneller an ökologische, ökonomische und soziale Grenzen. Bei steigenden Steuerungsanforderungen und gleichzeitig sinkenden Steuerungskapazitäten geraten Nationalstaaten zunehmend in ein Spannungsverhältnis ihrer eigenen Leistungsfähigkeit.[557] Probleme und ihre Lösungen werden zwar erkannt, können aufgrund mangelnder Ressourcen, Pfadabhängigkeit[558] oder Dynamik und Komplexität nicht bearbeitet werden. Außerdem sinkt die Reichweite staatlicher Steuerungskompetenz mit der kontinuierlichen Ausdifferenzierung von Gesellschaften. Diese gesellschaftlichen Veränderungsprozesse implizieren einen steigenden Koordinierungsbedarf.[559]

Deutschland hat bereits ein Stück des Weges in Richtung Vernetzte Sicherheit zurückgelegt. In Kapitel 5.2.2 wird die Herausbildung der Vernetzten Sicherheit in Deutschland vorgestellt. Sie zeichnet bereits die Perspektive der Vernetzung von Energiesicherheit mit dem sicherheitspolitischen Ansatz der Vernetzten Sicherheit vor. Energiesicherheit wird im Kontext eines systemischen Gesamtzusammenhangs absehbar ein untrennbarer Bestandteil deutscher Sicherheitspolitik sein. Deshalb ist der Entwicklungskontext so bedeutsam, da er zeigt, wie dieser Prozess begonnen hat und welche Richtung er nehmen wird. Im Folgenden wird die Herausbildung der Vernetzten Sicherheit in Deutschland vorgestellt.

5.2.1 Ausgangspunkte des Konzepts

Seit gut zwei Dekaden ist die deutsche Außen- und Sicherheitspolitik auf der Suche nach ihrem neuen Selbstverständnis. Die kontroverse Debatte hinsichtlich

---

[557] S. Grande, Edgar (2001): Vom Nationalstaat zum transnationalen Politikregime – Staatliche Steuerungsfähigkeit im Zeitalter der Globalisierung, in: Beck, Ulrich/ Lau, Christoph (Hg.): Entgrenzung und Entscheidung, Frankfurt a. M.: Suhrkamp, S. 384-401 (388).

[558] Pfadabhängigkeit (engl. path dependence), aus der Wirtschaftswissenschaft und der Technologieforschung in die Sozial- und v.a. die Politikwissenschaft übernommener Begriff zur Erklärung dauerhafter Institutionenstabilität und/oder begrenzter Handlungsspielräume und Veränderungsmöglichkeiten institutioneller Akteure entlang des durch die jeweiligen Entstehungsbedingungen vorgebenden Entwicklungsweges. S. Schultze, Rainer-Olaf (2002): Pfadabhängigkeit, in: Nohlen, Dieter/ Schultze, Rainer-Olaf (Hg.): Lexikon der Politikwissenschaft, München: C.H. Beck, S. 643-644 (643).

[559] S. Messner, Dirk (1997): Netzwerktheorien: Die Suche nach Ursachen und Auswegen aus der Krise staatlicher Steuerungsfähigkeit, in: Altvater, Elmar/ Haake, Markus/ Brunnengräber, Achim/ Walk, Heike (Hg.): Vernetzt und verstrickt, Münster: Westfälisches Dampfboot, S. 27-64 (30).

der Wahrnehmung Deutschlands als "Zivilmacht" (Maull 1992),[560] "Weltmacht" (Hacke 1993),[561] "Zentralmacht" (Schwarz 1994),[562] "Handelsstaat" (Staack 2000),[563] oder "Mittelmacht" (Baring 2003)[564] verdeutlicht zum einen den Radius ordnungspolitischen Einflusses, den Deutschland beansprucht, sowie zum anderen die Fähigkeitsausstattung Deutschlands. Da die Begriffe jedoch teilweise synonym verwendet werden, obgleich sie höchst unterschiedliche Aspekte staatlicher Machtentfaltung bezeichnen, konnten aus den bisherigen Konzepten nur partiell Handlungsempfehlungen bzw. Ansätze einer außen- und sicherheitspolitischen Strategie abgeleitet werden.[565]

Die Netzwerkmetapher scheint eine neue Perspektive in diesem Selbstfindungsprozess zu sein. Sie ist eine der zentralen Strukturbeschreibungen der Gegenwart und spätestens seit dem 11. September 2001 avancierte sie auch zum Paradigma deutscher Sicherheitspolitik. Sie wird als eine Fähigkeit zur Ausbildung von vernetzten Strukturen, Prozessen und Politikformulierung zur effizienteren und effektiveren Krisenbewältigung und -prävention verstanden. Die Entwicklung einer stetig zunehmenden Vernetzung erfasst, beschleunigt durch die Globalisierung, alle Bereich der Gesellschaft: Wirtschaft, das private und öffentliche Leben und staatliche Organe. Vernetzte Sicherheit entspricht der Art und Weise, wie moderne Gesellschaften, d.h. technologisch hochentwickelte Nationen, strukturiert und organisiert sind.[566]

Die heute in der öffentlichen und politischen Debatte angeführte Strategie der Vernetzten Sicherheit findet ihren konzeptionellen Ursprung in dem ameri-

---

[560] Vgl. Maull, Hanns W. (1992): Zivilmacht Bundesrepublik Deutschland. Vierzehn Thesen für eine neue deutsche Außenpolitik, Europa Archiv 47 (1992) 10, S. 269-278.
Vgl. Maull, Hanns W. (1992): Zivilmacht: Die Konzeption und ihre sicherheitspolitische Relevanz, in: Wolfgang Heydrich/ Joachim Krause/ Uwe Nerlich/ Jürgen Nötzold/ Reinhardt Rummel (Hg.): Sicherheitspolitik Deutschlands: Neue Konstellationen, Risiken, Instrumente, Internationale Politik und Sicherheit, Bd. 32, Stiftung Wissenschaft und Politik, Baden-Baden: Nomos, S. 771-786.

[561] Vgl. Hacke, Christian (1993): Weltmacht wider Willen? Die Außenpolitik der Bundesrepublik Deutschland, 2. Aufl., Berlin: Ullstein.

[562] Vgl. Schwarz, Hans-Peter (1994): Die Zentralmacht Europas. Deutschlands Rückkehr auf die Weltbühne, Berlin: Siedler.

[563] Vgl. Michael Staack (2000): Handelsstaat Deutschland. Deutsche Außenpolitik in einem neuen internationalen System, Paderborn: Schöningh.

[564] Vgl. Baring, Arnulf (2003): Einsame Mittelmacht. Ohne die USA gibt es keine Zukunft für Deutschland, Internationale Politik, 58. Jg. Heft 12/2003, S. 51-56.

[565] S. Jäger, Thomas (2008): Mittelmächte in Europa: Bilaterale Beziehungen und außenpolitischer Handlungsspielraum, in: Jäger, Thomas/ Dylla, Daria W. (Hg.): Deutschland und Polen. Die europäische und internationale Politik, Wiesbaden: VS Verlag für Sozialwissenschaften, S. 9-34 (10).

[566] S. Mey, Holger H./ Krüger, Michael K.-D. (2003): Vernetzt zum Erfolg? Network-Centric-Warfare – zur Bedeutung für die Bundeswehr, Frankfurt a. M./Bonn: Report, S. 15.

kanischen Konzept "System-of-Systems" von William Owens aus dem Jahr 1996 und ihren visionären Ursprung in der *Revolution of Military Affairs*. Der System-of-Systems-Ansatz geht über die Integration und Kombination unterschiedlicher Instrumente, Methoden und Verfahren zur Lösung komplexer Herausforderungen in ein Gesamtsystem hinaus und zielt stattdessen auf eine neue Art des lösungsorientierten Denkens, das davon ausgeht, dass die Kombination und Wechselwirkungen von Technologie, Politik und Wirtschaft Treiber neuer, komplexer und dynamischer Herausforderungen sind. Mit dem System-of-Systems-Ansatz soll Komplexität überwunden, ein erhöhtes Situationsbewusstsein, eine rasche Lagebeurteilung und einen dezentralisierten Wirkmitteleinsatz realisiert werden. Der Vorteil dieses Systems wird über die Verknüpfung intelligenter Sub-Systeme mit der Fähigkeit von Wissensmanagement erzielt, schließlich geht es um die intelligente Verknüpfung von anderweitig geographisch und/oder hierarchisch getrennten Wissensentitäten. [567]

In Zeiten knapper Haushaltsmittel, einer schwachen europäischen Währung, einer schweren Finanz- und Wirtschaftskrise, eines sich wandelnden Umfeldes und vielfältiger sicherheitspolitischer Herausforderungen mit hoher Relevanz für Deutschland hängt die zukünftige Gewährleistung der Sicherheit Deutschlands und Europas maßgeblich von der Fähigkeit zur Erschließung von Synergien ab. Diese Synergien sollen helfen, zum einen die veränderten sicherheitspolitischen Herausforderungen besser zu bewältigen und zum anderen den (im Vergleich zu den Zeiten des Ost-West-Konflikts eingeschränkten) finanziellen, personellen, politischen und rechtlichen Rahmenbedingungen künftiger staatlicher Sicherheitsvorsorge gerecht zu werden.

Mit dem Konzept der Vernetzten Sicherheit verbindet sich die Vorstellung von der Vernetzung und Kombination disparater Instrumente, Kapazitäten und Verfahren, mit deren Hilfe die komplexen Herausforderungen des 21. Jahrhunderts bewältigt werden sollen. Sie präsentiert sich als eine neue Art des lösungsorientierten Denkens, die davon ausgeht, dass die Kombination und Wechselwirkungen von Technologie, Politik und Wirtschaft Treiber neuer, effizienter und effektiver Lösungen sind. Mit ihr sollen

- eine umfassende Ausrichtung und ein entsprechender Horizont deutscher Sicherheitspolitik realisiert,
- (zwar auch bestehende, aber) v.a. "neue" mögliche sicherheitspolitische Bedrohungen und Risiken bewältigt, d.h.:
  - hinreichend Reaktions-, Durchhalte- und Eskalationsfähigkeit sowie

---

[567] Vgl. DeLaurentis, Dan (2004): A System-of-Systems Perspective For Public Policy Decisions, 1st Systems of Systems Symposium, Arlington 2004, http://www.potomacinstitute.org/academiccen/sos.htm (Zugriff 25.06.2009).

- Flexibilität hergestellt,
- die materielle Erweiterung des Verteidigungsbegriffs – wie oben beschrieben – operationalisiert,
- auf Basis einer sorgfältigen sicherheitspolitischen Sensitivitätsanalyse die erforderlichen Fähigkeiten zur Begegnung (möglicher) sicherheitspolitischer Bedrohungen und Risiken entwickelt und
- die vorhandenen Ressourcen angesichts der vorherrschenden finanziellen, personellen, politischen und rechtlichen Rahmenbedingungen effektiv und effizient eingesetzt werden.

Die Veränderung des Risiko- und Bedrohungsbildes und das Erfordernis der Anpassung der Reaktionsrealität staatlicher Strukturen haben dazu geführt, dass sowohl Staaten als auch internationale Organisationen (wie NATO, EU, OECD, VN, Weltbank, Währungsfond und andere) die Suche nach entsprechenden Ansätzen vorantreiben. Auf internationaler Ebene haben sich folgende Ansätze herausgebildet.

Erstens, der *Whole of Government Approach* (WGA): der WGA ist ein staatlicher Ansatz zur Verbesserung der Koordination verschiedener Politikfelder untereinander. Es geht v.a. um eine ganzheitliche Vernetzung ("whole") der öffentlichen Hand (d.h. der horizontalen Ebene) hinsichtlich einer kohärenten Regierungspolitik und einer entsprechenden operativen Agenda. "*Whole of government denotes public service agencies working across portfolio boundaries to achieve a shared goal and an integrated government response to particular issues. Approaches can be formal and informal. They can focus on policy development, program management and service delivery. It clearly envisages increased coherence across government, including within portfolio and agency responsibilities, reflecting the elected government's overall policies and priorities.*"[568] Dazu sollen Ziele staatlicher Organisationen und Institutionen über alle Ebenen, d.h. gesamtstaatliche, Bundes- und Länderebene, harmonisiert und zum Zweck einer rationaleren Ressourcenverwendung aufeinander abgestimmt werden. Erfolgsaspekte des WGA sind u.a. die Einbindung der Bürgerinnen und Bürger bzw. die Schaffung öffentlicher und gesellschaftlicher Akzeptanz für staatliche Sicherheitslösungen, die Vernetzung der staatlichen Behörden und Organisation mit kompatiblen und interoperablen Informations- und Kommunikationstechnologien sowie die Errichtung eines interaktiven Kommunikationsverbundes, eine effiziente und wirkungsorientierte Ausrichtung und Nutzung von Haushaltsmitteln sowie die Integration von Experimentierung, Modellbildung

---

[568] S. Shergold, Peter (2004): Connecting Governments. Whole of Government Response to Australia's Priority Challenges, Canberra: Department of Communications, Information Technology and the Arts, S. 4.

und Simulation als Grundlage der Maßnahmenimplantierung in den politischen Entscheidungsfindungsprozess.[569]

Zweitens, der *Whole of Nation Approach* (WNA): Der WNA ist ein gesamtnationaler Sicherheitsansatz, der alle Ressourcen einer Nation zur Bewältigung von Sicherheitsherausforderungen in einem gut aufeinander abgestimmten und kohärenten Prozess politischer, sicherheitspolitischer, wirtschaftlicher und administrativer Bereiche in eine gesamtstaatliche Strategie einbindet.[570] Im Wesentlichen besteht der WNA aus drei Schlüsselkomponenten:

- Horizontale Vernetzung.
- Vertikale Vernetzung.
- Vernetzung mit dem privatwirtschaftlichen und -gesellschaftlichen Sektor.

Der WNA erkennt damit an, dass das notwendige Wissen und die erforderlichen Ressourcen zur Begegnung und Bewältigung von Herausforderungen nicht auf die staatliche Organisation beschränkt, sondern in einer Gesellschaft über sämtliche Ebenen verteilt sind. Gleichzeitig sind die heutigen Werterzeugungs- und -schöpfungsprozesse äußerst komplex. Die Erfolgsaspekte des WNA sind v.a. die Verbesserung der Kollaborationsfähigkeit zwischen staatlichen, nicht-hoheitlichen und privaten Akteuren, die Aufrechterhaltung der staatlichen Steuerungs- und Führungsfähigkeit, die Bereitstellung von Konzepten, Programmen und Verfahren zur Einbindung der vorhandenen Fähigkeiten in einer koordinierten und kostenneutralen Weise, die Verbesserung nationalstaatlicher Leistungen durch gesellschaftliche Ressourcen und die Etablierung eines effektiven gesamtnationalen Antwortzeitverhaltens als Reaktion auf aufkommende Herausforderungen und Krisen.

---

[569] S. Organization for Economic Cooperation and Development (2000): Preconceiving the Centre: Leadership, Strategic Review and Coherence in Public Sector Reform', in Government of the Future, Paris: OECD, S. 149.

[570] S. United States of America (2010): National Security Strategy 2010, Washington D.C.: White House, S. 14.

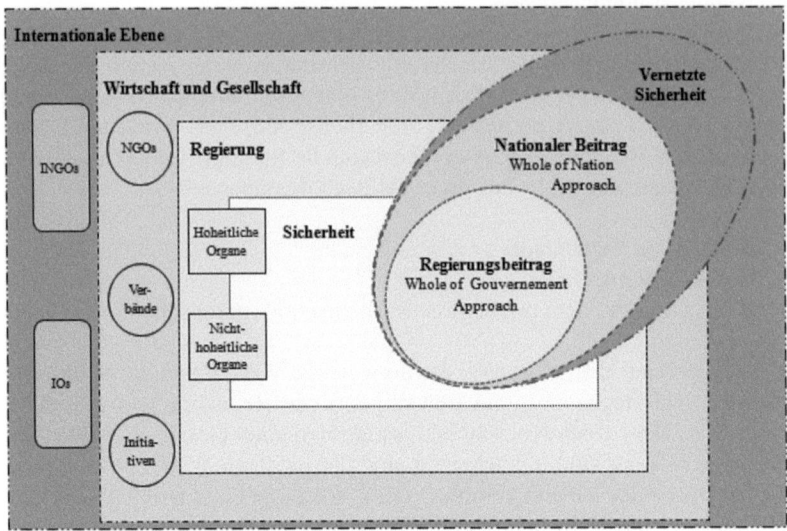

Abb. 5: Comprehensive Approach. Caroline Mükusch 2010.

Das Dach dieser Konzepte bildet der "Comprehensive Approach". Dieser hat sich aus der Notwendigkeit eines sich an Komplexität und Interdependenz verstärkenden internationalen Krisenmanagements herausgebildet. Keine Organisation oder Institution, staatlicher sowie nicht-staatlicher, nationaler, regionaler oder internationaler Art, kann ohne die Mitwirkung anderer die sicherheitspolitischen – auch energiesicherheitsbezogenen – Probleme eigenständig und ohne Mitwirkung anderer managen oder lösen. Auf dem NATO-Gipfel in Riga verabschiedeten die Staats- und Regierungschefs der NATO-Mitgliedstaaten 2006 die *Comprehensive Political Guidance*. Diese setzt den Rahmen für die zukünftige Ausrichtung der NATO – mit besonderem Fokus auf der Kooperation zwischen Sicherheitsorganisationen unter ausdrücklicher Einbeziehung von NGOs und dem entsprechenden Aus- und Umbau von Fähigkeiten – vor dem Hintergrund sich wandelnder Bedrohungslagen.[571] Die Comprehensive Political Guidance betont vor allen Dingen die Notwendigkeit der Kohärenz auf allen Ebenen, Ganzheitlichkeit aller Krisenmanagementinstrumente, Planungskoordination mit anderen Organisationen und Akteuren und eines kontinuierlichen Bewertungs-

---

[571] Vgl. Comprehensive Political Guidance (CPG) Endorsed by NATO Heads of State and Government on 29 November 2006, Riga, Latvia.

zyklus auf der Grundlage eines umfassenden, ganzheitlichen Lageverständnisses und einer umfassenden, systemischen Wissensbasis.[572]

Die verschiedenen Konzepte des Comprehensive Approach beziehen sich jeweils auf bestimmte Aspekte komplexer Krisenbewältigung bzw. -prävention. Es geht darum, gemeinsam auf miteinander gekoppelte Ereignisse reagieren zu können. Dafür müssen die eigenen Prozessabläufe und die Kooperation mit anderen Akteuren verbessert werden. Der Comprehensive Approach begreift das Handlungsumfeld entlang der Dimensionen Politik, Wirtschaft, Zivilgesellschaft, Infrastruktur und Information und bettet die militärischen Fähigkeiten hierin zweckdienlich im Sinne einer zuvor entwickelten Gesamtstrategie ein. Im Fall einer Krise definiert der Comprehensive Approach innerhalb dieses Handlungsumfeldes einen zu erreichenden Endzustand. Das Instrumentenportfolio orientiert sich an den Dimensionen des Handlungsumfeldes, d.h. es verfügt über politische, wirtschaftliche, gesellschaftliche und militärische Instrumente. Dieser ganzheitliche Ansatz ermöglicht Kohärenz in der Zielerreichung, ein systematisches Verständnis des Handlungsumfelds, Kollaboration und Interoperabilität zwischen verschiedenen Akteuren, Flexibilität und eine kontinuierliche Bewertung.[573]

Das kennzeichnende Charakteristikum der Vernetzten Sicherheit, abgeleitet aus dem des Comprehensive Approach, ist die Betonung eines gemeinsamen Ziels, das über organisatorische Grenzen hinweg geteilt wird und mittels strategischer Planung sowie intelligenter Entscheidungsfindung erreicht werden soll.[574]

5.2.2 Die Herausbildung Vernetzter Sicherheit in Deutschland

In Deutschland wird Vernetzte Sicherheit häufig mit dem Einsatz der Bundeswehr in Afghanistan und dem doppelten Ansatz der Bundesregierung, "*Sicherheit und ziviler Wiederaufbau*" in Verbindung gebracht.[575] Gemeint ist eine engere Zusammenarbeit von Militär und zivilen Organisationen beim Aufbau des

---

[572] S. NATO (2007): Bi-Strategic Command Pre-Doctrinal Handbook (Effect based Approach to Operations), 4. December 2007, Belgium: NATO, S. 12.

[573] S. NATO (2010): Report on Progress with Effects Based Thinking, Belgium: Shape, S. 7 ff.

[574] S. Rintakoski, Kristiina/ Autti, Mikko (2008): Comprehensive Approach. Trends, Challenges and Possibilities for Cooperation in Crisis Prevention and Management, Helsinki: Crisis Management Initiative, S. 11.

[575] Vgl. Auswärtiges Amt (2005): Afghanistan – Kein Wiederaufbau und keine Entwicklung ohne Sicherheit, http://www.auswaertiges-amt.de/diplo/de/Aussenpolitik/RegionaleSchwerpunkte/Afghanistan/070905-AfgKonzept-Kabinett.html (Zugriff 29.10.2007).

afghanischen Gemeinwesens.[576] Afghanistan wird nicht als isoliertes Stabilisierungs- und Wiederaufbauprojekt angesehen, sondern als die Bewährungsprobe für die Zukunft regionaler und globaler Sicherheit,[577] weshalb sich die deutsche Bundesregierung zur Lösung ihrer Sicherheitsprobleme für einen umfassenden und vernetzten Ansatz entschieden hat.[578] Die in Afghanistan eingesetzten *Provincial Reconstruction Teams* (PRTs)[579] spiegeln die zunehmende Auflösung der strikten Trennung zwischen zivil und militärisch wider:

Für Deutschland stellen sich mit der Beteiligung am Afghanistan-Einsatz nicht nur die Frage nach der Ausgestaltung und Intensität seines Engagements, sondern auch grundsätzliche Verfahrensfragen der Krisenprävention und Friedenskonsolidierung.[580] Dem deutschen PRT-Konzept liegt ein umfassender zivil-militärischer Stabilisierungs- und Wiederaufbauplan kurz-, mittel- und langfristiger Wirkungskomponenten zugrunde. Die von den PRTs zu bewältigenden Aufgaben folgen keiner hierarchischen Ordnung. Stattdessen gilt das Credo des in Riga 2006 verständigten Prinzips *"kein Wiederaufbau ohne Sicherheit und keine Sicherheit ohne Wiederaufbau."*[581] Die PRTs werden häufig als zivile Wiederaufbauteams mit militärischer Schutzkomponente bezeichnet.

Auf der Homepage der Bundesregierung ist zu lesen, dass *"das ressortübergreifende Konzept Vernetzter Sicherheit mittlerweile zum Markenzeichen deutscher Sicherheitspolitik und in der Allianz als Comprehensive Approach Grundlage für die Einsätze in Afghanistan und auf dem Balkan geworden"* sowie

---

[576] Vgl. Deutsche Welle (2009): Merkel begrüßt Obama in Baden-Baden, Deutsche Welle, 03.04.2009 http://www.dw-world.de/dw/article/0,,4149758,00.html (Zugriff 21.08.2009).

[577] S. Bundesregierung (2006): Das Afghanistan-Konzept der Bundesregierung, Berlin, S. 2.

[578] S. ebd., S. 1.

[579] Ein PRT umfasst rund 300 bis 400 Personen. Davon sind der überwiegende Teil Militärs. Rund 20 Mitarbeiter sind Angehörige des AA, des BMI und des BMZ. Das militärische Personal umfasst Stabs- und Versorgungs-, Schutz-, Sanitäts-, und Feldjägerkomponenten. Vielfach arbeiten Afghanen auf vertraglicher Grundlage für die PRTs als Dolmetscher oder Kraftfahrer. Eine feste Eingliederung in die PRT-Struktur erfolgt nicht. Der zivile Teil ist als Außenstelle der deutschen Botschaft in Kabul organisiert. Dieser wird von einer Steuerungsgruppe der Bundesregierung über das AA geführt. Der deutsche Botschafter in Kabul steht dem zivilen Leiter des deutschen PRTs vor und vertritt es in multilateralen, politischen Gremien. Der militärische Leiter untersteht einerseits der Bundeswehrführung und andererseits dem ISAF- bzw. NATO-Kommando. Aufgaben und Kompetenzen beider müssen nicht nur klar definiert sein, sondern auch aufs Beste abgestimmt werden.

[580] S. Schmunk, Michael (2005): Berlins zivil-militärische Wiederaufbauteams am Hindukusch. Entstehung, Konzept und Erfolgschancen deutscher Provincial Reconstruction Teams, in: Gomm-Ernsting, Claudia/ Günther, Annett (Hg.): Unterwegs in die Zukunft: Afghanistan – drei Jahre nach dem Aufbruch vom Petersberg, Berlin, S. 329-361 (331 f.).

[581] Die Comprehensive Political Guidance wurde 2005 auf der Ebene der NATO-Botschafter erarbeitet und 2006 offiziell auf dem Riga-Gipfel von den Staats- und Regierungschefs der NATO verabschiedet.

"*konsequent in die politische Praxis umgesetzt ist.*" Weiter wird dargestellt, dass die Welt der Dynamik eines bisher nicht gekannten beschleunigten Wandels unterliegt, die nur mitgestaltet werden kann, sofern der Begriff "*Sicherheit konsequent weiterentwickelt*" wird. Wechselseitige Abhängigkeiten müssen im globalen Maßstab erkannt und können nur "*gemeinsam im vernetzten Ansatz*" bewältigt werden. Dabei stellen militärische Mittel nur eines im Verbund der anderen zivilen, diplomatischen und polizeilichen Mittel dar. Die Politik leitet daraus die Verpflichtung zur Bereitstellung dieses Wirkmittelverbundes in bestmöglicher Quantität und Qualität ab.[582]

Doch die Vernetzte Sicherheit ist keineswegs nur im Kontext des deutschen Afghanistan-Einsatzes zu sehen. Vielmehr schreibt Bundeskanzlerin Angela Merkel im Vorwort zum Weißbuch der Bundesregierung 2006: "*Deutsche Sicherheitspolitik (...) Hierfür sind umfassende und ressortübergreifende Anstrengungen auf der Grundlage eines breiten Sicherheitsbegriffs notwendig. Die unterschiedlichen Instrumente des Regierungshandelns müssen dabei koordiniert und wann immer möglich konfliktpräventiv zur Wirkung gebracht werden*" und erhebt das Prinzip der Vernetzten Sicherheit zu einem grundlegenden sicherheitspolitischen Lösungsansatz. Weiter heißt es: "*Vernetzte Sicherheit ist als ressortübergreifende Koordination politischer, ökonomischer, anderer ziviler und militärischer Kräfte durchzusetzen. Die Veränderung einer neuen operativen Realität [erfordert] ein neues Verständnis von Sicherheit und der Herstellung von Sicherheit.*"[583] Sie sind die Grundlage für die Transformation des Sicherheitssektors hin zu einem Paradigma der Vernetzten Sicherheit.

Angela Merkel sieht die vernetzte Sicherheit als Grundprinzip für die NATO, die Teil einer vernetzten Sicherheit mit Akteuren wie den Vereinten Nationen oder der Organisation für Sicherheit und Zusammenarbeit in Europa (OSZE) sowie mit Nichtregierungsorganisationen ist.[584] "*Das hört sich einfach an, ist aber vergleichsweise revolutionär.*" Auf der Münchner Sicherheitskonferenz von 2009 unterstreicht sie, dass das "*Konzept der Vernetzten Sicherheit die*

---

[582] Vgl. Bundesregierung (2008): Vernetzte Sicherheit ist der richtige Weg, Die Bundesregierung, 27.11.2008, http://www.bundesregierung.de/Content/DE/Namensbeitrag/2008/11/ 2008-11-27-jung-tagesspiegel.html (Zugriff 21.08.2009).

[583] Vgl. Merkel, Angela (2009): Grundprinzip der vernetzten Sicherheit muss Eingang in die strategische Ausrichtung der Allianz finden, Regierungserklärung zum NATO-Gipfel, 26.03.2009, http://www.cducsu.de/Titel__rede_grundprinzip_der_vernetzten_sicherheit_muss_eingang_ in_die_strategische_ausrichtung_der_allianz/TabID__1/SubTabID__2/InhaltTypID__2/InhaltI D__12607/Inhalte.aspx (Zugriff 25.06.2009).

[584] Regierungserklärung zum NATO-Gipfel von Bundeskanzlerin Angela Merkel vom 26. März 2009 in Berlin, Grundprinzip der vernetzten Sicherheit muss Eingang in die strategische Ausrichtung der Allianz finden.

richtige Antwort auf die Herausforderungen des 21. Jahrhunderts ist."[585] Die militärischen Fähigkeiten der NATO sind mit dem Konzept der Vernetzten Sicherheit zu verbinden, um daraus die notwendigen Kooperationen mit der EU erwachsen zu lassen.[586] *"Der Erfolg der NATO wird von der Fähigkeit zur Vernetzung mit anderen Organisationen abhängen."*[587] Durch die Vernetzung der nationalstaatlichen Sicherheitsbehörden und die Schaffung von neuen Institutionen auf der suprastaatlichen Ebene der Europäischen Union entsteht gegenwärtig ein *"Europäischer Sicherheitssektor"*.

NATO, EU und auch die VN haben zwar erhebliche konzeptionelle Fortschritte im Bereich des Zusammenwirkens gemacht. Alle Institutionen leiden aber an einer institutionell-internen und -übergreifenden Rivalität sowie an einer von den Mitgliedstaaten ausgehenden Uneinigkeit und Fragmentierung. Gleichzeitig herrscht immer noch eine ideologische Kluft zwischen politischen/militärischen Akteuren auf der einen Seite und humanitären Akteuren auf der anderen Seite. Besonders bei den Bemühungen der NATO, humanitäre Partner in ihren Comprehensive Approach zu integrieren, zeichnet sich eine Konfliktlinie zwischen EU und VN ab. Die große Herausforderung besteht jedoch auch darin, eine qualitativ hochwertige Kooperationskultur zu entfalten. Die Herbeiführung einer alle verantwortlichen Ebenen respektierenden Arbeitskultur muss von der obersten bis zur untersten Ebene getragen werden.

Das Bundesministerium der Verteidigung geht noch einen Schritt weiter als der Koordinierungs- und Kooperationsansatz zwischen NATO und EU und spricht sogar vom *"System der Vernetzten Sicherheit."*[588] Franz Josef Jung deutet die Vernetzte Sicherheit, die im Mittelpunkt des Weißbuchs zur Sicherheitspolitik Deutschlands und zur Zukunft der Bundeswehr steht, als *"ein gutes und zukunftsfähiges Konzept, das auf einem koordinierten Ansatz aller verfügbaren und*

---

[585] Vgl. Merkel, Angela (2009): Grundprinzip der vernetzten Sicherheit muss Eingang in die strategische Ausrichtung der Allianz finden, Regierungserklärung zum NATO-Gipfel, 26.03.2009,
http://www.cducsu.de/Titel__rede_grundprinzip_der_vernetzten_sicherheit_muss_eingang_ in_die_strategische_ausrichtung_der_allianz/TabID__1/SubTabID__2/InhaltTypID__2/InhaltI D__12607/Inhalte.aspx (Zugriff 25.06.2009).

[586] Darüber hinaus prägt das Konzept der Vernetzten Sicherheit die Europäische Sicherheits- und Verteidigungspolitik. Vgl. Rede von Bundeskanzlerin Angela Merkel anlässlich der 45. Münchner Sicherheitskonferenz vom 7. Februar 2009 in München.

[587] Vgl. ebd.

[588] Vgl. Bundesministerium der Verteidigung (2007): Jung diskutiert vernetzte Sicherheit, BMVg, 17.08.2007, http://www.bmvg.de/portal/a/bmvg/kcxml/04_Sj9SPykssy0xPLMnMz0vM0Y_Qj zKLd4k38TEHSYGZbkAmTCwoJVXfIyM_N1XfWz9AvyA3otzRUVERAMioJak!/delta/bas e64xml/L2dJQSEvUUt3QS80SVVFLzZfRF80TDc!?yw_contentURL=%2FC1256F1200608 B1B%2FW274YBCG767INFODE%2Fcontent.jsp (Zugriff 25.06.2009).

relevanten Instrumente basiert."[589] Die Ausrichtung der Idee Vernetzter Sicherheit wird wie folgt antizipiert: "*Ausdruck unseres umfassenden Sicherheitsansatzes ist das Konzept der Vernetzten Sicherheit (...). Es steht vollständig im Einklang mit den strategischen Überlegungen im Bündnis und in der Europäischen Union.*"[590] Um die künftige sicherheitspolitische Entwicklung durch ein multinationales Zusammenwirken beeinflussen zu können, ist ein umfassender Ansatz, der nur in vernetzten sicherheitspolitischen Strukturen sowie im Bewusstsein eines umfassenden gesamtstaatlichen und globalen Sicherheitsverständnisses zu entwickeln ist, erforderlich. Grundlage für sicherheitspolitische Entscheidungen auf nationaler wie internationaler Ebene ist ein umfassendes Lagebild und ein darauf aufbauendes gemeinsames Lageverständnis aller Akteure.[591] "*Bei der Erstellung des nationalen Lagebilds bedarf es eines ressortübergreifenden Ansatzes, der alle Aspekte betrachtet und zusammenführt.*"[592]

Auf der Münchner Sicherheitskonferenz 2007 formuliert der damalige Verteidigungsminister Jung die Grundsätze:

- Gefährdungen für die Sicherheit sind dort zu begegnen, wo sie entstehen.
- Ein umfassender, vernetzter Ansatz erfordert neben militärischen vorrangig politische, diplomatische, wirtschaftliche und entwicklungspolitische Mittel.
- Zivil-militärische Einsätze zur Krisenvorbeugung bzw. -bewältigung werden zur vermehrten Einsatzform im Rahmen der NATO/EU/VN.[593]

Dieser konzeptionellen Entwicklung im Bereich Äußerer Sicherheit und Verteidigung stehen vergleichbare Entwicklungen im Inneren gegenüber. Wolfgang Schäuble, früherer Innenminister und heutiger Finanzminister, begründet mit den durch die globale Vernetzung produzierten neuen Bedrohungen die Einführung

---

[589] Vgl. Bundesministerium der Verteidigung (2007): Jung diskutiert vernetzte Sicherheit, BMVg, 17.08.2007, http://www.bmvg.de/portal/a/bmvg/kcxml/04_Sj9SPyksssy0xPLMnMz0vM0Y_Qj zKLd4k38TEHSYGZbkAmTCwoJVXfl yM_N1XfWz9AvyA3otzRUVERAMioJak!/delta/bas e64xml/L2dJQSEvUUt3QS80SVVFLzZfRF80TDc!?yw_contentURL=%2FC1256F1200608 B1B%2FW274YBCG767INFODE%2Fcontent.jsp (Zugriff 25.06.2009).

[590] Bundesregierung (2006): Verteidigungsminister Jung: Militärische Konzepte allein reichen nicht aus, 11.06.2006, http://www.bundesregierung.de/Content/DE/Archiv16/Namensbeitrag/ 2006/11/2006-11-10-verteidigungsminister-jung-milit_C3_A4rische-konzepte-allein-reichen-nicht-aus,layoutVariant=Druckansicht.html (Zugriff 25.06.2009).

[591] Vgl. ebd.

[592] Bundesregierung (2006): Weißbuch 2006 zur Sicherheitspolitik Deutschlands und zur Zukunft der Bundeswehr, Berlin, S. 26.

[593] Vgl. Rede des Bundesministers der Verteidigung, Dr. Franz Josef Jung, bei der Münchner Konferenz für Sicherheitspolitik am 10. Februar 2007.

eines "*modernen Sicherheitskonzepts.*"[594] Die Schäuble'sche Idee eines tragfähigen Konzepts der vernetzten Sicherheit hat drei Schwerpunkte:[595]

- Den Netzwerken der Terroristen muss ein Netzwerk deutscher (und europäischer) Sicherheitsbehörden entgegengesetzt werden. Das bedeutet eine enge Kooperation zwischen erstens den Verfassungsschutzbehörden des Bundes und der Länder, sowie zweitens mit dem Bundeskriminalamt und den Landeskriminalämtern, dem Zollkriminalamt, der Bundespolizei, dem Bundesnachrichtendienst und dem Militärischen Abschirmdienst.
- Es muss ein Netz über den Kreis der Sicherheitsbehörden hinaus gebildet werden. Beispielsweise durch den Austausch von Informationen zwischen Ausländerbehörden oder Finanzbehörden.
- Über die staatliche Ebene hinaus muss ein Weg gefunden werden, in die Gesellschaft hineinzuwirken, die Bürger einzubinden und zu sensibilisieren.

Die Forderungen Schäubles stellen das föderale System der Bunderepublik Deutschland vor große Herausforderungen: (Allein) auf nationaler Ebene sollen 38 Behörden miteinander vernetzt werden; die Vernetzung mit den supra- und internationalen Behörden sowie mit denen der Verbündeten erweitert indes die bereits nationale Herausforderung um einige weitere Dimensionen. Mit Hilfe von NADIS-neu[596] soll ein solcher Informationsverbund hergestellt werden, der die Verfassungsschutzbehörden zu einem "*schlagkräftigen Ganzen vernetzt.*"[597] U.a. geht es auch um die Entwicklung einer "*vernetzten Sicherheitsarchitektur*",

---

[594] Vgl. Rede von Bundesminister Dr. Wolfgang Schäuble zum Konzept der Vernetzten Sicherheit beim 7. Symposium des Bundesamtes für Verfassungsschutz am 8. Dezember 2008 in Berlin.
[595] Vgl. ebd.
[596] Das Nachrichtendienstliche Informationssystem ist ein automatisiertes Datenverbundsystem, an dem alle Verfassungsschutzbehörden des Bundes und der Länder im automatisierten Verfahren beteiligt sind. Nach § 6 des Bundesverfassungsschutzgesetzes sind die Verfassungsschutzbehörden des Bundes und der Länder verpflichtet, zum Zwecke der gegenseitigen Unterrichtung beim Bundesamt für Verfassungsschutz eine gemeinsame Datei zu führen. Diese Datei ist eine sog. Hinweisdatei, die nur dem Auffinden von Akten und der Identifizierung von Personen im Rahmen der Aufgabenerfüllung des Verfassungsschutzes dient. Sie darf daher ausschließlich die Daten enthalten, die hierfür erforderlich sind. Dazu zählen die Aktenzeichen der bei der aktenführenden Stelle vorhandenen Aktenbestände und personenbezogene Grunddaten der Betroffenen. Weitergehende Daten, die über die Aktenfundstelle und die personenbezogenen Grunddaten hinausgehen, dürfen aus NADIS nicht ersichtlich sein. Solche Angaben können sich die Verbundteilnehmer bei begründetem Anlass nur durch eine Einzelfallanfrage bei der aktenführenden Stelle erschließen.
[597] Vgl. Rede von Bundesminister Dr. Wolfgang Schäuble zum Konzept der Vernetzten Sicherheit beim 7. Symposium des Bundesamtes für Verfassungsschutz am 8. Dezember 2008 in Berlin.

z.B. in Form eines für die für strategische Beratungen gestärkten Bundessicherheitsrats oder eines anderen Gremiums.[598] Vernetzte Sicherheit geht gemäß dem Innenministerium über die unterschiedlichen institutionellen Handlungsfelder hinaus und hat ebenfalls die ganze Bandbreite präventiver Ansätze angemessen zu berücksichtigen.

Die CDU/CSU-Bundestagsfraktion verweist mit ihrer *Sicherheitsstrategie für Deutschland* vom 6. Mai 2008 auf die Veränderung des nationalen und internationalen Umfeldes sowie die sich daraus ergebende "*Notwendigkeit und Möglichkeit der Zusammenarbeit bei der Lösung globaler und regionaler Sicherheitsprobleme, die durch Machtverschiebungen auf der internationalen Ebene, aber auch durch neue Konflikte entstehen können.*"[599] Die Bewältigung dieser Herausforderungen erfordert eine Sicherheitsstrategie, die erstens auf einem umfassenden Ansatz beruht, und die neben den klassischen Feldern der Außen-, Europa-, Verteidigungs-, Menschenrechts- und Entwicklungspolitik auch die Innen-, Wirtschafts- und Energie-, Umwelt-, Finanz-, Forschungs- und Bildungspolitik erfasst, zweitens zu einem breiten Instrumentarium vernetzt wird, das drittens im Zusammenwirken mit anderen Staaten, nicht-staatlichen Akteuren und Organisationen wie den Vereinten Nationen, der NATO und der EU eingesetzt wird.[600]

Aus nationalen Interessen und strategischen Zielen leitet die CDU/CSU-Bundestagsfraktion ein aktiveres, frühzeitiges, rasches, kohärentes und wenn nötig robustes Handeln ab und formuliert besonders für einen wirksamen Zivil- und Katastrophenschutz und die Stärkung des zivil-militärischen Instrumentariums zur Krisenbewältigung und -prävention im Ausland Handlungsempfehlungen.[601] Laut Innenminister Schäuble leitet das Papier der CDU/CSU aus dem erweiterten Sicherheitsbegriff und aus einer vernetzten, integrierten Sicherheitsarchitektur eine Reihe von Folgerungen ab: "*Wenn die neuen Risiken von Klimakatastrophen bis zur Sicherheit der Energieversorgung, von den kritischen Infrastrukturen bis zur Bedrohung durch den internationalen Terrorismus reichen, dann ist es richtig, dass man innerhalb der Regierung Strukturen schaffen muss, die über das Ressortprinzip hinaus eine vertiefte Diskussion solcher Entwicklungen ermöglichen. Man könnte auch den Bundessicherheitsrat aufwerten, das haben wir in der Koalition auch gelegentlich diskutiert. Das hatte sich auch die*

---

[598] Vgl. Rede von Bundesinnenminister Dr. Wolfgang Schäuble, Sicherheit in der global vernetzten Welt, Vortragsreihe zur Deutschen und Europäischen Sicherheits- und Verteidigungspolitik, 02.06.2009.

[599] S. CDU/CSU-Bundestagsfraktion (2008): Eine Sicherheitsstrategie für Deutschland, Beschluss der CDU/CSU-Bundestagsfraktion, 06.05.2008, Berlin, S. 2.

[600] S. ebd. S. 3.

[601] S. ebd., S. 10.

rot-grüne Regierung schon 1998 vorgenommen. Es scheitert dann aber jedes Mal an der Verteidigung der traditionellen Zuständigkeiten durch das Außenministerium, und das ist altes Denken."[602] Entweder wird der Bundessicherheitsrat in diese Richtung weiterentwickelt, oder es muss eine neue Struktur geschaffen werden.[603]

Auch der vormalige NATO Generalssekretär a.D. Jaap de Hoop Scheffer greift den Begriff der Vernetzten Sicherheit auf und verbindet ihn mit der Forderung nach einer *"viel engeren Koordination der internationalen Organisationen und der NATO."*[604] Sicherheit sei nur noch als vernetzte Sicherheit denkbar. Bereits 2006 hat der NATO-Rat in seiner *Comprehensive Political Guidance* einer engen zivil-militärischen Zusammenarbeit herausragende Bedeutung zuerkannt.[605] Was die internationalen Einsätze der Allianz anging, hatten die Alliierten die wachsende Bedeutung von Stabilisierungsoperationen und der militärischen Unterstützung von Wiederaufbaubemühungen im Anschluss an einen Konflikt verstanden. *"I am not underestimating the challenges of bringing civilian and military efforts closer together. But there is no alternative to a comprehensive approach. And I will continue to invest, difficult as it may be from time to time, a lot of personal effort to make this a reality."*[606] Darüber hinaus hat die NATO eine ganze Reihe pragmatischer Vorschläge entwickelt, um einen solchen Ansatz (Comprehensive Approach) innerhalb der internationalen Gemeinschaft voranzubringen.[607] *"Meeting today's security challenges requires a wide spec-*

---

[602] Vgl. Rede von Bundesminister Dr. Wolfgang Schäuble zum Konzept der Vernetzten Sicherheit beim 7. Symposium des Bundesamtes für Verfassungsschutz am 8. Dezember 2008 in Berlin.

[603] Vgl. Schmid, Thomas/ Wergin, Clemens (2008): Schäuble kritisiert Sturheit im Außenministerium, 09.05.2008, http://www.welt.de/politik/article1978373/Schaeuble_kritisiert_Sturheit_im _Aussenministeri um.html (Zugriff 21.08.2009).

[604] Vgl. Speech by NATO Secretary General, Jaap de Hoop Scheffer, at the IISS Annual Conferenc (2007): Managing Global Security and Risk, Geneva.

[605] Vgl. Comprehensive Political Guidance (CPG) Endorsed by NATO Heads of State and Government on 29 November 2006, Riga, Latvia.

[606] Vgl. Speech by NATO Secretary General, Jaap de Hoop Scheffer, at the IISS Annual Conferenc (2007): Managing Global Security and Risk, Geneva.

[607] The development and implementation of NATO's contribution to a Comprehensive Approach will be a long-term effort, which will be kept under review. As work progresses, the Alliance intends to improve its ability to work and coordinate more closely with its partners and other international actors in crisis management.
NATO is developing pragmatic proposals which seek to make improvements in five key areas of work: Planning and conduct of operations: NATO takes full account of all military and non-military aspects of a NATO engagement, and is working to improve practical cooperation at all levels with all relevant organizations and actors in the planning and conduct of operations. NATO's ongoing work in the area of Operations Planning promotes a sense of common purpose and resolve, the clear definition of strategies and objectives before launching an operation, as well as enhanced planning to support nations' contributions to operations. Effects on

trum of civil and military instruments. This calls for regular coordination, consultation and interaction among all actors involved."[608]

5.3 Theoretischer Rahmen

Vernetzte Sicherheit basiert auf der Analyse aller Zusammenhänge. Im Mittelpunkt der Betrachtung steht neben der Handlung einzelner Akteure v.a. die Wirkung des gemeinsamen Handelns. Vernetzte Sicherheit dient angesichts der sich verändernden sicherheitspolitischen Herausforderungen der Effizienz- und Effektivitätssteigerung der zur Verfügung stehenden Instrumente. Sämtliche Akteure weisen an den Randbereichen der Kriseneskalation erhebliche Fähigkeitendefizite auf. Sie müssen deshalb entlang der sich stellenden Herausforderung – ohne ihre Kernaufgabe zu vernachlässigen – ihre Fähigkeiten, Prozesse und deren Funktionalität verbessern und koordinieren.[609]

Das Konzept der Vernetzten Sicherheit unterscheidet sich in drei wesentlichen Punkten von bisherigen Ansätzen der Sicherheitsvorsorge:

---

the local population and on reconstruction and development are being factored into military planning.
Lessons learned, training, education and exercises: Proposals have been developed to make greater use of NATO training, education and exercise opportunities by offering joint training of civilian and military personnel. Enhancing cooperation with external actors: Achieving lasting mutual understanding, trust, confidence and respect among the relevant organizations and actors will make their respective efforts more effective. Therefore, NATO is actively pursuing extensive civil-military interaction with other relevant organizations and actors on a regular basis, as appropriate, while respecting the autonomy of decision-making of each organization.
Public messaging: To be effective, a Comprehensive Approach must be complemented by sustained and coherent public messages. NATO's information campaigns should be substantiated by systematic and updated information, documenting progress in relevant areas. It is important to ensure that the information strategies of the main actors should complement and not contradict each other.
Stabilization and reconstruction: NATO is seeking to improve its military support to stabilization and reconstruction in all phases of a conflict. This will involve exploiting the full range of existing and planned Alliance capabilities relevant to this broad activity. It will also require better coordination of NATO's military efforts in this field with those of its partners and other international and non-governmental organizations, which are the primary providers of essential civilian means to stabilization and reconstruction. Vgl. NATO (2008): A Comprehensive Approach, http://www.nato.int/cps/en/natolive/topics_51633.htm, (Zugriff 26.08.2009).

[608] Vgl. NATO (2008): A Comprehensive Approach, http://www.nato.int/cps/en/natolive/topics_51633.htm, (Zugriff 26.08.2009).
[609] S. Thiele, Ralph (2009): Trendforschung und die Entwicklung von Konfliktbildern in der Bundeswehr, Zeitschrift für Außen- und Sicherheitspolitik, Heft 2, Jg. 2/2009, S. 147-157 (155).

1. Der Fokus der Risiko- und Bedrohungsanalyse liegt bei der Vernetzten Sicherheit auf den Aus- und Wechselwirkungen eines Risikos und/oder einer (möglichen) Bedrohung. Dementsprechend ist die Perspektive der Analyse zwar auch in die Vergangenheit, d.h. auf die Herkunft eines Risikos gerichtet, jedoch sehr stark lösungsorientiert in die Zukunft blickend, d.h. darauf gerichtet, welche Mittel eingesetzt werden müssen, um eine Herausforderung schnellstmöglich, effektiv und nachhaltig zu bewältigen.
2. Vernetzte Sicherheit definiert ein funktionales Aufgabenspektrum, das gleichermaßen Krisenvorsorge, -management und -nachsorge umfasst und alle dafür verfügbaren Instrumente und Ressourcen ihrer Beitragsfähigkeit zur Erreichung einer Lösung nach bewertet und einen Gesamtansatz integriert.
3. Die grundsätzliche Ausrichtung der Aufbau- und Ablaufstrukturen der Organisation deutscher Sicherheit auf Vernetzte Sicherheit fördert die ressortübergreifende und -gemeinsame Kooperation, Kollaboration und Koordination staatlicher Institutionen und unterstützt die Interoperabilität mit nicht-staatlichen Akteuren.

Vernetzte Sicherheit ist ganzheitlich, ressortübergreifend, multilateral und nachhaltig.[610] Gleichzeitig steigen mit ihr die gegenseitige Abhängigkeit und Verantwortlichkeit der Akteure und der Koordinations- und Planungsaufwand bei der Vorbereitung und Durchführung von Maßnahmen.

5.3.1 Bausteine Vernetzter Sicherheit

Der Grad an Ganzheitlichkeit (*Comprehensivness*) der Arbeitsweise unterschiedlicher Akteure im Bereich Sicherheit hängt u.a. von folgenden Bausteinen der Vernetzten Sicherheit sowie der Qualität dieser Bausteine ab.

---

[610] S. Bundesregierung (2006): Weißbuch 2006 zur Sicherheitspolitik Deutschlands und zur Zukunft der Bundeswehr, Berlin, S. 24.

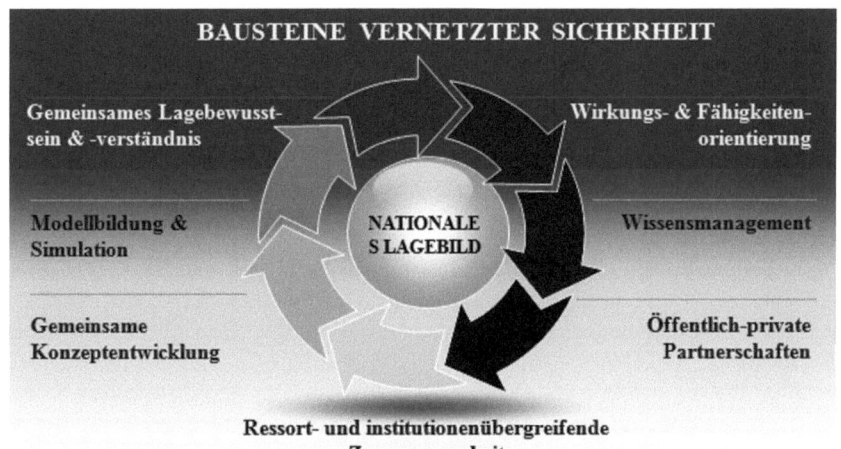

Abb. 6: Bausteine Vernetzter Sicherheit. Caroline Mükusch 2010.

Lagebewusstsein und -verständnis
Grundlage eines gemeinsamen Vorgehens ist ein gemeinsames Lageverständnis und -bewusstsein der Situation und Beziehungen, die das Handlungsfeld beinträchtigen. Um angemessen und rasch auf neue Situationen reagieren zu können, muss jeder einzelne Akteur die Umgebung und die Situation sowie die Determinanten der Grundursachen kennen, die relevanten und prioritären Themen identifizieren und die Präsenz anderer Akteure und Netzwerke wirkungsorientiert in eine gemeinsame Antwort überführen. Im Zuge gemeinsamen Experimentierens prägt sich dann ein zunehmend gemeinsames Verständnis von Vernetzter Sicherheit aus. Der unterschiedliche Erfahrungshorizont der Ressorts sowie die unterschiedlich ausgeprägte multinationale Einbindung bedingen zum Teil erheblich divergierende Sichtweisen.

Gemeinsame Konzeptentwicklung
Die sicherheitspolitischen Herausforderungen erreichen mit ihren vielfältigen Einflussfaktoren, ihrer Vernetztheit von Zusammenhängen und Abhängigkeiten sowie der Dynamik ihrer Veränderungsprozeese eine Komplexität bisher nicht dagewesenen Ausmaßes. Mittels eines iterativen Prozesses werden innovative Ideen konzeptionalisiert und in Experimenten wissenschaftlich überprüft. So soll frühzeitig Innovationspotenzial aufgespürt, bewertet und auf Realisierbarkeit und Wirksamkeit hin überprüft werden. Die Leistungen aller Sicherheitsakteure können nur dann auf ein gemeinsames, wirkungsorientiertes Zielsystem abgestimmt

werden, wenn es entsprechende Konzepte gibt, mit deren Hilfe die erzielten Wirkungen verglichen werden, um daraus Rückschlüsse für die unterschiedlichen Interventions- und Ablösungszeitpunkte sowie für die Optimierung des Mitteleinsatzes zu gewinnen. Dies begründet den Bedarf für einen ressortübergreifenden, gemeinsamen Prozess der Konzeptentwicklung und Experimentierung in enger Kooperation mit internationalen Partnern.

Wissensmanagement und Kollaboration
Die gegenwärtigen und künftig zu erwartenden Sicherheitsanforderungen erfordern eine neue Wissensgrundlage. Das erforderliche gemeinsame Lagebewusstsein und Lageverständnis kann nur entstehen, wenn die verantwortlichen Akteure ihrer Rolle, Situation und Ebene entsprechend führungs- und entscheidungsrelevantes Wissen bereitgestellt bekommen. Dazu müssen in einem ersten Schritt Kollaborationshindernisse in der Aufbau- Ablauforganisation, bei der Information und Kommunikation, dem Verhalten von Individuen, rechtlichen und politischen Rahmenbedingungen identifiziert werden, um in weiteren Schritten die Kollaborationsabläufe im Sinne der Vernetzten Sicherheit abzustimmen, vorzubereiten, durchzuführen und zu optimieren. Um diesen Anforderungen gerecht zu werden, bedarf es zum einen des Managements *von* Wissen durch Vernetzung und Nutzung vorhandener Daten, Information und Wissens sowie des Managements *für* Wissen durch Erhalt und Entwicklung von Wissen und Innovationskraft. Die Kenntnisse, Fähigkeiten, Gewohnheiten und Überzeugungen aller Akteure sollen durch Wissensmanagement synergetisch genutzt werden. Diese Aufgabe und Kompetenz liegt beim Staat.

Lagebild
Das Lagebild ist die visualisierte Form eines umfassenden Lageverständnisses und bildet das Herzstück der Vernetzten Sicherheit. Es entsteht als Ergebnis dahinter liegender Architekturen und Prozesse, die sicherstellen, dass Entscheidungsträger unabhängig von ihrem Standort und bezogen auf ihre Rolle im jeweiligen System die Informationen in der Qualität erhalten, die sie brauchen, um komplexe Problemstellungen inhaltlich angemessen und unverzüglich zu bewältigen. Es integriert verschiedene Lagebildfunktionen und Modelle miteinander und mit Führungsinformationssystemen, Verfahren sowie technischen Simulatoren für experimentelle Vernetzung. Das Lagebild besteht aus einem Informationsraum und einem Kollaborationsumfeld. Der Informationsraum setzt sich aus Datenbanken, öffentlich zugänglichen Informationen, in- und ausländischen Mitteilungen, nachrichtendienstlichen Informationen, Wirtschaftsdaten etc. zusammen. Das Kollaborationsumfeld bildet zum einen eine Schnittstelle zu den bereits existierenden Lagebildern und zum anderen die Architektur, innerhalb

derer die staatlichen und nicht-staatlichen Akteure mit Informationen bedient werden. Führungsrelevante Wissensbausteine müssen rollen- und bedarfsorientiert und mit den Anforderungen hohen Zeitdrucks verteilt werden. Doch selbst wenn mit Hilfe moderner Sensorik ein vollständiges und transparentes Lagebild möglich wäre, wird es immer noch Überraschungen geben. Das stellt hohe Anforderungen an die Generierung und Erfassung von Informationen sowie an ihre Auswertung, Verteilung und Darstellung und erfordert Sensor- und Datenfusion, intelligente Auswertung von Informationen, Mustererkennung, Verhaltensvorhersagemodelle und Authentifizierungsverfahren, Entscheidungsunterstützungssysteme, Systeme zur Entlastung von Routine- und Verwaltungsaufgaben.

Wirkungs- und Fähigkeitenorientierung
Fähigkeitenorientierung richtet sich nicht nach tradierten Kompetenzen und Verantwortlichkeiten (d.h. Zuständigkeiten), sondern stellt – einer organisationsübergreifenden Methodik folgend – fest, wer welche Fähigkeiten für die Krisenbewältigung zur Verfügung stellt und wie diese am besten synergetisch zur Wirkung gebracht werden können. In Zeiten knapper Haushaltsmittel geht es außerdem darum, Ressourcen zu bündeln und ihre Wirkung zu erhöhen. Entscheidend hierfür sind die Nachhaltigkeit von Forschungsergebnissen und deren Umsetzung in Produkte und Systemlösungen. Hierzu sollten Regierung und Behörden als Regelsetzer, Förderer, Beschaffer und Anreizsetzer agieren. Industrie und Wirtschaft werden dort, wo sich ausreichend finanzielle Anreize finden, zu Anbietern, Produzenten und Finanzieren von Sicherheitslösungen sowie Betreiber sicherheitsrelevanter Dienstleistungen und Infrastrukturen. Forschung und Wissenschaft sollten als Motor innovativer Zukunftslösungen und Ausbilder qualifizierten, wissenschaftlich gebildeten Fachpersonals in diese Strukturen und Prozesse integriert werden.

Modellbildung und Simulation
Modellbildung und Simulation helfen Ursache- und Wirkungszusammenhänge besser zu verstehen, verschiedene Lösungsoptionen miteinander zu vergleichen und stärken damit nicht nur die Beurteilungsfähigkeit, sondern optimieren die Qualität der Entscheidungsfindung. Die aktuellen und künftigen sicherheitspolitischen Herausforderungen erfordern eine gesamtstaatliche, nicht-simplifizierende Führung. Dazu braucht es ein Werkzeug, das die Komplexität und Dynamik künftiger Entwicklungen adäquat abbildet. Auf dieser Entscheidungsgrundlage kann die Komplexität erfasst, verstanden und in geeigneter Form reagiert werden. Die Wirkungen von Maßnahmen werden im Vorfeld getestet, wodurch Risiken und Kosten abgeschätzt und reduziert werden können. Ein wesentlicher Aspekt einer erfolgreichen Strategie ist es, prototypische Fähigkeiten vor-

zuweisen, die sich bereits bewährt haben – also unter realen Bedingungen getestet werden und ihre Funktionalität demonstrativ erfüllen. Modellbildung und Simulation leisten somit einen Beitrag zur wissenschaftlichen Forschung, der Evaluierung und Lessons Learned sowie der Zertifizierung und damit zur Schaffung eines Marktes für Sicherheitsdienstleistungen, -technologien und -entscheidungsverfahren.

Öffentlich-Private Partnerschaften
Der Schlüssel zur Bewältigung der aktuellen und künftigen Sicherheitsherausforderungen liegt in der engen öffentlich-privaten Sicherheitszusammenarbeit. Auf der einen Seite kann der Staat ohne das Know-how und die systemische Mitwirkung von Wissenschaft, Forschung und Industrie seine Aufgaben nicht erfüllen; auf der anderen Seite bleiben wissenschaftliche und technologische Innovation ohne das einsatzerfahrene Wissen des Staates ohne Wirkung. Noch bedeutender ist die kontinuierliche Integration neuester Technologien. Dies ist letztlich nur durch das Eingehen von engen Kooperationsformen mit Industrie und Forschung möglich. Hierzu müssen

- eine Sicherheitswirtschaft als eine wettbewerbsfähige Branche mit thematischen Schwerpunkten etabliert bzw. weiterentwickelt,
- Wachstums- und Beschäftigungspotenzial konsequent genutzt,
- die dazu erforderliche institutionelle Entwicklungsinfrastruktur gestaltet und geschaffen,
- die bisherige Vernetzung der Beteiligten vertieft und
- die vorhandene Forschungskompetenz sowie das industrielle Umfeld bestmöglich eingebunden werden.

Ressort- und institutionenübergreifende Zusammenarbeit
Auf die anspruchsvollen Herausforderungen der Vernetzten Sicherheit kann nicht mit simplifizierenden Antworten reagiert werden. Die Komplexität des Systems kann nur über die entsprechende Befähigung gesteuert werden – methodisch, konzeptionell und strukturell. Eine ressortübergreifende, vernetzte Konzeptentwicklung und deren gemeinsame experimentelle Überprüfung können hierfür unter Rückgriff auf die Möglichkeiten der Modellbildung und Simulation entscheidende Beiträge leisten. Voraussetzungen sind eine leistungsfähige Kollaborations-, Konzeptentwicklungs- und Experimentierinfrastruktur sowie entsprechende Instrumente der Modellbildung und Simulation in einem integrativen Ansatz und mit einer zusammenhängenden Architektur. Diese bilden die Grundlage für eine ressort- und institutionenübergreifende Zusammenarbeit. Im Zentrum steht nicht nur eine Verbesserung der Zusammenarbeit der verschiedenen

Ressorts, sondern es geht um eine langfristige, enge Beziehung zwischen, Staat, Wirtschaft, Wissenschaft und Gesellschaft. Die derzeitige sicherheitspolitische Linienorganisationskultur in Deutschland muss in eine ressort- und institutionenübergreifende, werteorientierte systematische Organisationskultur überführt werden. Diese stellt nicht nur die technische Vernetzung hinsichtlich Aufbau- und Ablauforganisation sicher, sondern setzt darüber hinaus zum einen Normen, mit denen sich die Akteure identifizieren können, und verbindet die unterschiedlichen Organisationseinheiten über eine gemeinsame Kultur.

Die einzelnen Bausteine lassen sich in folgendem gesamtnationalen Architekturverbund abbilden:

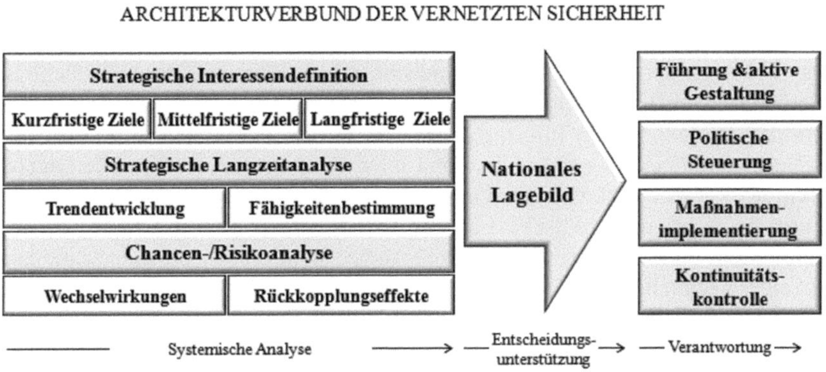

ARCHITEKTURVERBUND DER VERNETZTEN SICHERHEIT

Strategische Interessendefinition			→ Nationales Lagebild →	Führung & aktive Gestaltung
Kurzfristige Ziele	Mittelfristige Ziele	Langfristige Ziele		Politische Steuerung
Strategische Langzeitanalyse				Maßnahmen-implementierung
Trendentwicklung		Fähigkeitenbestimmung		
Chancen-/Risikoanalyse				Kontinuitäts-kontrolle
Wechselwirkungen		Rückkopplungseffekte		

Systemische Analyse → Entscheidungsunterstützung → Verantwortung →

Abb. 7: Architekturverbund Vernetzter Sicherheit. Caroline Mükusch 2010.

Diese konzeptionellen Grundlagen der Vernetzten Sicherheit beeinflussen Organisation und Infrastruktur, Ausbildung und Kapazitäten, Führung, Struktur und Prozesse. Entscheidend in der Vernetzten Sicherheit ist die Fähigkeit zur Steuerung dieser Prozesse. Auf der Grundlage der Vernetzten Sicherheit könnten

1. sicherheitsbezogene Fähigkeiten schneller, besser, risikoärmer und kostengünstiger erarbeitet und getestet,
2. Wissen, Erfahrungen, Kompetenzen und Werkzeuge aller relevanten Akteure eingebracht und weiterentwickelt sowie
3. vernetzte Systemkonzepte effizient entwickelt und damit ein wirkungsorientiertes, dynamisch wachsendes Fähigkeitsportfolio realisiert werden.

Vernetzte Sicherheit ermöglicht eine ganzheitliche, systemische Vorgehensweise, Planung und Nutzung aller verfügbaren (staatlichen) Instrumente. Comprehensiveness wird durch die zusätzliche Einbindung der nicht-staatlichen Kompetenzen und Ressourcen, z.B. über Public-Private-Partnership, erreicht. Dazu müssen die staatlichen und nicht-staatlichen Akteure ihre Ziele, Prozesse, Strukturen, Fähigkeiten und Kapazitäten aufeinander abstimmen, vernetzen und systematisch sowie langfristig in ihr Handeln integrieren. Staaten, internationale, intergouvernementale und supranationale Akteure und auch nicht-staatliche und gesellschaftliche Partner bewegen sich gewöhnlich auf unterschiedlichen Sicherheits- und Entwicklungsbahnen. Die unterschiedlichen Bedürfnisse dieser Akteure und die vielfältigen Kombinationsmöglichkeiten politischer Spezifika müssen daher berücksichtigt werden.[611]

5.3.2 Systemische Zusammenarbeit

Der Mehrwert der Vernetzten Sicherheit liegt besonders in einer schnellen und kontinuierlichen Lagefeststellung, einer unverzüglichen, rollen- und bedarfsorientierten Verteilung von Informationen und Wissen, einer echtzeitnahen Überprüfung von Handlungsalternativen und Integration in eine umfassende Lagebeurteilung, einer zweckmäßigen Orchestrierung bzw. Synchronisierung der Instrumente durch die politische Führung und Konzentration auf die integrierte Zielsetzung, einer wesentlich schnelleren Implementierung von Entscheidungen und einer nachhaltigen Optimierung des Antwortzeitverhaltens.

Diese Vorteile Vernetzter Sicherheit können jedoch nur generiert werden, wenn die strategisch-politische Zusammenarbeit in der Vernetzten Sicherheit in einer fähigkeitenorientierten Aufgabenbewältigung erfolgt und sich dabei auf ein dezentral organisiertes Netzwerk stützen kann.

---

[611] S. Rintakoski, Kristiina/ Autti, Mikko (2008): Comprehensive Approach. Trends, Challenges and Possibilities for Cooperation in Crisis Prevention and Management, Helsinki: Crisis Management Initiative, S. 23.

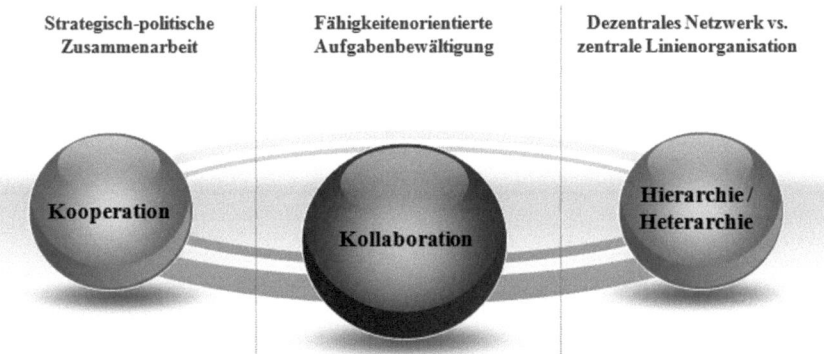

Abb. 8: Zusammenarbeit Vernetzter Sicherheit. Caroline Mükusch 2010.

Sicherheitsaufgaben betreffen, gem. dem Comprehensive Approach, eine Nation im Ganzen, d.h., das Handlungsumfeld kann durch die Auswirkungen politischer, wirtschaftlicher, gesellschaftlicher, infrastruktureller und informationstechnologischer Instrumente beeinflusst werden. Das involviert weit über staatliche Behörden hinausgehende Akteure.

Die höchst unterschiedlichen Dimensionen von Energiesicherheit werden derzeit von verschiedenen Institutionen (wie BMWi, AA, BMU, BMBF etc.) wahrgenommen. Knapp 80 Prozent der für das gesellschaftliche Leben und die öffentliche Sicherheit und Ordnung wichtigen Infrastruktur in Deutschland, insbesondere die Energieinfrastrukturen,[612] befindet sich in Privatbesitz.[613] Im Zieldreieck von Wirtschaftlichkeit, Versorgungssicherheit und Umweltverträglichkeit ist eine breite Energiepolitik anzustreben, die sich v.a. durch einen umfassenden und ganzheitlichen Ansatz auszeichnet.

Kooperation
Kooperation bezieht sich auf die strategisch-politische Zusammenarbeit.[614] Bei der Kooperation wird ein gemeinsames Ziel bzw. eine gemeinsame Aufgabe in

---

[612] Wie z.B. Stromtransportnetz, Verbundnetz, Übertragungsnetz, Verteilnetze Kraftwerke etc.
[613] Vgl. Rede von Staatssekretär a.D. Dr. August Hanning anlässlich der Fachtagung „Public Private Security – Schutz Kritischer Infrastrukturen" am 30. März 2009 in Berlin.
[614] Dabei weist der Begriff Kooperation drei Interpretationsmöglichkeiten auf: Erstens, in den Internationalen Beziehungen steht der Begriff für ein frühes Stadium von Integrationsprozessen, innerhalb derer ein gemeinsames, arbeitsteiliges Verfahren entwickelt wird. Zweitens, Kooperation wird als Gegenbegriff zu Konflikt verwendet. Durch Kooperation soll eine friedliche Koexistenz unvereinbarer Staatsziele gesichert werden. Drittens, Kooperation als Gegen-

unterschiedlich gewichtete Teilaufgaben unterteilt und verschiedenen Verantwortlichkeiten zugewiesen. Die Grundlage der Zusammenarbeit kann sowohl eine heterarchische als auch eine hierarchische Struktur sein.

Hierarchie und Heterarchie
Wenn Hierarchie eine Organisationsform mit Über- und Unterordnung adressiert, d.h. eine Ordnung mit Rangstufen in den verschiedensten Organisationsbereichen, beschreibt Heterarchie eine Ordnung, die sich aus einem Netzwerk und den Knoten in diesem Netzwerk – die gleichzeitig das Netzwerk bilden – zusammensetzt, eine Nebenordnung.[615] Die Knoten im Netzwerk verhalten sich zueinander dezentral und variabel.

Kollaboration
Bei der Kollaboration ist, im Gegensatz zur Kooperation, eine Aufgabe nicht von vorn her arbeitsteilig aufgeteilt. Stattdessen trägt jeder gleichermaßen mit seinen individuellen Fähigkeiten und Kenntnissen zur Lösung der Gesamtaufgabe bei. Aufgaben, Rechte und Pflichten ergeben sich dynamisch aus den Arbeitsprozessen, d.h. sie sind dezentral organisiert und ggf. nur temporär miteinander verbunden. Der ausschlaggebende Unterschied zur Kooperation ist, dass die Verteilung von Aufgaben entlang der individuellen Fähigkeiten erfolgt und nicht auf einer vorhergehenden Antizipation dieser Fähigkeiten beruht.[616]

Die Vernetzung in einer globalisierten Welt verändert den Nationalstaat fundamental: Steuerungsmechanismen, wie beispielswiese die Koordination, erweisen sich als nicht mehr hinreichend, da sie nicht mehr schnell und nachhaltig genug greifen. Koordination als ein Prozess, der unterschiedliche Ziele, Handlungen und Interessen ordnet und aufeinander abstimmt, reicht längst nicht mehr aus, um in Zeiten der Globalisierung Komplexität und Dynamik zu beherrschen. Koordinationsmechanismen dienen lediglich dazu, die Interaktion zwischen individuellen und kollektiven Akteuren auszutarieren, abzustimmen und zumindest punktuell eine gemeinsame Entscheidungsfindung zu unterstützen.

---

[615] begriff zu Konfrontation, Wettbewerb oder Konflikt bzw. einseitiger Interessenmaximierung ist, begründet auf spieltheoretischer Basis, die Voraussetzung für eine gemeinsame Nutzenmaximierung bzw. Interessen- und Zieldefinition. Vgl. Bendel, Petra (2002): Kooperation, in: Nohlen, Dieter/ Schultze, Rainer-Olaf (Hg.): Lexikon der Politikwissenschaft, München: C.H. Beck, S. 448.

[615] S. Schmalz, Sebastian (2007): Zwischen Kooperation und Kollaboration, zwischen Hierarchie und Heterarchie. Organisationsprinzipien und -strukturen, in: Stegbauer, Christian/ Schmidt, Jan/ Schönberger, Klaus (Hg.): Diskurse, Theorien und Anwendungen. Sonderausgabe von kommunikation@gesellschaft, Jg. 8., S. 9.

[616] S. ebd., S. 11.

Koordination ist letztlich eine Methode, um hinreichend mit dem Chaos umzugehen, das aufgrund fehlender vernetzter Strukturen entstanden ist.[617]

Sicherheit im Bereich der Energiesicherheit ist im 21. Jahrhundert das komplexe Produkt zahlreicher, teilweise miteinander verknüpfter Faktoren und erfordert daher Flexibilität und Anpassungsfähigkeit. Sie sind entscheidend für eine effiziente und effektive Zusammenarbeit. Langwierige Planungsprozesse und eine umständliche Disposition – wie sie bei der Koordination der Fall sind – hingegen können, selbst wenn ausreichend Zeit vorhanden wäre, niemals Zufälle oder unerwartete Ereignisse adäquat berücksichtigen. In diesem Kontext bildet Vernetzte Sicherheit eine Hybridform aus hierarchisch-heterarchischer Kooperation und Kollaboration. Diese bilden einen Baukasten, innerhalb dessen ein Leitbild, ergo eine Orientierung (Vision) oder auch Strategieentwicklung und -adaption an Veränderungen, kreiert wird. Die Kontrolle erfolgt über Selbstregulation. Die Struktur ist nicht starr, sondern als eine Art Matrix zu betrachten, in der pragmatisch Reaktionen auf Umwelteinflüsse vorgenommen bzw. die Möglichkeiten der Umwelt analysiert und Einwirkungschancen ermittelt sowie anhand derer Strategien zur Außenwirkung bzw. Interaktion der Organisation mit der Umwelt entworfen werden.

In diesem Baukastensystem spart Vernetzte Sicherheit durch die Zusammenlegung und Koordination knapper Ressourcen Kosten und trägt somit zur Effizienzsteigerung bei. Eine effiziente Kostennutzung und eine effektive Maßnahmenabwicklung stärken die Konsistenz einer eingeschlagenen Politik bzw. Maßnahme – was besonders für den Steuerzahler und andere Akteure ein positives Signal sendet. Das schafft wiederum Solidarität und Transparenz für mögliche und notwendige Anpassungen oder gar hinzunehmende Rückschläge. Das Spezifische an diesem Modell ist der offensive Umgang mit der Umwelt, d.h. eine verstärkte international ausgerichtete Suche und Ausnutzung von für die Organisation (den Staat) spezifischen Vorteilen. Der zentrale Faktor ist die Information über das Ganze, d.h. die Gesamtsituation, die allen Organisations- und Verantwortungsteilen gleichermaßen verfügbar ist.[618]

---

[617] Koordination ist i.d.R. reaktiv, spezialisiert und wohlfahrtsverlustvermeidend.
[618] Vgl. Kaden, Ben (2002): Heterarchische Strukturen in MNCs: zum Ansatz Gunnar Hedlunds, HU Berlin, 19.06.2002, http://www.ib.hu-berlin.de/~wumsta/infopub/tutor/heterarchy/heterarchie.html (Zugriff 08.11.2009).

5.4 Eine kritische Auseinandersetzung mit Vernetzter Sicherheit

Vernetzte Sicherheit soll "*die Instrumente aller Ressorts verknüpfen und miteinander verzahnen, wo immer dies nötig und zweckmäßig ist.*"[619] Dabei soll diese Vernetzung nicht auf die staatlichen Strukturen in Deutschland beschränkt bleiben, sondern auch auf die supra- und internationale Ebene ausgeweitet werden. Jedoch ist mit Vernetzter Sicherheit – v.a. mit ihrer militärischen Umsetzung der Vernetzten Operationsführung – auch das Missverständnis entstanden, dass mit der Vernetzung von Technologie und Wissen automatisch eine erhebliche, "umfassende" Effektivitäts- und Effizienzsteigerung verbunden ist.

Angenommen, Vernetzung trage dazu bei, erstens die Sicherheit der Bürger und Bürgerinnen zu erhöhen und zweitens die Verwundbarkeit der deutschen Gesellschaft zu reduzieren, dann stellt sich die Frage, wie funktionstüchtig das System Vernetzter Sicherheit noch ist, wenn Gegner über modernste Technik verfügen und die Verwundbarkeit der deutschen Gesellschaft ausnutzen, die eben aus dieser Vernetzung resultiert? Es besteht durchaus die Gefahr, dass das, was von Deutschland und westlichen Verbündeten genutzt wird, auch von Kriminellen und gegnerischen Kräften genutzt werden kann – besonders in technologischer Hinsicht.[620] Wie sicher ist dann noch ein System Vernetzter Sicherheit, wenn das der Gegner das eigene übersteigt?

Vernetzung ist nicht grundsätzlich neu. Angeblich "neue" Konzepte wie das der "Vernetzten Sicherheit", "Asymmetrische Konfliktformen", "Transformation" und auch "Global Security" sind zwar neue Stichworte, sie hat es aber in einer prinzipiellen Ausprägung schon immer gegeben. Der Mehrwert liegt in den preiswerten und enorm leistungsfähigen Möglichkeiten, die dank moderner Kommunikations- und Informationstechnologien bereits heute erreicht werden können.[621] Vernetzte Sicherheit soll einen geeigneten Rahmen staatlichen und nicht staatlichen Handelns schaffen, um auch in Zukunft angemessen und leistungsfähig mit den Konsequenzen einer veränderten und sich stetig wandelnden Risiko- und Bedrohungslage fertig zu werden, die dafür verantwortlich ist, dass eine klare Trennung zwischen innen und außen, staatlich und privat zunehmend nicht mehr möglich ist. Neu ist der Grad der Vernetzung, nicht die Vernetzung selbst. Dieser erfordert entsprechende Antworten, die Bündelung der vorhande-

---

[619] Einführungsvortrag zum Thema Grundzüge deutscher Sicherheits- und Verteidigungspolitik des Parlamentarischen Staatssekretärs Christian Schmidt anlässlich des Besuchs des JU-Bezirksverbandes Unterfranken am 30. März 2007 im BMVg-Besucherzentrum in Berlin.

[620] Hierzu zählen Technologien zur Überwachung (Video- und Infrarotkameras im Sinne eines Sensormixes, hoch auflösende Radargeräte), Unmanned Aerial Vehicles, Kommunikations- und Auswertungstechnologien etc.

[621] S. Mey, Holger H./ Krüger, Michael K.-D. (2003): Vernetzt zum Erfolg? Network-Centric-Warfare – zur Bedeutung für die Bundeswehr, Frankfurt a. M./Bonn: Report, S. 31.

nen Kräfte und flexible Strukturen. Vernetzte Sicherheit soll einen Rahmen schaffen, in dem dem Staat ein Instrumentarium bereitgestellt wird, mit dem er auf die veränderte Bedrohungslage und den Wandel staatlicher, politischer, ökonomischer, ökologischer, gesellschaftlicher, aber auch "klassischer" Einflüsse reagieren kann. Auf diese Entwicklung, d.h. ein Gesamtkonzept, ein ganzheitliches Verständnis und Interoperabilität zu verzichten, könnte massive politische und wirtschaftliche Nachteile bedeuten. Auch wenn die Konzepte neu klingen, so kommt jedoch das zur Anwendung, was aus Erfahrung zum Erfolg führt. Vernetzte Sicherheit soll helfen, lineare Ansätze zu überwinden und Sicherheitspolitik zu einem lernenden System zu befördern.

Zeitgenaue und anforderungsgerechte staatliche, präventive Sicherheitsvorsorge erfordert einen konzeptionell ganzheitlichen Ansatz. Daher soll Vernetzte Sicherheit die Kohärenz im Denken und Handeln im Bereich Sicherheit durch eine neue Form der Zusammenführung vorhandener Mittel und Fähigkeiten verbessern und somit dazu beitragen, politische Ziele zuverlässiger, d.h. mit größerer Erfolgswahrscheinlichkeit zu erreichen. Diese Kohärenz im Denken und Handeln ist entscheidend für das synergetische Zusammenwirken der relevanten Akteure und Instrumente, es ist jedoch nicht per se mit der Umstellung auf Vernetzte Sicherheit existent, sondern erfordert darüber hinaus den politischen Willen zur Neuausrichtung der Organisation deutscher Sicherheit.

Unterschiedliche konzeptionelle Ansätze und Vorgehensweisen verschiedener Ressorts haben in der Vergangenheit auf nationaler Ebene zu voneinander abweichenden Handlungsansätzen geführt. Dies setzte sich bei der Lagebeurteilung und den einzusetzenden Kräften vor Ort bzw. auch in internationalen Gremien fort. Ein spezifischen Ressortkontext bevorzugender Fokus, der die vor dem eigenen Erfahrungshintergrund wahrgenommenen Notwendigkeiten priorisiert und demgegenüber Erfahrungen und Notwendigkeiten anderer Ressorts weniger berücksichtigt, führte i.d.R. zu unterschiedlichen (konträren) Problemlösungs- und Handlungsstrategien.

Mit Hilfe der Vernetzung soll die durch technologische Entwicklungen mögliche Informationsüberlegenheit in einen Entscheidungsvorteil umgewandelt und so Entscheidungsdominanz in komplexen Situationen erlangt werden.[622] In einem ersten Schritt sollen Informations-, Entscheidungs- und Wirkungsüberlegenheit hergestellt werden, um in einem zweiten Schritt eine gesamtpolitische Überlegenheit zu erzielen. Dabei ist Vernetzung "*based on adopting a new way of thinking*"[623] eine Methode, um die Herausforderungen des 21. Jahrhunderts unter Nutzung der Möglichkeiten aller verfügbaren Instrumente zu bewältigen.

---

[622] S. Joint Chiefs of Staff (1996): Joint Vision 2010, Washington D.C.: Joint Chiefs of Staff, S. 1.
[623] S. Alberts, David S./ Garstka, John/ Frederick Stein (1999): Network Centric Warfare. Developing and Leveraging Information Superiority, Washington D.C.: CCRP, S. 88.

Kernelement dieses Vorgehens bildet ein umfassendes Lagebild, das ständig die aktuelle Situationslage reflektiert und alle Beteiligten in die Lage versetzt, selbstsynchronisierend auf die sich wandelnde Situationen zu reagieren und damit die Rückkopplung in der politischen Entscheidungsfindung beschleunigt. Die Konsequenz, die aus diesem Ansatz resultiert, ist der Aufbau einer vernetzten Architektur, die sich hauptsächlich durch dezentrale, selbstsynchronisierende, tiefenintegrierende und prozedurale Strukturen auszeichnet.

Entsprechend müsste es auf nationaler Ebene in Deutschland und anderen EU-Mitgliedstaaten zu einer horizontalen und vertikalen Vernetzung der sicherheitspolitischen Strukturen kommen. Dafür müssen eine gesamtstaatliche, sicherheitspolitische Zielsetzung formuliert, die unterschiedlichen kurz und mittelfristigen Zielsetzungen zu einer langfristigen Planung aufeinander abgestimmt und daraus eine staatliche Planung für langfristige Entwicklungsinvestitionen abgeleitet werden.

Die größte Hürde in diesem Prozess stellt der Mensch dar: "*Jede Institution will die eigenen Vorgehensweisen beibehalten, möchte im Besitz der eigenen Informationen bleiben, hält am eigenen Denken fest.*"[624] Dieses Vorgehen steht einer vernetzten Sicherheitspolitik im Weg. Deshalb müssen v.a. auch die strategische Planung und Finanzierung zusammengebracht werden; nur ein ganzheitlicher Blick auf kurz-, mittel- und langfristige Ziele im Kontext der vorhandenen Finanzen kann effizient und effektiv geplant werden. Strategisches Planen muss aber auch in Einklang mit Personalbeschaffung und Ausbildung gebracht werden. Nur wenn klar ist, welche Ziele mit welchen Fähigkeiten erreicht werden sollen, kann Personal gezielt eingestellt und ausgebildet und können die dafür notwendigen Instrumente beschafft werden. Damit beispielsweise energiepolitische Instrumente wirksam werden können, bedarf es gut qualifizierten und ausgebildeten Personals.[625] Die Harmonisierung zwischen strategischer Planung sowie der Beübung und dem Training im Ausbildungs- und Personalbeschaffungsprozess ist eine Notwendigkeit, um die strategische Planung nicht zu personellen und materiellen Wunschlisten mit unerreichbaren Zielen und ohne Prioritäten zu degradieren.

Durch die Verknüpfung von Akteuren und Instrumenten sollen jedoch die Einzelwirkungen potenziert werden, d.h., Akteure und Instrumente werden in der

---

[624] S. Thiele, Ralph (2006): Gerhard von Scharnhorst – Zur Identität der Bundeswehr in der Bundeswehr, Bonn: Bernrad & Graefe, S. 140.

[625] Jeder Akteur muss in der Lage sein, Veränderungen der Umweltbedingungen abschätzen und flexibel auf diese reagieren zu können. Voraussetzung dafür ist ein zukunftsorientiertes Bewusstsein. Der Mensch wird künftig weitaus mehr gefordert als bisher. Die unterschiedlichen Akteure müssen ihr jeweiliges handwerkliches Portfolio beherrschen, aber auch mehr und anders als bisher. Qualität und Quantität der zu vermittelnden Fähigkeiten nehmen zu.

Verbindung effektiver und effizienter.[626] Dazu bedarf es v.a. einer Kooperationskultur, die die Menschen in den Organisationen "mitnimmt". Dafür sind dezentrale Organisationen besser geeignet als zentrale Organisationen. Zentralisierung kann – mittels neuer Technologien und bei einer bestimmten Organisationsgröße – in gewissem Maße Kosten einsparen. Mit steigender Komplexität machen jedoch dezentrale Organisationen Sinn, da diese ihr Umfeld besser kennen und somit Veränderungen besser abschätzen und schneller reagieren können als zentralisierte Organisationen. Synergien entstehen durch zentrale strategische Führung und dezentrale operative Maßnahmenimplementierung und -verantwortung. Die Ergebnisverantwortung muss dort liegen, wo Maßnahmen konkret umgesetzt werden. Dezentralisierung kommt jedoch nur dann zur Wirkung, wenn delegiert wird. Die Delegation setzt Vertrauen in die Architektur, Arbeitsprozesse und Menschen voraus. Vernetzung darf somit nicht zur Zentralisierung von Strukturen und Prozessen führen. Bei der Frage nach der Gewährleistung deutscher Sicherheit darf nicht jedes denkbare Detail von Kabinettstisch aus dirigiert werden. Sinnvoll erscheint vielmehr eine weitgehende Dezentralisierung, die jedem einzelnen Akteur mit den für eine eigenverantwortliche Entscheidung notwendigen Instrumenten, Ressourcen und Verantwortlichkeiten ausstattet.

Dezentralisierung und Flexibilität erfordern Redundanz. Eine zu geringe Zahl an Knotenpunkten erhöht den Verwundbarkeitsgrad des Gesamtnetzes, da sich die Wirkung von Angriffen gegen einen Knoten rasch ausbreiten und eine Abschottung bzw. Abkoppelung erschwert werden kann. Der Grad der Verwundbarkeit sinkt mit wachsender Knotenanzahl und zunehmender Dezentralisierung. Netze bieten durch hohe Redundanzen (die Fähigkeit zu Re-Konfigurierung und Re-Routing)[627] und ihre dezentrale Organisationsstruktur sowie selbstsynchronisierende Mitglieder ausreichend Potential, um flexibel mit komplexen und dynamischen Entwicklungen umzugehen. Das wird insbesondere hinsichtlich eines gemeinsamen Lagebildes bzw. Lageverständnisses ersichtlich: Ein Lagebild, das alle relevanten Akteure miteinander vernetzt, d.h. ihre Entscheidungsfindung unterstützt und beschleunigt, könnte im Fall eines Angriffs (sei es ein Hackerangriff auf die Kommunikations- und Informationsarchitektur) den Totalausfall des Systems oder Fehlentscheidungen zur Folge haben. Aus diesem Grund sind zum einen Verfahren zur Stör- und Abhörsicherheit sowie

---

[626] S. Odlyzko, Andrew, Tilly, Benjamin (2005): A refutation of Metcalfe's Law and a better estimate for the value of networks and network interconnections, Minneapolis: Digital Technology Center, University of Minnesota, S. 5.

[627] Re-Konfiguration ist erst einmal keine Fehlerbehebung. Sie grenzt Störungen nur aus. Bei Störungen, die mehrfach auftreten, versucht die Re-Konfiguration den dafür verantwortlichen und offensichtlich fehlerhaften Systemteil auszugliedern. Re-Routing bezeichnet die Fähigkeit der Ersatzwegsuche bei Störungen im Netz.

Authentizität und Widerspruchsfreiheit dringend notwendig. Sowohl Störung und Zerstörung als auch Sicherheit und Schutz werden durch technischen Fortschritt ermöglicht. Zum Zweck der Gewährleistung von Sicherheit müssen Staat, Wirtschaft und Gesellschaft an der Spitze dieses Fortschritts marschieren und überlegene Gesamt- sowie Einsatzkonzepte entwickeln. Zum anderen darf das Lagebild, trotz seiner wichtigen Funktion, nicht zum Selbstzweck werden. Das Lagebild ist dient dem Zweck, das Verständnis und Bewusstsein über die Lage – dessen Visualisierung das Lagebild lediglich ist – erheblich zu verbessern. Die Akteure sollten mündig und selbstsynchronisierend sein und bleiben. Im Falle eines Ausfalls des Lagebildes haben sie nach wie vor über das Lageverständnis den Überblick über das Geschehen.

Ein Lagebild muss demnach mehr sein als ein System, das Bilder generieren kann. Es sollte Sensor- und Datenfusion, intelligente Auswertung von Informationen ermöglichen und Mustererkennung, Verhaltensvorhersagemodelle und Authentifizierungsverfahren und Entscheidungsunterstützungssysteme bieten. Besonders die mit der Vernetzung und einem umfassenden Lagebild entstehende Informationsflut, die die Entscheidungsfindung nicht unterstützen und beschleunigen, sondern verzögern und verzerren könnte, sollte durch Systeme zur Bearbeitung von Routine- und Verwaltungsaufgaben reduziert werden und Entscheidungsträger entlasten. Informationen müssen daher rollen- und bedarfsgerecht verteilt, d.h. in Umfang und Qualität aufgabenspezifisch zugeordnet werden.[628]

Vernetzung bewegt sich im Spannungsbogen von "Verbinden" und "Trennen" und wird immer von der latenten Gefahr des "zu viel vernetzen" begleitet. Prinzip der Vernetzten Sicherheit ist es, die Eigenständigkeit und den Charakter von institutionenspezifischen Strukturen und Prozessen vor der Einflussnahme anderer Akteure zu sichern, um die Modernisierungs- und Ausdifferenzierungsprozesse von staatlichen, nicht-staatlichen und privaten Institutionen nicht dem Druck der Anpassung aus Selbsterhalt auszusetzen. Eine willkürliche Verschmelzung politischer, ökonomischer und gesellschaftlicher Strukturen und Prozesse widerspricht dem Ansatz der Vernetzten Sicherheit sogar. Auf der Basis klarer, institutioneller Trennungen sollen sich interorganisatorische, vernetzte Strukturen herausbilden, die dezentral organisierte Entscheidungen mit verteilten Steuerungsressourcen ermöglichen.[629] Vernetzte Sicherheit dient allein dem Zweck der Erhöhung der Sicherheit deutscher Bürger und Bürgerinnen sowie der Reduzierung der eigenen Verwundbarkeit. Zu verhindern sind "*Gemeinschaften*

---

[628] Besonders nichtberechtigte Personen dürfen keinen Zugang zu diesem Informationskonglomerat erhalten.

[629] S. Marin, Bernd (1996): Generalisierter Politischer Austausch, in: Kenis, Patrick/ Schneider, Volker (Hg.): Organisation und Netzwerk. Institutionelle Steuerung in Wirtschaft und Politik, Bd. 2, Frankfurt a. M.: Campus, S. 425-470 (458).

ohne Nähe" und "*kleine Welten*", die durch Zufallsinteraktion und nichträumliche Nachbarschaften entstehen können, welche aber nicht als Netzwerke, sondern lediglich als lose gekoppelte "*Clusters*" bezeichnet werden können.[630] Vernetzte Sicherheit soll integrative Gemeinschaften und differenzierte Funktionssysteme erzeugen, die über territoriale Segmentierung und Systemgrenzen hinausgehen.[631]

Auch wenn ein vernetzter Ansatz im Grunde genommen konsequent und logisch nachvollziehbar erscheint, darf dies nicht zwangsläufig zu dem Schluss führen, dass Vernetzung *per definitionem* erhebliche und umfassende Effektivitäts- und Effizienzsteigerungen bedeutet. Gerade die Neuausrichtung der Organisation deutscher Sicherheit birgt eine Reihe von Gefahren:

- Potentielle Informationsflut und ihre mögliche Nichtbeherrschbarkeit.
- Tendenz zur Zentralisierung von Strukturen und Prozessen.
- Steigerung der intrinsischen Verwundbarkeit westlicher Gesellschafts- und Wirtschaftsstrukturen durch eine Erhöhung der Abhängigkeit von modernen Technologien.
- Mangelnde Fähigkeit zum Transfer der Informationsüberlegenheit in Entscheidungs- und Wirkungsüberlegenheit.
- Eingeschränkte horizontale und vertikale Vernetzung sicherheitspolitischer Strukturen über nationale Grenzen hinweg.
- Befindlichkeit von Menschen.[632]

Vernetzte Sicherheit erfordert neben der zunehmenden Koordination beteiligter Akteure eine neugewichtige Aufgabenverteilung entlang von Kriterien wie Funktionalität, Fähigkeiten und Prozesse, die den absehbaren und wahrscheinlichen Herausforderungen des 21. Jahrhunderts gerecht werden, ohne die Kernaufgaben staatlicher Institutionen zu vernachlässigen. Dieses Erfordernis begründet erstens die regelmäßige Teilnahme anderer Ressorts und Dritter, einen

---

[630] S. Holzer, Boris (2005): Vom globalen Dorf zur kleinen Welt: Netzwerke und Konnektivität in der Weltgesellschaft, in: Heintz, Bettina/ Münch, Richard/ Tyrell, Hartmann (Hg.): Weltgesellschaft. Theoretische Zugänge und empirische Problemlagen, Sonderheft der Zeitschrift Soziologie, Stuttgart: Lucius & Lucius, S. 314-329 (321).

[631] S. ebd., S. 325.

[632] Menschen in Institutionen könnten eine Tendenz aufweisen, im Besitz der eigenen Informationen bleiben und am eigenen Denken festhalten zu wollen. Ein solches Vorgehen könnte einer vernetzten Sicherheitspolitik im Weg stehen. Dem könnte entgegengewirkt werden, indem strategische Planung und Finanzierung zusammengeführt würden. Nur ein ganzheitlicher Blick auf kurz-, mittel- und langfristige Ziele im Kontext der vorhandenen Ressourcen und Kapazitäten trägt zu effizienter und effektiver Planung, Organisation, Entscheidungsfindung und -umsetzung bei.

erhöhten Koordinations- und Planungsaufwand und eine steigende gegenseitige Abhängigkeit und Verantwortlichkeit.[633]

5.5 Chancen nutzen

Der systematische Ansatz der Vernetzten Sicherheit eignet sich besonders gut für dynamische, komplexe und stark mit sich und der Umwelt vernetzter Bereichen, da er im Gegensatz zu traditionellen (meist linearen) Ansätzen zu ungleich effektiveren Lösungen beiträgt.[634]

Denken in vernetzten, systemischen Strukturen überwindet die liniere Ursache-Wirkungs-Betrachtung von Entwicklungen und geht stattdessen davon aus, dass eine Wirkung durchaus mehrere Ursachen haben kann. Wirkbeziehungen können miteinander vernetzt sein, d.h., das Ergebnis einer Ursache-Wirkbeziehung kann der Ausgangswert der nächsten Ursache-Wirkbeziehung sein. Dadurch entstehen *indirekte Wirkungen*. Ursache-Wirkbeziehungen können aber auch iteriert werden, d.h., das Ergebnis einer Ursache-Wirkbeziehung kann der Ausgangswert einer neuerlichen Auswertung dieser Ursache-Wirkbeziehung werden, um somit *Rückkoppelung* zu identifizieren. Ursache-Wirkbeziehungen können u.a. auch invertiert werden, d.h. Ursache und Wirkung werden ausgetauscht, um daraus *direkte Wechselwirkungen* abzuleiten. Unabhängige Variablen (Ursachen) können in der vernetzten Zeit des 21. Jahrhunderts nicht (mehr) eindeutig einer abhängigen Variable (Wirkung) zugeordnet werden. Lineares Denken stößt hier an seine Grenzen und erfordert stattdessen ein vernetztes und systemisches Denken.

Besonders auf der strategischen Ebene ist die Trennung von Ursache und Wirkung nicht mehr ohne weiteres möglich, da jede Wirkung direkt oder indirekt zur Ursache neuer Wirkungen werden kann. Hauptherausforderung ist hierbei eine angemessene Abgrenzung und klare Zielorientierung im Sinne des Herausfilterns der wesentlichen Systemelemente und Wirkungsbeziehungen. Zusätzlich müssen die Eigendynamik der Politik bzw. ihre zeitlichen Verhaltenscharakteristika berücksichtigt werden. I.d.R. verfolgt Politik die Aufrechterhaltung eines Zustandes und/oder die Selbsterhaltung im Sinne der Bewahrung von Sicherheit. In den seltensten Fällen ist jedoch die gegenwärtige Informationslage eine ausreichende Grundlage für die gerechte Steuerung von Entwicklungen, was häufig

---

[633] S. Thiele, Ralph (2009): Trendforschung und die Entwicklung von Konfliktbildern in der Bundeswehr, Zeitschrift für Außen- und Sicherheitspolitik, Heft 2, Jg. 2/2009, S. 147-157 (156).

[634] S. Wagner, Reinhard (2002): Vermittlung systemwissenschaftlicher Grundkonzepte, Graz: Naturwissenschaftliche Fakultät der Universität Graz, S. 23 ff.

Über- und Untersteuerung zur Folge hat. Die Fähigkeit zum überlegenen Umgang mit dieser Dynamik hängt u.a. maßgeblich von der Fähigkeit, bestimmte Entwicklungsprozesse und Trends zu erkennen und abzuschätzen, ab. Die Befähigung, künftige Entwicklungen abzusehen und adäquate Steuerungsmaßnahmen zu implementieren, erfordert dynamisches Denken in sich rasch ändernden Zeitabläufen. Dazu bedarf es zum einen eines retrospektiv-chronistischen Blicks in die Vergangenheit und zum anderen die Perspektive in die Zukunft.

Systematisches Denken in vernetzten Strukturen und dynamisches Denken in sich rasch ändernden Zeitabläufen erfordern in zunehmendem Maße übergreifendes und systematisches Denken in Zusammenhängen. Vernetzte Sicherheit erfasst Zusammenhänge mit Modellbildung und Simulation. Modelle sind Instrumente zur Abbildung der Realität. Die Fähigkeit zur Modellbildung und Simulation impliziert, dass Modelle konstruiert, analysiert, verbessert und weiterentwickelt werden können. Modellbildung und Simulation unterstützen den Problembewältigungsprozess nicht nur mit der inhaltlichen Operationalisierung einer bestimmten Daten- und Informationsgrundlage, sondern auch hinsichtlich der strukturellen Klarheit eines Problems sowie seiner Bewältigung. Mit der Problembeschreibung werden eine bestimmte Situation, ihre Herausforderung sowie die Zielsetzung formuliert. Die Beschreibung der wesentlichen Kenngrößen und die Erfassung der Wechselwirkungen strukturieren den Modellbildungs- und Problemlösungsprozess. Mit der Wahl des Szenarios und des Simulationszeitraums werden Startwerte und Parameter überprüft und bewertet. Diese Ergebnisse können interpretiert und auf die aktuelle Fragestellung angewendet werden, wobei die Grenzen des Modells stets kritisch zu beurteilen sind. Die Interpretation und die Wiederholung der Simulation vertiefen und verfeinern das Modell und dienen der stetigen Verbesserung des Problemlösungsprozesses.

Mit der Fähigkeit systematischen Denkens in vernetzten Strukturen, dynamischen Denkens in sich rasch ändernden Zeitabläufen und Modellbildung und Simulation dient Vernetzte Sicherheit der politischen Steuerung komplexer Problemlagen. Dazu ist es erforderlich, die richtigen Hebelpunkte zur Steuerung, die Eingriffe sowie ihre Intensität und die richtige Zeitpunkte zu kennen. Vernetzte Sicherheit ist pragmatisch, d.h., es geht nicht nur um anschauliche Betrachtungen, sondern – weit mehr – um ein situationsgerechtes Handeln. Die entscheidende Frage, die sich Entscheidungsträger stellen müssen, ist, welche Elemente überhaupt aktiv beeinflusst werden *können* und welche beeinflusst werden *sollen*, um eine bestimmte Zielsetzung zu erreichen.

Damit die Neuausrichtung der Organisation deutscher Sicherheit keine Fehlentwicklung nimmt, sollen Evaluation und Korrektur für Transparenz und öffentliche Akzeptanz sorgen. Evaluation, die systematische Untersuchung eines Gegenstandes bezüglich seiner Praxisrelevanz und die Erzeugung eines angemessenen, realitätsnahen Bildes, soll – für eine effizientere Sicherheitsvorsorge – althergebrachte Handlungsmuster vor dem Hintergrund möglicher (Groß-)Schäden überprüfen und ggf. anpassen. Leistungsfähige Entscheidungsprozesse könnten künftig eine noch engere Integration aller verfügbaren Instrumente – politischer, militärischer, wirtschaftlicher, humanitärer, polizeilicher und nachrichtendienstlicher – erfordern. Diese kontinuierliche Bewertung und Bemessung der Situation ist der Kern einer umfassenden Antwort auf die Frage nach wirksamen Strukturen für die Zusammenarbeit der öffentlichen Hand mit anderen Teilen der Gesellschaft.

Bei der Übertragung des Konzepts der Vernetzten Sicherheit auf die Sicherheitsherausforderungen des 21. Jahrhunderts geht es um die Umstrukturierung der Organisation deutscher Sicherheit im Zeitalter der Globalisierung. Vernetzte Sicherheit scheint geeignet, den anstehenden Wandel der Organisation deutscher Sicherheit, der selbst auf nichts weniger als einem Wandel des Verhältnisses von Politik, Militär, Gesellschaft und Wirtschaft im 21. Jahrhundert beruht, entsprechend dem Bedarf – der wiederum vor dem Hintergrund neuer Herausforderungen sowie erheblicher, budgetärer Einschränkungen entstanden ist – und der politischen, personellen und rechtlichen Rahmenbedingungen auszurichten. Dieser Wandel findet sowohl in gesellschaftlicher, kultureller, wirtschaftlich-industrieller, technologischer, innen- und außenpolitischer Hinsicht statt. Diese Entwicklung geht mit erheblichen strukturellen Veränderungen einher.[635] Gesamtstaatliche und gesamtgesellschaftliche Aufgaben erfordern die Fähigkeit zur Modernisierung vorhandener Kompetenzen, Strukturen und Prozesse. Diese Modernisierung verlangt einen aktiven Prozess, in dem Einzelakteure ihre Ressourcen, Fähigkeiten und Kompetenzen miteinander vernetzen. Dabei müssen Ressourceninterdependenzen, hierarchische Koordinationshürden und zentralisierte Politiksteuerung überwunden werden. Dieser strategische Planungsprozess sollte deshalb mit politischen Leitlinien top-down erfolgen. Gleichwohl eine abgestimmte und kohärente strategische Planung wünschenswerterweise in dem ganzheitlichen Handeln und letztendlich in Synergie münden soll, darf strategisches Planen nicht dem Fehler erliegen, von den stärksten Kräften im System (z.B. Geld, ressortspezifischen Schwergewichten etc.) getrieben zu sein. Die Ziele dürfen nicht den verfügbaren Instrumenten, Mitteln und Prozessen angepasst werden, sondern umgekehrt.

---

[635] S. Mey, Holger H./ Krüger, Michael K.-D. (2003): Vernetzt zum Erfolg? Network-Centric-Warfare – zur Bedeutung für die Bundeswehr, Frankfurt a. M./Bonn: Report, S. 19.

6. Energiesicherheit in und für Deutschland

Öl und Gas bleiben für die nächsten 20 bis 30 Jahre die wichtigsten Energierohstoffe für Deutschland. Entlang des in dieser Arbeit definierten Energiesicherheitsbegriffs lassen sich für die Energiesicherheitssituation in und für Deutschland folgende Schlussfolgerungen ableiten:

Verfügbarkeit
Die Energierohstoffe Erdöl und Erdgas sind (national wie) international auf absehbare Zeit noch verfügbar. Die Frage, wie lange das nationale sowie internationale Erdöl und Erdgas noch reichen wird, ist zum einen eine Frage der Berechnungsmethodik sowie zum anderen eine Frage des Geldes und aufgrund der zahlreichen Verfahren der Berechnung von Verfügbarkeit und Peak Oil äußerst ungenau vorherzusagen.[636] Die Verfügbarkeit von Erdöl und Erdgas in und für Deutschland ist damit v.a. eine wirtschaftspolitische Grundsatzentscheidung.

Energie zu jeder Zeit
Energiesicherheit ist dynamisch sowie kontext- und performanceabhängig, d.h. Energiesicherheit in und für Deutschland lässt sich nicht garantieren, sondern um diese muss kontinuierlich, umfassend und nachhaltig gerungen werden. Die Energieversorgung mit Öl und Gas kann zwar durch langfristige Lieferverträge mit Energielieferanten vertraglich abgesichert werden, jedoch sind Versorgungsunterbrechungen, wie die Erfahrungen der Jahre 2006 und 2009 in der Erdgasversorgung zeigen, jederzeit möglich. Um den zeitlichen Faktor von Energiesicherheit in und für Deutschland – und dann auch nur bedingt – beherrschbar zu machen,[637] müssen v.a. die Abhängigkeit von Importen und ausländischen Akteuren reduziert und Flexibilität in der Steuerungs- und Gestaltungsfähigkeit sowie alternative Optionen der Energieversorgung ausgebaut werden.

---

[636] Die größte Schwierigkeit bei der Peak-Oil-Diskussion liegt jedoch in den zahlreichen und zugleich uneinheitlichen Berechnungen, Darstellungen, Definitionen und Ausgangsdaten verschiedenster Peak-Oil-Modelle, die zu einer unübersichtlichen Bandbreite möglicher Produktionsverläufe geführt hat, sowie in der willkürlichen Berücksichtigung nicht-konventioneller Erdölquellen.

[637] Die strategischen Rahmenbedingungen von Energiesicherheit in und für Deutschland werden nicht nur von Abhängigkeit und ausländischen Akteuren bestimmt, sondern auch von schwerer beherrschbaren Faktoren wie Entwicklungen im internationalen System oder globalen Megatrends.

Energie in ausreichender Menge
Die Quantität des verfügbaren Erdöls und Erdgases in und für Deutschland hängt maßgeblich vom etablierten Krisenmanagement im Fall einer Versorgungsunterbrechung ab. Deutschland verfügt über eine strategische Bevorratung mit Erdöl und Erdölerzeugnissen für 90 Tage, die im Fall einer kurzfristigen Versorgungsunterbrechung zum Tragen kommt. Darüber hinaus existieren kaum verbindliche Maßnahmen hinsichtlich der langfristigen Versorgung Deutschlands mit Erdöl und Erdgas, da Deutschland zu wenig im Up-Stream Business, d.h. Aktivitäten hin zur Erdöl- und Erdgasförderung wie geologische Erkundungsmissionen, Probebohrungen, Exploration und Förderung etc., und im Down-Stream Business, d.h. Handel, Vermarktung und Verteilung von Erdöl und Erdgas tätig ist. Im Verhältnis zu den Initiativen anderer Volkswirtschaften vergleichbaren Formats sind die Aktivitäten deutscher Unternehmen jedoch eher geringfügig.[638]

Energie zu erschwinglichen Preisen
Erschwingliche Energiepreise spielen für die deutsche Wirtschaft und Gesellschaft eine enorm wichtige Rolle, jedoch reagieren gerade die Energiepreise empfindlich auf Störungen – sowohl auf Angebots- als auch Nachfrageseite – im weltweiten Energiesystem. Besonders die weltweit wachsende Nachfrage und der schnellere Ressourcenverbrauch führen zu steigenden Energiepreisen für Deutschland.[639] Die Gewährleistung der Verfügbarkeit und Erschwinglichkeit von Erdöl und Erdgas erfordert ein entsprechendes, umfassendes, internationales Engagement.

Derzeit herrscht nur eingeschränkt Energiesicherheit in und für Deutschland. Ein Ausfall der Exporte eines der drei größten Lieferanten sowohl für Erdöl als auch Erdgas kann Deutschland kurzfristig nicht ohne Weiteres bewältigen. Das hat zum einen Auswirkungen auf die Verfügbarkeit, die Quantität, den Preis,

---

[638] Vgl. Wintershall (2010): Zu Hause in der Welt: Die Wintershall-Schwerpunktregionen, http://www.winter shall.com/exploration_produktion.html?&L=1.%20Zum%20Explorationsgesch%C3%A4ft%20von%20VNG (Zugriff 28.08.2010).
Vgl. Verbundnetz Gas Aktiengesellschaft (2010): Starker Auftritt im Upstream-Geschäft, http://www.vng.de/VNG-Internet/de/2_Geschaeftsfelder/gasbeschaffung/exploration_produktion/index.html (Zugriff 28.08.2010).
Vgl. EON (2010): Exploration & Feldesentwicklung, http://www.eon.com/de/businessareas/35286.jsp (Zugriff 28.08.2010).

[639] Nach einer Studie der Prognos AG und des Energiewirtschaftlichen Instituts der Universität Köln werden sich die realen Importpreise für Erdöl und Erdgas bis zum Jahr 2030 im Vergleich zu den 1990er Jahren verdoppeln. Vgl. Energiewirtschaftliches Institut an der Universität zu Köln/ Prognos AG (2006): Auswirkungen höherer Ölpreise auf Energieangebot und -nachfrage Ölpreisvariante der Energiewirtschaftlichen. Referenzprognose 2030 für das Bundesministerium für Wirtschaft und Technologie, Berlin, Köln: EWI/ Prognos.

den Bezug von Erdöl und Erdgas und zum anderen auf die Sicherheit und Prosperität Deutschlands.[640]

Die Qualität von Energiepolitik hängt maßgeblich von einer klaren konzeptionellen Vorschau ab, die die ordnungspolitischen Weichen zu stellen und verlässliche sowie stabile Rahmenbedingungen für eine nachhaltige Energieversorgung Deutschlands zu schaffen vermag. Eine ganzheitliche energiepolitische Konzeption für das deutsche Energiesystem stellt hohe synergetische Anforderungen an ihre Operationalisierung. Tatsächlich zeichnet sich Energiepolitik in Deutschland demgegenüber eher durch eine sektorale Strukturpolitik als durch einen vernetzten Politikansatz aus.[641] Langfristige Risiken und (mögliche) Bedrohungen werden nur marginal von der deutschen Energiepolitik adressiert. So hat das energiepolitische Zieldreieck aus Versorgungssicherheit, Wirtschaftlichkeit und Umweltverträglichkeit in Deutschland zu einem energiepolitischen Trilemma geführt,[642] dem sich die deutsche Energiepolitik bisher nicht gewachsen zeigte.[643]

Bis heute wird Energiepolitik in Deutschland hauptsächlich als Bestandteil der Wirtschaftspolitik verstanden, der zwar Querverbindungen zur Umwelt- und Klima-, Außen- und Sicherheits- sowie zur Entwicklungs-, Verkehrs-, Wohnungs- und Stadtentwicklungs-, Sozial- und Technologiepolitik hat, die jedoch mehrheitlich (noch) nachrangig eingeschätzt werden. Die gegenwärtige deutsche Energiepolitik ist durch einen hohen Grad an Fragmentierung, punktueller Intervention, Addition uneinheitlicher und oftmals widersprüchlicher Einzelbestrebungen gekennzeichnet.

Der betont klimabezogene Schwerpunkt des neuen Energiekonzepts der Bundesregierung mag dies graduell verbessern, hat damit aber noch immer keinen ganzheitlichen Zuschnitt. Die immer diffiziler werdenden Kompetenzzu- und -verteilungen zwischen den verantwortlichen Ministerien deutscher Energiepolitik sowie die stetige Erhöhung der Transaktionskosten durch unkoordinierte

---

[640] Sowohl Russland als auch die OPEC – hauptsächlich für Erdöl – könnten den Ausfall eines Energielieferanten Deutschland prinzipiell kompensieren. Dies würde allerdings die Abhängigkeit Deutschlands von Russland und der OPEC stark erhöhen. Erforderlich sind daher dringend ein institutionalisierter Energiedialog zwischen Deutschland und den Energielieferländern sowie der Ausbau bilateraler wirtschaftspolitischer Beziehungen zur Herstellung reziproker Abhängigkeit.

[641] Verringerung der Importabhängigkeit, Sicherung der Beschäftigung, Preiswürdigkeit, Wirtschaftlichkeit, Stadterneuerung, Begrenzung der Warmmieten, Verbesserung des Wohnkomforts, örtliche Optimierung, Immissionssenkung, Emissionssenkung, Versorgungssicherheit, Senkung des Ölanteils, Wirkungsgradverbesserung etc.

[642] Das energiepolitische Trilemma setzt sich aus drei Dilemmata zusammen: Versorgungssicherheit vs. Wirtschaftlichkeit, Wirtschaftlichkeit vs. Klimaschutz und Klimaschutz vs. Versorgungssicherheit.

[643] Zitiert nach Karl Rose auf dem Shell Energie Dialog am 12. Februar 2009 in Berlin.

Parallelarbeit in verschiedenen Ressorts haben in der Vergangenheit Schritt für Schritt dazu geführt und werden in Zukunft weiter dazu führen, dass die Vernetzung im Machtdreieck von Regierung, Fraktion und Partei – aufgrund der oben aufgeführten strukturellen Defizite – lediglich informell und damit unzureichend erfolgt. Da die Kooperation zwischen den Akteuren nicht institutionalisiert ist, vollzieht sich Kooperation lediglich zwischen den Personen, die "miteinander können". Das geschieht alles vor dem Hintergrund, dass in der derzeitigen deutschen Energiestrategie eine prinzipielle Verknüpfung zwischen den verantwortlichen Ressorts BMWi, AA, BMU und BMBF zwar theoretisiert wird, es jedoch zum einen an der Institutionalisierung des Politikfeldes und zum anderen an der zielgerichteten Vernetzung mangelt.

In Ermangelung eigener staatlicher Energieunternehmen – zumindest auf der Bundesebene – beschränkt die Bundesregierung ihre Rolle in der Energiepolitik auf die Schaffung adäquater Rahmenbedingungen.[644] Einen großen Teil der für die Energieversorgung Deutschlands relevanten Entscheidungen treffen die Unternehmen eigenständig. Gerade hier sollte der Staat Wert auf die eigne Urteilsfähigkeit legen und bei Bedarf dialogisch steuernd eingreifen. In der Praxis erweist sich bisher allerdings die unzureichende Orchestrierung deutscher Energiepolitik, d.h. die Unfähigkeit, deren gesamtes Wirkpotential auszuschöpfen, als ihre Achillesferse.[645] Ein (symptomatisches) Bemühen um Koordination der Zuständigkeiten zwischen den Ressorts mit Blick auf die sich jeweils stellenden Herausforderungen wird einer ganzheitlichen Aufgabenbewältigung vorgezogen.

Auch wenn es bisher weitgehend gelungen ist, mit diesen informellen Strukturen strukturelle Defizite zu kompensieren, wird diese "reparierende" Funktion informeller sicherheitspolitischer Vernetzung im Ringen um deutsche Energiesicherheit künftig zu kurz greifen.[646] Dies zeigt sich besonders deutlich am dominant regulativen Charakter deutscher Energiepolitik, der durch die lediglich indirekte und prozedurale Steuerung (z.B. durch Anreize, Fördermaßnahmen, Definition der Wettbewerbsregeln etc.) das prinzipielle Gestaltungspotential deutscher Energiesicherheit unausgeschöpft lässt. Staatliche Steuerung dieses Zuschnitts "*entzaubert*" den Staat, da er auf die Herstellung und Manipulierung

---

[644] Vgl. Kempfert, Claudia/ Müller, Friedemann (2007): Die Energiepolitik zwischen Wettbewerbsfähigkeit, Versorgungssicherheit und Nachhaltigkeit – Chancen und Perspektiven für die Energieversorgung, Vierteljahrshefte zur Wirtschaftsforschung, 76/2007, 1, S. 5–16 (5).

[645] Vgl. Europäische Kommission (2001): Grünbuch: Hin zu einer europäischen Strategie für Energieversorgungssicherheit, Brüssel: Europäische Gemeinschaften, S. 23.

[646] Die Austauschprozesse dieser Ebenen verlaufen zwar organisationsbedingt noch ausreichend gut, jedoch steigt die Krisenhaftigkeit dieser Strukturen mit zunehmender Komplexität. Stattdessen wird die Aufrechterhaltung dieses Ist-Zustandes unter den Bedingungen der Globalisierung eher Stillstand oder Rückschritt bedeuten. Das wiederum hat Folgen für die nationale Energie-, Prosperitäts- und Sicherheitsvorsorge.

politikzielorientierter Randbedingungen und auf das Angebot von prozeduralen "*Blaupausen*" beschränkt ist. Es kommt zu einer Deklassierung der Politikformulierung des Staates sowie zu einer Dezentralisierung des politischen Kontextes; besonders die Generierung politisch-sozialer Normen wird nicht mehr vornehmlich durch den Staat erbracht, sondern erfordert zunehmend einen politischen Beitrag anderer Akteure wie z.b. der Wirtschaft und der Gesellschaft.[647]

Trotz der seit einiger Zeit zunehmenden Rhetorik hinsichtlich der Forderungen nach einem ressortübergreifenden Vorgehen und einer ganzheitlichen Herangehensweise in allen für Deutschland relevanten Sicherheitsbereichen wurde das Konzept der Vernetzten Sicherheit bisher nicht auf die politische Herausforderung der Energiesicherheit angewendet. Das scheint vor allem daran zu liegen, dass politische Prozesse im Allgemeinen und der Vernetzungsprozess im Besonderen in Deutschland sequentiell verlaufen. Transformationsfortschritte oder Projekte zur Umsetzung institutioneller Vernetzung, wie zum Beispiel in "*Elemente einer Rohstoffstrategie für Deutschland*" der Bundesregierung von 2007 angedacht, werden zum einen vom operativen Alltagsgeschäft der betroffenen Akteure überlagert. Zum anderen kann die Zurückhaltung beim Übergang von einer bisher getrennten, segmentierten und linearen Arbeitskultur bei der Problembewältigung in Deutschland in eine vernetze, kollaborative und ganzheitliche Problemlösung auf die Angst vor dem Verlust staatlicher – und teils persönlicher – Organisationsmacht zurückgeführt werden.

Neben der fehlenden Institutionalisierung dieses Politikfeldes mangelt es Deutschland auch an:

- einer effektiven Krisenprävention, einem raschen Krisenmanagement und der Fähigkeit zur nachhaltigen Gestaltungskraft der internationalen Energiesicherheitsarchitektur;
- einem umfassenden und ganzheitlichen Blick auf die Aufgabe der deutschen Energiesicherheit hinsichtlich
    - der unmittelbaren Risiken und Bedrohungen, die mit der internationalen Energiearchitektur erwachsen sind sowie
    - der mittelbaren Auswirkungen durch internationale Entwicklungen wie globale Megatrends;
- ausreichend Kollaboration in diesem Politikbereich sowie hinreichend Koordinierung an Schnittstellen der Ressorts (zielgerichteten Vernetzung der verantwortlichen Ressorts BMWi, AA, BMU und BMBF) untereinander, aber auch mit der Wirtschaft;

---

[647] S. Wilke, Helmut (1994): Systemtheorie II: Interventionstheorie, Stuttgart: Fischer, S. 258 ff.

- einer stark ausgeprägten strategischen Zielausrichtung und Führung dieses nicht institutionalisierten Politikbereichs;
- ausreichend Sichtbarkeit wichtiger Initiativen der Akteure deutscher Energiesicherheit innerhalb der deutschen Energiearchitektur;
- der Fähigkeit zur umfassenden und ganzheitlichen energiepolitischen Konzeption deutscher Energiepolitik.

Zu den oben bereits genannten Ursachen dieser Defizite treten weitere hinzu, darunter

- die institutionelle Pfadabhängigkeit[648] der in den Ressorts gewachsenen Aufgaben, Strukturen und Prozesse sowie Arbeitskultur;[649]
- die zunehmend mangelnde Trennschärfe zwischen innerer und äußerer sowie wirtschaftlicher, sozialer und militärischer Sicherheit, als auch zwischen öffentlichen und privaten sowie staatlichen und gesellschaftlichen Aufgaben;
- die aus der unkoordinierten Aufgabenüberlappung resultierenden institutionellen Rivalitäten zwischen den Ressorts;[650]
- das (klassische) Auseinanderklaffen zwischen politischer Rhetorik und Realität.[651]

---

[648] Pfadabhängigkeit beschreibt das Bild eines Pfades, bei dem es Anfänge und Kreuzungen gibt, an denen mehrere Alternativen oder Wege zur Auswahl stehen. Einmal einen Pfad eingeschlagen, folgt eine stabile Phase, in der die Entwicklung durch positive Effekte auf dem eingeschlagenen Weg gehalten wird. Während an den Kreuzungspunkten kleine Störungen einen großen Effekt haben können, bewirken sie in der stabilen Phase kaum mehr eine Richtungsabweichung. Ein späteres Umschwenken auf eine der am Kreuzungspunkt noch mühelos erreichbaren Alternativen wird in der stabilen Phase nach der Entscheidung zunehmend aufwendiger, da Rückkopplungseffekte Hindernisse aufbauen. So wird an einem Pfad unter Umständen selbst dann festgehalten, wenn sich später herausstellt, dass eine andere Alternative überlegen gewesen wäre. Das Besondere an der Pfadabhängigkeit ist, dass Pfade sich an den Kreuzungspunkten nicht deterministisch, sondern chaotisch verhalten: Eine kleine Störung führt über positive Rückkopplung zu einem ganz anderen Ausgang. Da andererseits der Übergang in eine stabile Phase unabhängig von der Qualität der getroffenen Entscheidung stattfindet, sind pfadabhängige Prozesse nicht selbstkorrigierend, sondern im Gegenteil dazu prädestiniert, Fehler zu verfestigen. S. Schultze, Rainer-Olaf (2002): Pfadabhängigkeit, in: Nohlen, Dieter/ Schultze, Rainer-Olaf (Hg.): Lexikon der Politikwissenschaft, München: C.H. Beck, S. 643-644 (643).

[649] Die deutsche Energiepolitik spiegelt derzeit das Ineinandergreifen innerer und äußerer sowie wirtschaftlicher, sozialer und militärischer Sicherheit, als auch öffentlicher und privater sowie staatlicher und gesellschaftlicher Aufgaben in nicht adäquat wider.

[650] Die energiepolitische Fokussierung der einzelnen Ressorts ist nicht klar genug formuliert und somit nicht deutlich in Zuständigkeiten voneinander getrennt. Rivalitäten entstehen deshalb entweder dadurch, dass die Ressorts ihren Status Quo verteidigen oder ihre Gestaltungsmacht ausdehnen wollen.

In ihrer Gesamtheit haben diese Faktoren ein für die nationale und globale Energiesituation erforderliches Lageverständnis, eine effektive Führung sowie eine schnelle und zutreffende Entscheidungsfindung und -implementierung verhindert. Das hat weiter zu einer inkohärenten, inkonsistenten und nicht ganzheitlichen Politikformulierung und -gestaltung deutscher Energiesicherheit geführt, die jedoch aufgrund der Vernetzung nationaler und internationaler Energiepolitik im Kontext des stetigen Ineinandergreifens verschiedener Energiesysteme zwingend erforderlich wäre. Da das energiepolitische System in Deutschland von einer Fülle von Institutionen, Organisationen und Funktionssystemen abhängt, die ihrer eigenen Logik und nicht den Vorgaben der staatlichen Direktiven folgen, droht die Steuerungsfähigkeit im Sinne eines unbeschränkten Zugriffs des Staates auf die Kompetenz staatlicher, nicht-staatlicher und privater Akteure, Teilsysteme und Prozesse abzunehmen.[652]

Will Deutschland seine Energiesicherheit jedoch langfristig selbst gestalten und nicht nur anderen Akteuren in internationalen Energieprojekten folgen, braucht es eine umfassende Vorgehensweise zur Sicherung seiner Energieversorgung,[653] insbesondere

- ein Lagebild, das in der gegebenen Komplexität und Dynamik Überblick und Lageverständnis deutscher Energiesicherheit visualisiert und ein umfassendes und kohärentes Lageverständnis und -bewusstsein deutscher Energiesicherheit ermöglicht;
- eine Strategie, die im Rahmen eines ganzheitlichen und vernetzten Ansatzes die deutsche Energiesicherheit im sicherheitspolitischen Kontext be-

---

[651] Das Bestreben nach Kohärenz ist häufig eine rhetorische Bekundung; es fehlt jedoch an einem tatsächlichen Verständnis der Notwendigkeit von Kohärenz, was sich erst deutlich in konkreten Maßnahmen zeigt.

[652] Vgl. Grande, Edgar (2001): Vom Nationalstaat zum transnationalen Politikregime – Staatliche Steuerungsfähigkeit im Zeitalter der Globalisierung, in: Beck, Ulrich/ Lau, Christian (Hg.): Entgrenzung und Entscheidung, Frankfurt a. M.: Suhrkamp, S. 384-401.
Vgl. Held, David (2000): Regulating Globalization? The Reinvention of Politics, International Sociology, 15 (2000), S. 394-408.
Vgl. Scharpf, Fritz W./ Schmidt, Vivien A. (2000): Welfare and Work in the Open Economy, Vol. 2: Diverse Responses to Common Challenges, Oxford: Oxford University Press, 399–466.

[653] Insgesamt braucht es zur Finanzierung kurz-, mittel- und langfristiger Projekte erhebliche Anstrengungen aller Beteiligten. Im Interesse einer soliden Finanzierung bedarf es einer engeren und wirksameren Zusammenarbeit mit dem privatwirtschaftlichen Sektor und mit Finanzinstitutionen. Dies ist von besonderer Bedeutung v.a. für externe Energieinfrastrukturen mit Schlüsselfunktion. Die Entwicklung öffentlich-privater Partnerschaften, die Bereitstellung des notwendigen politischen Rückhalts, ein Versorgungsrahmen und eventuell ein gewisses Maß an Finanzressourcen (bzw. Garantien) der öffentlichen Hand sowie anderen innovativen Formen der Finanzierung sind erforderlich.

greift. Hinzu braucht Deutschland die Fähigkeiten gemeinsamer Konzeptentwicklung, Wissensmanagement und Kollaboration sowie ressort- und institutionenübergreifender Zusammenarbeit und -kultur;
- einen Baukasten, mit dem das vorhandene Instrumentenportfolio deutscher Energie- und Sicherheitspolitik nicht nur jedes für sich, sondern vernetzt wirken kann;
- Werkzeuge wie die Modellbildung und Simulation, die einerseits die Strategie verifizieren und andererseits die Wirksamkeit und Effizienz der Instrumente verbessern;
- ausreichend ressort- und institutionenübergreifende Zusammenarbeit sowie öffentlich-private Partnerschaften, um die Energiesicherheitsfrage Deutschlands umfassend anzugehen.

Deutsche Energiepolitik wird auch in Zukunft von russischen Öl- und Gaslieferungen abhängen. Ihre Basislinie ist der eigene Energiebedarf, der sich maßgeblich aus den volkswirtschaftlichen Bedürfnissen und den politisch-normativen Weichenstellungen ergibt. Ausgehend von dieser Basislinie sind die Entwicklung des strategischen Umfelds und die Vielfalt der vorhandenen Optionen die ausschlaggebenden Faktoren für Energiesicherheit in und für Deutschland. Je besser Deutschland auf Veränderungen im strategischen Umfeld vorbereitet und je größer die Vielfalt der vorhandenen Optionen zur Sicherung der nationalen Energieversorgungssicherheit ist, desto größer ist der Handlungsspielraum nationaler Politik zur Gewährleistung von Energiesicherheit in und für Deutschland.

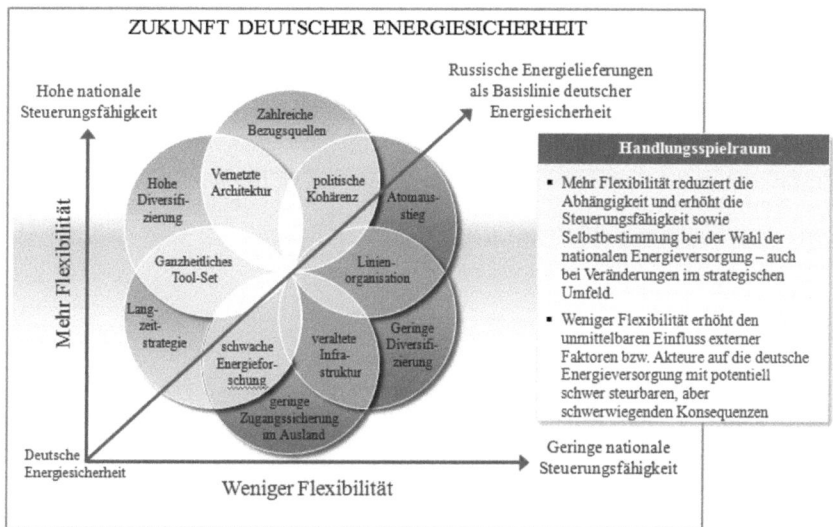

Abb. 9: Zukunft deutscher Energiesicherheit. Caroline Mükusch 2010.

Daraus lassen sich prinzipiell zwei mögliche Richtungen für die Zukunft deutscher Energiesicherheit ableiten:

1. Mehr Flexibilität – durch Reduzierung der eigenen Abhängigkeit von Importen und externen Faktoren bzw. ausländischen Akteuren – erhöht einerseits die Selbstbestimmung bei der Wahl der Art und Weise des deutschen Energiesicherheitssystems und andererseits die nationale Steuerungsfähigkeit, auf potentielle Veränderungen im strategischen Umfeld angemessen zu reagieren.
2. Weniger Flexibilität als Resultat mangelnder nationaler Gestaltungs- und Steuerungsfähigkeit erlaubt externen Faktoren bzw. ausländischen Akteuren massive und nachhaltige Einflussnahme auf die deutsche Energiesicherheit. Dieser Mangel führt einerseits zu Abhängigkeit von schwer bis kaum beeinflussbaren Faktoren bzw. der Gunst ausländischer Akteure sowie andererseits zu gravierenden, schwer bis unkalkulierbaren Konsequenzen für die Energiesicherheit in und für Deutschland.

Flexibilität und die Fähigkeit zur Gestaltung des Handlungsspielraums der gegenwärtigen und künftigen Energiesicherheit in und für Deutschland, im Rahmen des beschriebenen strategischen Kontexts, lassen sich durch Vernetzte Energiesicherheit erhöhen bzw. verbessern. Von essentieller Bedeutung ist daher eine zielgerichtete, auf erkennbare Herausforderungen der Zukunft fokussierte Anpassung deutscher Instrumente und Ressourcen nationaler Energiesicherung.

Hierzu ist zu klären: Welche Strategie und Instrumente sind notwendig, um mehr Flexibilität in der deutschen Energiepolitik zu erlangen? Welche Fähigkeiten entsprechen den zukunfts- und langfristig angelegten Trends und Anforderungen deutscher Energiesicherheit? Die Vernachlässigung langfristiger Trends und künftiger Anforderungen an die deutsche Energiesicherheit würde zu massiven negativen Folgen für Staat und Bevölkerung führen.

6.1 Vernetzte Energiesicherheit

Vernetzte Energiesicherheit ist die Anwendung der Grundsätze Vernetzter Sicherheit in der deutschen Energiepolitik. Sie beschreibt ein ganzheitliches, d.h. außen-, sicherheits- wirtschafts-, gesellschafts- und umweltpolitisch planvolles Vorgehen, das neben den Faktoren Geographie, Geschichte, Bevölkerung und Ressourcenverkommen erstens geopolitische Umstände auf lokaler, regionaler und globaler Ebene sowie zweitens, in diesem Kontext, deutsche Interessen, Machtmittel und Ressourcen berücksichtigt.

Vernetzte Energiesicherheit ist die Strategie zur Neuausrichtung und Restrukturierung der deutschen Energiepolitik entlang den Anforderungen der Realitäten des 21. Jahrhunderts. Ziel dieser Neuausrichtung und Restrukturierung ist die langfristige Gewährleistung nationaler Energiesicherheit in und für Deutschland durch eine Verbesserung der eigenen Fähigkeiten und Ressourcen im Umgang mit nationalen und internationalen Herausforderungen. Mit Vernetzter Energiesicherheit können für die Zukunft

- erstens politische Entscheidungen formuliert und implementiert werden, die das Spannungsverhältnis zwischen einer Reduzierung der Abhängigkeit von externen Energielieferungen durch Nutzung heimischer Ressourcen und den Erhalt eigener Kapazitäten durch konsequente Nutzung "anderer" Kapazitäten innerhalb des Zieldreiecks deutscher Energiepolitik lösen (policy);
- zweitens eine effektive deutsche Energiepolitik erarbeitet und gestaltet werden, mit der die Auswirkungen von internationaler Preisvolatilität und Lieferunsicherheiten für Deutschland reduziert werden, zu denen es wiederum durch die steigende Abhängigkeit Deutschlands von ausländischen Energielieferungen kommt (politics);
- drittens die pfadabhängige Linienorganisation deutscher Energiepolitik zugunsten einer vernetzten und leistungsstarken Organisation deutscher

Energiepolitik überwunden werden, die modular, dezentral und kollaborativ aufgebaut ist (polity).

Vernetzte Energiesicherheit ist Teil einer System-of-Systems-Architektur mit starken innen-, außen-, sicherheits-, wirtschafts- und technologiepolitischen Komponenten sowie öffentlich-privaten Partnerschaften. Eine umfassende und effektive Energiepolitik ist besonders unter den Bedingungen der wachsenden Wahrscheinlichkeit möglicher gewaltsamer Konflikte im Kontext von Zugangs- und Verteilungsproblemen erforderlich. Ein gemeinsames Lageverständnis, der erhöhte Informationsaustausch und die Entwicklung gemeinsamer Konzeptionen und Strategien machen Vernetzte Energiesicherheit zum "key enabler" einer leistungsstarken nationalen Energiepolitik. Vernetzte Energiesicherheit soll und kann Politik, Administration und wirtschaftliche Akteure bei der frühzeitigen Identifikation möglicher Risiken und Bedrohungen sowie alternativer Handlungs- und Versorgungsoptionen unterstützen und Entscheidungsträger für mögliche energiepolitische Konsequenzen, Risiken und Kaskadeneffekte nationaler und internationaler Entwicklungen sensibilisieren.

6.1.1 Optimierung nationaler Führungsfähigkeit

"Führen heute ist komplex und schwierig."[654] Nationale Energiesicherheitsinteressen lassen sich nur dann wirkungsvoll erreichen und die Auswirkungen eingesetzter Instrumente und Maßnahmen abschätzen, wenn der interaktive Charakter von Energiepolitik und die damit einhergehenden Zwecke berücksichtigt werden. Dazu sind prozedurale und organisatorische Koordinierungs-, Kooperations- und Kollaborationsmechanismen und -strukturen einer ressortübergreifenden Energiepolitik notwendig. Die verantwortlichen Akteure müssen ein reibungsloses Funktionieren deutscher Energiesicherheit durchsetzen, im Falle der Krise aufrechterhalten und/oder ggf. schnell zurückgewinnen. Derzeit erscheint es jedoch, als stecke die deutsche Energiepolitik in einer *"crisis of leadership, a crisis of strategy and a crisis of what the future looks like."*[655] Um dieses Delta in der deutschen Energiepolitik zu überwinden, sollten

- die inhärent konvergierenden Aufgaben in der deutschen Energiepolitik in eine ganzheitliche Sicherheitsarchitektur integriert;

---

[654] S. Schwenker, Burkhard (2009): Strategisch denken – mutiger führen, Köln: Bruno Media, S. 127.
[655] Vgl. Mouawad, Jad (2008): As Oil Giants Lose Influence, Supply Drops, New York Times, 18.08.2008, http://www.nytimes.com/2008/08/19/business/19oil.html (Zugriff 01.04.2010).

- das nachhaltige Zusammenwirken der Schlüsselakteure aus allen zur Herstellung von Energiesicherheit relevanten Bereichen zielgerichtet eingebunden;
- eine moderne (vernetzte) Entscheidungsfindung- und -durchsetzungsstruktur zur effizienteren und effektiveren Politikgestaltung etabliert;
- eine dezentrale Führung und die Synchronisierung vormals autonom handelnder Elemente unterstützt;
- das gesamte Spektrums vorhandener Fähigkeiten und Instrumente wirkungsorientiert eingesetzt werden.

Auf der einen Seite zeichnet sich ab, dass die Gesamtheit politischer, wirtschaftlicher, gesellschaftlicher, militärischer und wissenschaftlich-technologischer Aspekte für die Gewährleistung deutscher Energiesicherheit immer wichtiger wird. Auf der anderen Seite wird die deutsche Energiesicherheit im 21. Jahrhundert zunehmend mit Aufgaben konfrontiert sein, bei denen politisch, wirtschaftlich, gesellschaftlich und technisch komplexe Herausforderungen aufeinandertreffen, die Steuerungsressourcen jedoch auf unterschiedliche, zum Teil neu hinzugekommene Akteure verteilt sind. Zusätzlich müssen weitere relevante Akteure, insbesondere NGOs, einbezogen werden, denn sie tragen wesentlich dazu bei, dass gesellschaftliche Akzeptanz für schwierige politische Maßnahmen geschaffen werden kann. Das erfordert insgesamt einen integrierten Ansatz, der

1. die verschiedenen Ebenen der Entscheidungsfindung und Implementierung,
2. sämtliche relevanten (staatlichen und nicht-staatlichen) Akteure,
3. die zu erfüllende Aufgabe (Endzustand) sowie
4. das vorhandene Spektrum an Instrumenten und Ressourcen nicht nur berücksichtigt, sondern dieses kombiniert und wirkungsorientiert einsetzt.

Eine klare Aufgaben- und Zuständigkeitstrennung in der deutschen Energiepolitik ist gegenwärtig und künftig nicht mehr ohne Weiteres möglich. Kaum ein anderes Politikfeld ist so interdisziplinär und querschnittlich wie Energiesicherheit. Um trotzdem ein verzugsloses Handeln im Krisenfall sowie Transparenz und öffentliche Akzeptanz für politische Entscheidungen der einzelnen Bundesministerien gewährleisten zu können, bedarf es eines energiepolitischen Architekturverbundes. Dieser ermöglicht den einzelnen Bundesministerien, die sich derzeit noch schwer tun, ihre ressortspezifischen Lösungsansätze und -instrumente kohärent in das Gesamtbild deutscher Energiesicherheit zu integrieren, ihre Fähigkeiten besser zu präsentieren und kooperativ-kollaborativ einzubringen sowie mit Wirtschaft und Industrie, aber auch Partnern aus EU, IEA,

NATO, VN und anderen internationalen Kooperationsformen zusammenzuarbeiten. Sie alle leisten ihre individuellen, wertschöpfenden Beiträge, die es zu koordinieren gilt. Das erscheint besonders hinsichtlich der breitgespannten Aufgabenteilung zwischen den für eine ganzheitliche Energiesicherheit verantwortlichen Akteuren angebracht – angefangen auf der internationalen Ebene als der für die Regelung von Angebot und Nachfrage von Energie sowie die Schaffung eines normativen internationalen Energiesystems globalen Raum über die Europäische Union als der für Deutschland relevante energieordnungspolitische Gestaltungsraum hin zur nationalen Ebene als der für Deutschland eigenen Managementraum. Der energiepolitische Architekturverbund dieses Zuschnitts sichert ein ganzheitliches Lageverständnis auf der Grundlage von Entscheidungsunterstützung, Kommunikation und rollengerechter Informationsverarbeitung im Gegensatz zu den bisherig vorherrschenden fragmentierten Betrachtungen.

Da Staaten nicht (mehr) aus einer vorgegebenen Palette fertiger Instrumente ein für ein bestimmtes Problem geeignetes Instrument auswählen können, sondern die notwendigen Instrumente vielmehr für jedes zu regelnde Problem neu zusammenstellen bzw. maßschneidern müssen, kann der energiepolitische Architekturverbund den Staat maßgeblich dabei unterstützen, seine staatliche Steuerungsfähigkeit zu bewahren, indem er in einer ganzheitlichen und umfassenden Architektur die Kompetenzen, Fähigkeiten und Ressourcen staatlicher, nichtstaatlicher und privater, nationaler und internationaler Akteure, Teilsysteme und Prozesse überblickt und diese nach ihrer Wirkung einsetzen kann.

VERNETZTE ENERGIESICHERHEIT

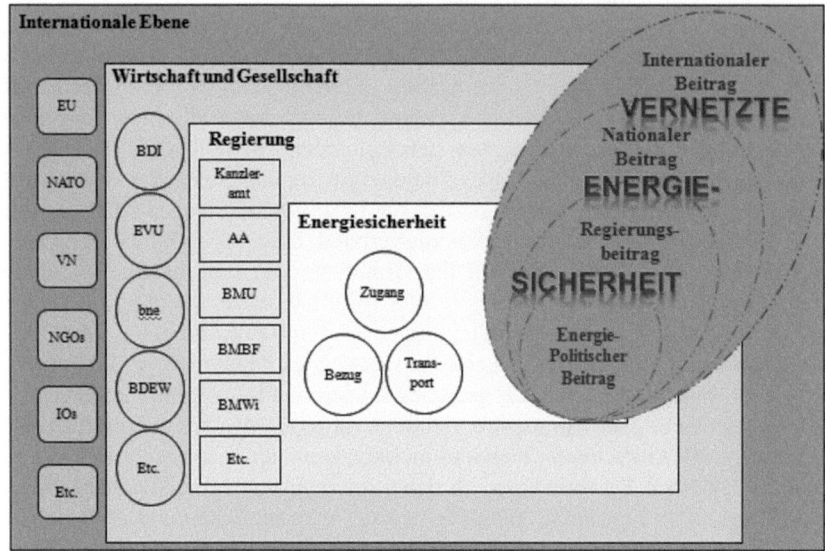

Abb. 10: Architekturverbund Vernetzter Energiesicherheit. Caroline Mükusch 2010.

Entscheidungs- und Umsetzungsprozesse bleiben nicht lediglich auf eine ressortübergreifende Koordination beschränkt, sondern werden auf den privatwirtschaftlichen, industriellen und gesellschaftlichen Bereich sowie auf die nationale und internationale Ebene ausgedehnt. Nur so lassen sich die institutionellen und instrumentellen, über Jahrzehnte gewachsenen Trennlinien deutscher Energiepolitik inkl. des Spannungsdreiecks von Sicherheit, Wirtschaftlichkeit und Nachhaltigkeit überwinden und deutsche Energiepolitik zu einem vernetzten und wirkungsorientiertem Politikansatz bündeln. Energie-, Außen-, Innen-, Sicherheits- und Verteidigungspolitik sollten mit der Arbeit von Nachrichtendiensten, Behörden der Außenwirtschaft, Forschung, Wissenschaft und Technologie verknüpft werden. Dafür bedarf es einer modernen Aufbau- und Ablauforganisation (Prozessorganisation) sämtlicher Strukturen, Prozesse und Instrumente deutscher Energiesicherheit. Regierungsinstitutionen müssen ihre jeweilige Organisation aufeinander und daraufhin abstimmen und anpassen, wobei sich das Handlungsumfeld deutscher Energiesicherheit entlang den Dimensionen Politik, Wirtschaft, Zivilgesellschaft, Infrastruktur und Information definiert.

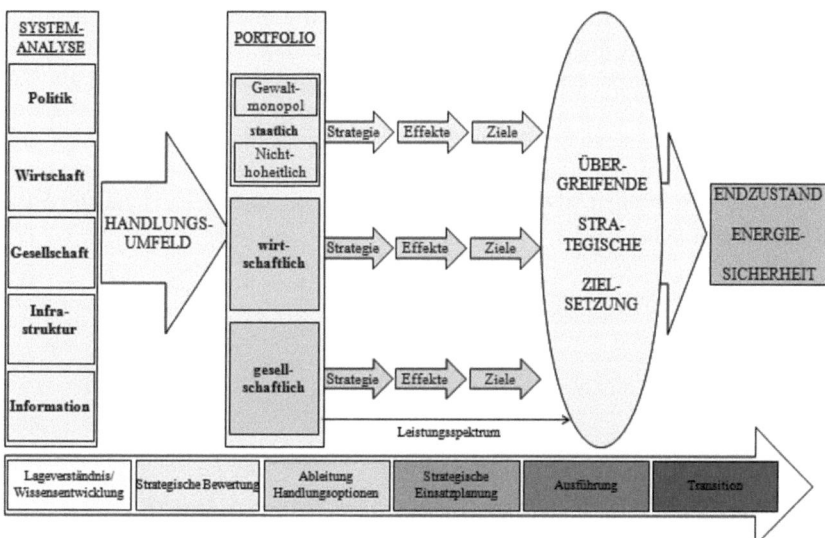

Abb. 11: Prozessorganisation Vernetzter Energiesicherheit. Caroline Mükusch 2010.

Innerhalb dieses Handlungsumfeldes ist ein zu erreichender Endzustand zu definieren: Energiesicherheit in und für Deutschland. Dieser Endzustand lässt sich in kurz-, mittel- oder langfristige Ziele und Teilziele gliedern. Dieser Endzustand wird über den Einsatz gezielter Aktivitäten und deren Auswirkungen sowie mit sorgfältig erwogenem Ressourceneinsatz herbeigeführt. Das Instrumentenportfolio orientiert sich an den Dimensionen des Handlungsumfeldes und verfügt über staatliche, wirtschaftliche und gesellschaftliche Instrumente. Dieser ganzheitliche Ansatz ermöglicht Kohärenz in der Zielerreichung, ein systematisches Verständnis des Handlungsumfelds und Kollaboration zwischen verschiedenen Akteuren und Flexibilität. Mit dieser Wirkkette kann eine wesentliche Effektivitäts- und Effizienzsteigerung gegenüber dem bisherigen Zustand und deren Prozessen erreicht werden, da nicht lediglich neue Verfahren, Prozesse und Technologien in die gegenwärtigen staatlichen, gesellschaftlichen und politischen Prozesse integriert werden, sondern neue Prozessabläufe definiert, gestaltet und flexibel weiterentwickelt werden. Das Zusammenwirken politischer, gesellschaftlicher, technologischer und ökonomischer Prozesse erzeugt Synergien, die zur gesamtstaatlichen Wirkungsorientierung beitragen.

Der Planungs- und Ausführungsprozess von Maßnahmen erfolgt über alle nationalen Entitäten (Staat/Wirtschaft/Gesellschaft) und orientiert sich an gemeinsam definierten Zielen und der Wirkung, die eine Maßnahme erzielen soll, den zu ergreifenden Maßnahmen und vorhandenen Ressourcen.[656] Alle zur Verfügung stehenden Instrumente und Maßnahmen werden ganzheitlich zum Zweck der deutschen Energiesicherheit eingesetzt, um damit regressiven Effekten einer überdehnten Position vorzubeugen und um mit angemessenerer Leistungs- und Durchsetzungsfähigkeit sowie Bestimmtheit die sich stellenden Herausforderungen zu bewältigen.

Abb. 12: Wirkungsorientierter Mitteleinsatz in der Vernetzten Energiesicherheit. Caroline Mükusch 2010.

Die vernetzte Prozessorganisation deutscher Energiesicherheit leitet sich aus einer übergeordneten Gesamtstrategie (vgl. Kap. 6.1.2 Neujustierung deutscher Energiepolitik) ab, wobei sich politikbereichsspezifische Strategien und Konzepte einzelner Ministerien wie des Auswärtigen Amts, des Wirtschafts-, Umwelt-

---

[656] Wirkungsorientierung bestimmter Maßnahmen und eingesetzter Ressourcen ergibt sich aus der konsequenten Zusammenführung unterschiedlicher Prozesse in der Entscheidungsfindung, -durchsetzung und -implementierung. Alle zur Verfügung stehenden Instrumente sollten als gleichwertig betrachtet und, gemessen an ihrer Beitragsfähigkeit, zur Zielerreichung eingesetzt werden. Die Beitragsfähigkeit der verschiedenen Instrumente ist dann jeweils abhängig von der betrachteten Sachfrage. Erst daraus ergibt sich aufgabenbezogen eine Priorisierung der Instrumente.

und Forschungsministeriums in diesen gesamtstrategischen Prozess einfügen. Sowohl die Gesamt- als auch die politikbereichsspezifische Strategie sollten Ergebnis einer gemeinsamen Lagebeurteilung sein (vgl. Kap. 6.1.2.2 Operative Gestaltung). Verantwortungen, Zuständigkeiten, Kompetenzen und Ressourcen werden dann den definierten Zielen effektorientiert zugewiesen.[657] Die verstärkte Nutzung flexibler Finanzregime zur Planung, Steuerung und Gestaltung deutscher Energiesicherheit in Kombination mit der engen Vernetzung der relevanten Ministerien zwingt alle Akteure zu einem ganzheitlichen und kohärenten Vorgehen auf allen Ebenen.[658] Eine derartige Neuausrichtung der gesamtstaatlichen Prozessabläufe deutscher Energiesicherheit verbessert nicht nur die Führungsfähigkeit und das Antwortzeitverhalten, sondern stellt auch größtmögliche Sicherheit als Konsequenz gesamtstaatlichen Handelns in Form multinationalen, ressortübergreifenden und interdisziplinären Zusammenwirkens auf dem nationalen und internationalen Energiesektor her.

6.1.2 Neujustierung deutscher Energiepolitik

Ein umfassendes Verständnis hinsichtlich der Systemrelevanz von Erdöl und Gas für die deutsche Wirtschaft, Gesellschaft und Sicherheit sowie ein ganzheitlicher und umfassender Blick auf die "Lage deutscher Energiesicherheit" bilden die Grundlage rascher, effektiver und effizienter Entscheidungen. Erforderlich dafür sind die gesamtnationale Neuausrichtung deutscher Energiepolitik und die Überwindung der traditionell gewachsenen Dominanz ressortspezifischer Linienorganisation. Das schafft eine ressortübergreifende, kollaborative wirkungs-, effekt- und prozessorientierte Fähigkeitenorganisation. Dazu bedarf es in erster Linie der Neujustierung staatlicher Prozessabläufe im Energiesektor im Sinne Vernetzter Energiesicherheit. Diese Neujustierung besteht im Wesentlichen aus drei Teilen:

---

[657] Dazu sollte auch beispielsweise ein Energiesicherheitspool errichtet werden, an dem sich Auswärtiges Amt, Wirtschafts-, Umwelt- und Forschungsministerium beteiligen.

[658] In diesem Zusammenhang erscheint es sinnvoll, zwischen ressortspezifischer und ressortübergreifender Planung zu unterscheiden: Die ressortspezifische Planung hat die Aufgabe, die strategischen Vorgaben der ressortübergreifenden Planung in ihre eigenen Strategien zu integrieren und auf der jeweiligen Ebene umzusetzen. So werden die nachgeordneten Bereiche bestmöglich koordiniert und knappe Personal- wie Finanzressourcen effektiver eingesetzt. Die ressortübergreifende Planung soll ebenfalls dazu beitragen, die Organisationskultur und Interessen der zur Gewährleistung deutscher Energiesicherheit beteiligten Ressorts zu harmonisieren. Dies geschieht am besten in einer beim Bundeskanzleramt angesiedelten Planungseinheit oder einem angepassten Bundessicherheitsrat (vgl. Kap. 6.1.2.1 Strategische Ausrichtung).

1. Die strategische Ausrichtung.
2. Die operative Gestaltung.
3. Die politische Steuerung.

Eine Neujustierung dieses Zuschnitts sichert Entscheidungs- und Handlungsüberlegenheit in und für dynamische und komplexe Situationen nationaler und internationaler Energiesicherheit und verleiht deutschem energiepolitischem Handeln die erforderliche Reichweite. Soll Vernetzte Energiesicherheit erfolgreich in die Praxis umgesetzt werden, müssen sowohl die Organisation als auch der Einsatz der vorhandenen Instrumente und Ressourcen konsequent gesamtstrategisch geführt und gesteuert werden.

Die größten Herausforderungen bei der Realisierung Vernetzter Energiesicherheit in Deutschland sind:

- Die Errichtung einer strategischen Planungseinheit für nationale Energiesicherheitsfragen im Bundeskanzleramt.
- Die Vertiefung der Vernetzung zwischen den verantwortlichen Ministerien und Behörden zum Aufbau einer stufenweisen Energiesicherheitsstrategie durch formal vernetzte Arbeitsbeziehungen.
- Die Etablierung von Verfahren, Mechanismen und Prozessen dezentraler Kollaboration zwischen öffentlicher Hand und dem privaten Sektor.
- Die Verbesserung der Koordination staatlicher Ressourcen.
- Die Verbesserung der staatlichen Fähigkeit zur Zusammenarbeit mit Wirtschaft und Industrie.
- Die Vertiefung der Kooperation mit internationalen Partnern und Verbündeten, besonders EU und NATO, sowie Produzenten-, Konsumenten- und Transitländern.

Im Folgenden werden die drei Bereiche Vernetzter Energiesicherheit, (1) die strategische Ausrichtung, (2) die operative Gestaltung und (3) die politische Steuerung, vorgestellt und beschrieben.

6.1.2.1 Strategische Ausrichtung

Die strategische Ausrichtung und Neujustierung deutscher Energiepolitik beginnt mit der Errichtung bzw. dem Ausbau von Planungskapazitäten, am besten im Bundeskanzleramt, und der Benennung eines Koordinierungsbeauftragten für Energiesicherheitsfragen. Die Errichtung und der Ausbau von Planungskapazitäten können am besten durch eine Anpassung des Bundessicherheitsrats an die Erfordernisse deutscher Energiesicherheit erfolgen. Dieser sollte mit einem entsprechenden Unterbau sowie mit ausreichend Personal- und Finanzressourcen ausgestattet sein. Energiesicherheit als nationale Querschnittsaufgabe, die sowohl Außen- und Handels-, Sicherheits- und Verteidigungs-, Struktur- und Innen- als auch Wirtschafts- und Umweltpolitik umfasst, erfordert eine entsprechende und angemessene Abbildung im staatlichen Institutionengefüge. Nur ein entsprechendes Planungsorgan kann die besonderen konzeptionell-strategischen Anforderungen, mit denen sich deutsche Energiesicherheit konfrontiert sieht, adäquat abbilden und bewältigen.

Folgende Schritte gehören zu dieser strategisch-konzeptionellen Neuausrichtung: (1) Definition deutscher Energieinteressen, (2) Langzeitanalyse sowie (3) Chancen- und Risikoanalyse.

<u>Definition deutscher Energieinteressen</u>
Die Definition deutscher Energieinteressen gibt die kurz-, mittel- und langfristige Zielsetzung deutscher Energiepolitik vor. Sie ist eine Art Kompass für die strategische Ausgestaltung. Dieser umfasst mit einem Fünf-, Zehn- und Zwanzigjahreshorizont die Visionen der Gestaltung nationaler, europäischer und internationaler Energiesicherheit aus deutscher Perspektive. Da die bisherige deutsche Energiepolitik anspruchsvolle Ziele (Versorgungssicherheit, Wirtschaftlichkeit und Umweltverträglichkeit) mit vagen politischen Aktionen verbunden hat,[659] ist in der deutschen Energiepolitik ein beachtliches, aber kaum zu lösendes Ungleichgewicht – das "energiepolitische Trilemma" – entstanden. Der Preis für dieses Trilemma war bisher immer niedrig genug, um toleriert werden zu können. Der Preis für die Aufrechterhaltung dieses Trilemmas wird künftig erheblich steigen, besonders im Zuge der international zunehmenden Konkurrenz um Ressourcen und der immer drängenderen Lösung der Klimafrage. Die Definition nationaler energiepolitischer Interessen und Ziele sollte Deutschland angesichts der Dringlichkeit der Aufgabe nicht länger aufschieben.

Der erste Schritt zu einer effektiveren Energiepolitik in und für Deutschland beginnt daher mit der Priorisierung energiepolitischer Ziele und Maßnahmen: Die *langfristige* Vision deutscher Energiepolitik ist und bleibt die Errei-

---

[659] So zum Beispiel die als Grenze des tolerablen Klimawandels durchschnittliche 2° C-Erwärmung-Politik: Bis zur Mitte des 21. Jahrhunderts müsste der CO_2-Ausstoß um etwa 80 bis 90 Prozent im Vergleich zu 2005 reduziert werden, um die Konzentration der Treibhausgase unter der 450 ppm CO_2-Äquivalente zu halten. Bis dahin könnten global noch etwa 640 Milliarden t CO_2 ausgestoßen werden, um das 2° C-Ziel mit einer Wahrscheinlichkeit von 75 Prozent zu erreichen. Aktuell werden jährlich jedoch ca. 36 Gt CO_2 emittiert, was eine CO_2-Emission von ca. 2.800 Milliarden t bis 2050 verursachen würde.

chung des energiepolitischen Zieldreiecks von Versorgungssicherheit, Nachhaltigkeit und Wirtschaftlichkeit. Das umfasst Maßnahmen wie die Förderung von Energieeffizienz und die Nutzung alternativer Energieressourcen zur Reduzierung der Auswirkungen des Klimawandels und zur Gewährleistung erschwinglicher Energierohstoffe. Dazu zählt besonders die Forcierung des Ausbaus der Energieinfrastruktur. Besonders der Ausbau der LNG-Infrastruktur begründet durch den leitungsgebundenen Transport langfristige Lieferbeziehungen und eine hohe reziproke Abhängigkeit zwischen Lieferanten und Konsumenten, die sich nur schwer bzw. langfristig ändern lässt. Das Risiko kurzfristiger umfangreicher Veränderungen der Lieferungen ist daher für Deutschland gering bzw. berechenbar. Langfristig stabile Lieferbeziehungen zu Russland, der GUS, aber auch dem Mittleren Osten erfordern v.a. außen- und sicherheitspolitische sowie diplomatische Sensitivität, da sich die Gestaltung bilateraler Energiebeziehungen als besonderer Balanceakt im Rahmen der transatlantischen, europäischen, aber auch Mittelostbeziehungen erweist.[660] Die künftige deutsche, aber auch europäische Energieversorgung hängt u.a. auch von der Zukunft und der Gestaltung der europäischen bzw. transnationalen Sicherheitsarchitektur in Europa ab.[661]

Kurz- bis mittelfristig muss jedoch eine Priorisierung – 1. Versorgungssicherheit, 2. Wirtschaftlichkeit und 3. Umweltfreundlichkeit – stattfinden. Die Ziele Wirtschaftlichkeit und Umweltverträglichkeit der deutschen Energiepolitik können nur gestaltet werden, wenn grundsätzlich die Versorgung Deutschlands mit Energie gewährleistet ist. Die Gewährleistung von Versorgungssicherheit beruht zum einen auf der Sicherung des Zugangs zu und des Bezugs von Erdöl und Erdgas sowie dem Ausbau der Forschung im Bereich Energietechnologien.

---

[660] Das zeigen die besonderen Beziehungen Deutschlands zu Russland sowie Deutschlands Positionierung im Georgienkrieg, die Gaskriege mit Weißrussland und der Ukraine 2006 und 2009, die Missile-Defense-Auseinandersetzung zwischen Polen, Russland und den USA 2009, die Rede von Präsident Vladimir Putin 2007 auf der Münchner Sicherheitskonferenz, die internationale Auseinandersetzung um das Iranische Atomprogramm, die Debatte um den Ausbau der Ostseepipeline, Nabucco und South Stream etc.

[661] Russland hat 2007 sehr deutlich gemacht, dass es bei der Gestaltung dieser Architektur eine Rolle spielen will. Vgl. Rolofs, Oliver (2007): Ein Hauch von Kaltem Krieg, Münchner Sicherheitskonferenz 2007, http://www.securityconference.de/Putin-Rede-2007.381.0. html (Zugriff 10.08.2009).

PRIORISIERUNG IN DER DEUTSCHEN ENERGIEPOLITIK

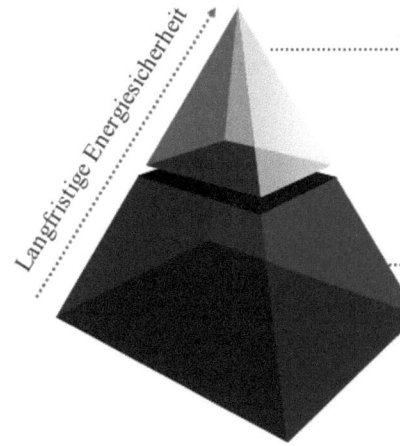

2. Wirtschaftlichkeit & Nachhaltigkeit

Langfristige Gewährleistung niedriger Energiepreise und Reduzierung der Auswirkungen des Klimawandels:
1. Förderung der Energieeeffizienz
2. Nutzung alternativer Energieträger

1. Versorgungssicherheit

Kurz- bis mittelfristige Priorität deutscher Energiepolitik:
1. Sicherung des Zugangs zu und des Bezugs von Öl und Gas
2. Ausbau der Technologieförderung

Abb. 13: Vorschlag zur Priorisierung deutscher Energiepolitik. Caroline Mükusch 2010.

Da – wie bereits im Vorfeld absehbar – das neue Energiekonzept für Deutschland keine fundamentalen Veränderungen hin zu einer vernetzten Energiepolitik vornimmt, sollte sich die deutsche Energiepolitik v.a. der international abzeichnenden Trendkonnotationen "Energiegewinnung durch technologischen Fortschritt" und "Energie als Sicherheitsthema" annehmen. Die Endlichkeit der Ressourcen und besonders die Klimaentwicklung erfordern eine Politik, die technologische Innovation und Fortschritt und die Erhöhung bzw. Verbesserung der nationalen Wissensbasis sowie Forschungs- und Entwicklungskapazitäten fördern.

Die sicherheitspolitischen Implikationen von Energiesicherheit könnten – langfristig – durch eine verstärkte politische Konzentration auf technologischen Fortschritt in diesem Bereich sowie durch Lösungen zur umweltpolitischen Nachhaltigkeit gemindert werden; dennoch dominieren die sicherheitspolitischen Bedenken über Energiesicherheit, besonders was den Zugang zu Ressourcen sowie ihre Zulieferung anbelangt. Das zeigt sich besonders am steigenden Bewusstsein über die Notwendigkeit, verantwortungsvoll mit den sich stellenden Herausforderungen umzugehen und diese von politischer und regulativer Seite zu managen. Das hat international zu einer stark sicherheitspolitischen Fokussierung auf die Identifikation und die Bevorratung von Energieressourcen geführt, was wiederum dazu beigetragen hat, dass Energieressourcen für rohstoffarme

Länder als besonders kritisch angesehen werden, denn daraus resultiert der Zwang zur Kontrolle von Energieströmen und gesicherten Energielieferungen.

Der Zielzustand deutscher Energiesicherheit kann umso erfolgreicher erreicht und Maßnahmen sowie Ressourcen können umso präziser und koordinierter eingesetzt werden, je klarer der gegenwärtige Zustand deutscher Energiesicherheit analysiert sowie Ziele und Teilziele deutscher Energiesicherheit formuliert sind. Die Interessen- und Zielformulierung deutscher Energiepolitik sollten im Sinne einer gesamtnationalen Vision im Bundeskabinett stattfinden.

Die Vorbereitung dieser Interessen- und Zielformulierung bilden die Arbeiten des ressortübergreifenden, strategischen Planungsgremiums – bestehend aus Experten des AA, BMWi, BMU, BMBF, BGR sowie aus Wirtschaft und Industrie – im Bundeskanzleramt. Darüber hinaus sollte die strategische Ausrichtung budgetäre, energie- und sicherheitspolitische (d.h. in Form politischer Ambitionen), technologisch-wirtschaftliche (d.h. in Form von Unterhalt und Entwicklung einzusetzender Systeme) und kulturelle (d.h. in Form der Entscheidungsfindung verschiedener politischer Gremien, Institutionen und Organisationen) Überlegungen einbinden.

Langzeitanalyse

Mittels Langzeitanalyse sollen Trendentwicklungen für die deutsche Energiesicherheit auf regionaler, europäischer und internationaler Ebene identifiziert und analysiert sowie auf dieser Grundlage die dafür entsprechenden Kompetenzen, Fähigkeiten und Technologien bestimmt und gefördert werden. Trendentwicklungen wie z.B. demographischer, technologischer oder klimabedingter Wandel (globale Megatrends) sind wichtige Meilensteine in der Lagebewertung der Zukunft deutscher Energiesicherheit. Die Langzeitanalyse von Zukunfts- und Trendentwicklungen versetzen Deutschland in die Lage, die strategischen Rahmenbedingungen des 21. Jahrhunderts besser zu beherrschen.

Vernetzte Energiesicherheit als Methode, Strategie und Ziel deutscher Energiepolitik im 21. Jahrhundert ist in der Lage

- sich abzeichnende internationale und gesellschaftliche Entwicklungen zu skizzieren,
- energiepolitische Entwicklungen zu analysieren,
- allgemeine politische und systemtechnische Entwicklungen für die deutsche Energiescherheit zu identifizieren,
- Schlüsselthemen und Folgen für die deutsche Wirtschaft und Gesellschaft zu erfassen,

- Determinanten für die Beschreibung zukünftiger Anforderungsprofile zu untersuchen,
- Entwicklungstendenzen herauszustellen,
- Aufgabenbereiche deutscher Energiepolitik zu analysieren und ihrem Anpassungsbedarf abzuleiten und daraus folgend
- Handlungsoptionen zur Verbesserung bzw. Etablierung künftig erforderlicher Fähigkeiten deutscher Energiepolitik zu entwickeln, und schließlich
- einen Geschäftsprozess vorzuschlagen, der es erlaubt, Anforderungen deutscher Energiesicherheit zu artikulieren und Lösungsvorschläge zu erarbeiten.

Dabei sollte v.a. das Verhältnis von Produzenten, Transitstaaten und Konsumenten sowie die Entwicklung des reziproken Interessen- und Abhängigkeitsverhältnisses beobachtet und analysiert werden.

Derzeit sind v.a. zwei Trendentwicklungen zu beobachten:

- Ein globaler Trend der Machtverlagerung zwischen Energieproduzenten/-lieferanten und Energiekonsumenten zu Gunsten der Energieproduzenten und -lieferanten, wovon hauptsächlich nationale Öl- und Gasfirmen profitieren. Das stärkt einerseits zunehmend die Rolle und Macht nicht-staatlicher Akteure im internationalen System, was wiederum Auswirkungen auf die staatliche Fähigkeit zur Gestaltung des internationalen Systems hat.
- Ein globaler Trend zur Nationalisierung von Energieinteressen in sowohl Produzenten- (z.B. Russland) als auch Konsumentenstaaten (z.B. China). Die zunehmend perzipierte Knappheit der fossilen Energieträger Öl und Gas hat in der Vergangenheit in Produzentenländern zur Verstaatlichung von Öl- und Gasfirmen sowie in Konsumentenländern zur Erhebung von Energiethemen zu Fragen nationaler Sicherheit geführt. Beide Maßnahmen sind als Schutzvorkehrungen gegen ausländischen Einfluss sowie sinkendes Vertrauen in Marktmechanismen zu werten.

Diese Entwicklungen erfordern eine ganzheitlich-differenzierte Betrachtung und Bewertung der auf den internationalen Energiemärkten repräsentierten Akteure nach zum Beispiel folgender Kategorisierung, die können bei der Ausrichtung und Operationalisierung der deutschen energieaußensicherheitspolitischen Maßnahmen helfen können:

- Förderer mit rückgängigen Reserven bzw. fallender Förderung, wie z.B. die Niederlande, Großbritannien und Syrien.[662]
- Förderer mit steigenden bzw. konstanten Reserven bzw. steigender Förderung, wie z.B. Russland, Kasachstan, Aserbaidschan und Libyen.[663]
- Transitländer mit Schlüsselfunktionen wie z.B. Weißrussland, Ukraine.[664]
- Konsumenten mit hohem Energiebedarf und ihre Einbindung in das formale Gefüge der internationalen Energiearchitektur, wie z.B. China.[665]

Dass es weder der EU noch anderen internationalen Organisationen wie der G8 und dem Weltwirtschaftsgipfel bisher (außer partiell) gelungen ist, ein umfassendes und verbindliches energiepolitisches Programm, das genau diese Fragestellungen mit einem ganzheitlichen Blick adressiert, auf den Weg zu bringen, mag genau daran liegen, dass sie keine systemischen Kategorien des oben dargestellten Zuschnitts verwendet haben. Angesichts des Versiegens von Quellen deutscher Energielieferanten wie Norwegen, Großbritannien oder der Niederlande wird jedoch besonders der Mittlere Osten als künftige Förderregion für Deutschland erstens attraktiver und zweitens nicht länger – seit den Erfahrungen der Ölkrise 1973 – negierbar.

Da Deutschland wie andere europäische Staaten über keine autonome Entscheidungsgewalt verfügt, kann es zwar eine Führungsposition einnehmen, sich aber letztlich nur im Konsens mit den anderen international durchsetzen. Deutschland sollte seine energiebezogene Russland- und Nahostpolitik, aber auch seine Asienpolitik v.a. im Rahmen der EU entwickeln und einbetten, denn

---

[662] Diese erste Kategorie umfasst Länder, die entweder Mitglieder im europäischen Institutionengefüge (wie die Niederlande und Großbritannien), Partner (wie Norwegen) oder zumindest europafreundlich sind (wie Syrien), von denen aus politischer Sicht keine Gefahr für die deutsche und europäische Energiesicherheit ausgeht. Bei diesen Ländern gehen jedoch die Förderkapazitäten bereits jetzt merklich zurück, so dass sich langfristig die Fragen nicht an dem Willen zur Energiekooperation orientieren, sondern schlicht an der Kapazität und der Verfügbarkeit.

[663] Diese zweite Kategorie umfasst Länder, deren Förderkapazitäten über die nächsten 10 bis 15 Jahre konstant bleiben oder sogar steigen (wie bei Russland, Kasachstan, Aserbaidschan oder Libyen). Die Verbundenheit mit diesen Ländern beruht jedoch eher auf einem wirtschaftlichen Kalkül, als auf einer politisch gewachsenen Vertrauens- und Kooperationskultur.

[664] Die dritte Kategorie umfasst Länder, die zu Deutschland und der EU in einem Transit- und/oder Nachbarschaftsverhältnis stehen (wie Weißrussland oder die Ukraine), jedoch auch nur marginal in das gewachsene Institutionen- und Normengefüge der EU eingebunden und in der Vergangenheit bereits mit Schwierigkeiten bei der Erfüllung ihrer Rolle in Erscheinung getreten sind.

[665] Die vierte Kategorie umfasst Länder (wie China und Indien), die mit Deutschland und der EU massiv um Energieressourcen konkurrieren, gleichzeitig aber, wie im Falle der IEA, nicht in gemeinsame internationale Strukturen eingebunden sind und daher sehr unterschiedliche Politiken bei der Energiesicherung verfolgen.

gemeinsam lassen sich die europäischen Positionen im globalen Kontext besser durchsetzen. Energieproduzenten und Energiekonkurrenten wie China oder Indien sollten nicht als Gegner, sondern als Partner gesehen werden. Nur mit einer gemeinsamen europäischen Energieaußensicherheitspolitik ist Deutschland unter den Bedingungen der beschrieben strategischen Rahmenbedingungen und eines sich verstärkenden Wettbewerbs, v.a. um die Ressourcen des Mittleren Osten, gegenüber anderen Energiekonsumenten wettbewerbsfähig.[666]

Chancen- und Risikoanalyse
Die Chancen- und Risikoanalyse soll nicht nur frühzeitig Risiken und (mögliche) Bedrohungen deutscher Energiesicherheit identifizieren, sondern v.a. Wechselwirkungen und Rückkopplungseffekte, die manche Risiken und mögliche Bedrohungen mit sich bringen können, beschreiben.[667] Risiken sind nichts anderes als mögliche Bedrohungen der deutschen Energiesicherheit in der Zukunft. Sie sollten daher erstens bei der Auswahl und Konzeption sicherheitspolitischer Vorsorgemaßnahmen berücksichtigt und zweitens inhaltlich sowie geographisch möglichst genau beschrieben werden.[668] Risiken und (mögliche) Bedrohungen für die deutsche Energiesicherheit ergeben sich entweder aus politischen, militärischen oder anderen Potentialen und Ressourcen von Akteuren, wie Staaten oder einzelnen Gruppen, mit deren Einflussbereich bzw. Interessen die deutschen

---

[666] Zu berücksichtigen gilt es in diesem Kontext auch die mögliche Gefahr eines "Clash of civilisation" entlang weltanschaulicher Konfliktlinien mit "Energie als politische Waffe" oder auch mit "Energie als Currency", die aus westlicher Sicht nur im Bündnis bewältigt werden können

[667] Eine Bedrohung für die deutsche Energiesicherheit lässt sich dann feststellen, wenn erkennbar wird, (1) wer mit welchen Mitteln/Fähigkeiten die deutsche Energiesicherheit möglicherweise bedrohen kann und (2) welche Absicht hinter dieser Drohung stehen könnte. Da Absichten jedoch nicht immer (vorab) erkennbar sind oder sich (rasch) ändern können, sollte dies nicht zu der Schlussfolgerung führen, dass (auch) keine Risiken bestehen. Eine ganzheitliche Analyse von Bedrohungen und Risiken für die deutsche Energiesicherheit sollte daher auch die "möglichen" Bedrohungen einschließen und nicht nur diejenigen, die sich hier und heute konkret manifestieren. Sofern also zurzeit keine Absicht hinter einer vermeintlichen Bedrohung identifiziert werden kann, kann von einer "möglichen" Bedrohung ausgegangen werden.
Ein Risiko für die deutsche Energiesicherheit ergibt sich aus (1) der Eintrittswahrscheinlichkeit, mit der eine (mögliche) Bedrohung für Deutschlands Energiesicherheit tatsächlich eintreten könnte und (2) dem Schadensausmaß, das möglicherweise daraus für Deutschland erwachsen könnte. Die Eintrittswahrscheinlichkeit lässt sich aus der Verfügbarkeit von Ereignissen ableiten: Ereignisse werden umso wahrscheinlich, je leichter ähnliche Ereignisse erinnert oder vorgestellt werden können

[668] Risiken und (mögliche) Bedrohungen haben immer einen räumlich bestimmbaren Punkt, den es zu identifizieren und dementsprechend Gegenmaßnahmen einzuleiten gilt. Dabei beschreiben Risiken nicht unbedingt eine unvermeidbare Konfliktsituation oder einen zwingend potentiellen Gegner, sondern eine mögliche Bedrohung in der Zukunft, die durch Vorsorge abgewendet werden kann.

Energiesicherheitsinteressen kollidieren. Risiken für die deutsche Energiesicherheit sind Ereignisse bzw. Entwicklungen, die mindestens folgende Merkmale aufweisen:

- Gefährdung der nationalen Energiesicherheit.
- Auswirkungen auf die nationalen Wirtschaft und Sicherheit.
- Destabilisierung westlicher Bündnisse wie EU oder NATO.
- Auslösung gewaltsamer Auseinandersetzungen bzw. kriegerischer Handlungen, die Auswirkung auf die deutsche Energieversorgung und Sicherheit haben.
- Instabilität und Unsicherheit im europäischen Integrationsraum.
- Bedrohung des Zugangs zu und des Transports von Rohstoffen.
- Auslösung von Solidaritätsverpflichtungen in NATO und/oder EU.

Deutschland muss auf alle realistischen und nicht auszuschließenden Formen der Störung bzw. Unterbrechung deutscher Energieversorgung vorbereitet sein. Sein wirtschaftlicher Erfolg beruht auf technologischen Kernkompetenzen, wachsendem Auslandsengagement und sicherer Energieversorgung. Zu deren fortgesetzter Sicherung sollte Deutschland künftig verstärkt die vorhandenen Allianz- und Kooperationsstrukturen (NATO und EU) nutzen.[669]

Gerade die erforderliche enge Zusammenarbeit mit internationalen Freunden und Partnern erfordert eine zielführende und leistungsfähige nationale Planung, Maßnahmen und Fähigkeiten. Ein breites innen- wie außen-, sicherheits-, militär- und wirtschaftpolitisches Instrumentarium ist auszugestalten und weiterzuentwickeln, das zum einen die aktuellen Anforderungen deutscher Energiesicherheit widerspiegelt und zum anderen so angelegt ist, dass es langfristigen Trends und Anforderungen entspricht.

Die Kernfähigkeit einer wirkungsorientierten vernetzten Energiesicherheit ist daher ein übergeordneter Entscheidungsprozess, der – gestützt auf ein Netzwerk staatlicher, nicht-hoheitlicher und nicht-staatlicher Kompetenzen, Fähigkeiten, Instrumente, Ressourcen und Kapazitäten – diejenigen Mittel einsetzt, die am besten geeignet sind, die vorab klar definierten Ziele und Teilziele im ressortübergreifenden und ggf. multinationalen Verbund zu erreichen. Die strategische Herausforderung liegt darin, den nationalen Entscheidungs- und Implementierungsprozess in Deutschland mit erforderlichen Schlüsselkompetenzen auszustatten. Dazu zählen:

---

[669] Im Zuge der vertiefenden europäischen Integration und der Übertragung von Kompetenzen in Handels- und Wettbewerbsfragen sowie Umwelt- und Entwicklungspolitik an die EU liegt der nächste Schritt in der Schaffung der für die Umsetzung einer nationalen Rohstoffstrategie notwendigen Strukturen auf europäischer Ebene.

- Richtiger Mix zentralisierter und dezentralisierter Organisations-, Planungs- und Ausführungsstrukturen.
- Ausfallsichere Systeme und Verfahren.
- Signifikante und sinnvolle Übungs- und Simulationslabore zur Überprüfung und Gestaltung effektiver Maßnahmen für die Bewältigung unerwarteter Ereignisse.

Die Chancen der Langzeitanalyse liegen besonders in der frühzeitigen Etablierung eines angemessenen Risiko- und Krisenmanagements, das neben Präventionsmaßnahmen gegen nationale Versorgungsstörungen bzw. -unterbrechungen v.a. die nachhaltige Gestaltung der internationalen Energiesicherheitsarchitektur vorsieht.

6.1.2.2 Operative Gestaltung

Eine ganzheitliche und kohärente nationale Energiepolitik erfordert ein gemeinsames Lageverständnis und -bewusstsein. Die strategischen Rahmenbedingungen deutscher Energiesicherheit erfordern damit eine adäquate, bisher nicht verfügbare Wissensgrundlage, auf der die notwendigen Entscheidungen für die nationale Energiesicherheit in und für Deutschland getroffen und entsprechende Maßnahmen antizipiert und konzipiert werden können.

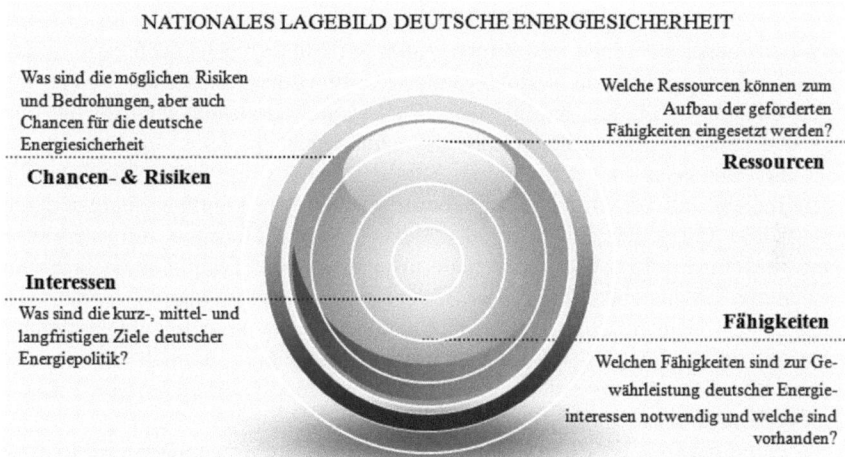

Abb. 14: Nationales Lagebild Deutsche Energiesicherheit. Caroline Mükusch 2010.

Die Herstellung, Gewährleistung und Weiterentwicklung von Lagebewusstsein und Lageverständnis zwischen staatlichen und nicht-staatlichen Akteuren ist Aufgabe des Staates. Damit Deutschland die notwendige Kohärenz auf allen Ebenen, Ganzheitlichkeit aller Krisenmanagementinstrumente, Planungskoordination mit anderen Organisationen und Akteuren und einen kontinuierlichen Bewertungszyklus auf der Grundlage eines umfassenden, ganzheitlichen Lageverständnisses und einer umfassenden, systemischen Wissensbasis herstellen kann, bedarf es dringend eines Lagebildes.

Das Lagebild Deutsche Energiesicherheit ist die visualisierte Form des nationalen Lagebewusstseins und -verständnisses deutscher Energiesicherheit. Es verteilt (im Idealfall) rollen-, bedarfs- und situationsgerecht Informationen für Entscheidungsträger und Handelnde im operativen Geschäft über

- Deutsche Interessen.
- Ergebnisse der strategischen Langzeitanalyse.
- Chancen- und Risikoanalyse.
- Erforderliche und vorhandene Fähigkeiten, Kompetenzen und Ressourcen zur Gewährleistung nationaler Energiesicherheit.

Es basiert auf der nutzer-, situations- und ebenengerechten Bereitstellung von führungs- und entscheidungsrelevantem Wissen. Welche Handlungsmaßnahmen auf operativer Ebene einzuleiten sind, hängt – ähnlich wie die strategische Ausrichtung – maßgeblich vom Zeitrahmen ab, der adressiert werden soll.

Kurzfristig sollte Deutschland nicht nur akut auftretende Herausforderungen der Energiesicherheit bewältigen, sondern darüber hinaus auch erste mittel- und langfristig wirkende Weichenstellungen für Energiesicherheit in und für Deutschland vornehmen. Kurzfristiges Risiko- und Krisenmanagement hat mittel- und langfristiges Risiko- und Krisenmanagement im Blick. Im Rahmen der EU und gemeinsam mit den anderen Mitgliedstaaten sollte Deutschland zusammenarbeiten und verlässliche Vereinbarungen über die künftige Energieversorgung, das umfasst den Zugang zu, den Bezug und den Transport von Energieträgern, treffen. Zusätzlich sollte in neue infrastrukturelle Technologien, wie eine erweiterte Gasspeicherinfrastruktur für Flüssigerdgas, investiert werden. Der Ausbau der Infrastruktur ist ein wichtiger Faktor für die Flexibilisierung und Diversifizierung deutscher Energiesicherheit. So müssen, ähnlich der strategischen Bevorratung von Erdölprodukten, ausreichende Kapazitäten von Flüssiggas vorhanden sein.

Mittelfristig sollte Deutschland Asymmetrien und Spannungen im internationalen Energiesystem austarieren. Dazu müssen u.a. mehrere Energiekorridore aufgebaut werden:

- Strategischer Ölkorridor für die Versorgung mit Erdöl aus Russland, Saudi-Arabien, aber auch Norwegen.
- Nördlicher Gaskorridor für die Versorgung mit Erdgas aus Russland.
- Südlicher Gaskorridor für die Versorgung mit Erdgas aus dem kaspischen Raum und dem Nahen Osten.
- Strom- und Gasverbundkorridor zur Nutzung des enormen Solar- und Windenergiepotenzials des südlichen Mittelmeerraums.

An all diesen Korridoren wird bereits gearbeitet. Einige dieser Projekte werden sogar durch das Trans-European Energy Networks-Programme (TEN-E) der EU gefördert.[670]

Sobald es die politischen Umstände erlauben, sollten über längerfristige Lieferungen zusätzlich aus anderen Staaten in der Region, wie z.b. Usbekistan, Irak, Iran und afrikanischen Ländern südlich der Sahara, weitere wichtige Versorgungsbezugsquellen für Deutschland und die EU, aber auch aus dem Mittleren Osten etabliert werden. Besonders die Anforderungen des Gaspipelinetransits mit den Transitstaaten erfordern Reglungen, die die Grundsätze des gemeinschaftlichen Besitzstandes und die legitimen Interessen dieser Länder hinsichtlich ihrer eigenen Energieversorgungssicherheit wahren. Deutschland sollte die vorhandenen Instrumente auf europäischer und nationaler Ebene verstärkt nutzen, um auf rasche Fortschritte bei denjenigen Aktionen hinzuwirken, die als Vorhaben, besonders grundlegender Infrastrukturprojekte innerhalb und außerhalb Deutschlands, bereits anerkannt sind.

Langfristig sollte Deutschland die Governance des internationalen Energiesystems beeinflussen und gestalten. Die strategische Lösung der globalen Energiefrage erfordert eine ganzheitliche Auseinandersetzung Deutschlands mit:

- Dem rapiden Anstieg des globalen Energieverbrauchs der nächsten Jahrzehnte sowie besonders dem Anstieg des Energiebedarfs fast aller ost- und südasiatischen Staaten.
- Der möglichen Gefahr und Auswirkung steigernder energie- und machtpolitischer Konkurrenz um Energieimporte aus der Strategischen Ellipse sowie den daraus erwachsenden sicherheitspolitischen Konsequenzen.
- Der hohen Abhängigkeit ost- und südasiatischer Staaten von Kohle und den damit verbundenen umweltpolitischen Implikationen.
- Der Rolle der NOCs und IOCs im internationalen Energiesystem.

---

[670] Vgl. Decision No 1364/2006/EC of the European Parliament and of the Council of 6 September 2006 laying down guidelines for trans-European energy networks and repealing Decision 96/391/EC and Decision No 1229/2003/EC.

- Der Rolle Russlands, des Mittleren Ostens und von Transitstaaten für Deutschland.
- Der erforderlichen globalen Diversifizierung von Energieträgern, Transportwegen und Produktionsstätten aufgrund weltwirtschaftlicher Trends und sicherheitspolitischer Gründe.
- Dem dringenden Know-how-Transfer westlicher Expertise in energiebezogenen Großprojekten auf aufsteigende Staaten, wie Aserbaidschan, Turkmenistan etc.

6.1.2.3 Politische Steuerung

Wie das Eingangszitat dieser Arbeit "*Man kann den Wind nicht ändern, aber die Segel richtig setzen*" veranschaulicht, sind – zur Gewährleistung deutscher Energiesicherheit – ein umfassend ganzheitlicher Blick auf die Aufgabe, die strategische Ausrichtung und Führung dieses nicht institutionalisierten Politikbereichs sowie die Vernetzung von Schnittstellen der Ressorts untereinander, aber auch mit der Wirtschaft erforderlich.

Die Fähigkeit zur politischen Steuerung dieses Politikbereichs beruht auf:

- Einem Lagebild und Lageverständnis.
- Einer ganzheitlichen, vernetzten Strategie.
- Gemeinsamer Konzeptentwicklung und Wissensmanagement.
- Einem Baukasten des vorhandenen Instrumentenportfolios deutscher Energie- und Sicherheitspolitik.
- Modellbildung und Simulationskapazität zur Verifizierung und Verbesserung von Strategien, Konzepten und Instrumenten.
- Verfahren, Mechanismen und Prozessen zur ressort- sowie institutionenübergreifenden Zusammenarbeit (Prozess- und Organisationskultur).
- Öffentlich-privaten-Partnerschaften z.B. in Form von Exzellenzclustern zur Schaffung von Synergien zwischen dem Sicherheits-, Wirtschafts-, Energie- und Gesellschaftsbereich.

Da Deutschland derzeit nur partiell oder gar nicht über diese aufgeführten Fähigkeiten verfügt, das Kurshalten in einem vernetzten Energiesicherheitssektor jedoch äußerst komplex, anspruchsvoll und außerordentlich wichtig ist, müssen diese Fähigkeiten unbedingt ausgebaut bzw. etabliert werden. Es sind v.a. politische Steuerung und die Errichtung einer entsprechenden Infrastruktur zur Unterstützung des Prozesses zur Strategieplanung und -durchsetzung gemäß der oben beschrieben strategischen Ausrichtung und operativen Gestaltung notwendig.

Mit Hilfe dieser Dachkonstruktion können nicht nur Auswirkungen strategischer Entscheidungen transparent und nachvollziehbar abgebildet und die Umsetzung politisch-, wirtschaftlich- und gesellschaftsstrategischer Optionen sichergestellt, sondern – und das ist noch viel wichtiger – Probleme und Zielabweichungen frühzeitig erkannt werden, d.h. bevor sie in die operative Gestaltung und Umsetzung gelangen. Die politische Steuerung prägt darüber hinaus ganz wesentlich den Lagebild- und -verständnisprozess: Hier werden sämtliche Daten und Informationen der Langzeit-, Chancen- und Risikoanalyse für den politischen Entscheidungsprozess aufbereitet. Auf dieser Basis werden strategische Optionen entwickelt und aufbauend auf deren Bewertung dann die beste Option ausgewählt. So kann sichergestellt werden, dass erstens die strategischen Ziele / Interessen deutscher Energiesicherheit erreicht werden. Im Falle von Abweichungen können recht- und frühzeitig entsprechende Gegenmaßnahmen eingeleitet werden. Zweitens können Planungsgrundlagen und Maximen der strategischen Planung in diesem Bereich in einem kontinuierlichen und ganzheitlichen Prozess regelmäßig auf ihre Gültigkeit überprüft werden. Das erhöht und verbessert zum einen das staatliche Reaktionsvermögen und die Eskalationsdominanz im Fall von Veränderungen im strategischen Umfeld. Zum anderen können Ziele und Strategien an Umfeldveränderungen angepasst und flexibel nachjustiert werden.

Die Maßnahmenimplementierung erfolgt über die systematische Trias von Planen-Entscheiden-Durchführen. Eine ganzheitliche Strategie erfordert eine langfristig angelegte Energierohstoffdiplomatie, eine partnerschaftliche Kooperation und eine dazu passende Handels- und Ordnungspolitik. Dazu ist ein Netz aus weit reichenden Energiepartnerschaften rund um Deutschland und die EU aufzubauen. Dies dient auch der verbesserten Zusammenarbeit mit Produzenten-, Transit- und Konsumentenländern sowie der Etablierung von Standards und Grundsätzen gemeinschaftlicher Kooperation. Ein Problem für die Energiesicherheit in und für Deutschland resultiert aus dem Spannungsbogen von Angebot und Nachfrage: Während einige Staaten bereit sind, ihre Energiesicherheit mit klassischer Machtpolitik zu sichern, ist sich Deutschland über seine Rolle in diesem Gefüge im Unklaren. Entsprechend fehlt es Deutschland an dem Willen und an geeigneten Instrumenten zur Gewährleistung der eigenen Energiesicherheit.

Kontinuitätskontrolle ist ein Instrument zur Evaluierung des bisherigen Prozesses, angefangen von der zuletzt umgesetzten Maßnahme bis hin zur Entscheidungsfindung und -implementierung. Die strategische Kontinuitätskontrolle dient der Überprüfung des Wirkmitteleinsatzes und bietet die Möglichkeit, frühzeitig einzugreifen und nachzujustieren, d.h. sobald erkennbar wird, dass ein definiertes Zwischenziel nicht erreicht werden kann, ein gewünschte Ergebnis sich mit einer bestimmten Maßnahme nicht erreichen lässt oder sich die nationalen wie internationalen Rahmenbedingungen verändern. Die Kontinuitätskontrolle bildet die Grundlage für die politische Steuerung und Gestaltung. Bei der Verbesserung der nationalen Fähigkeiten zur Gewährleistung von Energiesicherheit stehen nicht die Fähigkeiten einzelner Ministerien und Organisationsbereiche im Vordergrund, sondern das gesamtnationale Wirkungsspektrum der vorhandenen Fähigkeiten der Bundesrepublik Deutschland im Wirkungskontext der Europäischen Union. Demnach geht es um eine deutlich leistungsfähigere gemeinsame Aufgabenbewältigung im nationalen sowie multinationalen Rahmen. Zur Erreichung dieses Ziels müssen Werkzeuge wie z.B. Modellbildung und Simulation bereitgestellt werden, die zur Entscheidungsunterstützung, zur Willensbildung und zum Wissensmanagement beitragen.[671] Der Ausbau der nationalen Kompetenzen und Fähigkeiten zur Modellbildung und Simulation dient der iterativen Optimierung bzw. dem effizienteren Einsatz von Ressourcen und der Verbesserung der Steuerungsstrategien deutscher Energiesicherheit.[672] Das ERNCIP der EU weist den Weg in die Zukunft.

Schon die Fähigkeit zur Visualisierung erleichtert die Analyse komplexer Zusammenhänge. Darüber hinaus dienen diese Fähigkeiten u.a. zur Risikobewertung, Entscheidungsunterstützung oder auch für Ausbildung und Training. So lassen sich konzeptionelle Überlegungen, organisatorische Vorstellungen sowie Innovationen im technologischen Bereich kritisch auf ihre Praktikabilität, ihre Zuverlässigkeit und ihre Kostenfolgen überprüfen. Die Generierung steuerungsrelevanter Führungsinformationen wie beispielsweise die Kurz- und Langzeitkosten bestimmter Maßnahmen sind u.a. für die Schaffung öffentlicher und gesellschaftlicher Akzeptanz, die Kooperation mit der Wirtschaft und Industrie, aber auch für die Fortentwicklung des deutschen Energiesektors bedeutend. Mit dieser Steuerungskompetenz lassen sich die Komplexität von Energiesicherheit in den Griff bekommen, gesamtwirtschaftliche Kosten begrenzen und das ge-

---

[671] S. Lang, Andreas/ Hansen, Olaf (2008): Was wäre wenn? Der Beitrag der Modellbildung und Simulation zum Umgang mit modernen Sicherheitsherausforderungen, in: Borchert, Heiko (Hg.): Wettbewerbsfaktor Sicherheit. Staat und Wirtschaft im Grand Pas de Deux für Sicherheit und Prosperität, Baden-Baden: Nomos, S. 161-175 (169).

[672] Da die politische, wirtschaftliche und soziale Sphäre interdependent sind, kann das Scheitern einer komplexen Maßnahme in der Realität erhebliche Konsequenzen für mehrere Sphären haben; mit Modellbildung und Simulation können diese Maßnahmen getestet und nicht offensichtliche Wirkungsschleifen erfasst werden. Neben der Leistungsfähigkeit der Einzelbeiträge müssen dann außerdem die dezidierten Fähigkeiten der Akteure zur Zusammenarbeit umfassend verbessert werden. Das beginnt bei der Übereinstimmung aller Akteure (egal ob staatlich, nicht-staatlich oder privatwirtschaftlich, gesellschaftlich) bei der strategischen Lagebeurteilung, geht über die Anwendung gemeinsamer Ausbildungsprinzipien und den Aufbau eines einheitlichen und gemeinsamen Kommunikationsverbundes bis hin zur konsequenten Implementierung von Entscheidungen von der obersten bis zur untersten Ebene.

samtstaatliche und unternehmerische Reaktionsvermögen im Verbund verbessern.

6.2 Beitrag Vernetzter Sicherheit zur deutschen Energiesicherheit

Vernetzte Energiesicherheit – also die Anwendung Vernetzter Sicherheit in der deutschen Energiepolitik – ist das Ergebnis des Übergangs der Organisation und Prozesse deutscher Energiepolitik von linearen hin zu vernetzten Strukturen und Prozessen. Sie versetzt Deutschland in die Lage

- erstens zur zusammenhängenden und zielgerichteten Wirkungsentfaltung im Bereich nationaler und internationaler Energiepolitik,
- zweitens zum Erreichen einer deutlich verbesserten Entscheidungsqualität bei beschleunigtem Antwortzeitverhalten in diesem komplexen und dynamischen internationalisierten Prozess und
- drittens zum koordinierten und gemeinsamen Vorgehen in Krisenfällen.

Vernetzte Energiesicherheit ermöglicht eine ganzheitliche, systemische Vorgehensweise, Planung und Nutzung aller verfügbaren nationalen Instrumente durch eine schnelle und kontinuierliche Lagefeststellung, eine unverzügliche, rollen- und bedarfsorientierte Verteilung von Informationen und Wissen, eine echtzeitnahe Überprüfung von Handlungsalternativen sowie deren Integration in die umfassende Lagebeurteilung, eine zweckmäßige Orchestrierung bzw. Synchronisierung von Instrumenten durch die politische Führung, die Konzentration auf eine integrierte Zielsetzung, eine wesentlich schnellere Implementierung von Entscheidungen und eine nachhaltige Optimierung des Antwortzeitverhaltens. Das verbessert einerseits die nationale Reaktions-, Durchhalte- und Eskalationsfähigkeit sowie andererseits Flexibilität hinsichtlich der Bewältigung komplexer Energieherausforderungen des 21. Jahrhunderts.

Vernetzte Energiesicherheit zielt auf die Gewährleistung eines Zustands in und für Deutschland bei dem der Zugang zu sowie der Bezug und Transport der Energierohstoffe Erdöl und Erdgas zu jeder Zeit, in ausreichendem Maß und zu erschwinglichen Preisen möglich ist. Die zentralen Probleme der Energieversorgung liegen in der inadäquaten Struktur der vorhanden Netze, die lediglich auf nationale Bedürfnisse ausgerichtet wurden und inzwischen sowie künftig durch die Liberalisierung nun einen europäisierten Bedarf decken müssen. Für diesen wurden sie aber nicht konzipiert. Vernetzte Energiesicherheit muss daher auch diese regulatorischen Aspekte berücksichtigen. Sie muss darüber hinaus aber auch Drohungen und Angriffen von außen und innen begegnen können. Die

Identifikation von Bestimmungsgrößen, die sich auf die künftige energiepolitische Lage Deutschlands auswirken können, ist nur *eine* Aufgabe. Eine wesentlich entscheidendere Bedeutung kommt der auf dieser Grundlage zu erfolgenden Priorisierung dieser Parameter zu. Daraus lassen sich zum einen eine systematische Verwundbarkeits- und Schwachstellenanalyse ableiten sowie zum anderen erhebliche Konsequenzen für die Organisation deutscher Energiesicherheit, insbesondere hinsichtlich der für die Bewältigung krisenhafter Entwicklungen erforderlichen Fähigkeiten und Ressourcen. Entscheidend sind Gesamtkonzepte sowie Entscheidungs- und Implementierungsverfahren, die in künftigen Krisensituationen ein verzugsarmes und wirkungsvolles Handeln erlauben.[673] Einer der größten Mängel in der politischen Entscheidungsfindung und Maßnahmenimplementierung ist das grundsätzliche Fehlen einer kurz-, mittel- und langfristigen Vorgehensstrategie mit prüf- und messbaren Zwischenzielen. Ein gemeinsamer strategischer Rahmen ist daher die Voraussetzung für einen effektiven und effizienten Planungs- und Umsetzungsprozess und führt nicht zuletzt zu einer kohärenten Politik.

In dieser Arbeit konnte gezeigt werden, dass Vernetzte Sicherheit im deutschen Energiesektor wesentlich dazu beitragen kann,

- das komplexe und dynamische Umfeld deutscher Energiesicherheit situationsgerecht und systematisch zu erfassen und entsprechend zu gestalten;
- weitaus besser als in der Vergangenheit mit dem Trilemma der deutschen Energiepolitik umzugehen;[674]
- die klassischen Kategorien von innen vs. außen, staatlich vs. privat sowie national vs. international zu überwinden und ein Fähigkeitsprofil aufzubauen, das den Anforderungen nationaler Energiesicherheit im 21. Jahrhundert entspricht;
- das vorhandene Fähigkeitsprofil deutscher Energiesicherheit zu optimieren, indem:

---

[673] Die Fähigkeit zur Entscheidung beruht nicht letztendlich auf der Urteilsfähigkeit, die wiederum ein aktuelles und akkurates Lagebild voraussetzt. Die Fähigkeit zur Implementierung beruht auf ausreichend Ressourcen und dem Willen, Verantwortung für die getroffenen Entscheidungen zu tragen.

[674] Im Zieldreieck Wirtschaftlichkeit, Nachhaltigkeit und Versorgungssicherheit blieb bisher meist eines der Ziele zurück; in der Vergangenheit war das häufig die Nachhaltigkeit, d.h. der Klimaschutz. Nichtsdestotrotz wird die Ausbalancierung des Trilemmas immer eine Frage im Kontext gegenwärtiger Rahmenbedingungen sein. Eine umweltfreundliche Energiepolitik ist zu Zeiten ökonomischen Wohlstands einfacher zu gestalten, als zu Zeiten einer ökonomischen Krise. Das gilt nicht nur für die Politik, sondern v.a. für die Bevölkerung, die sich einen energieeffizienten Lebensstandard nur zu leisten gönnt, solange die existentiellen Grundvoraussetzungen sowie Wohlstand gegeben sind.

- die strukturelle Dominanz der Linienorganisation im deutschen Energiesektor, d.h. der dort anzutreffende klassisch hierarchische Organisationsaufbau mit breiter Führungsspanne zugunsten einer kollaborativ-kooperativen Vernetzungsorganisation und situationsgerechten Verhaltens transformiert wird,
- durch die Optimierung der Verzahnung, Abstimmung und Zusammenarbeit der wesentlichen Akteure deutscher und europäischer Energiesicherheit von der derzeit vorherrschenden Zuständigkeiten- zur vernetzten Fähigkeitenorientierung übergegangen wird;
- das Risiko- und Krisenmanagement auf allen Ebenen verbessert wird;
- ein Lagebild "Deutsche Energiesicherheit" eingerichtet wird, um ein gemeinsames Lagebewusstsein und -verständnis zwischen staatlichen, nicht-staatlichen und privaten Akteuren zu verbessern;
- die gesamtstrategische Führung Deutschlands mit der konzeptionellen und operativen Gestaltung deutscher Energiesicherheit, z.B. durch einen angepassten Bundessicherheitsrat und einen Koordinierungsbeauftragten für Energiesicherheitsfragen, ganzheitlich angelegt und vernetzt wird;
- öffentlich-private-Partnerschaften wie z.B. Exzellenzcluster für Energiesicherheit zur Schaffung von Synergien zwischen dem Sicherheits-, Wirtschafts-, Energie- und Gesellschaftsbereich gefördert werden;
- organisationsübergreifende Aus- und Fortbildung v.a. in Form von Übungen vernetzt und aufeinander abgestimmt werden;
- die Implementierung von vernetzten Konzepten und Organisationsstrukturen mit dafür vorgesehenen Werkzeugen wie z.B. Modellbildung und Simulation beübt und die Wirksamkeit und Angemessenheit dieser Konzepte und Organisationsstrukturen validiert werden;
- die Aufbau- und Ablauforganisation staatlicher, nicht-staatlicher, nationaler, supra- und internationaler Entitäten an die Energiesicherheitsanforderungen des 21. Jahrhunderts anzupassen und inadäquate Gewohnheiten einzelner Akteure und Organisationen zu überwinden;
- eine größere Zahl von Akteuren und Instrumenten effektiver und effizienter in die politische Entscheidungsfindung zu integrieren und gleichzeitig kollaborativ zu führen und
- eine auf individueller Beitragsleistung im Gesamtverbund basierende wirkungsorientierte Kooperationskultur im Energiesektor zu schaffen.

Die Analyse dieser Dissertation hat wichtige Erkenntnisse für sowohl die wissenschaftliche als auch die politische Ebene erbracht. Auf wissenschaftlicher Seite wurde gezeigt, dass

- ein hoher Forschungsbedarf hinsichtlich der nachhaltigen Lösung der deutschen Energiesicherheitsfrage besteht, da der wissenschaftliche Untersuchungsgegenstand *Energiesicherheit*, obwohl dieser im Kontext globaler Trendentwicklungen steht, in Deutschland bisher nicht hinreichend interdisziplinär betrachtet und behandelt wird;
- eine ganzheitlich-differenzierte Betrachtung der auf den internationalen Energiemärkten repräsentierten Akteure mit Hilfe klar definierter und gleichzeitig umfassender Kategorien, wie in dieser Arbeit entwickelt, möglich ist;
- mit Hilfe der Vernetzten Sicherheit Komplexität und Dynamik beherrscht, diese sogar mit der Strategie der Vernetzten Energiesicherheit gestaltet werden können;
- die theoretischen Grundlagen der Vernetzten Sicherheit bisher nicht in der erforderlichen Tiefe untersucht worden sind;
- der Stand der Forschung die Vernetzte Sicherheit als sicherheitspolitischen Lösungsansatz für die deutsche Energiesicherheit derzeit nicht berücksichtigt, obwohl die sicherheitspolitischen Implikationen deutscher Energiesicherheit dringend auf einen interdisziplinären und ganzheitlichen sicherheitspolitischen Lösungsansatz hinweisen;
- Vernetzte Sicherheit eine systemische Betrachtung des Gesamtkontextes unterstützt und die Vorteile der Vernetzten Sicherheit mehr Chancen bieten, als die Nachteile der Vernetzten Sicherheit Bedenken rechtfertigen;
- Vernetzte Sicherheit ausreichend Potential zur Verbesserung der Energiesicherheit in und für Deutschland birgt, da mit ihr komplexe und dynamische Untersuchungsgegenstände ganzheitlich und interdisziplinär erfasst und entsprechend, d.h. umfassend, gestaltet werden können.

Auf politischer Seite wurde gezeigt, dass

- Deutschland absehbar auf die fossilen Energieträger Erdöl und Erdgas angewiesen ist;
- der politische Aktionsraum zur Sicherstellung der Versorgung Deutschlands mit diesen Energieträgern äußerst komplex und dynamisch ist;
- deutsche Energiesicherheit auf ineinandergreifenden Komponenten beruht:
  - Kurzfristig auf dem Management der Versorgungssicherung einschließlich der Fähigkeit zum Austarieren von Asymmetrien und Spannungen im internationalen Energiesystem.
  - Mittel- bis langfristig auf der Fähigkeit zur Gestaltung der und Einflussnahme auf die Governance des internationalen Energiesystems.

- bisher weder Deutschland, noch die EU noch andere internationale Organisationen ein ganzheitliches Energiesicherheitskonzept entwickelt haben;
- der handlungspolitische Rahmen deutscher Energiesicherheit innerhalb der EU liegt;
- es mit dem ERN-CIP zwar bereits eine Initiative in Richtung Vernetzter Energiesicherheit gibt, es jedoch grundsätzlich an der Fähigkeit zur systemischen Gesamtzusammenschau und Instrumenten zur Beherrschung von Komplexität und Dynamik fehlt;
- zwar bereits Bausteine Vernetzter Sicherheit vorhanden sind, diese jedoch nicht in einem Baukastensystem Vernetzter Sicherheit operationalisiert werden;
- öffentlich Vernetzte Sicherheit als möglicher Lösungsansatz für sicherheitspolitische Herausforderungen anerkannt, jedoch die Umsetzung in die Praxis nicht forciert wird.

Diese Erkenntnisse führen zu folgenden Schlussfolgerungen; auf wissenschaftlicher Seite sollte

- die deutsche Energiesicherheit als Untersuchungsgegenstand weiter ausdifferenziert, analysiert und eine nachhaltige Lösung für das deutsche Energiesicherheitsproblem gefunden werden;
- Vernetzte Sicherheit als sicherheitspolitischer Lösungsansatz weiter und vertiefter erörtert und untersucht werden;
- Vernetzte Sicherheit als sicherheitspolitischer Lösungsansatz für die deutsche Energiesicherheit, aber auch andere sicherheitspolitische Herausforderungen wissenschaftlich herangezogen und überprüft werden;
- Vernetzte Sicherheit als interdisziplinärer und ganzheitlicher sicherheitspolitischer Forschungsansatz etabliert und
- der Mehrwert Vernetzter Sicherheit für nationale und internationale Sicherheitsherausforderungen wissenschaftlich operationalisiert, verifiziert und anschaulich dargestellt werden.

Auf politischer Seite sollte Deutschland

- seine politischen Ansätze zur Energieversorgung mit Erdöl und Erdgas mit Blick auf die erforderliche Nachhaltigkeit ganzheitlich und vernetzt ausrichten;
- seine energiepolitischen Interessen dementsprechend formulieren und kommunizieren;

- das energie- und sicherheitspolitische Umfeld, d.h. sowohl den politischen Aktionsraum deutscher Energiesicherheit als auch die globalen Megatrends und strategischen Rahmenbedingungen, systemisch analysieren und gestalten;
- zur Beherrschung der Komplexität und Dynamik eine Strategie und ein Konzept verwenden, das nicht reduktionistisch, sondern ganzheitlich vorgeht;
- die in dieser Arbeit entwickelte Strategie Vernetzter Energiesicherheit in die politische Praxis überführen;
- die bereits vorhandenen Bausteine Vernetzter Sicherheit nach dem in dieser Arbeit vorgestellten Baukastensystem vernetzen und ausbauen;
- diese strategischen und konzeptionellen Ansätze in die EU und internationale Organisationen tragen bzw. mit systemischen Ansätzen dort synchronisieren und
- den bereits eingeschlagenen Weg, wie z.B. mit dem ERN-CIP, weiterverfolgen und forcieren.

Die bisherige Zuweisung von Aufgaben, Kompetenzen und Ressourcen nach den klassischen Prinzipien der bürokratischen Organisation hat sich überlebt. Vernetzung stellt ein probates Mittel dar, um politische Ressourcenmängel auszugleichen, Wirkungs- bzw. Leistungssteigerungen – durch die Erschließung anderer Handlungsfelder – zu erzielen, Kosten zu senken und Strukturen an sich beschleunigende Veränderungen anzupassen. Mit Vernetzter Energiesicherheit können die Effizienz und Effektivität der zur Verfügung stehenden Instrumente deutscher Energiepolitik gesteigert werden, indem sicherheitsbezogene Fähigkeiten erstens schneller, besser, risikoärmer und kostengünstiger erarbeitet und getestet, zweitens Wissen, Erfahrungen, Kompetenzen und Werkzeuge aller relevanten Akteure eingebracht und weiterentwickelt sowie drittens vernetzte Systemkonzepte effizient entwickelt und damit ein wirkungsorientiertes, dynamisch wachsendes Fähigkeitsportfolio realisiert werden. Sie dient dem Aufbau querschnittlicher, den internationalen Herausforderungen Rechnung tragender, flexibler, anpassungs- und lernfähiger Strukturen und Prozesse, die nicht nur die Effektivität und Effizienz deutscher Energiesicherheit steigern, sondern auch mögliche zwischenzeitliche Rückschläge bewusst antizipieren und somit öffentliche Akzeptanz und gesellschaftlichen Rückhalt für eine zukunftsfähige Gestaltung deutscher Energiesicherheit schaffen.

Der Mehrwert der Anwendung Vernetzter Sicherheit im deutschen Energiesektor liegt somit nicht lediglich darin, *bestehende* Aufgaben besser zu lösen – denn dies gelingt mit den gegenwärtigen Strukturen und Ansätzen derzeit (noch) –, sondern darin, v.a. *neue*, künftige Aufgaben qualifiziert und ihren Anforderungen entsprechend zu bewältigen. Da sich die Rollen und Aufgaben staatlicher, nicht-staatlicher und privater Akteure hinsichtlich der nationalen Sicherheitsvorsorge im Energiebereich verändern und sich nicht länger an historisch gewachsenen sektoralen Strukturlösungen orientieren – sondern sich vom klassischen (sequentiellen) Denken lösen –, sollte der Umgang und Einsatz der vorhandenen – staatlichen und nicht-staatlichen – Instrumente, Mittel und Ressourcen an diese Realität angepasst werden.

7. Ausblick

Wie die Analyse dieser Arbeit gezeigt hat, sind die strategischen Rahmenbedingungen deutscher Energiesicherheit insbesondere mit Blick auf die hohe Verwundbarkeit sehr vielfältig, dynamisch und komplex. In dem sich verändernden Kontext und Umfeld, in dem Deutschland seine Energieversorgung gewährleisten muss, ist das institutionelle Selbstverständnis der betroffenen nationalen wie internationalen Organisationen für Energiesicherheit zu einem umfassenden Anpassungsprozess herausgefordert. Akteure und Institutionen müssen sich daher nach einer über Jahrzehnte hinweg fixierten, weitgehend statischen Aufgabenwahrnehmung fundamental umorientieren und auf die veränderte Energiesicherheitslandschaft – v.a. die Spielregeln alter und neuer Akteure, Wechselwirkungen verschiedener Bereiche untereinander sowie daraus resultierende Konsequenzen – einstellen.

Sowohl Energiesicherheit in und für Deutschland als auch die internationale Energieordnung unterliegen einem fortgesetzten Wandel, den es kompetent, umfassend und nachhaltig zu gestalten gilt. Das neue Energiekonzept der Bundesregierung[675] setzt im Kern auf erneuerbare Energien als "*immer wichtiger werdende Säule zukünftiger Energieversorgung*" und betont in diesem Zusammenhang die Bedeutung einer "*integrierten Gesamtstrategie*".[676] Eine erfolgreiche Umsetzung dieses Ansatzes muss offensichtlich eine umfassende Wirkungskette von Voraussetzungen bewerkstelligen. Hierzu zählen beispielsweise

- mittelfristig der Abschluss eines völkerrechtlich verbindlichen Klimaschutzabkommens auf der völkerrechtlichen Ebene;
- die Definition klarer Zielvorgaben, Maßnahmen und Instrumente für die Umsetzung einer anspruchsvollen energiepolitischen Politik auf nationaler Ebene;

---

[675] Das Energiekonzept der Bundesregierung wurde am Vortag der Abgabe dieser Dissertation der Öffentlichkeit vorgestellt. Vgl. Bundesministerium für Wirtschaft und Technologie (2010): Energiekonzept für eine umweltschonende, zuverlässige und bezahlbare Energieversorgung vom 28.09.2010, Berlin: BMWi.

[676] Bundesministerium für Wirtschaft und Technologie/ Bundesministerium für Umwelt, Naturschutz und Reaktorsicherheit (2010): Energiekonzept – Neun Punkte für eine umweltschonende, zuverlässige und bezahlbare Energieversorgung, Entwurf BMWi und BMU vom 07.09.2010, S. 4.

- erhebliche Produkt-, Prozess- und Systeminnovationen, um den Energiebedarf vermehrt durch erneuerbare Energien zu decken.
- koordiniertes Vorgehen von Politik und Wirtschaft.[677]

Im Konzept fällt auf, dass Rohstoffsicherung und internationale Aspekte ganz am Ende des Konzeptes nur eine sehr kurze, untergeordnete Beachtung finden, obwohl diese als maßgebliche Impulsgeber angeführt werden, die Importabhängigkeit deutscher Energieversorgung zu reduzieren. Ohne sichere Energieversorgung sind nationale Wirtschaftsaktivitäten über kurz oder lang nicht möglich: Energie bewegt Güter, Ideen, Menschen und Transportmittel zu Land, See, Luft, im Weltraum und im virtuellen Raum. Dazu bedarf es u.a. einer umfassenden gesellschaftlichen Diskussion.[678] Ziel dieser Debatte muss eine wert- und interessenorientierte deutsche Energiepolitik sein, die ressourceneffizient und verantwortungsbewusst strategische Prioritäten für das 21. Jahrhundert definiert. Medien und Öffentlichkeit reflektieren bisher lediglich Argumente von gestern und Gedanken aus verstaubten Schubladen vergangener Jahrzehnte. Dabei geht es heute weit mehr um eine gesamtstrategische Ausrichtung, um vernetzte Sicherheit, die verschiedene Politikbereiche sowie das gesamte Spektrum nationaler Fähigkeiten, Ressourcen und Kompetenzen ganzheitlich verbindet. Es geht um Deutschlands Energiesicherheit und damit um Wohlstand, Fortschritt und Sicherheit im 21. Jahrhundert. Die klärungsbedürftigen Schlüsselfragen liegen auf der Hand:

- Vor welchen Herausforderungen, Risiken und (möglichen) Bedrohungen steht Deutschland?
- Wie kann Deutschland ihnen angemessen begegnen, mit welchen Partnern, in welchen Bündnissen und Organisationen?
- Was sind die Prioritäten deutscher Energiepolitik?
- Welche Instrumente braucht Deutschland zu ihrer Wahrnehmung?

---

[677] Bundesministerium für Wirtschaft und Technologie/ Prognos AG/ EWI – Energiewirtschaftliches Institut an der Universität zu Köln (2010): Studie. Energieszenarien für ein Energiekonzept der Bundesregierung, Projekt Nr. 12/10, Berlin: BMWi, S. 188.

[678] Mit dieser Einsicht schied der frühere Bundespräsident Horst Köhler im Sommer 2010 aus dem Amt, als er feststellte, die *„Breite der Gesellschaft [solle verstehen], dass ein Land unserer Größe mit dieser Außenhandelsorientierung und damit auch Außenhandelsabhängigkeit auch wissen muss, dass im Zweifel, im Notfall auch militärischer Einsatz notwendig ist, um unsere Interessen zu wahren, zum Beispiel freie Handelswege, zum Beispiel ganze regionale Instabilitäten zu verhindern, die mit Sicherheit dann auch auf unsere Chancen zurückschlagen negativ durch Handel, Arbeitsplätze und Einkommen"*. Vgl. Der Standard (2010): Im Wortlaut, Köhlers Aussagen und die Rücktrittserklärung, 31.05.2010, http://derstandard.at/1271377862301/Im-Wortlaut-Koehlers-Aussagen-und-die-Ruecktrittserklaerung (Zugriff 06.07.2010).

- Wie lassen sich diese Instrumente abgestimmt zusammenführen?
- Welche Konsequenzen ergeben sich daraus für die Strategie und Konzeption deutscher Energiepolitik?

Nationale energiepolitische Entscheidungen haben enormen Einfluss auf die Verfügbarkeit und Qualität grundlegender Lebensbedürfnisse wie Nahrung, Unterkunft und die Qualität von Luft und Wasser. Im Umkehrschluss führen dann allerdings inadäquate energiepolitische Entscheidungen des Staates zu signifikanten Einschränkungen wirtschaftlicher und gesellschaftlicher Entwicklungen, u.U. zu einer Verlagerung politischer und militärischer Macht auch in anderen Regionen der Welt oder zu politischer Aufruhr und sozialer Unruhe. Kurz gefasst: Energiesicherheit bestimmt letztlich über Krieg und Frieden, über Wohlergehen und Prosperität von Staaten und Regionen. Energiesicherheit sollte daher ganzheitlich in einem größeren, globalen und – zusammen mit der Bewahrung von Schöpfung, Frieden und Wohlstand – die Menschheitsgeschichte betreffenden Kontext gesehen werden.

Störungen und Unterbrechungen der Energieversorgung sind zwar systemimmanent, dennoch muss diesen bestmöglich und wirksam begegnet werden. Hierfür ist adäquat Vorsorge zu treffen. Für den Entscheidungsfindungs- und Implementierungsprozess sind effektive Instrumente bereitzustellen, die ggf. synergetisch zusammenwirken können müssen. Ohne konzeptionelle, strategische Grundlagen geht dies nicht. Komplexe Risiken und mögliche Bedrohungen müssen, wie in dieser Arbeit beschrieben, ganzheitlich bewältigt und gemanagt werden. Die Sicherung der Energieversorgung stellt den Nationalstaat vor zunehmende Herausforderungen. Vor diesem Hintergrund geben die unverhältnismäßig geringen Investitionen, die bisher getätigt wurden, um diesen Herausforderungen zu begegnen, zu Besorgnis Anlass. Insbesondere auf unerwartete Großschadensereignisse in der Energieversorgung, eine mögliches "Energie-Pearl-Harbor", ist Deutschland unvorbereitet.

Herman Kahn, ein großer strategischer Kopf im Kalten Krieg, forderte 1962 mit Recht *Thinking the Unthinkable*. In diesem Sinne erfordert umfassende Energiesicherheit Planungsfähigkeiten, die über bekannte Risiken und Herausforderungen hinaus auch kompetent mit "Wild Cards" umgehen können. Eine weitere wichtige Teilaufgabe besteht darin, den Entscheidungsfindungsprozess so auszurichten, dass die – teilweise politikverdrossene – Gesellschaft mitgenommen wird, über die Konsequenzen einer schwerwiegenden Energieversorgungsunterbrechung nachzudenken, Notfallmaßen zu planen und Vorsorge zu treffen.

Die Bewältigung dieser Herausforderungen erfordert ein umfassendes Energie-Risikomanagement sowie ein ganzheitliches, d.h. außen-, sicherheits-

wirtschafts-, gesellschafts- und umweltpolitisch planvolles Vorgehen, das stabil und flexibel genug ist, nationale Planung, Prävention und Reaktion erfolgreich zu gestalten. Deutschland braucht eine ganzheitliche nationale Strategie Vernetzter Energiesicherheit. Diese Strategie muss konsequent ausgestaltet und fortentwickelt werden. Der Schlüssel liegt in dem richtigen Mix

- eines robusten und redundanten nationalen Energieversorgungssystems;
- einer belastbaren staatlichen, wirtschaftlichen und gesellschaftlichen Organisationsform, die in der Lage ist, (schwere) Belastungen/Eingriffe/Angriffe zu verkraften;
- von Alternativen, die besonders in Krisenzeiten die Abhängigkeit und Verletzlichkeit von bestimmten Ressourcen und Lieferanten reduzieren.

Die Bewältigung der vielfältigen, aber zusammenhängenden und herausfordernden Energiesicherheitsfragen im 21. Jahrhundert erfordert ganzheitliche und vernetzte Ansätze. Einem solchen Ansatz entspricht Vernetzte Energiesicherheit. Die Verknüpfung der Vernetzten Sicherheit mit den nationalen und internationalen Herausforderungen von Energiesicherheit ermöglicht eine langfristig kohärente Interessenwahrnehmung und -vertretung in Deutschland. Vernetzte Energiesicherheit kann einen wesentlichen Beitrag leisten, die gegenwärtigen und zukünftigen Herausforderungen im Bereich deutscher Energiesicherheit effektiv und nachhaltig zu bewältigen.

Literatur- und Quellenverzeichnis

Dokumente und Quellen:

Brüderle, Rainer, Bundesministerium für Wirtschaft und Technologie (2010): Energiestrategie, Energieeffizienz, Versorgungssicherheit - Bundeswirtschaftsminister Brüderle trifft Kommissar Oettinger in Brüssel, Pressemitteilung, 31.05.2010, http://www.bmwi.de /BMWi/Navigation/Presse/pressemit teilungen,did=344376.html (Zugriff 11.07.2010).

Bundesamt für Sicherheit in der Informationstechnik (2010): Abhängigkeitsverhältnis zwischen IT-Technik und Energie, https://www.bsi.bund.de/cln_ 165/ContentBSI/Themen/Kritis/Einfuehrung/Kritissektoren/erlaeuterungen .html#Energie (Zugriff 11.07.2010).

Bundesamt für Wirtschaft und Ausfuhrkontrolle (2010): Bundesstelle für Energieeffizienz, BMWi, 09.07.2009, http://www.bafa.de/bafa/de/energie/energie effizienz/index.html (Zugriff 23.04.2010).

Bundesanstalt für Geowissenschaften und Rohstoffe (2009): Energierohstoffe 2009, Hannover: BGR.

Bundesanstalt für Geowissenschaften und Rohstoffe (2010): Leitbild der BGR, http://www.bgr.bund.de/cln_109/nn_334328/DE/Allgemeines/Wm/UeberUns /Leitbild/leitbild__node.html?__nnn=true (Zugriff 23.04.2010).

Bundesministerium des Innern (2005): Schutz Kritischer Infrastrukturen – Basisschutzkonzept, Berlin: BMI

Bundesministerium des Innern (2008): Leitfaden zum Schutz Kritischer Infrastrukturen – Risiko- und Krisenmanagement, Berlin: BMI.

Bundesministerium des Innern (2009): Nationale Strategie zum Schutz Kritischer Infrastrukturen (KRITIS-Strategie), Berlin: BMI.

Bundesministerium des Innern (2009): Schutz Kritischer Infrastrukturen – Moderne Gesellschaften sind auf eine zuverlässige Infrastruktur angewiesen, http://www.bmi.bund.de/DE/Themen/Sicherheit/BevoelkerungKrisen/Kritis/ kritis.html (Zugriff 11.07.2010).

Bundesministerium für Bildung und Forschung (2008): Grundlagenforschung Energie 2020+, Berlin: BMBF.

Bundesministerium für Umwelt, Naturschutz und Reaktorsicherheit (2004): Erneuerbare Energien – Innovation für die Zukunft, Berlin: BMU.

Bundesministerium für Umwelt, Naturschutz und Reaktorsicherheit (2007): Das Integrierte Energie- und Klimaprogramm der Bundesregierung, BMU: Berlin.

Bundesministerium für Umwelt, Naturschutz und Reaktorsicherheit (2010): Klima und Energie, http://www.bmu.de/klima_energie/doc/41060.php (Zugriff 23.04.2010).

Bundesministerium für Umwelt, Naturschutz und Reaktorsicherheit (2010): Wasserkraft, http://www.erneuerbare-energien.de/inhalt/4644/ (Zugriff 17.07.2010).

Bundesministerium für Wirtschaft und Technologie (2009): Energie in Deutschland. Trends und Hintergründe zur Energieversorgung in Deutschland, Berlin: BMWi.

Bundesministerium für Wirtschaft und Technologie (2009): Politik für Energie, http://www.bmwi.de/BMWi/Navigation/Energie/ziele-der-energiepolitik.html (Zugriff 28.05.2009).

Bundesministerium für Wirtschaft und Technologie (2010): Energieforschung der Bundesregierung, http://www.bmwi.de/BMWi/Navigation/Energie/energieforschung,did=220084.html (Zugriff 06.08.2010).

Bundesministerium für Wirtschaft und Technologie (2010): Energiekonzept für eine umweltschonende, zuverlässige und bezahlbare Energieversorgung vom 28.09.2010, Berlin: BMWi.

Bundesministerium für Wirtschaft und Technologie (2010): Energieträger, http://www.bmwi.de/BMWi/Navigation/Energie/energiestatistiken,did=177104.html (Zugriff 11.08.2010).

Bundesministerium für Wirtschaft und Technologie (2010): Rohstoffpolitik, http://www.bmwi.de/BMWi/Navigation/Energie/rohstoffpolitik (Zugriff 06.04.2010).

Bundesministerium für Wirtschaft und Technologie/ Bundesministerium für Umwelt, Naturschutz und Reaktorsicherheit (2006): Energieversorgung für Deutschland Statusbericht für den Energiegipfel am 3. April 2006, Berlin: BMWi.

Bundesministerium für Wirtschaft und Technologie/ Bundesministerium für Umwelt, Naturschutz und Reaktorsicherheit (2010): Energiekonzept – Neun Punkte für eine umweltschonende, zuverlässige und bezahlbare Energieversorgung, Entwurf BMWi und BMU vom 07.09.2010.

Bundesministerium für Wirtschaft und Technologie/ Prognos AG/ EWI – Energiewirtschaftliches Institut an der Universität zu Köln (2010): Studie. Energieszenarien für ein Energie-konzept der Bundesregierung, Projekt Nr. 12/10, Berlin: BMWi.

Bundesministerium der Justiz in Zusammenarbeit (2005): Gesetz über die Elektrizitäts- und Gasversorgung (Energiewirtschaftsgesetz – EnWG), § 1 Zweck des Gesetzes.
Bundesministerium der Verteidigung (2007): Jung diskutiert vernetzte Sicherheit, BMVg, 17.08.2007, http://www.bmvg.de/portal/a/bmvg/kcxml/ 04_Sj9SPykssy0xPLMnMz0vM0Y_QjzKLd4k38TEHSYGZbkAmTCwoJV Xf1yM_N1 XfWz9AvyA3otzRUVERAMioJak!/delta/base64xml/L2dJQSEvUUt3QS80S VVFLzZfRF80TDc!?yw_contentURL=%2FC1256F1200608B1B%2FW274 YBCG767INFODE%2Fcontent.jsp (Zugriff 25.06.2009).
Bundesministerium der Verteidigung (2009): Vernetzte Sicherheit, BMVg, http://www.bmvg.de/portal/a/bmvg/kcxml/04_Sj9SPykssy0xPLMnMz0vM0 Y_QjzKLd4k3Ng40BsmB2CZu5vqRcEFfj_zcVP2g1Dx9b_0A_YLciHJHR0 VFAPlSMm0!/delta/ base64xml/L0lKWWttUSEhL3dITUFDc0FFVUFOby 80SUVhREFBIS9kZQ!! (Zugriff 20.08.2009).
Bundesministerium der Verteidigung (2010): Anti-Piraterie-Mission: Atalanta, BMVg, 17.06.2010,http://www.bmvg.de/portal/a/bmvg/kcxml/04_Sj9SPyks sy0xPLMnMz0vM 0Y_QjzKLd4k3Ng40A8mB2CZu5vqRcMGglFR9X4_83 FR9b_0A_YLciHJHR0VFAGTXyB8!/delta/base64xml/L3dJdyEvd0ZNQUF zQUMvNElVRS82X0RfMzNRNw!! (Zugriff 11.07.2010).
Bundesministerium der Verteidigung (2010): Einsatzgebiet Operation ENDURING FREEDOM, BMVg, 19.01.2009, http://www.marine.de/por tal/a/marine/kcx ml/04_Sj9SPykssy0xPLMnMz0vM0Y_QjzKLNzKOD_R1BcmB2d5mIfqRc NGglFR9X4_83FR9b_0A_YLciHJHR0VFAF0ZG84!/delta/base64xml/L2dJ QSEvUUt3QS80SVVFLzZfMjNfUVRB?yw_contentURL=/01DB0700000 00001/W26E9C9Z654INFOD E/content.jsp (Zugriff 11.07.2010).
Bundesregierung (2006): Das Afghanistan-Konzept der Bundesregierung, Berlin.
Bundesregierung (2006): Verteidigungsminister Jung: Militärische Konzepte allein reichen nicht aus, 11.06.2006, http://www.bundesregierung.de/Con tent/DE/Archiv16/Namensbeitrag/2006/11/2006-11-10-verteidigungsmini ster-jung-milit_C3_A4rische-konzepte-allein-reichen-nicht-aus,layoutVariant =Druck ansicht.html (Zugriff 25.06.2009).
Bundesregierung (2006): Weißbuch 2006 zur Sicherheit der Bundesrepublik Deutschland und zur Zukunft der Bundeswehr, Berlin.
Bundesregierung (2007): Elemente einer Rohstoffstrategie der Bundesregierung, Berlin.
Bundesregierung (2007): Ein energiepolitisches Gesamtkonzept für Deutschland, http://www.bundesregierung.de/Content/DE/StatischeSeiten/Breg/ThemenA

Z/Energiepolitik/energiepolitik-2006-07-31-ein-energiepolitisches-gesamt konzept-fuer-deutschland.html (Zugriff 11.07.2010).

Bundesregierung (2008): Vernetzte Sicherheit ist der richtige Weg, Die Bundesregierung, 27.11.2008, http://www.bundesregierung.de/Content/DE/Namens beitrag/2008/11/2008-11-27-jung-tagesspiegel.html (Zugriff 21.08.2009).

Bundesregierung (2009): Neues Konzept für die NATO, 26.03.2009, http://www. bundes-regierung.de/Content/DE/Artikel/2009/03/2009-03-26-merkel-regerkl -nato.html (Zugriff 21.12.2009).

Bundesverband der Deutschen Industrie e.V. (2010): Eckpunkte des BDI zum geplanten Energiekonzept der Bundesregierung, Berlin: BDI.

Bundeswehr (2010): Auftrag und Aufgaben, BMVG, http://www.bundes wehr.de/portal/a/bwde/kcxml/04_Sj9SPykssy0xPLMnMz0vM0Y_QjzKL d443DnQHSYGZASH6kTCxoJRUfW99X4_83FT9AP2C3IhyR0dFRQCsX OUq/delta/base64xml/L2dJQSEvUUt3QS80SVVFLzZfQ180RUI!?yw_ contentURL=/C1256EF4002AED30/N264HLH9072MMISDE/content.jsp (Zugriff 11.07.2010).

Bundeswirtschaftsminister Rainer Brüderle anlässlich des BDEW-Kongresses 2010, 01.07.2010, Berlin: Bundesverband der Energie- und Wasserwirtschaft e.V.

Bundeswirtschaftsministerium vom Rheinisch-Westfälischen Institut für Wirtschaftsforschung (2007): Trends der Angebots- und Nachfragesituation bei mineralischen Rohstoffen.

CDU/CSU-Bundestagsfraktion (2008): Eine Sicherheitsstrategie für Deutschland, Beschluss der CDU/CSU-Bundestagsfraktion, 06.05.2008, Berlin.

Commission of the European Communities (2006): Communication from the Commission on a European Programme for Critical Infrastructure Protection, COM (2006) 786, Brussels.

Commission of the European Communities (2008): Communication from the Commission to the European Parliament and the Council. The Raw Materials Initiative – Meeting Our Critical Needs for Growth and Jobs in Europe, Brussels: EC.

Comprehensive Political Guidance (CPG) Endorsed by NATO Heads of State and Government on 29 November 2006, Riga, Latvia.

Council Directive 2008/114/EC of 8 December 2008 on the identification and designation of European critical infrastructures and the assessment of the need to improve their protection.

Council Directive 2008/114/EC of 8 December 2008 on the identification and designation of European critical infrastructures and the assessment of the need to improve their protection.

Council of Foreign Relation (2006): National Security Consequences of U.S. Oil Dependency, Report of an Independent Task Force, New York: Council of Foreign Relation.

Decision No 1364/2006/EC of the European Parliament and of the Council of 6 September 2006 laying down guidelines for trans-European energy networks and repealing Decision 96/391/EC and Decision No 1229/2003/EC.

Department of Defense (2005): Strategy for Homeland Defense and Civil Support, Washington D.C.: DoD.

Einführungsvortrag zum Thema Grundzüge deutscher Sicherheits- und Verteidigungspolitik des Parlamentarischen Staatssekretärs Christian Schmidt anlässlich des Besuchs des JU-Bezirksverbandes Unterfranken am 30. März 2007 im BMVg-Besucherzentrum in Berlin.

Erklärung der Bundesregierung durch den Bundesminister der Verteidigung, Dr. Peter Struck, am 11.03.2004 in Berlin.

Europäische Kommission (2001): Grünbuch: Hin zu einer europäischen Strategie für Energieversorgungssicherheit, Brüssel: Europäische Gemeinschaften.

Europäische Kommission (2005): Grünbuch über Energieeffizienz. Weniger kann mehr sein, Brüssel: Europäische Gemeinschaften.

Europäische Kommission (2006): Grünbuch: Eine europäische Strategie für nachhaltige, wettbewerbsfähige und sichere Energie, Brüssel: EU.

Europäische Kommission (2007): Ein Europäischer Strategieplan für Energietechnologien (SETPLAN), Erklärung anlässlich des 50. Jahrestages der Unterzeichnung der Römischen Verträge in Berlin 2007, Brüssel: EU.

Europäische Kommission (2007): Eine Energiepolitik für Europa, Brüssel: EU.

Europäischer Rat (2008): Richtlinie 2008/114/EG des Rates über die Ermittlung und Ausweisung europäischer kritischer Infrastrukturen und die Bewertung der Notwendigkeit, ihren Schutz zu verbessern, Amtsblatt der Europäischen Union L 345/75, 23.12.2008.

Europäische Union (2008): Konsolidierte Fassung des Vertrags über die Europäische Union, Amtsblatt der Europäischen Union, 09.05.2008, C 115/13.

European Commission (2006): Communication from the Commission to the Council and the European Parliament – Black Sea Synergy. A new regional cooperation initiative, COM (2007) 160, Brussels.

European Commission (2006): Ministerial Declaration on Enhanced energy cooperation between the EU, the Littoral States of the Black and Caspian Seas and their neighboring countries, Brussels: Directorates-General Energy and Transport.

European Commission (2009): EU's various energy-related strategies, European Commission 12.12.2009, http://ec.europa.eu/energy/strat egies/index_en.htm (Zugriff 23.12.2009).

European Commission, Europan Reference Network for Critical Infrastructure Protection, http://erncip.jrc.ec.europa.eu/ (Zugriff 11.02.2010).

Flottenkommando (2009): Jahresbericht 2009. Fakten und Zahlen zur maritimen Abhängigkeit der Bundesrepublik Deutschland, Glücksburg: Flottenkommando.

International Atomic Energy Agency (2007): Energy, Electricity and Nuclear Power: Developments and Projections, 25 Years Past and Future, Vienna: IAEA.

International Energy Agency (2004): World Energy Outlook 2004, Paris: OECD.

International Energy Agency (2005): World Energy Outlook 2005, Paris: OECD.

International Energy Agency (2006): World Energy Outlook 2006, Paris: OECD.

International Energy Agency (2007): Natural Gas Market Review 2007, Security in a globalizing market to 2015, OECD: Paris.

International Energy Agency (2009): World Energy Outlook 2009, Paris: OECD.

International Energy Agency (2010): Oil Markets and Emergency Preparedness, IEA, http://www.iea.org/about/ome.htm (Zugriff 23.05.2010).

IRENA (2009): Die Internationale Agentur für Erneuerbare Energien (IRENA) startet 2009, Deutsche Botschaft Lima, http://www.lima.diplo.de/Vertretung/lima/de/00/Irena/Irena.html (Zugriff 05.04.2010).

Koalitionsvertrag zwischen CDU, CSU und FDP (2009): Wachstum. Bildung. Zusammenhalt, 17. Legislaturperiode.

Kommission der Europäischen Gemeinschaften (200): Mitteilung der Kommission an den Europäischen Rat und das Europäische Parlament – Östliche Partnerschaft, KOM (2008) 823, Brüssel.

Kommission der Europäischen Gemeinschaften (2006): Mitteilung der Kommission an den Europäischen Rat – Energiepolitische Außenbeziehungen – Grundsätze – Maßnahmen, KOM (2006) 590, Brüssel.

Kommission der Europäischen Gemeinschaften (2006): Mitteilung der Kommission über ein Europäisches Programm für den Schutz kritischer Infrastrukturen, KOM (2006) 786.

Maizière, Thomas de (2006): "Unsere Energieversorgung ist keineswegs gesichert", Die Bundesregierung, 12.10.2006, http://www.bundesregierung.de/Content/DE/Archiv16/Rede/2006/10/2006-10-12-rede-chefbk-bnd-symposium.html (Zugriff 24.06.2010).

Merkel, Angela (2009): Grundprinzip der vernetzten Sicherheit muss Eingang in die strategische Ausrichtung der Allianz finden, Regierungserklärung zum NATO-Gipfel, 26.03.2009, http://www.cducsu.de/Titel__rede_grundprinzip_der_vernetzten_sicherheit_muss_eingang_in_die_strategische_ausrichtung_der_allianz/TabID__1/SubTabID__2/InhaltTypID__2/InhaltID__12607/Inhalte.aspx (Zugriff 25.06.2009).

Ministerium für Wissenschaft, Wirtschaft und Verkehr des Landes Schleswig-Holstein (2007): Technologien für Küsten- und Hafensicherheit Potenzialanalyse Schleswig-Holstein, Kiel: Ministerium für Wissenschaft, Wirtschaft und Verkehr des Landes Schleswig-Holstein.

Mitteilung der Kommission an das Europäische Parlament, den Rat, den Europäischen Wirtschafts- und Sozialausschuss und den Ausschuss der Regionen – Zweite Überprüfung der Energiestrategie: EU-Aktionsplan für Energieversorgungssicherheit und Solidarität.

NATO (1999): The Alliance's Strategic Concept Approved by the Heads of State and Government participating in the meeting of the North Atlantic Council in Washington D.C. on 23rd and 24th April 1999, NAC-S(99)65.

NATO (2007): Bi-Strategic Command Pre-Doctrinal Handbook (Effect based Approach to Operations), 4. December 2007, Belgium: NATO.

NATO (2007): Future Security Environment, Belgium: NATO.

NATO (2008): A Comprehensive Approach, http://www.nato.int/cps/en/natolive/topics_51633.htm, (Zugriff 26.08.2009).

NATO (2010): A Comprehensive Approach, 02.09.2010, http://www.nato.int/cps/en/natolive/topics_51633.htm (Zugriff 02.09.2010).

NATO (2010): NATO's role in energy security, NATO 14.03.2010, http://www.NATO.int/cps/en/NATOlive/topics_49208.htm (Zugriff 11.07.2010).

NATO (2010): Operation Ocean Shield, NATO, http://www.aco.NATO.int/page 208433730.aspx (Zugriff 11.07.2010).

NATO (2010): Report on Progress with Effects Based Thinking, Belgium: Shape.

NATO (2010): Terrorismusbekämpfung auf dem Mittelmeer, NATO, http://www.NATO.int/docu/review/2005/issue3/german/art4.html (Zugriff 11.07.2010).

One Hundred Seventh Congress of the United States of America (2001): H.R.3162 Uniting and Strengthening America by Providing Appropriate Tools Required to Intercept and Obstruct Terrorism (USA PATRIOT ACT) Act of 2001.

Rede des Bundesministers der Verteidigung, Dr. Franz Josef Jung, bei der Münchner Konferenz für Sicherheitspolitik am 10. Februar 2007.

Rede des Bundesministers für Wirtschaft und Technologie, Rainer Brüderle, anlässlich der 17. Handelsblatt Jahrestagung Energiewirtschaft, 14.01.2010 in Berlin.

Rede des Bundesministers für Wirtschaft und Technologie, Rainer Brüderle anlässlich der BDI-Veranstaltung zum Energiekonzept. 06.07.2010 im Haus der Deutschen Wirtschaft in Berlin.

Rede von Bundesinnenminister Dr. Wolfgang Schäuble, Sicherheit in der global vernetzten Welt, Vortragsreihe zur Deutschen und Europäischen Sicherheits- und Verteidigungspolitik, 02.06.2009.

Rede von Bundeskanzlerin Angela Merkel anlässlich der 45. Münchner Sicherheitskonferenz vom 7. Februar 2009 in München.

Rede von Bundesminister Dr. Wolfgang Schäuble zum Konzept der Vernetzten Sicherheit beim 7. Symposium des Bundesamtes für Verfassungsschutz am 8. Dezember 2008 in Berlin.

Rede von Staatssekretär a.D. Dr. August Hanning anlässlich der Fachtagung "Public Private Security – Schutz Kritischer Infrastrukturen" am 30. März 2009 in Berlin.

Regierungserklärung des Bundesministers für Umwelt, Naturschutz und Reaktorsicherheit, Sigmar Gabriel zur Klimapolitik der Bundesregierung nach den Beschlüssen des Europäischen Rates vor dem Deutschen Bundestag am 26. April 2007 in Berlin.

Regierungserklärung zum NATO-Gipfel von Bundeskanzlerin Angela Merkel vom 26. März 2009 in Berlin, Grundprinzip der vernetzten Sicherheit muss Eingang in die strategische Ausrichtung der Allianz finden

Richtlinie 2004/67/EG des Rates vom 26. April 2004 über Maßnahmen zur Gewährleistung der sicheren Erdgasversorgung, Amtsblatt der Europäischen Union L 127/92.

Röttgen, Norbert (2010): Weiter auf Wachstumskurs. Die Entwicklung der erneuerbaren Energien in Deutschland im Jahr 2009, 24.03.2010, Berlin: Bundespressekonferenz.

Security Council SC/8928 – UN Resolution 1737 vom 23.12.2006.

Speech by NATO Secretary General, Jaap de Hoop Scheffer, at the IISS Annual Conferenc (2007): Managing Global Security and Risk, Geneva.

The White House (2006): The National Security Strategy of the United States of America, Washington D.C.: The White House.

U.S. Census Bureau (2010): According to the International Programs Center, U.S. Census Bureau, the total population of the World, projected to 09/28/10 at 11:14 UTC is 6,811,470,660, http://www.census.gov/cgi-bin/ipc/popclockw (Zugriff 28.09.2010).

U.S. Department of Defense (2010): Quadrennial Defense Review Report, Washington D.C., February 2010.

U.S. Energy Information Administration (2010): Strait of Hormuz, http://www.eia.doe.gov/emeu/cabs/World_Oil_Transit_Chokepoints/Hormuz.html (Zugriff 25.06.2010).

U.S. Energy Information Agency (2010): World Oil Transit Chokepoints – Malacca, http://www.eia.doe.gov/cabs/World_Oil_Transit_Chokepoints/Malacca. html (Zugriff 26.06.2010).

Umweltbundesamt (2009): Energieverbrauch nach Energieträgern, http://www.Umweltbundesamt-umwelt-deutschland.de/umweltdaten/pub lic/theme.do?node Ident=23 26 (Zugriff 08.08.2009).

Umweltbundeamt (2009): Energieverbrauch nach Energieträgern, http://www.umweltbundesamt-daten-zur-umwelt.de/umweltdaten/pub lic/theme.do;jsessioni=451F987F0282313C833150D75EBABE55?node Ident =2326 (Zugriff 04.08.2010).

United Nations Environment Programme (2009): From Conflict to Peacebuilding The Role of Natural Resources and the Environment, Nairobi: UNEP.

United States of America (2002): National Security Strategy 2002, Washington D.C.: The White House.

United States of America (2010): National Security Strategy 2010, Washington D.C.: White House.

Westerwelle, Guido (2010): Pressekonferenz von Vizekanzler Guido Westerwelle zur Kabinettssitzung und aktuellen Themen, 04.08.2010, Berlin: Bundespressekonferenz.

World Energy Council (2010), http://www.worldenergy.org/, 21.03.2010, (Zugriff 21.03.2010).

WTO, 23.07.2008 http://www.wto.org/english/thewto_e/whatis_e/tif_e/org6 _e.htm (Zugriff 14.01.2010).

Zentrum für Analysen und Studien der Bundeswehr (2002): Streitkräfte, Fähigkeiten und Technologie im 21. Jahrhundert. Studie des Fraunhofer-Institut für Naturwissenschaftlich-Technische Trendanalysen, Waldbröl: Zentrum für Analysen und Studien der Bundeswehr.

Sekundärliteratur

Achatz, Helmut (2006): Der Iran droht dem Westen, Focus Money Online, 20.01.2006, http://www.focus.de/finanzen/geldanlage/oel-als-waffe_aid_103 860.html (Zugriff 14.07.2010).

Adam, Rudolf (2008): Geostrategic Dimensions of Energy Security, Presentation at the 16th Meeting of the Atlantik-Brücke with CDRUSEUCOM and US Component Commanders, Magnus-Haus, 26.03.2008.

Adams, Gordon (2009): The Quadrennial Diplomacy and Development Review from July 14, 2009, http://www.stimson.org/pub.cfm?ID=831 (Zugriff 14.07.2009).

Alberts, David S./ Garstka, John/ Frederick Stein (1999): Network Centric Warfare. Developing and Leveraging Information Superiority, Washington D.C.: CCRP.

Alberts, David S./ Hayes, Richard (2003): Power to the Edge, in: Department of Defence (Hg.): Command and Control Research Program, Washington D.C.: CCRP.

Altvater, Elmar/ Mahnkopf, Birgit (2007): Konkurrenz für das Empire – die europäische Union in der globalisierten Welt. Münster: Westfälisches Dampfboot.

Anton, Philip S./ Silberglitt, Richard/ Schneider, James (2001): The Global Technology Revolution. Bio, Nano, Materials Trends and Their Synergies with Information Technology by 2015, Santa Monica: RAND.

Apt, Wenke/ Angenendt, Steffen (2009): Demographie. Einfluss auf die Sicherheit, in: Bundesakademie für Sicherheitspolitik (Hg.): Sicherheitspolitik in neuen Dimensionen, Ergänzungsband 2, Hamburg: E.S. Mittler & Sohn, S. 275-307.

Arbeitsgemeinschaft Energiebilanz e.V. (2010): Energieverbrauch in Deutschland. Daten für das 1.-4. Quartal 2009, Berlin: AG Energiebilanz.

Aron, Raymond (1980): Clausewitz. Den Krieg denken, Frankfurt a. M.: Propyläen.

Asea Brown Bovery Deutschland (1998): Umweltreport, Mannheim: ABB

Außenhandelsverband für Mineralöl und Energie e. V. (2008): Gasbevorratung in Deutschland, Hamburg: AFM+E.

Auswärtiges Amt (2005): Afghanistan – Kein Wiederaufbau und keine Entwicklung ohne Sicherheit, http://www.auswaertiges-amt.de/diplo/de/Aussenpo litik/RegionaleSchwerpunkte/Afghanistan/070905-AfgKonzept-Kabinett.ht ml (Zugriff 29.10.2007).

Auswärtiges Amt (2009): Energiesicherheit, http://www.auswaertiges-amt.de/diplo /de/Aussenpolitik/Themen/EnergieKlima/Energiepolitik.html (Zugriff 12.07. 2010).

Auswärtiges Amt (2010): Aktuelle Hinweise/ Teilreisewarnung/ Gefahr von Entführungen und Anschlägen, AA, 26.05.2010, http://www.auswaertiges-amt.de/diplo/de/Laenderin formationen/Jemen/Sicherheitshinweise.html (Zugriff 26.06.2010).

Auswärtiges Amt (2010): Das Auswärtige Amt, http://www.auswaertiges-amt.de/ diplo/de/AAmt/Uebersicht. html (Zugriff 23.04.2010).

Auswärtiges Amt (2010): Energiesicherheit, http://www.auswaertiges-amt.de/ diplo/de/Aussenpolitik/Themen/EnergieKlima/Energiepolitik.html (Zugriff 23.04.2010).

Auswärtiges Amt (2010): Nordatlantische Allianz (NATO) – Operation Ocean Shield, http://www.auswaertiges-amt.de/diplo/de/Aussenpolitik/InternatOr gane/NATO/NATO.html (Zugriff 11.07.2010).

Auth, Günther (2008): Theorien der Internationalen Beziehungen kompakt, Oldenbourg Wissenschaftsverlag: München.

Axelrod, Robert/ Keohane, Robert O. (1986): Achieving Cooperation under Anarchy, in: Oye, Kenneth A. (Hg.): Cooperation under Anarchy, Princeton: Princeton University Press.

Ayoob, M. (1997): Defining Security: A Subaltern Realist Perspective, in: Krause, Keith/ Williams, Michael (Hg.): Critical Security Studies: Concepts and Cases, London: UCL Press.

Baade, Fritz (1966): Das umstrittene Embargo soll aufgehoben werden, Zeit Online, 16.09.1966, http://www.zeit.de/1966/38/Das-umstrittene-Embar go-soll-aufgehoben-werden (Zugriff 13. Mai 2010).

Bacia, Horst, Frankenberger, Klaus-Dieter (2006): Die NATO ist kein Weltpolizist, Frankfurter Allgemeine Zeitung, 03.02.2006.

Bannon, Ian/ Collier, Paul (2003): Natural Resources and Violent Conflicts. Options and Actions, Washington D.C.: The World Bank.

Baraásis, Albert-László (2003): Linked: How Everything is Connected to Everything Else, New York: Plume.

Baring, Arnulf (2003): Einsame Mittelmacht. Ohne die USA gibt es keine Zukunft für Deutschland, Internationale Politik, 58. Jg. Heft 12/2003.

Baring, Arnulf (2009): Kernenergie Geschichte eines Realitätsverlusts, FAZ, 02.07.2009, http://www.faz.net/s/Rub0E9EEF84AC1E4A389A8DC6C23161 FE44/Doc~EAD3C1D5168B74DC2A201DA0EAB23CB52~ATpl~Ecommo n~Scontent.html (Zugriff 11.07.2010).

Barton, Barry/ Redgwell, Catherine/ Ronne, Anita/ Zillman, Donald (2004): Energy Security: Managing Risk in a Dynamic Legal and Regulatory Environment, New York: Oxford University Press.

Baten, Tina/ Buttermann, Hans-Georg (2010): Die Entwicklung des Energieverbrauchs in Deutschland 2009, Wirtschaftsdienst 2010, http://www.wirt schaftsdienst.eu/ (Zugriff 23.03.2010).

Baumeister, Günter (1995): Die kommunale Aufgabe Klimaschutz – organisatorische Voraussetzung für wirkungsvollen lokalen Klimaschutz am Beispiel der ressortübergreifenden, verwaltungsinternen Erarbeitung des Klimaschutzkonzepts in der Stadt Schwerte, in: Fischer, Annett/ Kallen, Carlo (Hg.): Erfolgsbedingungen für kommunale Energie- und Klimaschutzkonzepte, Berlin: Deutsches Institut für Urbanistik.

Beste, Ralf/ Dohmen, Frank/ Neef, Christian/ Sauga, Michael/ Schepp, Matthias/ Schlamp, Hans-Jürgen (2010): Energiepolitik – Die Waffe Gas, Der Spiegel, 3/2009.

Bitzer, Klaus (2008): NATO und Energiesicherheit: Unser Öl, http://www.zeitfragen.ch/ausg aben/2008/nr20-vom-1352008/NATO-und-energiesicherheit-unser-oel/ (Zugriff 01.09.2009).

Borchert, Heiko (2001): Vernetzte Sicherheitspolitik und die Transformation des Sicherheitssektors: Weshalb neue Sicherheitsrisiken ein verändertes Sicherheitsmanagement erfordern, in: Borchert, Heiko (Hg.): Vernetzte Sicherheit – Leitidee der Sicherheitspolitik im 21. Jahrhundert, Hamburg: E.S. Mittler & Sohn, S. 53-79.

Bothe, David/ Seeliger, Andreas (2006): Erdgas – sichere Zukunftsenergie oder knappe Ressource?, EWI Working Paper, Nr. 06/2, 12/2006.

BP (2007): BP Statistical Review of World Energy June 2007, London: BP.

BP (2008): BP Statistical Review of World Energy June 2008, London: BP.

BP (2009): BP Statistical Review of World Energy June 2009, London: BP.

Bürklin, Wilhelm/ Welzel, Christian (1994): Theoretische und methodische Grundlagen der Politikwissenschaft, in: Mols, Manfred/ Lauth, Hans-Joachim/ Wagner, Christian (Hg.): Politikwissenschaft. Eine Einführung, Paderborn: Schöningh, S. 307-346.

Bundesakademie für Sicherheitspolitik (2001): Sicherheitspolitik in neuen Dimensionen. Kompendium zum erweiterten Sicherheitsbegriff. Hamburg: E.S. Mittler & Sohn.

Bundesakademie für Sicherheitspolitik (2004): Sicherheitspolitik in neuen Dimensionen. Ergänzungsband 1. Hamburg: E.S. Mittler & Sohn.

Bundesakademie für Sicherheitspolitik (2008): Seminar für Sicherheitspolitik 2008. Energiesicherheit 2050 – Eine ressortübergreifende Herausforderung, Berlin: BAKS.

Buzan, Barry (1991): People, States and Fear. An agenda for International Security Studies in the Post-Cold War Era, Second Edition, New York: Harvester Wheatsheaf.

Center for Strategic and international Studies (2004): The Transatlantic Dialogue on Terrorism, Washington D.C.: CSIS.

Cerny, Philip G. (2000): The New Security Dilemma: Divisibility, Defection and Disorder in the Global Era, Review of International Studies, Nr. 26/2000, S. 623-646.

Chacko, Joseph P. (2009): Chinese String of Pearls strategy around India in tatters, Frontierindia 11.05.2009, http://frontierindia.net/wa/chinas-string-of-pearls-strategy-around-india-in-tatters/266/ (Zugriff 22.02.2010).

Chambers, Matthew (2010): International Piracy and Armed Robbery at Sea. Hindering Maritime Trade and Water Transportation Around the World, Washington D.C.: U.S. Department of Transportation, Research and Innovative Technology Administration.

Chan, John (2001): China greift nach Zentralasiens Öl und Gas, WSWS, 05.01.2001 http://w ww.wsws.org/de/2001/jan2001/chin-j05.shtml (Zugriff 04.07.2010).

Cohen, Ariel (1996): The New "Great Game": Oil Politics in the Caucasus and Central Asia, 25.01.1996, http://www.heritage.org/Research/Reports/1996/01/BG1065nbsp-The-Ne w-Great-Game (Zugriff 8.03.2009).

Cook, Karen S. (1990): Exchange Networks and Generalized Exchange: Linking Structure and Action, in: Marin, Bernd (Hg.): Generalized Political Exchange – Antagonistic Cooperation and Integrated Policy Circuits, Frankfurt a. M.: Campus, S. 215-230.

Debus, Barbara (2009): Engpässe bei High-Tech-Metallen 2030? Bundeswirtschaftsministerium gab Studie „Rohstoffe für Zukunftstechnologien" in Auftrag / Ergebnisse heute in Berlin vorgestellt, IZT - Institut für Zukunftsstudien und Technologiebewertung gemeinnützige GmbH, http://www.izt.de/izt-im-ueberblick/presse/pressemitteilungen/article/102/51/ (Zugriff 1.09.2010)

DeLaurentis, Dan (2004): A System-of-Systems Perspective For Public Policy Decisions, 1st Systems of Systems Symposium, Arlington 2004, http://www.potomacinstitute.org/acade miccen/sos.htm (Zugriff 25.06.2009).

Deputy Secretary Wolfowitz Interview with Sam Tannenhaus, Vanity Fair, Department of Defense, 09.05.2003, http://www.defense.gov/transcripts/transcript.aspx?transcriptid=25 94 (Zugriff 08.01.2009).

Der Spiegel, 3/1975, S. 56-64 (61).

Der Standard (2010): Im Wortlaut, Köhlers Aussagen und die Rücktrittserklärung, 31.05.2010, http://derstandard.at/1271377862301/Im-Wortlaut-Koehlers-Aus sagen-und-die-Ruecktrittserklaerung (Zugriff 06.07.2010).

Deudney, Daniel (1990): The Case Against Linking Environmental Degradation and National Security, Millenium 19/3, S. 461-476.

Deutsche Bundesbank (2010): Direktinvestitionen laut Zahlungsbilanzstatistik für die Berichtsjahre 2006 bis 2009, Berlin: BMWi.

Deutsche Welle (2009): Merkel begrüßt Obama in Baden-Baden, Deutsche Welle, 03.04.2009 http://www.dw-world.de/dw/article/0,,4149758,00.html (Zugriff 21.08.2009).

Deutsche Welle (2009): Zahl der Piratenangriffe deutlich gestiegen, Deutsche Welle, 15.07.2009, http://www.dw-world.de/dw/article/0,,4489481,00.html (Zugriff 26.06.2010).

Devonshire-Ellis, Chris (2009): China's String of Pearls Strategy, China Briefing, 18.03.2009, http://www.china-briefing.com/news/2009/03/18/china%E2%80%99s-string-of-pearls-st rategy.html (Zugriff 10.02.2010).

Dirmoser, Dietmar (2007): Energiesicherheit. Neue Knappheiten, das Wiederaufleben des Ressourcennationalismus und die Aussichten für multilaterale Ansätze, Friedrich Ebert Stiftung, Kompass 2020, August 2007.

Diwell, Lutz (2004): Gesamtstaatliche Sicherheitsvorsorge, in: Bundesakademie für Sicherheitspolitik (Hg.): Sicherheitspolitik in neuen Dimensionen, Ergänzungsband 1, Hamburg: BAKS.

Dörner, Dietrich (1989): Die Logik des Mißlingens. Strategisches Denken in komplexen Situationen. Reinbek: Rowohlt.

Druwe, Ulrich/ Kunz, Volker (1994): Rational Choice in der Politikwissenschaft. Grundlagen und Anwendung, Opladen: Leske & Budrich.

Dunn, Myriam/ Mauer, Viktor (2006): Diskursanalyse: Die Entstehung der Nationalen Sicherheitsstrategie der USA, in: Siedschlag, Alexander (Hg.): Methoden der sicherheitspolitischen Analyse, Wiesbaden: VS Verlag für Sozialwissenschaften, S. 189-128.

Eggenberger, René (2004): Homeland Security, die Rolle der Streitkräfte und der neue Verteidigungsbegriff, in: Borchert, Heiko (Hg.): Vernetzte Sicherheit. Weniger Souveränität – Mehr Sicherheit, Schutz der Heimat im Informationszeitalter und die Rolle der Streitkräfte, Bd. 3, Hamburg: E.S. Mittler & Sohn, S. 116-133.

Eickhof, Norbert (1998): Die Neuregelung des Energiewirtschaftsrechts, Wirtschaftsdienst, 78. Jg., Heft 01.01.1998.

Eickhof, Norbert/ Holzer, Verena L. (2004): Energiepolitische Kompetenzen in der Europäischen Union, Wirtschaftsdienst 84. Jg., Heft 7, Juli 2004.

Energiewirtschaftliches Institut an der Universität zu Köln/ Prognos AG (2006): Auswirkungen höherer Ölpreise auf Energieangebot und -nachfrage Ölpreisvariante der Energiewirtschaftlichen. Referenzprognose 2030 für das Bundesministerium für Wirtschaft und Technologie, Berlin, Köln: EWI/ Prognos.

Engdahl, William F. (1993): Mit der Ölwaffe zur Weltmacht. Der Weg zur neuen Weltordnung, Wiesbaden: Dr. Böttiger Verlags-GmbH.

EON (2010): Exploration & Feldesentwicklung, http://www.eon.com/de ,/business areas /35286.jsp (Zugriff 28.08.2010).

Eschenfelder, Jörg (2009): Der bedrohte Welthandel – Piraten und Terroristen in der Straße von Malakka, IMS Magazin, 05.02.2009, http://www.ims-magazin.de/index.php?p=artikel&id=1233835500,1,gastautor, (Zugriff 24.06.2010).

Euraktiv (2010): Exportforum lehnt Gaskartell ab, http://www.euractiv.com/de/energie/pipeline-politik-energiestreit-zwischen-russland-eu/article-177665 (Zugriff 27. Juni 2010).

Euroactive (2009): Gazprom will Nabucco-Konsortium sprengen, Euroactive, 12.07.2010 http://www.euractiv.de/energie-klima-und-umwelt/artikel/gazprom-will-nabucco-konsor tium-sprengen-003361 (Zugriff 24.06.2010).

Euroactive (2010): Das Abenteuer Turkmenistan, Euroactive, 18.05.2010 http://www.euractiv.de/energie-klima-und-umwelt/artikel/das-abenteuer-turkmenistan-003120 (Zugriff 24.06.2010).

Evans, Peter B. (1993): Building an Integrative Apporach to International and Domestic Politics: Reflections and Projections, in: Evans, Peter B/ Jacobson, Harold K./ Putnam, Robert D. (Hg.): Double-Edged Diplomacy. International Bargaining and Domestic Politics, Berkeley: University of California Press, S. 397-430.

Exxon Mobil (2009): Oeldorado 2009, Hamburg: ExxonMobil Central Europe Holding GmbH.

FAZ.NET (2006): CDU bekennt sich zu deutschen Interessen, FAZ, 17.10.2006, http://www.faz.net/s/Rub594835B672714A1DB1A121534F010EE1/Doc~E6B4D2B10CCE9455B80A8E20BA1F186F2~ATpl~Ecommon~Scontent.ht ml (Zugriff 11.07.2010).

Focus Online (2006): Stromausfall. E.ON nimmt Schuld auf sich, Focus Online, 06.11.2006, http://www.focus.de/finanzen/news/stromausfall_aid_118690.html (Zugriff 09.07.2010).

Fischer, Annett/ Kallen, Carlo (1995): Erfolgsbedingungen für kommunale Energie- und Klimaschutzkonzepte, Berlin: Deutsches Institut für Urbanistik.

Frankfurter Allgemeine Zeitung (2010): Staatssekretärin schlägt Rohstoffagentur vor, 14.04.2010.

Friedman, Thomas (1999): The Lexus and the Olive Tree, New York: Farrar, Straus & Giroux.

Fukuyama, Francis (1992): Das Ende der Geschichte. Wo wir stehen? München: Kindler.

Gallis, Paul (2007): NATO and Energy Security, CRS Report for Congress, 15.08.2007, http://italy.usembassy.gov/pdf/other/RS22409.pdf (Zugriff 11.07.2010).
Gas Exporting Countries Forum (2010), http://www.gecforum.com.qa (Zugriff 06.04.2010).
Geden, Oliver (2009): Gasversorgungssicherheit in der Europäischen Union – mehr Eigenvorsorge, weniger Energieaußenpolitik?, Energiewirtschaftliche Tagesfragen, 59. Jg., Heft 12.
Geden, Oliver/ Goldthau, Andreas/ Noetzel, Timo (2007): Energie-NATO und Energie-KSZE – Instrumente der Versorgungssicherheit?, Berlin: Stiftung Wissenschaft und Politik.
Geden, Oliver/ Zilla, Claudia (2009): Pragmatismus statt Panikmache, Internationale Politik, Nr. 11/12, 64. Jahr, November/Dezember 2009, S. 17-23.
German Watch (2008): Globaler Klimawandel: Ursachen, Folgen, Handlungsmöglichkeiten, Bonn: German Watch.
Goldtau, Andreas/ Witte, Jan M. (2008): Global Energy Governance. Neue Trends, neue Akteure, neue Regeln: Die Architektur der Strukturen im Energiesektor muss überholt werden, Internationale Politik, April 2008, S. 46-54.
Gotthard, Günter (1975): Selbstdarstellung im Spiegel Amerikas, in: Pongratz, Ludwig J. (Hg.): Philosophie in Selbstdarstellung, Bd. 2, Hamburg: Felix Meiner, S. 27-43.
Grande, Edgar (2001): Vom Nationalstaat zum transnationalen Politikregime – Staatliche Steuerungsfähigkeit im Zeitalter der Globalisierung, in: Beck, Ulrich/ Lau, Christoph (Hg.): Entgrenzung und Entscheidung, Frankfurt a. M.: Suhrkamp, S. 384-401.
Grewe, Hartmut (2006): Energiesicherheit als strategisches Ziel: Anforderungen an eine Energieaußenpolitik, Reihe Analyse und Argumente aus der Konrad Adenauer Stiftung, Nr. 36/2006, Berlin: KAS.
Grieco, Joseph M (1988): Anarchy and the Limits of Cooperation: A Realist Critique of the Newest Liberal Institutionalism, International Organization, 42. Jg., S. 485-507.
Grolle, Johann (2006): Wohlstand aus dem Berg: die Geschichte Europas und seiner Kultur ist eng verwoben mit der Gewinnung von Silber, Kupfer und Eisen, in: Follath, Erich/ Jung, Alexander (Hg.): Der neue Kalte Krieg – Kampf um die Rohstoffe, München: Deutsche Verlags-Anstalt, S. 127-137.
Gruss, Peter/ Schüth, Ferdi (2008): Die Zukunft der Energie. Die Antwort der Wissenschaft – Ein Report der Max-Planck-Gesellschaft, München: C.H. Beck.
Gu, Xuewu, Mayer, Maximilian (2007): Chinas Energiehunger: Mythos oder Realität?, München: Oldenburg Verlagswissenschaften.

Hacke, Christian (1993): Weltmacht wider Willen? Die Außenpolitik der Bundesrepublik Deutschland, 2. Auflage, Berlin: Ullstein.
Häckel, Erwin (2004): Internationale Energiepolitik, in: Woyke, Wichard (Hg.): Handwörterbuch Internationale Politik, Bonn: Bundeszentrale für politische Bildung, S. 177-186.
Haftendorn, Helga (1991): The Security Puzzle: Theory-Building and Discipline-Building, International Security, International Studies Quarterly, Vol. 35, No. 1, S. 3-17.
Hamburgisches Weltwirtschaftsinstitut (2005): Strategie 2030 – Energierohstoffe, Hamburg: Berenberg Bank.
Hamburgisches Weltwirtschaftsinstitut (2007): Die Bedeutung von Erdgas als Energieträger der Zukunft, Update 09/2007.
Held, David (2000): Regulating Globalization? The Reinvention of Politics, International Sociology, 15 (2000), S. 394-408.
Henle, Peter (1987): Internationale Energieversorgung und politische Zukunftssicherung, Deutsche Gesellschaft für Auswärtige Politik, München: Oldenburg Verlag.
Herz, John H. (1974): Idealistischer Internationalismus und das Sicherheitsdilemma, in: Herz, John H. (Hg.): Staatenwelt und Weltpolitik, Aufsätze zur internationalen Politik im Nuklearzeitalter, Hamburg: Hoffmann und Campe.
Hett, Felix (2007): Belarus unter Druck? Die belarussisch-russischen Energiekonflikte und ihre Folgen, Berlin: SWP.
Hiemann, Roland (2005): Massenvernichtungswaffenfreie Zone im Nahen Osten. Eine Bestandsaufnahme der Diskussion, Stiftung Wissenschaft und Politik, Diskussionspapier 05, November 2005.
Hill, Christopher (2003): The Changing Politics of Foreign Policy, London: Palgrave Macmillan.
Hobsbawm, Eric (1969): Industrie und Empire. Britische Wirtschaftsgeschichte seit 1750, Bd. 1, Frankfurt a. M.: Suhrkamp.
Hohensee, Jens (1993): Der erste Ölpreisschock 1973/74, Stuttgart: Franz Steiner.
Holzer, Boris (2005): Vom globalen Dorf zur kleinen Welt: Netzwerke und Konnektivität in der Weltgesellschaft, in: Heintz, Bettina/ Münch, Richard/ Tyrell, Hartmann (Hg.): Weltgesellschaft. Theoretische Zugänge und empirische Problemlagen, Sonderheft der Zeitschrift Soziologie, Stuttgart: Lucius & Lucius, S. 314-329.
Homeyer, Ingmar von (2002): The Impact of Enlargement on EU Environmental Governance, Intereconomics, Volume 37, Number 6, November 2002.
Hübner, Andreas/ Probst, Jörg (1995): Erarbeitung und Umsetzung von Energie- und Klimaschutzkonzepten durch einen Consulting-Unternehmen-Ansatz ei-

ner prozessbegleitenden und umsetzungsorientierten Beratung, in: Fischer, Annett/ Kallen, Carlo (Hg.): Erfolgsbedingungen für kommunale Energie- und Klimaschutzkonzepte, Berlin: Deutsches Institut für Urbanistik, S. 72-85.

Instituts der deutschen Wirtschaft Köln (2010): Energiekonzept Bundesregierung muss nachsteuern, Pressemitteilung Nr. 42, 24.09.2010, http://www.iwkoeln.de/Presse/Pressemitteilungen/Archiv/tabid/184/articleID/30536/Default.aspx (Zugriff am 25.09.2010).

Interagency Task Force on Commodity Marktes (2008): Interim Report on Crude Oil, Washington D.C: Interagency Task Force on Commodity Markets.

International Maritime (2010): Live Piracy Report, 26.06.2010, http://www.icc-ccs.org/index.php?option=com_content&view=article&id= 30:welcome-to-imb-piracy-reporting-centre&ca tid=28:home&Item id=12 (Zugriff 26.06.2010).

Interview mit Stephen Szabo, Leiter der Transatlantic Academy, am 21. Juli 2010, Washington D.C.

Jäger, Thomas (2008): Mittelmächte in Europa: Bilaterale Beziehungen und außenpolitischer Handlungsspielraum, in: Jäger, Thomas/ Dylla, Daria W. (Hg.): Deutschland und Polen. Die europäische und internationale Politik, Wiesbaden: VS Verlag für Sozialwissenschaften, S. 9-34.

Jäger, Wolfgang (1988): Von der Kanzlerdemokratie zur Koordinationsdemokratie, Zeitschrift für Politik, Nr.1, 1988, S.15-32.

Jansen, Dorothea (2003): Einführung in die Netzwerkanalyse, Opladen: Leske & Budrich.

Jervis, Robert (1976): Perception and Misperception in International Politics, Princeton: Princeton University Press.

John, Roberts (2003): Caspian oil and gas: How far have we come and where are we going?, Oil, transition and security in Central Asia, S. 143-160.

Joint Chiefs of Staff (1996): Joint Vision 2010, Washington D.C.: Joint Chiefs of Staff.

Jones, Richard H. (2010): Medium-Term Oil and Natural Gas Market Review, Report from the International Energy Agency at the Center for Strategic and International Studies am 07.07.2010 in Washington D.C.

Kaden, Ben (2002): Heterarchische Strukturen in MNCs: zum Ansatz Gunnar Hedlunds, HU Berlin, 19.06.2002, http://www.ib.hu-berlin.de/~wumsta/info pub/tutor/heterarchy/hetrarchie.html (Zugriff 08.11.2009).

Karl Rose auf dem Shell Energie Dialog am 12. Februar 2009 in Berlin.

Kaufmann, Franz-Xaver (1973): Sicherheit als soziologisches und sozialpolitisches Problem. Untersuchungen zu einer Wertidee hochdifferenzierter Gesellschaften, Stuttgart: Enke.

Kempfert, Claudia/ Müller, Friedemann (2007): Die Energiepolitik zwischen Wettbewerbsfähigkeit, Versorgungssicherheit und Nachhaltigkeit – Chancen und Perspektiven für die Energieversorgung, Vierteljahrshefte zur Wirtschaftsforschung, 76/2007, 1, S. 5–16.

Kennedy, Paul (1989): The Rise and Fall of the Great Powers. Economic Change and Military Conflict from 1500 to 2000, New York: Vintage Books.

Keohane, Robert O./ Nye, Joseph S. (1977): Power and Interdependence: World Politics in Transition, Bosten: Little, Brown.

Klare, Michael (2006): Öl, Geopolitik und der kommende Krieg gegen Iran, Zeitschrift Wissenschaft und Frieden, 3/2006, Marburg: BdWi-Verlag, S. 13-15.

Klaus, Ulrich (2005): Erdöl und Erdgas im WTO–Vertragssystem – Ein Überblick am Beispiel der Russischen Föderation, Policy Papers on Transnational Economic Law, No. 16, Halle-Wittenberg: Research Center.

Kleinwächter, Lutz (2007): Energie-Außenpolitik, in: Kleinwächter, Lutz (Hg.): Deutsche Energiepolitik, Eggersdorf: Brandenburgische Landeszentrale für politische Bildung, S. 91-99.

Kleveman, Lutz (2004): The New Great Game: Blood and Oil in Central Asia, New York: Grove Press.

Kloth Hans M.: (2010): Indirekter Hitler-Vergleich. Polnischer Minister poltert gegen Schröder und Merkel, Der Spiegel, 30.04.2006, http://www.spiegel.de/wirtschaft/0,1518,4139 31,00.html (Zugriff 21.06.2010).

Kluge, Christian (2006): Piraterie – Bedrohung auf See. Eine Risikoanalyse, München: Münchner Rück.

Kluger, Richard L./ Frost, Ellen L. (2001): The Global Century. Globalization and National Security, Washington D.C.: University Press of the Pacific.

Kneissl, Karin (2008): Der Energiepoker. Wie Erdöl und Erdgas die Weltwirtschaft beeinflussen, München: Finanzbuch.

Krauthammer, Charles (2007): Energy Independence?, Washington Post, 26.01.2007.

Krüger, Paul-Anton (2008): Warnung vor nuklearem Terrorismus, Süddeutsche Zeitung, 25.09.2008, http://www.sueddeutsche.de/politik/atomenergiebeho erde-warnung-vor-nukl earem-terrorismus-1.710377 (Zugriff 12.02.2010).

Lang, Andreas/ Hansen, Olaf (2008): Was wäre wenn? Der Beitrag der Modellbildung und Simulation zum Umgang mit modernen Sicherheitsherausforderungen, in: Borchert, Heiko (Hg.): Wettbewerbsfaktor Sicherheit. Staat und Wirtschaft im Grand Pas de Deux für Sicherheit und Prosperität, Baden-Baden: Nomos, S. 161-175.

Lange, Hans-Jürgen (2000): Innere Sicherheit als Netzwerk, in: Lange, Hans-Jürgen (Hg.): Staat, Demokratie und innere Sicherheit, Opladen: Leske & Budrich.

Larrotcha Parada, Manuel (2004): The Transatlantic Link in a Global World – NATO, the European Union and the Defence of Common Values, Denkwürdigkeiten Nr. 19/2004, S. 8-13.

Laue, Peter (2009): Die kritische Infrastruktur Energieversorgung, auf der Konferenz "Public Private Security: Schutz Kritischer Infrastrukturen" in Berlin vom 21. bis 22. März 2009.

Lee, Julian (1999): International Energy Security: Prospects and Problems, in: Krause, Joachim/ May, Bernhard/ Niemann, Ulrich (Hg.): Asia, Europe and the Challenge of Globalisation, Lecture from the first ASEF-Summer School 1998, Singapore: ASEF-Summer School, S. 165-186.

Legro, Jeffrey (1996): Culture and Preferences in the International Cooperation Two-Step, American Political Science Review, 90. Jg., S. 118-137.

Lei, Wu/ Qinyu, Shen (2006): Will China Go to War over Oil?, Far Eastern Economic Review, April, Vol.169, No. 3, S.38-40.

Lin, Christina Y (2008).: Militarisation of China's Energy Security Policy – Defence Cooperation and WMD Proliferation Along its String of Pearls in the Indian Ocean, ISN ETH-Zürich, 18.06.2008 http://www.isn.ethz.ch/isn/Di gital-Library/Publications/Detail/?id=5 6390 (Zugriff 01.07.2008).

Löwer, Wolfgang (1989): Energieversorgung zwischen Staat, Gemeinde und Wirtschaft, Bd. 3, Schriftenreihe Recht-Technik-Wirtschaft, Köln: Carl Heymanns Verlag KG.

Luckhardt, Miriam (2010): Öltransporte – 6 strategisch wichtige Meerengen vom 21.01.2010, http://weltwirtschaft-welthandel.suite101.de/article.cfm/maritime_engpaesse_bei_den_oeltransporten (Zugriff 14.04.2010).

Lukes, Rudolf (2005): Energierecht, in: Dauses, Manfred (Hg.): Handbuch des EU-Wirtschaftsrechts, Bd. 2, Loseblattsammlung, München: C. H. Beck.

Lynch, Dudley/ Kordis, Paul (1992): Delphin Strategien. Managementstrategien in chaotischen Systemen, Fulda: Paidia.

MacShane, Denis (2008): Die zehn Mythen des Wladimir Putin, die Welt, 08.09.2008.

Manzl, Wolfgang (2009): Homeland Security als ein mögliches Konzept der umfassenden Sicherheitsvorsorge in Österreich, Dissertation, Wien: Universität Wien.

Marin, Bernd (1996): Generalisierter Politischer Austausch, in: Kenis, Patrick/ Schneider, Volker (Hg.): Organisation und Netzwerk. Institutionelle Steuerung in Wirtschaft und Politik, Bd. 2, Frankfurt a. M.: Campus, S. 425-470.

Martinez, Gustavo B. (1990): Ganzes/Teil, in: Sandkühler, Hans J. (Hg.): Europäische Enzyklopädie zu Philosophie und Wissenschaften, Hamburg: Meiner-Verlag.

Maull, Hanns W. (1992): Zivilmacht Bundesrepublik Deutschland. Vierzehn Thesen für eine neue deutsche Außenpolitik, Europa Archiv 47 (1992) 10, S. 269-278.

Maull, Hanns W. (1992): Zivilmacht: Die Konzeption und ihre sicherheitspolitische Relevanz, in: Wolfgang Heydrich/ Joachim Krause/ Uwe Nerlich/ Jürgen Nötzold/ Reinhardt Rummel (Hg.): Sicherheitspolitik Deutschlands: Neue Konstellationen, Risiken, Instrumente, Internationale Politik und Sicherheit, Bd. 32, Stiftung Wissenschaft und Politik, Baden-Baden: Nomos, S. 771-786.

Mayr, Walter/ Preuss, Joachim/ Neef, Christian (2004): Russland ist nicht die Opec, Der Spiegel, 27/2004, S. 94-96.

McGowan, Francis (1994): EC energy policy, in: El-Agraa, Ali (Hg.): The economics of the European Community, New York: Harvester Wheatsheaf.

Meier, Ernst-Christoph/ Roßmanith, Richard/ Schäfer, Heinz-Uwe (2003): Wörterbuch zur Sicherheitspolitik. Deutschland in einem veränderten internationalen Umfeld, Hamburg: E.S. Mittler & Sohn.

Meier-Walser, Reinhard (2007): Zur Einführung: Energieversorgung als politische Querschnittsaufgabe, in: Meier-Walser, Reinhard (Hg.): Energieversorgung als Sicherheitspolitische Querschnittsaufgabe, Akademie für Politik und Zeitgeschichte, München: Hanns Seidel Stiftung, S. 7-20.

Messner, Dirk (1997): Netzwerktheorien: Die Suche nach Ursachen und Auswegen aus der Krise staatlicher Steuerungsfähigkeit, in: Altvater, Elmar/ Haake, Markus/ Brunnengräber, Achim/ Walk, Heike (Hg.): Vernetzt und verstrickt, Münster: Westfälisches Dampfboot, S. 27-64.

Messner, Dirk (2006): Machtverschiebungen im internationalen System: Global Governance im Schatten des Aufstiegs von China und Indien, in: Debiel, Tobias/ Messner, Dirk/ Nuscheler, Franz (Hg.): Globale Trends 2007, Frieden, Entwicklung, Umwelt. Frankfurt a. M.: Fischer Taschenbuch, S. 45-60.

Mey, Holger H./ Krüger, Michael K.-D. (2003): Vernetzt zum Erfolg? Network-Centric-Warfare – zur Bedeutung für die Bundeswehr, Frankfurt a. M./Bonn: Report.

Michael Staack (2000): Handelsstaat Deutschland. Deutsche Außenpolitik in einem neuen internationalen System, Paderborn: Schöningh.

Mouawad, Jad (2008): As Oil Giants Lose Influence, Supply Drops, New York Times, 18.08.2008, http://www.nytimes.com/2008/08/19/business/19oil.html (Zugriff 01.04.2010).

Müller, Friedemann (2009): Energiesicherheit. Eine Strategie zum Überleben, in: Bundesakademie für Sicherheitspolitik (Hg.): Sicherheitspolitik in neuen Dimensionen, Ergänzungsband 2, Hamburg: E.S. Mittler & Sohn, S. 225-252.

Müller, Friedmann (2003): Versorgungssicherheit. Die Risiken der internationalen Energieversorgung: Internationale Politik, 3/2003, S. 3-10.

Müller-Brandeck-Boquet, Gisela (2006): Die EU als Akteur in den internationalen Beziehungen, in: Kadelbach, Stefan (Hg.): Die Außenbeziehungen der Europäischen Union, Baden-Baden: Nomos, S. 11-37.

Müller-Rommel, Ferdinand/ Pieper, Gabriele (1991): Das Bundeskanzleramt als Regierungszentrale, Aus Politik und Zeitgeschichte, B 21-22/1991, 17.5.1991, S. 3-13.

Müsch, Klaus (1995): Die kommunale Aufgabe Klimaschutz – organisatorische Voraussetzungen für wirkungsvollen lokalen Klimaschutz am Beispiel der Energieleitstelle der Senatsverwaltung für Stadtentwicklung und Umweltschutz des Landes Berlin, in: Fischer, Annett/ Kallen, Carlo (Hg.): Erfolgsbedingungen für kommunale Energie- und Klimaschutzkonzepte, Berlin: Deutsches Institut für Urbanistik, S. 12-20 (13).

Mullerson, Rein (2007): Central Asia: A Chessboard and Player in the New Great Game, New York: Columbia University Press.

Nachtwei, Winfried (2010): Für eine Kultur des Hinsehens, in: Reservistenverband Bundeswehr (Hg.): Wie sage ich's dem Volke? Die Deutschen und die Sicherheitspolitik, Loyal Magazin für Sicherheitspolitik, 3/2010, Hamburg: Führungsakademie der Bundeswehr.

National Energy Policy Development Group (2001): Reliable, Affordable, and Environmentally Sound Energy for America's Future, Washington D.C.: NEPD.

National Intelligence Council (2004): Mapping the global future. Report of the National Intelligence Council's 2020 Project Based on consultations with nongovernmental experts around the world, Washington D.C.: NIC.

National Intelligence Council (2008): Global Trends 2025: A Transformed World, Washington D.C.: NIC.

National Intelligence Council (2009): Global Trends 2025: A Transformed World, Washington D.C.: NIC.

Nizamoglou, Hilde (2009): Energie aktuell: Kohle mit stärkstem Zuwachs beim Weltenergieverbrauch, Global Press, 31.08.2009, http://www.ratschlag24.com/index.php/energie-aktuell-kohle-mit-strkstem-zuwachs-beim-weltenergieverbrauch-_91152/ (Zugriff 11.03.2010).

Nohlen, Dieter/ Schultze, Rainer-Olaf (2002): Lexikon der Politikwissenschaft, München: C.H. Beck.

Nordstream (2010): Daten & Fakten, Nord Stream, http://www.nordstream.com/de/the-pipeline/facts-figures.html (Zugriff 21.06.2010).

Nye, Joseph S. (1988): Problems of Security Studies, Paper presented at the XIV World Congress of the International Political Science Association, Washington D.C., August.

Odlyzko, Andrew, Tilly, Benjamin (2005): A refutation of Metcalfe's Law and a better estimate for the value of networks and network interconnections, Minneapolis: Digital Technology Center, University of Minnesota.

Oppermann, Thomas (1999): Europarecht, München: C.H. Beck.

Organization for Economic Cooperation and Development (2000): Preconceiving the Centre: Leadership, Strategic Review and Coherence in Public Sector Reform', in Government of the Future, Paris: OECD.

Österreichische Akademie der Wissenschaften (2005): Sicherheitsforschung – Begriffsfassung und Vorgangsweise für Österreich, Wien: Verlag der Österreichischen Akademie der Wissenschaften.

Pankratz, Thomas/ Borchert, Heiko (2004): Homeland Security aus europäischer Perspektive, in: Borchert, Heiko (Hg.): Vernetzte Sicherheit, Band 3, Weniger Souveränität – Mehr Sicherheit, Schutz der Heimat im Informationszeitalter und die Rolle der Streitkräfte, Hamburg: E.S. Mittler & Sohn, S.17-38.

Politisch-Militärische Gesellschaft (2006): Center for Strategic and International Studies. Energy & Security, Conference Report, Berlin: PMG.

Population Reference Bureau (2009): World Population Data Sheet, Washington D.C.: PRB.

Pries, Ludger (2002): Transnationalisierung der sozialen Welt?, Frankfurt a. M.: Suhrkamp.

Raas, Whitney/ Long, Austin (2007): Osirak Redux? Assessing Israeli Capabilities to Destroy Iranian Nuclear Facilities, International Security, 31 (4), 7-33.

Randall, Stephen J. (2005): United States Foreign Oil Policy since World War I. For Profits and Security, Second Edition, Montreal: McGill-Queen's University Press.

Reitschuster, Boris (2006): Mit Energie zur Weltmacht, FOCUS Magazin, Nr. 34 (2006), S. 142-144.

Rintakoski, Kristiina/ Autti, Mikko (2008): Comprehensive Approach. Trends, Challenges and Possibilities for Cooperation in Crisis Prevention and Management, Helsinki: Crisis Management Initiative.

Rolofs, Oliver (2007): Ein Hauch von Kaltem Krieg, Münchner Sicherheitskonferenz 2007, http://www.securityconference.de/Putin-Rede-2007.381.0.html (Zugriff 10.08.2009).

Royal Dutch Shell Group (2005): Shell Global Scenarios to 2025. The Future Business Environment: Trends, Trade-Offs, and Choices, Peterson Institute for International Economics, The Hague: Shell headquarters.

Rudzio, Kolja (2000): Funktionswandel der Kohäsionspolitik unter dem Einfluss des Europäischen Parlaments, Schriftenreihe des Europa-Kollegs Hamburg zur Integrationsforschung, Baden-Baden: Nomos.

Rühle, Michael (2008): Der steinige Weg ins globale Zeitalter, http://www.internationalepolitik.de/ip/archiv/jahrgang-2008/maerz/der-steinige-weg-ins-globale-zeitalter.html (Zugriff 24.08.2009).

Sampson, Anthony (1975): The Seven Sisters. The Great Oil Companies and the World They Made, London: Hodder and Stoughton.

Scharpf, Fritz W. (1996): Positive und negative Koordination in Verhandlungssystemen, in: Kenis, Patrick/ Schneider, Volker (Hg.): Organisation und Netzwerke: Institutionelle Steuerung in Wirtschaft und Politik, Band 2, Frankfurt a. M.: Campus, S. 497-534.

Scharpf, Fritz W./ Schmidt, Vivien A. (2000): Welfare and Work in the Open Economy, Vol. 2: Diverse Responses to Common Challenges, Oxford: Oxford University Press, 399-466.

Schmalz, Sebastian (2007): Zwischen Kooperation und Kollaboration, zwischen Hierarchie und Heterarchie. Organisationsprinzipien und -strukturen, in: Stegbauer, Christian/ Schmidt, Jan/ Schönberger, Klaus (Hg.): Diskurse, Theorien und Anwendungen. Sonderausgabe von kommunikation@gesell schaft, Jg. 8.

Schmid, Thomas/ Wergin, Clemens (2008): Schäuble kritisiert Sturheit im Außenministerium, 09.05.2008, http://www.welt.de/politik/article1978373/Schaeu ble_kritisiert_Sturheit_im_ Aussenministeri um.html (Zugriff 21.08.2009).

Schmidt-Preuß, Matthias (2002): Europarechtliche und verfassungsrechtliche Rahmenbedingungen der Energiepolitik, in: Hendler, Marburger/ Reinhardt, Schröder (Hg.): Energierecht zwischen Umweltschutz und Wettbewerb, Umwelt- und Technikrecht, Bd. 61, Baden-Baden: Nomos, S. 27-69.

Schmunk, Michael (2005): Berlins zivil-militärische Wiederaufbauteams am Hindukusch. Entstehung, Konzept und Erfolgschancen deutscher Provincial Reconstruction Teams, in: Gomm-Ernsting, Claudia/ Günther, Annett (Hg.): Unterwegs in die Zukunft: Afghanistan – drei Jahre nach dem Aufbruch vom Petersberg, Berlin, S. 329-361.

Schneckener, Ulrich (2005): Fragile Staatlichkeit als globales Sicherheitsrisiko. Sicherheitsstrategien von USA und EU, Aus Politik und Zeitgeschichte, B 28-29/2005, 11.07.2005, S. 26-31.

Schraven, David (2009): Reichtum im heimischen Boden, Die Welt, 07.12.2009, http://www.welt.de/die-welt/wirtschaft/article5448805/Reichtum-im-heimischen-Boden.html (Zugriff 14.07.2010).

Schultze, Charles L. (1973): The Economic Content of National Security Policy, Foreign Affairs, Vol. 51, No. 3, S. 529-530.

Schwab, Adolf J. (2009): Elektroenergiesysteme: Erzeugung, Transport, Übertragung und Verteilung elektrischer Energie, 2. Auflage, Berlin: Springer.

Schwarz, Hans-Peter (1994): Die Zentralmacht Europas. Deutschlands Rückkehr auf die Weltbühne, Berlin: Siedler.

Schwenker, Burkhard (2009): Strategisch denken – mutiger führen, Köln: Bruno Media.

Seidt, Hans-Ulrich (1997): Die Apparate sind hilflos: Deutschland braucht ein eigenes Instrument für Krisenmanagement, Denkwürdigkeiten Journal der Politisch-Militärischen Gesellschaft, Nr. 1, Oktober 1997, S. 4-7.

Shepsle, Kenneth A. (1989): Studying Institutions: Some Lessons from the Rational Choice Approach, Journal of Theoretical Politics, 1. Jg., S. 131-147.

Shergold, Peter (2004): Connecting Governments. Whole of Government Response to Australia's Priority Challenges, Canberra: Department of Communications, Information Technology and the Arts.

Shiryayev, Boris (2010): Großmächte auf dem Weg zur neuen Konfrontation? Das "Great Game" am Kaspischen Meer: Eine Untersuchung der neuen Konfliktlage am Beispiel Kasachstan., Hamburg: Dr. Kovac.

Skinner, Robert (2006): Strategies for Greater Energy Security and Resource Security, Oxford: Oxford Institute for Energy Studies.

Slodczyk, Katharina (2010): BP investiert Milliarden in neue Ölquellen, Handelsblatt, 12.03.2010 http://www.handelsblatt.com/unternehmen/industrie/oel-und-gasfoerderer-bp-investiert-milliarden-in-neue-oelquellen;2544752 (Zugriff 31.03.2010).

Snidal, Duncan (1986): The Game Theory of International Politics, in: Oye, Kenneth A. (Hg.): Cooperation under Anarchy, Princeton: Princeton University Press, S. 25-57.

Souchon, Lennart (1990): Neue deutsche Sicherheitspolitik, Herford, Bonn: E.S. Mittler & Sohn.

South Stream – Europe's Energy Security (2009), http://south-stream.info/?L=1 (Zugriff 01.04.2010).

Speck, Ulrich (2006): Die Gesetze der Petropolitik, Tagesspiegel, 16.07.2006, http://www.tagesspiegel. de/meinung/kommentare/art141,2091615 (Zugriff 28.03.2009).

Spiegel Online (2009): Wir müssen sparen, sparen, sparen, Der Spiegel, 12.04.2009, http://www.spie gel.de/wirtschaft/0,1518,617191,00.html (Zugriff 24.06.2010).

Spiegel Online (2010): Merkel warnt vor schmutzigen Bomben, Spiegel Online, 12.04.2010, http://www.spiegel.de/politik/ausland/0,1518,688458,00.html (Zugriff 21.05.2010).

Spindler, Manuela (2003): Interdependenz, in: Schieder, Siegfried/ Manuela Spindler (Hg.): Theorien der Internationalen Beziehungen, Opladen: Leske & Budrich, S. 89-116.

Spreitzhofer, Günter (2006): Megacities. Zwischen (Sub)Urbanisierung und Globalisierung, Berlin: Friedrich Ebert Stiftung.

Staley, Britt C./ Ladislaw, Sarah/ Zyla, Kate/ Goodward, Jenna (2009): Evaluating the Energy Security Implications of a Carbon-Constrained U.S. Economy, Washington D.C.: Center for Strategic and International Studies.

Statistisches Bundesamt (2009): Energie auf einen Blick, Ausgabe 2009, Wiesbaden: Statistisches Bundesamt.

Steeg, Helga (1999): Energieversorgungssicherheit im Wandel, Stuttgart: Boorberg.

Stegmaier, Peter/ Feltes, Thomas (2007): Vernetzung als Effektivitätsmythos für die innere Sicherheit, Aus Politik und Zeitgeschichte, B 12/2007, 19.03.2007, S. 18-25.

Stehr, Michael (2004): Piraterie und Terror auf See. Nicht-Staatliche Gewalt auf den Weltmeeren 1994-2004, Berlin: Dr. Köster.

Stehr, Michael (2005): Piraterie, Terrorismus und Weltwirtschaft. Selbstschutz der zivilen Schifffahrt, Marine-Forum 2006, Heft 4.

Streffer, Christian/ Gethmann, Carl Friedrich/ Heinloth, Klaus/ Rumpff, Klaus/ Witt, Andreas (2005): Ethische Probleme einer langfristigen globalen Energieversorgung, Berlin: Walter de Gruyter GmbH & Co. KG.

Studie des Fraunhofer-Institut für Naturwissenschaftlich-Technische Trendanalysen (2001): Streitkräfte, Fähigkeiten und Technologie im 21. Jahrhundert, Waldbröl: Zentrum für Analysen und Studien der Bundeswehr.

Swissinfo (2008): Libyen verstärkt Druck auf die Schweiz, Swissinfo.ch, 10.10.2008, http://www.swissinfo.ch/ger/Home/Archiv/Libyen_verstaerkt_ Druck_auf_die_Schweiz.html?cid=6971134 (Zugriff 19.02.2009).

TECSON (2010): Entwicklung der Rohölpreise auf dem Weltmarkt, http://www. tecson.de/prohoel. htm (Zugriff 05.04.2010).

Thiele, Ralph (2006): Gerhard von Scharnhorst – Zur Identität der Bundeswehr in der Bundeswehr, Bonn: Bernrad & Graefe.

Thiele, Ralph (2009): Trendforschung und die Entwicklung von Konfliktbildern in der Bundeswehr, Zeitschrift für Außen- und Sicherheitspolitik, Heft 2, Jg. 2/2009, S. 147-157.

Thumann, Michael (2007): Erdöl als Waffe, Zeit Online, 14.12.2007, http://www.zeit.de/online/2007/51/oel-konflikte?page=1 (Zugriff 14. Juli 2010).

Thumann, Michael (2009): Wissen, was die Nation will, Zeit Online, 15.01.2009, http://www.zeit.de/2008/48/Energie-Poker (Zugriff 15.07.2010).

Thurer, Paul W., Stoiber, Michael (2002): Interministerielle Netzwerke: Formale und informelle Koordinationsstrukturen bei der Vorbereitung der deutschen Verhandlungsposition zur Regierungskonferenz 1996, Politische Vierteljahresschrift, Zeitschrift der Deutschen Vereinigung für Politische Wissenschaften, XLIII. Jg. 2002, Wiesbaden: Westdeutscher Verlag, S. 561-605.

Trachsler, Daniel (2009): Kernenergie auf dem Vormarsch. Die Gefahr der Proliferation, CSS Analysen zur Sicherheitspolitik, Nr. 57, Juli 2009.

Tsebelis, George (1990): Nested Games: Rational Choice in Comparative Politics, Berkeley: University of California Press.

Umbach, Frank (2004): Internationale Energiesicherheit zu Beginn des 21. Jahrhunderts, in: Bundesakademie für Sicherheitspolitik (Hg.) Sicherheitspolitik in neuen Dimensionen, Ergänzungsband I, Hamburg: BAKS.

Umbach, Frank (2006): Europas nächster Kalter Krieg, Internationale Politik, 2/2006, S. 6-14.

Varwick, Johannes (2004): Die Nordatlantikorganisation und der amerikanische "War on Terrorism" – Transformation in die Bedeutungslosigkeit oder Neuanfang?, in: Pradetto, August (Hg.): Sicherheit und Verteidigung nach dem 11. September 2001. Akteure – Strategien – Handlungsmuster, Frankfurt a. M.: Peter Lang – Europäischer Verlag der Wissenschaft, S. 201-226.

Verbundnetz Gas Aktiengesellschaft (2010): Starker Auftritt im Upstream-Geschäft, http://www.vng.de/VNG-Internet/de/2_Geschaeftsfelder/gasbeschaffung/exploration_produktion/index.html (Zugriff 28.08.2010).

Vortrag von Dr. Kerber zum Internationalen zivilen Krisenmanagement im Innenministerium am 29. Februar 2008 im George C. Marshall Center in Garmisch-Partenkirchen im Rahmen des trilateralen Projekts zwischen dem Zentrum für transatlantische Beziehungen, der John-Hopkins-Universität Washington, dem Planungsstab des Bundesministeriums der Verteidigung und dem Grundsatzreferat des Bundesministeriums des Innern.

Wagner, Reinhard (2002): Vermittlung systemwissenschaftlicher Grundkonzepte, Graz: Naturwissenschaftliche Fakultät der Universität Graz.

Werning, Rainer (2009): Modernes Freibeutertum. Hintergrund. Piraterie in der Straße von Malakka. Blicke gen Osten jenseits von Somalia und dem Golf von Aden, AG Friedensforschung, 22.12.2009, http://www.ag-friedensforschung.de/themen/Piraten/malakka.ht ml (Zugriff 27.06.2010).

Wichard Woyke (2004): Handwörterbuch des politischen Systems der Bundesrepublik Deutschland. 4. aktual. Auflage, Opladen: Leske & Budrich.

Wilke, Helmut (1983): Die Entzauberung des Staates. Überlegungen zu einer sozietalen Steuerungstheorie, Königstein: Athenäum.

Wilke, Helmut (1994): Systemtheorie II: Interventionstheorie, Stuttgart: Fischer.

Will, Thomas (2008): Rahmenbedingungen künftiger Sicherheitspolitik, Europäische Sicherheit, 10/2008, S. 48-52.

Wintershall (2010): Zu Hause in der Welt: Die Wintershall-Schwerpunktregionen, http://www.wintershall.com/exploration_produktion.html?&L=1.%20Zum%20Explorationsgesch%C3%A4ft%20von%20VNG (Zugriff 28.08.2010).

Wittmann, Klaus (2010): NATO's new Strategic Concept. An Illustrative Draft, Berlin: Politisch-Militärische Gesellschaft.

Wolf Rauch (2003): Militär und Wissenschaft – Sicherheit in einer vernetzten Welt, in: Pracher, Christian/ Strunz, Herbert (Hg.): Wissenschaft um der Menschen willen, Festschrift für Klaus Zapotoczky zum 65. Geburtstag. Duncker & Humblot, Berlin, S. 371-378.

Wolfers, Arnold (1952): National Security as an Ambiguous Symbol, Political Science Quarterly, Vol. 67, No. 4. (Dec., 1952), S. 481-502.

Wurm, Iris (2007): Im Zweifel für die Monarchie – Autokratische Modernisierung in Saudi-Arabien, HSFK-Report 13/2007, Frankfurt a. M.: Hessische Stiftung Friedens- und Konfliktforschung.

Yergin, Daniel (2006): Ensuring Energy Security, Foreign Affairs, Vol. 85, Nr. 2, März/April 2006, S. 69-82.

Zeit Online (2010): Atomkompromiss. Merkel spricht von einer Revolution, Zeit Online, 06.09.2010, http://www.zeit.de/politik/deutschland/2010-09/atomlaufzeiten-merkel-ministe r (Zugriff 10.07.2010).

Zrim, Jakob (2009): Gas. Neue Pipelines oder "Wie umgehe ich einen ehemaligen Freund?", Die Presse, 01.01.2009, http://diepresse.com/home/wirtschaft/econ omist/44116 0/index.do (Zugriff 27.06.2010).

Zirm, Jakob (2008): Die Macht des Öl-Kartells OPEC, Die Presse, 01.02.2008, http://diepresse.com/home/wirtschaft/360140/index.do (Zugriff 18.12.2009).

Eidesstattliche Erklärung

Hiermit erkläre ich, dass ich die vorliegende Arbeit selbständig und ohne Benutzung anderer als der angegebenen Hilfsmittel angefertigt habe. Alle Stellen, die wörtlich oder sinngemäß aus veröffentlichten und nicht veröffentlichten Schriften entnommen wurden, sind als solche kenntlich gemacht. Die Arbeit ist in gleicher oder ähnlicher Form oder auszugsweise im Rahmen einer anderen Prüfung noch nicht vorgelegt worden.

Köln, den 29.09.2010

Caroline Mükusch

Unterschrift

Neu im Programm Politikwissenschaft

Carlo Masala / Frank Sauer / Andreas Wilhelm (Hrsg.)
Handbuch der Internationalen Politik
Unter Mitarbeit von Konstantinos Tsetsos
2010. ca. 510 S. Br. EUR 49,95
ISBN 978-3-531-14352-1

Das Handbuch der Internationalen Politik vermittelt theoretische und methodische Grundlagen der Forschungsdiziplin Internationale Beziehungen. Die Einzelbeiträge geben einen Überblick über Akteure, Strukturen und Prozesse sowie Handlungsfelder der internationalen Politik und dienen darüber hinaus der Vermittlung von aktuellen Erkenntnissen der Forschung. Der Sammelband richtet sich sowohl an Studierende und Wissenschaftler als auch die interessierte Öffentlichkeit.

Thomas Meyer
Was ist Politik?
3., akt. u. erg. Aufl. 2010. 274 S. Br.
EUR 19,95
ISBN 978-3-531-16467-0

Das Buch bietet allen politisch Interessierten und all denen, die genauer verstehen möchten, wie Politik funktioniert, eine fundierte und leicht verständliche Einführung. Es hat zwei besondere Schwerpunkte: die neuen politischen Fragen (Identitätspolitik, Zivilgesellschaft, Biopolitik und Globalisierung) und die neuesten Entwicklungen der Mediendemokratie.

Gerhard Naegele (Hrsg.)
Soziale Lebenslaufpolitik
Unter Mitarbeit von Britta Bertermann
2010. 775 S. (Sozialpolitik und Sozialstaat) Br. EUR 69,95
ISBN 978-3-531-16410-6

Die demographische Entwicklung in Deutschland hat uns bewusst gemacht, dass sich Gesellschaft, Politik und Wirtschaft auf die Einbindung von älteren Menschen in die Arbeitswelt einstellen müssen. Damit gewinnt aus durchaus praktischen Gründen die wissenschaftliche Erforschung des sozialen Lebenslaufs und seine politische Gestaltung insgesamt eine zentrale Bedeutung: Die schnelle und fundamentale Änderung von modernen Lebensverläufen erfordert eine bewusste Politik in zahlreichen Bereichen. Dieser Band bietet einerseits die wissenschaftlichen Grundlagen der Lebenslaufforschung, andererseits untersucht er die Politikbereiche, in denen Lebenslaufpolitik verstärkt betrieben werden muss.

Erhältlich im Buchhandel oder beim Verlag.
Änderungen vorbehalten. Stand: Juli 2010.

www.vs-verlag.de

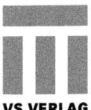

Abraham-Lincoln-Straße 46
65189 Wiesbaden
Tel. 0611.7878-722
Fax 0611.7878-400

Elemente der Politik

Hrsg. von Bernhard Frevel / Klaus Schubert / Suzanne S. Schüttemeyer / Hans-Georg Ehrhart

Aden, Umweltpolitik
2011. ca. 120 S. Br. ca. EUR 12,95
ISBN 978-3-531-14765-9

Blum / Schubert, Politikfeldanalyse
2., akt. Aufl. 2011. 195 S. Br. ca. EUR 16,95
ISBN 978-3-531-17276-7

Dehling / Schubert,
Ökonomische Theorien der Politik
2011. ca. 120 S. Br. ca. EUR 12,95
ISBN 978-3-531-17113-5

Dittberner, Liberalismus
2011. ca. 120 S. Br. ca. EUR 14,95
ISBN 978-3-531-14771-0

Dobner, Neue Soziale Frage und Sozialpolitik
2007. 158 S. Br. EUR 12,90
ISBN 978-3-531-15241-7

Frantz / Martens, Nichtregierungsorganisationen (NGOs)
2006. 159 S. Br. EUR 14,90
ISBN 978-3-531-15191-5

Frevel, Demokratie
Entwicklung - Gestaltung - Problematisierung
2., überarb. Aufl. 2009. 177 S. Br. EUR 12,90
ISBN 978-3-531-16402-1

Fuchs, Kulturpolitik
2007. 133 S. Br. EUR 14,90
ISBN 978-3-531-15448-0

Gareis, Internationaler Menschenrechtsschutz
2011. ca. 150 S. Br. ca. EUR 13,95
ISBN 978-3-531-15474-9

Gawrich, Das politische System der BRD
2011. ca. 120 S. Br. ca. EUR 12,95
ISBN 978-3-531-16407-6

Holtmann / Reiser, Kommunalpolitik
2011. ca. 120 S. Br. ca. EUR 12,95
ISBN 978-3-531-14799-4

Jahn, Vergleichende Politikwissenschaft
2011. ca. 120 S. Br. ca. EUR 12,95
ISBN 978-3-531-15209-7

Jahn, Frieden und Konflikt
2011. ca. 120 S. Br. ca. EUR 14,95
ISBN 978-3-531-16490-8

Jaschke, Politischer Extremismus
2006. 147 S. Br. EUR 14,95
ISBN 978-3-531-14747-5

Johannsen, Der Nahost-Konflikt
2., akt. Aufl. 2009. 167 S. Br. EUR 16,95
ISBN 978-3-531-16690-2

Kevenhörster / v.d. Boom, Entwicklungspolitik
2009. 112 S. Br. EUR 12,90
ISBN 978-3-531-15239-4

Kost, Direkte Demokratie
2008. 116 S. Br. EUR 12,90
ISBN 978-3-531-15190-8

Meyer, Sozialismus
2008. 153 S. Br. EUR 12,90
ISBN 978-3-531-15445-9

Piazolo, Die Europäische Union
2011. ca. 120 S. Br. ca. EUR 12,95
ISBN 978-3-531-15446-6

Schmitz, Konservativismus
2009. 170 S. Br. EUR 16,90
ISBN 978-3-531-15303-2

Schröter, Verwaltung
2011. ca. 120 S. Br. ca. EUR 14,95
ISBN 978-3-531-16474-8

Erhältlich im Buchhandel oder beim Verlag.
Änderungen vorbehalten. Stand: Juli 2010.

www.vs-verlag.de

VS VERLAG

Abraham-Lincoln-Straße 46
65189 Wiesbaden
Tel. 0611.7878-722
Fax 0611.7878-400

MIX
Papier aus verantwortungsvollen Quellen
Paper from responsible sources
FSC® C105338

If you have any concerns about our products,
you can contact us on
ProductSafety@springernature.com

In case Publisher is established outside the EU,
the EU authorized representative is:
**Springer Nature Customer Service Center GmbH
Europaplatz 3, 69115 Heidelberg, Germany**

Printed by Libri Plureos GmbH
in Hamburg, Germany